KB234808

채권총론

판례와 사례 중심

KSI 한국학술정보㈜

채권총론
판례와 사례 중심

박 태 신 지음

KSI 한국학술정보㈜

초판을 출간하면서

　필자가 변호사업무를 하다가 대학에 들어와 법학을 강의한지도 제법 시간이 경과되었다. 처음 대학에 인사발령을 받고 강의를 시작할 때 대학에서는 학생에게 이론법학뿐만 아니라 필자가 경험한 실무 등을 바탕으로 하여 실체법과 절차법을 함께 담당하여 강의를 하도록 권유하였다. 그래서 필자는 대학에 들어온 이후 현재까지 많은 분량임에도 학생에게 민법(민법총칙, 채권총론), 민사소송법 등의 법학을 함께 가르치면서 많은 것을 배우고 느끼는 시간을 가져왔다. 그런데 위와 같은 기회는 그동안 실무를 수행하면서 부족했던 이론적 감각을 다시 반추할 수 있는 기회를 제공해 주었을 뿐만 아니라 천학비재인 나에게 법학연구가 얼마나 많은 노력을 요구하는지 여부를 알게 해 주는 귀중한 경험 등을 제공해 주었고 적어도 필자에게는 너무나도 귀중하고 감사한 기회이었음을 부인할 수 없다.

　위와 같은 좋은 기회에 필자가 열심히 자료를 수집하고 정리하면서 학생과 함께 행복한 연구시간을 가져왔는데 올해 무상한 시간이 경과하여 연구년을 부여받게 되었다. 이 기회에 그동안 수집한 위와 같은 자료 등을 통해 학생에게 교재를 만들어 제공함으로써 연구년 이후에는 좀더 수월한 수업이 될 수 있도록 해 주어야겠다는 마음을 먹었다. 특히, 법학전문대학원시대를 맞이하여 그곳을 향하는 많은 학생에게 이론법학뿐만 아니라 실무법학의 귀중함을 알려주는 계기를 만들기로 마음을 먹고 다음과 같은 목표 및 계획으로 교재집필을 시작하였다. 교재를 집필할 때 우선적으로 반영되어야 할 세가지의 목표 및 계획 즉, ① 현행제정법과 축적된 판례의 반영, ② 훌륭한 저서 및 논문 등의 반영 및 ③ 최근 왕성하게 진행되는 민법개정작업의 구체화와 관련된 다수의 문헌의 반영 등을 염두에 두었다. 그러나 집필과정에서 시간 및 능력의 부족 및 우선적으로 고려한 실무법학의 귀중함을 알려준다는 생각에 우선 이론적으로 체계를 잡은 다음 ①에 초점을 맞추어 채권총론을 집필하고 ②와 ③ 및 채권총론의 적용에 있어서 절실히 요구되는 요건사실론 등은 계속적 개정작업을 통해 반영하기로 마음을 먹었다.

　다만, ② 및 ③을 반영하지 않는 대신 채권총칙의 조문에 따라 가급적 중요논점에 해당하는 것마다 사례를 반영하여 채권총론의 이해도를 높이는데 노력하기로 방향을 정하였다. 그러나 그 목적에 따라 집필할 경우 처음으로 채권총론을 접하는 사람에게는 이론법학만을 해설하는 것과 다른 판례해설 등이 중심이어서 판례를 이해하기위한 광범한 법학지식이 없는 학생에게는 가독하여 이해하는데 그렇게 자연스럽게 넘어가지 않는 부분도 있을 것으로 생각되어 기본적인 이론은 서술하고 거기에 관련된 필요한 이론, 판례 및 사례를 함께 소개하는 방식으로 절충하게 되었다. 이러한 형식으로 이 책을 집필하게 된 것은 이제 더 이상 법학교육이 이론상의 학설대립 등에 머무는 것이 아니라 교육방향이 현장에서 삼단논법에 따라 사안에 법을 적용하여 답을 만들어 내는 것이 눈앞의 목표가 된 것이기 때문이다. 즉, 제정법과 판례 등의 접근을 어떻게 편리하게 하여 실용적인 법학을 구사할 수 있는지 여부가 매우 중요한 과제일 것으로 판단하여 과거의 경험 등에 비추어 학생, 실무자 등에게 좀더 그러한 방향에 접근할 수 있는 기회를 제공하는데 초점을 두고 집필을 하였다.

이 책을 오늘날의 모습으로 만들 때까지 많은 부분 필자의 부족한 부분을 극복할 수 있도록 조언과 격려를 아끼지 않은 분들이 계시다. 대학의 길로 인도해 주시고 현재가 있도록 격려해 주신 존경하는 은사님이신 김홍규 교수님, 백태승 교수님이 그분들이시다. 그리고 공부하는 자식을 위해 한없는 사랑을 베풀어 주신 부모님이 계시다. 또한 마무리하는 과정에서 같은 과목을 가르치시는 교수님과 가까운 학생의 조언이 있어 많은 도움을 받았는데 이 기회에 고마움을 전하지 않을 수 없다. 그리고 고군분투하는 나에게 따뜻한 시선을 보내준 가족에게도, 이 책을 출판하는 과정에서 한국학술정보(주)의 권성용 대리의 편집상의 조언 등에도 이 자리를 빌려 감사를 하고 싶다.

2012.12.7.

홍문관 연구실에서 박태신

CONTENTS

CONTENTS

CONTENTS

제1장 채권관계의 기본적인 구조

Ⅰ. 채권관계

1. 채권이란?

사회생활에서 특별한 원인에 의해 특정인과 특정인 간에 특별한 관계(상대적 결합관계)가 발생할 수 있다. 예컨대, 토지의 매매계약을 체결한 매도인과 매수인, 사업자금의 융자를 받은 사업자와 융자한 금융기관, 아파트의 임대인과 임차인, 교통사고의 피해자와 가해자, 외과수술을 한 의사와 환자, 예능인의 사생활을 폭로한 잡지사와 그 예능인 등의 경우이다.

위와 같은 경우 일방당사자(채권자)가 상대방(채무자)으로부터 일정한 이익을 획득할 수 있는 지위를 확보하는 반면, 상대방(채무자)은 이러한 이익을 실현시키기 위한 구속을 받는 경우가 있다. 이러한 상대적인 특별 결합관계 중 법질서에 의해 보호를 받는 것, 즉 채권자 입장에서 국가에 대하여 권리자로서 보호를 요구할 수 있는 관계가 채권관계에 해당한다. 이러한 채권관계에서는 특정인이 다른 특정인에게 일정한 급부행위(이행행위)를 청구할 수 있고 다른 특정인의 이행행위를 매개로 제공되는 이익(급부이익)을 특정인이 확보할 수 있는 관계가 있다. 예컨대, 토지매매의 경우 매도인이 매수인에게 매매대금을 청구할 수 있을 뿐만 아니라 매수인이 제공한 매매대금을 확보할 수 있다.

채권관계를 채권자 입장에서 보면, 채권자가 채무자에게 일정한 행위의 이행을 청구할 수 있는 관계이다. 이러한 점을 채권에서는 "청구력"이 있다고 한다. 일반적으로 채권이 성립하면 당연히 청구권능이 인정된다. 또한 채권자는 채무자의 급부(이익)를 확보할 수 있다. 이 점을 채권에는 "확보력"이 있다고 하는 것이다. 또한 채무자가 임의적인 이행을 하지 않는 경우에는 채권자는 채무자를 상대로 소송을 제기하여 그 이행을 확보할 수 있도록 요구할 수 있다. 이와 같은 권능을 "소구력(재판상 청구력)"이라고 한다. 그리고 법원이 채무자에게 채무이행을 하도록 하는 판결을 하였다고 하여도 채무자가 이행을 하지 않을 경우에는 채무자에게 강제집행을 하여 급부를 받을 수 있을 뿐만 아니라 채무자가 가지고 있는 재산에서 이행에 상당한 금전적인 가치를 받을 수도 있다. 이러한 권능을 "강제력"이라고 한다.

2. 채권과 물권의 차이

채권과 물권의 차이를 검토하는 것은 각 논점을 이해하는 전제로서 파악해 두어야 할 기본지식에 해당한다. 그리고 그 지식과 함께 물권 침해와 대비하여 채권 침해의 불법행위의 성립요건 등에 관하여 대처할 필요가 있다. 물권법은 사람이 현재의 재화를 직접 자기의 생활에 충당하는 관계(사람과 재화의 관계)를 규정한 것인 반면, 채권법은 타인의 행위를 통하여 장래의 재화를 획득하는 관계(사람과 사람의 관계)를 규정한 것이다. 양자의 차이를 개괄적으로 살펴보면, 다음의 표와 같다.

	채권	물권
성질	대인적(對人的)	대세적(對世的)
배타성	없다	있다
방해배제청구권	없다	있다

위와 같은 내용이 채권과 물권에서 원칙적인 차이에 해당한다. 그러나 주택임대차보호법상의 임차권과 같이 물권과 유사한 효력을 가지는 채권도 존재한다.

3. 채권법의 특질

채권법은 원칙적으로 임의규정이다. 채권은 물권과 달리 배타성이 없고 제3자에게 영향을 주는 것이 적기 때문에 당사자의 의사를 존중하는 체제를 수용하고 있다. 이러한 이유 때문에 채권법은 보편적인 성격을 갖고 있을 뿐만 아니라 신의칙의 요청이 매우 강한 편이다.

4. 채권법의 체계

채권법의 체계는 민법의 일부로서 총론과 각론으로 구분할 수 있다. 전자에서는 채권의 목적(민법 제373조~제386조, 이하에서는 민법의 조문만 표기하기로 한다), 채권의 효력(제387조~제407조), 다수당사자의 채권(408조~제448조), 채권의 양도(제449조~제452조), 채무의 인수(제453조~제459조), 채권의 소멸(제460조~제507조), 지시채권(제508조~제522조) 및 무기명채권(제523조~제526조)을 규정하고 있는 반면, 후자에서는 계약 총론(제527조~제553조), 계약 각론(제554조~제733조), 사무관리(제734조~제740조), 부당이득(제741조~제749조) 및 불법행위(제750조~제766조)를 규정하고 있다.

Ⅱ. 발생원인 등

민법전에 의할 경우 채권관계는 계약, 사무관리, 부당이득 및 불법행위에 의해 발생한다. 그리고 학설상으로는 이 외에도 계약의 준비 또는 교섭과정에 있는 당사자 간의 관계, 계약종료 후의 단계에서 특정인과 특정인 간의 특별 결합관계에서도 위와 같은 의미의 채권관계를 파악하고자 하고 있다.

채권총론에서 채권관계를 취급할 경우에는 주로 계약을 원인으로 발생하는 채권관계이다. 여기에서는 사적 자치, 계약자유의 원칙에 따라 계약 내용의 확정작업(＝계약 내용을 탐구하는 작업)이 결정적으로 중요하다. 또한 민법총칙에서 이미 학습한 계약의 해석(합의내용의 확정＋보충적 계약해석) 및 제정법, 관습, 신의칙 등에 의한 계약보충의 규칙이 중요하고, 이 외에 계약 내용의 확정을 할 경우에는 다음과 같은 것이 강조되어야 할 것이다. 계약관계가 정상적으로 전개되었다고 한다면 계약에서 어떠한 이익의 실현이 보장되고 있는 것인지 여부의 확정문제를 인식할 필요가 있다. 이것은 제390조에서 말하는 "채무의 내용에 좋은 이행"의 내용확정에 관한 해석 작업이다. 계약관계가 비정상적인 전개를 보여 준 경우(이를 "이행장애"라고 한다) 이행장애의 위험이 계약관계 속에서 어떻게 분배되는 것인지 여부(채무자에 의하여 인수되는 것인지 여부)의 확정이 문제이다. 또한, 이행장애의 위험 중에도 계약에 의해 인수되고 있지 않은 것은 계약이 준수되어야 한다고 하는 사상의 사정거리 범위 밖에 있다고 말할 수 있다. 따라서 위와 같은 위험은 손해배상을 하여야 할 대상에서도 면책사유가 될 뿐만 아니라 '계약은 그 계약이 체결될 당시의 사정이 존속하는 경우에 한해서만 효력을 가진다'고 하는 격언과 통하는 사정변경의 원칙 등의 대상으로도 될 수 있을 것이다.

Ⅲ. 채권과 채무

1. 의의

채권관계에서 채무자로부터 일정한 이익을 획득할 것을 기대할 수 있는 채권자의 지위를 채권이라고 한다. 그리고 이러한 이익획득을 기대할 수 있는 채권자로서의 지위를 법적으로 보호하기 위하여 채권자에게는 다양한 법적 수단이 부여되어 있다(이행청구권, 손해배상청구권 등). 그리고 채권자에게는 채권관계를 수정하고 그 관계를 해소하는 방향으로 진행하기 위한 법적인 수단이 부여되어 있는 경우도 있다(계약해제권, 대금감액권 등).

다른 한편, 채무자가 부담하고 있는 채무란 채권관계에서 채권자에게 일정한 이익을 획득시킬 수 있도록 하기 위한 구속을 받는 지위를 말한다. 그래서 이러한 지위로 인하여 채무자는 이행과정의 각 단계마다 채권관계를 실현하기 위하여 필요하다고 인정되는 다양한 구체적인 행위(작위, 부작위)를 하여야 할 의무를 부담하고 있다. 이 외에도 해당하는 채권관계 또는 법률규정에 따라 채권자 입장에서 획득이 기대되고 있는 이익에 상당한 가치의 실현을 스스로 보증하는 것을 인수하고 있는 경우(결과실현의 보증)도 적지 않을 것이다.

2. 채무자의 의무

가. 급부의무(주채무)

채권관계를 채무자 입장에서 보면, 채무자가 채권자에게 급부를 이행하여야 하는 구속을 받고 있는 것을 말한다. 이것을 채무자는 채권자에게 이행(급부)의무(주채무)를 부담한다고 한다. 그런데 채무자에게는 이 외에도 그 채권관계가 온전하게 실현되기 위한 부수적인 주의의무를 함께 부담하고 있다고 할 것이다.

나. 부수적 주의의무

채무자가 채권자에게 부담하고 있는 것은 이행의무만이 아니다. 급부의무를 충실히 이행하기 위해서는 신의에 따라 성실하게 행동하여야 할 필요가 있다(제2조 제1항). 또한,

채무자는 단순히 급부의무만을 채권자에게 실현하면 그것으로 충분하다고 말할 수 있는 것도 아니고 채권관계의 목적에 따라 채권자가 급부의 목적물을 이용할 수 있도록 하는 조치를 취하는 것이 신의칙에 따라 채무자에게 의무로 되어 있는 경우가 있다(부수의무). 예컨대, 매매계약을 체결할 당시 향후 작성할 검인계약서상의 매매대금을 실제 대금과는 달리 매매대상 부동산의 과세표준액으로 작성하기로 약정하였으나 매수인이 이를 이행하지 않은 경우,[1] 매매계약에서 매도인의 이장의무나 매수인의 일부 잔금지급의무를 이행하지 않은 경우,[2] 전대차계약을 체결한 후 중도금을 수수할 때 비로소 전차보증금의 반환을 담보하기 위하여 전대인이 그 소유의 부동산에 근저당권을 설정하여 주기로 약정한 경우[3] 및 영상물제작공급계약의 수급인이 내부적인 문제로 영상물의 제작일정에 다소의 차질이 발생하여 예정 일자에 시사회를 준비하지 못한 경우[4] 등은 부수적 의무를 위반한 경우에 해당한다.

다. 급부의무와 부수적인 의무의 구별

급부의무(주채무)란 당해 채무가 계약의 목적달성에 있어서 필요불가결하고 이를 이행하지 아니하면 계약의 목적이 달성되지 아니하여 계약이 체결되지 아니하였을 것으로 여겨질 정도의 채무를 말한다. 따라서 상가의 일부 층을 먼저 분양하면서 그 수분양자에게 장차 나머지 상가의 분양에 있어서 상가 내 기존의 업종과 중복되지 않는 업종을 지정하여 기존 수분양자의 영업권을 보호하겠다고 약정을 한 경우 그 약정에 기한 영업권의 보호채무는 분양계약의 주채무에 해당한다. 반면, 그렇지 아니한 경우에는 이를 부수적인 채무라고 할 수 있는데 계약을 해제하려면 주채무이어야 하고 부수적인 채무를 불이행한 것에 불과한 경우에는 이를 근거로 매매계약 전체를 해제할 수 없다.

한편, 위와 같은 차이가 있는 주채무와 부수적인 채무의 구별은 급부의 독립된 가치와는 관계없이 계약을 체결할 때 표명되었거나 그 당시 상황으로 보아 분명하게 객관적으로 나타난 당사자의 합리적인 의사에 의하여 결정하여야 할 것이고 이때에는 계약 내용, 그 목적, 불이행의 결과 등 여러 사정을 고려하여 결정하여야 할 것이다.[5]

---

1) 대판 1992.6.23. 92다7795.

2) 대판 1976.4.27. 74다2151.

3) 대판 2001.11.13. 2001다20394, 20400.

4) 대판 1996.7.9. 96다14364, 14371.

5) 대판 1997.4.7. 97마575.

라. 보호의무

(1) 의의

채무의 내용에는 채권관계에서 실현을 목표로 하는 이익(급부결과 또는 급부이익이라고도 한다)에 방향이 맞추어진 행동(또는 그 이익의 실현보증)뿐만 아니라 이러한 이익을 실현할 경우 채권자가 보유하고 있는 이익, 즉 생명, 신체, 건강, 소유권 기타의 이익(여기에는 재산적인 이익뿐만 아니라 인격권 또는 자기 결정권도 포함된다. 이를 "완전성 이익"이라고도 한다)을 침해하지 않도록 배려하여 행동하는 것도 포함된다고 보아야 할 것이다(이를 "보호의무"라고도 한다).

계약 내용에는 채무자에게 위와 같은 보호의무의 준수에 따른 이익을 채권자가 향유할 수 있도록 급부이익의 한 내용으로 구성되어 있지 않아도 위와 같은 이익의 보호가 채무의 내용으로 받아들여지고 있다고 말하기 위해서는 계약 등 채권관계의 발생원인의 해석 및 신의칙의 적용을 통한 채무내용의 확정작업이 필요할 것이다. 그리고 이러한 작업을 위하여 계약상으로 실현이 보장된 급부이익을 실현하기 위하여 채권자의 완전성의 이익이 채무자에게 알려진 사실, 알려진 완전성의 이익의 유지, 관리하기 위하여 필요한 주의를 채권자가 채무자에게 위임한 사실(이것은 이행과정에서 발생할 수 있는 완전성의 이익 침해의 위험을 계약에서 어떻게 당사자 간에 배분하여야 하는지 여부의 문제이다. 여기에서는 불법행위책임에 있어서 과실 인정의 경우와 마찬가지로 위험의 예견 가능성과 회피 가능성도 문제가 된다), 채무자에 의한 완전성의 이익 침해가 급부이익을 실현하기 위한 행동(이행과정에서 구체적인 행위) 중에 발생한 사실, 위와 같은 완전성의 이익 침해가 급부이익의 실현에 수반하는 특수한 위험의 실현인 사실 등의 기준에 유념할 필요가 있다.

확실히 이러한 의미에서 보호의무는 이행을 하는 채무자가 채권자에게 부담하고 있는 것일 뿐만 아니라 안전배려의무 등과 같이 이행을 받을 때 채무자가 완전성 이익을 보호할 의무를 부담하는 경우도 있다.

(2) 안전배려의무

(가) 의의

안전배려의무란 상대방의 생명, 신체 및 재산 등을 침해하지 않도록 위험에서 보호하도록 배려하여야 할 의무를 말한다. 안전배려의무는 계약에서 생기는 경우, 계약 이외의 법률관계에서 생기는 경우를 생각할 수 있다. 계약 때문에 발생하는 경우로서는 개호계약과 같이 안전배려 자체가 계약의 목적이고 계약에 의해 명시적으로 규정되어 있는 중심적 의무(급부의무)인 경우와 고용계약과 같이 사용자가 부담하는 주된 의무는 임금지급의무이고 안전배려 자체가 계약의 목적이라고 말할 수 없지만 계약의 해석 또는 신의칙상 사용자는 노동자에게 안전배려의무를 부담하는 경우가 있다.

이러한 안전배려의무는 민법에는 규정이 없다. 판례 등에 의해 형성된 것으로 어떤 법률관계에 따라 특별한 사회적 접촉관계에 들어선 당사자 간에 당해 법률관계의 부수의무로서 당사자의 일방 또는 쌍방이 상대방에게 신의칙상 부담하는 의무로 일반적으로 인정될 수 있는 것이라고 한다. 그리고 그 의무 위반에 따른 손해배상청구권의 소멸시효기간은 제162조 제1항에 따라 10년이라고 하는 견해가 있다.[6]

(나) 적용범위

안전배려의무는 국가와 공무원의 관계뿐만 아니라 판례에 따라 고용계약, 하청기업의 근로자와 원청기업의 관계 등에도 적용되어 오고 있다고 한다. 하급심에서는 그뿐만 아니라 매매, 임대업 등에 관하여 적용된 경우도 있다고 한다.

(다) 내용

안전배려의무의 구체적 내용은 개별적인 사안에 따라 판단된다. 예컨대, 국가의 안전배려의무는 차량의 정비 또는 운전자의 선임, 감독에 관하여 존재하는 것이므로 운전자로서 도로교통법 기타 법령에 따라 당연히 부담하여야 할 통상적인 주의의무는 위 안전배려의무에 포함되지 않고 숙박 중 종업원이 강도에게 살해된 사고에서 숙직근무 장소에 강도 등이 쉽게 침입할 수 없도록 물적 설비를 설치하고 만일 강도가 침입한 경우 강도로부터 가해질 수도 있는 위해를 면할 수 있도록 하는 물적 시설을 설치하는 것과 함께 이러한 것이 곤란한 경우에는 숙직원을 증원한다든지, 숙직원에 대한 안전교육을 충분히

---

6) 最判 昭和50(1975).2.25. 民集29卷2号143面.

하는 것 등을 통하여 숙박 중인 종업원의 생명, 신체 등에 위험이 발생하지 않도록 할 의무가 있다고 한다.

(라) 판례 법리

판례는 안전배려의무를 신의칙상의 부수의무로 이해하고 안전배려의무 위반의 효과로서 손해배상청구를 인정하고 있다. 그리고 안전배려의무 위반은 불법행위가 아니라 채무불이행이라고 하여 안전배려의무 위반에 따른 손해배상청구에 관하여 채무불이행의 법규범을 적용해 오고 있다. 따라서 안전배려의무 위반에 따른 손해배상청구의 소멸시효기간은 제162조 제1항에 의한 10년이어서 불법행위에 관한 제766조의 적용은 없다고 한다. 안전배려의무 위반을 이유로 하는 채무불이행에 따른 손해배상채무는 기한의 정함이 없는 채무이고 채권자로부터 이행청구를 받은 때에 이행지체로 된다.

그리고 안전배려의무 위반 때문에 사망한 근로자의 유족은 계약 내지 이에 준하는 당사자로 이해할 수 있고 불법행위의 규범인 제752조의 적용은 없다고 한다. 안전배려의무 위반에 따른 손해배상청구소송에서 이 의무를 특정하고 동시에 의무 위반에 해당하는 사실을 주장, 입증할 책임은 원고에게 있다.

또한, 차량의 정비 또는 운전자의 선임, 감독에 관하여 국가는 안전배려의무를 부담하지만 운전자로서 도로교통법 기타 법령에 따라 당연히 부담하여야 할 통상적인 주의의무는 위와 같은 안전배려의무의 내용에 포함되지 않고 위 안전배려의무의 이행보조자가 위 차량에 스스로 운전자로 승차한 경우이어도 위 이행보조자에게 운전자로서의 위와 같은 운전자의 주의의무 위반이 있었다고 하여 국가의 안전배려의무 위반이 있었던 것으로 할 수 없다고 한다.

(마) 존재의의

안전배려의무가 문제가 되는 그와 같은 분쟁에서는 불법행위(특히 제756조)의 문제로 되어 왔다고 말할 수 있을 것이다. 그런데 전술한 바와 같이 불법행위에 의한 손해배상청구가 3년의 소멸시효에 걸려 불법행위에 따른 손해배상책임을 추궁할 수 없게 되는 경우 민법에 없는 안전배려의무라고 하는 개념을 만들어 그 위반을 채무불이행책임으로 하여 그 범위 내에서 피해자 또는 그 유족에게 손해배상청구를 인정하여야 한다고 하는 생각을 하게 되었다고 말할 수 있을 것이다. 그래서 안전배려의무의 존재의의는 채무불이행책임의 추궁이 불법행위의 추궁보다도 원고 입장에서 어느 정도 유리한지 여부에 달려 있다.

일반적으로 채무불이행책임이 불법행위책임보다도 시효기간과 입증책임에서 원고에게 유리하다고 한다. 확실히 시효기간에 관하여는 채무불이행책임을 추궁하는 쪽이 피해자에게 유리하다. 또한 불법행위책임에서는 원고에게 고의, 과실의 입증책임이 있는 것에 반하여 채무불이행책임에서는 귀책사유가 없는 것을 피고가 입증하지 않는 한 책임을 면할 수 없다. 그러한 범위 내에서는 원고가 유리한 것처럼 생각할 수 있다. 그러나 안전배려의무에 관하여 의무의 특정, 의무 위반에 해당하는 사실의 주장, 입증책임이 원고에게 있다고 한 사실 때문에 양자의 차이는 그다지 크지 않은 것처럼 보인다. 이행보조자에 관한 채무자의 책임과 달리 사용자책임(제756조)에서는 면책사유가 문언에 기재되어 있지만 실제로는 면책이 거의 인정되지 않고 있다. 오히려 이행보조자의 책임이 성립하는 범위를 한정적으로 이해하고 있는 견해도 있다. 따라서 양자 간에는 큰 차이는 없다고 말할 수 있을 것이다. 이에 반하여 손해배상청구권이 지체에 빠진 시기는 불법행위책임이라고 한다면 손해의 발생과 같은 때이다. 안전배려의무 위반을 이유로 하는 채무불이행에서는 채권자로부터 이행청구를 받은 때이므로 지연손해금에 관하여는 채무불이행책임을 추궁하는 쪽이 불리하다. 안전배려의무 위반에 의한 채무불이행에서는 피해자의 유족은 유족 고유의 위자료청구권은 인정되지 않는 반면, 불법행위책임에서는 유족 고유의 위자료청구권이 인정되고 있다(제752조). 그러한 의미에서는 불법행위책임을 추궁하는 쪽이 유리하다고 말할 수 있을 것이다. 여하튼 양자의 차이는 시효기간을 제외하면 그다지 크지 않다. 그러한 것도 있어서 실제 소송에서는 안전배려의무 위반에 따른 손해배상청구는 불법행위책임과 함께 추궁되고 있는 경우가 많다고 말할 수 있을 것이다.

(바) 관련판례

계약교섭단계에서 당사자 일방이 계약이 확실하게 체결될 것이라고 하는 정당한 기대 내지 신뢰를 부여하여 상대방이 그 신뢰에 따라 행동하였음에도 상당한 이유 없이 계약체결을 거부하여 손해를 입힌 경우,[7] 숙박업자가 고객에게 안전하고 편안한 객실 및 관련 시설을 제공할 때 고객의 안전을 위하여 숙박계약의 특수성을 고려하지 못하여 고객의 생명, 신체를 침해하여 손해를 입힌 경우,[8] 해외기획여행에서 여행업자가 여행자의 안전 확보를 위하여 여행자의 생명, 신체, 재산 등의 안전을 확보하여야 함에도 이를 해

---

7) 대판 2003.4.11. 2001다53059.

8) 대판 1994.1.28. 93다43590. 그러나 통상적인 임대차관계에서는 임대목적물을 제공하여 임차인에게 이를 사용 수익하게 함에 그치고 임차인의 안전을 배려하여 주거나 도난을 방지하는 등의 보호의무까지 부담하지는 않는다(대판 1999.7.9. 99다10004).

태하여 여행지에서 놀이시설을 이용하다가 다른 여행자의 과실에 의한 행위로 인하여 상해를 입은 경우,[9] 입원환자에게 귀중품 등 물건보관에 관한 주의를 촉구하면서 도난 시에는 병원이 책임질 수 없다는 설명만 하였을 뿐 입원환자에게 휴대품을 안전하게 보관할 수 있는 시정장치가 있는 사물함을 제공하여 입원환자의 휴대품 등에 대한 도난을 방지함에 필요한 적절한 조치를 강구하지 않은 경우,[10] 증권회사의 직원이 고객에게 과대한 위험을 수반하는 거래를 적극적으로 권유하면서 그에 수반되는 위험성에 대한 인식을 방해한 경우,[11] 피용자가 노무를 제공하는 과정에서 생명, 신체 및 건강을 해치는 일이 없도록 물적인 환경을 정비하는 등 필요한 조치를 강구하지 않은 경우[12] 및 사용자가 피용자로 하여금 주·야간으로 일을 하게 하여 과로와 수면부족상태를 초래하고 그러한 상태에서 장거리운전까지 하게 함으로써 교통사고를 일으켜 상해를 입게 한 경우[13] 등의 사안은 보호의무를 위반함으로써 상대방에게 손해를 입힌 경우에 해당하여 이를 배상할 책임을 인정한 경우이다. 한편, 계약에 수반되는 신의칙상의 부수적인 의무로서 보호의무를 부담하는 자에게 상대방이 입은 손해에 대하여 제750조의 불법행위 책임을 부담시키기 위해서는 보호의무부담자에게 당해 의무로 인하여 상대방의 신체상의 재해가 발생할 수 있음을 알았거나 알 수 있었음에도 그 회피를 위한 별다른 안전조치 등을 취하지 않은 과실이 있음이 인정되어야 하고 위와 같은 과실의 존재는 손해배상을 청구하는 상대방에게 그 입증책임이 있다고 할 것이다.[14]

---

9) 대판 1998.11.24. 98다25061.
10) 대판 2003.4.11. 2002다63275.
11) 대판 2003.1.24. 2001다2129.
12) 대판 1999.2.23. 97다12082, 대판 2001.7.27. 99다56734.
13) 대판 2000.5.16. 99다47129.
14) 대판 2000.3.10. 99다60115.

제2장 채권의 목적

Ⅰ. 의의 등

1. 의의

　　민법은 채권 편에서 "채권의 목적"이라는 절을 두고 있다(제3편 제1장 제1절). 여기에서는 채권의 목적(=채권의 내용)인 채권자가 채무자에게 청구할 수 있는 행위 즉, 급부에 관계된 내용을 규정하고 있다. 채권의 목적에는 채권의 내용(급부)을 말하는 경우와 채권자의 의도를 말하는 경우가 있지만 통상적으로는 전자의 의미로 사용된다. 그런데 이러한 의미와 구별하여야 할 개념이 있다. 매매에 의해 인도된 물건인 "채권의 목적물"은 채권의 목적에 해당하지 않는다는 점이다.

　　한편, 채권의 내용에는 여러 가지가 존재하고 있는바, 이 절의 규정을 이해하였다고 하여 모든 형태의 채권의 목적을 이해하였다고 말할 수는 없다. 이 절에서는 역무(Service)의 제공을 내용으로 하는 채권에 관한 규정이 없다. 또한, 여기에 규정되어 있는 형태의 채권규정을 전부 이해하였다고 하여도 현실사회에서는 그보다도 더 다양한 채권관계가 존재하므로 채권에 관한 모든 것을 이해할 수 있는 것도 아니다. 그러나 가장 기본적인 채권의 목적을 규정하고 있으므로 위와 같은 사실을 유념하면서 채권의 목적에 관한 절에 있는 채권을 중심으로 살펴보기로 한다.

〈채권의 형태〉

작위	물건의 인도가 급부로 되는 채무(주는 채무)	특정물의 인도
		불특정물의 인도
		금전의 교부
	행위 자체를 급부로 하는 채무	하는 채무
부작위		

2. 요건 등

가. 종류

　　급부의 종류는 다음과 같이 분류할 수 있다. 즉, 첫째로 작위, 부작위급부, 주는, 하는 급부, 특정물, 불특정물급부, 단순부작위, 인용급부 등으로 분류할 수 있을 것이다. 그리고 그 결과의 실현이 중시되는지 여부에 따라 결과, 수단채무로 구분할 수도 있다. 예컨대, 의사가 환자에게 부담하는 진료채무는 질병의 치료와 같은 결과를 반드시 달성해야 할 결과채무가 아니라 환자의 치유를 위하여 선량한 관리자의 주의의무를 가지고 현재의 의학 수준에 비추어 필요하고 적절한 진료조치를 다해야 할 채무 즉, 수단채무라고 보아야 할 것이다. 따라서 위와 같은 주의의무를 다하였는데도 그 진료 결과, 질병이 치료되지 아니하였다면 치료비를 청구할 수 있으나 의사가 위와 같은 선량한 관리자의 주의의무를 다하지 아니한 탓으로 오히려 환자의 신체기능이 회복 불가능하게 손상되었고 또한 위 손상 이후에는 그 후유증세의 치유 또는 더 이상의 악화를 방지하는 정도의 치료만이 계속되어 온 것뿐이라면 의사의 치료행위는 진료채무의 본지에 따른 것이 되지 못하거나 손해전보의 일환으로 행하여진 것에 불과하여 병원 측으로서는 환자에 대하여 그 수술비 내지 치료비의 지급을 청구할 수 없다고 한다.[1]

나. 성립요건

물권법정주의에 따라 당사자가 자유롭게 그 내용을 결정할 수 없는 물권과 달리 사적 자치의 원칙에 따라 채권을 어떠한 내용으로 할 것인지 여부는 기본적으로 당사자의 자유에 따라 정할 수 있다. 그러나 다음과 같은 성립요건은 최저한으로 만족시킬 필요가 있다. 급부의 내용은 기본적으로 적법성(공서양속, 강행법규에 반하는 내용의 채권은 인정되지 않는다), 가능성,[2] 확정성[3] 및 사회적 타당성이 있어야 한다. 예컨대, 건축하도급계약 당시 그 건축공사에 대한 건설부장관의 사업승인계획 등이 구비되어 있지 않은 경우 그 계약에 대한 목적을 실현하는 것이 불가능하지 않는 한 계약 후 이를 보완할 수 있는 경우에는 실현이 가능한 것이어서 무효라고 할 수 없다.[4]

---

1) 대판 1993.7.27. 92다15031.

2) 이미 소실되어 있는 건물을 매도하는 계약은 가능성의 요건을 흠결하여 채권의 목적에 관한 요건을 충족하지 못하므로(원시적 불능) 이에 관하여는 계약체결상의 과실 또는 하자담보책임의 문제로 처리하는 반면, 계약 후 건물이 소실된 경우(후발적 불능)에는 일단 채권의 목적은 충족되었으나 사후에 채무자의 귀책사유 유무에 따라 채무불이행 또는 위험부담으로 처리하게 된다.

3) 채무의 내용은 채권성립 시에 확정되어 있지 않다고 하여도 이행 시까지 확정할 수 있으면 충분하다. 예컨대, 매매대금은 감정평가액에 따른다고 하는 계약의 방식도 가능하다. 반면, 물권에는 그 직접지배성에 따라 현존성이 요구된다.

4) 대판 1989.11.28. 89다카11777.

다. 급부의 경제성

채권의 목적은 금전으로 산정할 수 없는 것이어도 무방하다(제373조). 그 효력에 있어
서는 다른 채권과 다르지 않다. 예컨대, 특정종교단체에 재산을 기부하고 조상을 위하여
기도 등을 해줄 것을 약속하는 계약도 유효하다. 이와 같은 채권도 불이행으로 되면 금
전에 의한 손해배상청구권의 대상이 된다고 할 것이다(제390조). 채권을 특정인이 다른
특정인에게 일정한 행위(급부행위)를 청구하고 그자와의 관계에서 급부의 결과를 유지할
수 있는 권리로 이해한다면 채권의 목적인 급부에 관하여 그것이 급부행위를 의미하는지,
급부의 결과를 의미하는지 여부에 관하여 견해의 차이가 있을 수 있지만 모든 채권의 목
적을 본조의 대상으로 하게 된다. 다만, 이 조문은 급부개념의 다의성 때문에 급부개념을
어떻게 이해한다고 하여도 먼저 금전적인 평가의 대상을 생각할 수 있지만 반드시 그러
하지 않음을 규정하고 있다.

그리고 여기서 금전적인 산정이 불가능하다고 하는 것은 그 자체가 불가능한 경우뿐만
아니라 금전적인 가치가 없는 것도 포함한다. 금전적인 평가의 기준은 일반적인 거래상
의 금전평가를 할 수 있는지 여부(객관적인 평가)이어서 특정인의 주관적인 평가를 기준
으로 하지 않는다고 하는 견해도 있다. 그러나 이 견해에 따르면 이 조문이 무의미할 우
려가 있어 부당하다고 생각한다.

한편, 로마법의 연원에 따르면 급부란 금전적인 가치가 있는 것을 필요로 하고 금전배
상 이외에는 강제집행방법을 인정하지 않았다. 그러나 이 규정은 경제적 가치가 없다고
하여도 그것이 채권의 목적이 될 수 있음을 인정한 경우에 해당한다. 근대법은 현실적인
이행강제가 인정됨에 따라 금전으로 산정할 수 없는 급부일지라도 강제이행이 가능하면
채권의 목적으로 할 수 있다고 하였다. 그리고 금전으로 산정할 수 없는 채권이어도 채
권자는 채무자에게 강제이행이 가능하다고 하면 강제이행의 수단을 취할 수 있고 채무불
이행의 경우에는 손해배상청구 또는 계약해제를 할 수 있을 것이다.

[사례 1] A는 "회원으로 받아 주면 멋진 회원이 되겠다"고 약속하면서 회비 월 5만 원을 내는
회원으로 B와 계약을 체결하였다. 6개월 후 B는 위와 같은 약속을 위반하였다는 이유로 A에게 30
만 원과 지연손해금 금 6만 원 합계 금 36만 원의 청구를 해 왔다. A는 어떻게 하면 좋은 것일까?

[사례 2] A는 B절(寺)에 토지를 시주하였다. 한편, B절은 그 대가로 A의 선조를 위하여 영구적으로 염불을 해 줄 것을 약속하였다. 그런데 B절이 약속에 반하여 염불을 해 주지 않는 경우 위 절에 법률상 책임을 물을 수 있는가?

Ⅱ. 민법상 채권의 목적

1. 특정물채권

가. 의의

특정물채권이란 특정물의 인도를 목적으로 하는 채권을 말한다. 여기에서 인도란 점유의 이전 또는 점유와 소유권의 이전을 포함한다. 특정물이란 채권관계의 당사자가 "이물건"이라는 의미에서 이행할 대상에 대하여 개별화한 물건을 말한다(토지, 건물 등이 전형적 사례이다). 이러한 특정물채권은 채권의 목적으로 증여, 매매 및 교환 등의 계약을 원인으로 발생할 뿐만 아니라 취소, 해제에 의한 원상회복의무의 내용으로 발생하는 등 그 원인은 매우 다양하다. 특정물로 되기 위해서는 그 물건이 당사자의 주관적인 의도에 의해 개별화된 물건인 점이 결정적이다. 따라서 이행대상이 특정물이라고 하는 것과 그 물건이 대체 가능성을 갖지 못 한다고 하는 것과는 다르다. 예컨대, 수임인이 위임사무를 처리할 때 받은 물건으로 위임인에게 인도한 목적물은 그것이 비록 대체물일지라도 당사자 간에 특정된 물건과 같은 것으로 볼 수 있다.[5] 따라서 대체물이지만 특정물이 될 수 있는 경우가 있을 수 있다. 대체물에서 대체 가능성이 있는지 여부는 객관적인 기준에 의해 결정되는 반면, 특정물은 주관적인 의도가 중시된다. 따라서 반드시 채권의 성립 시부터 특정물의 인도를 목적으로 할 필요는 없고 종류채권이나 선택채권인 경우에도 목적물의 특정 시부터 특정물채권으로 될 수 있다.

---

5) 대판 1969.12.16. 67다1525.

나. 효과

(1) 채무자의 보존의무

(가) 선량한 관리자의 주의의무

특정물채권의 채무자는 특정물을 인도할 때까지 선량한 관리자의 주의로 보존하여야 한다(제374조). 여기에서 선량한 관리자의 주의(선관주의)란 행위자의 구체적인 주의능력에 관계없이 행위자의 직업 또는 사회적·경제적인 지위에 따라 일반적으로 요구되는 정도의 주의의무를 말한다. 이는 로마법상 「선량한 가정에서 아버지의 주의(dilientia boni patris familias)」에서 유래한 것으로 프랑스 민법상 「선량한 가정에서 아버지의 주의」, 독일 민법상 「거래상 필요한 주의」를 의미하는데 이는 합리적인 인간의 주의의무라고 말할 수 있다. 이러한 선관주의의무는 재산법상 주의의무의 원칙에 해당하고[6] 이러한 선관주의의무를 다하지 않게 되면 채무불이행책임(제390조)을 부담한다. 또한, 채무자로서 그 책임을 면할 수 있기 위해서는 채무자가 선량한 관리자의 주의의무를 다하였음을 입증하여야 한다.[7] 예컨대, 임대차 종료 후 임차인은 임차목적물을 명도할 때까지는 선량한 관리자의 주의로 이를 보존할 의무가 있어 이러한 주의의무를 위반하여 임대목적물이 멸실, 훼손된 경우에는 그에 대한 손해를 배상할 채무가 발생하며 임대목적물이 멸실, 훼손된 경우 임차인이 그 책임을 면하려면 그 임차건물의 보존에 관하여 선량한 관리자의 주의의무를 다하였음을 입증하여야 할 것이다.[8] 다만, 위 제374조는 임의규정에 해당하므로 당사자의 사적 자치에 의해 적용을 배제할 수 있을 것이다.

이러한 선관주의의무는 실제로 인도할 때까지 요구되는 것이므로 이행기 이후에도 인도를 할 때까지 요구되는 의무에 해당한다. 다만, 채무자가 이행지체에 있는 경우에는 그 후의 불가항력에 관하여도 책임을 부담한다. 반면, 채무자가 물건을 제공하여도 채권자가 수령하지 않는 경우에는 고의, 중과실이 있는 경우에 한하여 책임을 부담한다. 이와 같이 주의의무의 정도가 변화하는 경우도 있다.

---

6) 민법상 선관주의의무를 부담하는 자로는 유치권자(제324조 제1항), 질권자(제343조), 특정물 인도의 의무를 부담하는 자(제374조), 수임자(제681조), 후견인(제956조), 유언집행자(제1103조 제2항), 친권자(제956조) 및 사무 관리자도 마찬가지이다. 반면, 자기 재산과 동일한 주의의무를 부담하는 자로는 무상수치인(제695조), 상속재산의 관리(제1022조), 포기한 상속재산의 관리계속의무(제1044조 제2항), 단순승인자의 재산분할 후의 관리(제1048조 제1항) 및 변제제공 후의 매도인 등이 있다.

7) 대판 1991.10.25. 91다22605.

8) 대판 1991.10.25. 91다22605, 22612.

한편, 이러한 주의를 흠결한 것을 추상적 과실이라고 한다. 이에 반하여 주의의무가 경감되는 경우에는 법률로 별도의 규정을 하고 있다. 그리고 법문에서는 「자기를 위하여 하는 것과 동일한 주의」(제827조), 「자기의 재산에 대한 것과 동일한 주의」(제65조, 제940조), 또는 「고유재산과 동일한 주의」(제918조, 제926조, 제944조)로 규정되어 있다. 이러한 것은 「자기 사무 또는 재산에 관하여 기울이는 것과 같은 주의」라고 하고 채무자 본인이 기울이는 주의를 표준으로 그 정도를 정한다. 이러한 주의를 흠결한 것을 추상적 과실과 대비하여 구체적 과실이라고 한다.

(나) 보존의무

보존이란 자연적 또는 인위적인 멸실, 훼손으로부터 목적물을 보호하여 물건의 경제적 가치를 유지하는 것을 말한다. 내부로부터 발생하는 손해를 방지하는 것은 보관이 아니라는 견해도 있다. 보존을 위하여 어떠한 행위를 하여야 하는지 여부는 물건의 성질 또는 경제적인 효용에 따라 각 구체적인 경우 사회통념에 따라 결정하는 수밖에 없다.

또한, 채무자가 보존의무를 어떠한 시점까지 부담하는지 여부에 관하여는 인도 시라고 하는 견해와 이행기라고 하는 견해가 있는데 전자가 통설이다. 또한 이행기에 채무자의 귀책사유에 의해 이행지체가 있는 경우 채무자에게는 책임이 가중되고 무책의 멸실, 훼손에 관하여도 배상책임을 부담한다. 반면, 채권자가 수령하지 않고 수령지체에 빠진 경우에는 채무자의 주의의무는 경감된다. 따라서 어느 쪽이든지 위 견해의 차이는 이행기 이후 인도까지 사이에 그리고 이행지체도, 수령지체도 발생하고 있지 않은 경우 채무자의 추상적 과실의 부담 유무의 차이에 관하여 실제적인 차이를 가진다.

다. 현상인도의무 등

특정물채권에서는 채권성립 당시 그 물건이 있던 장소에서(제467조 제1항) 이행기에 현상대로 인도함이 원칙이다(제462조). 그리고 이행기 이후의 과실은 채권자에게 인도하여야 한다(예외 제587조). 또한, 특정물매매에서 매수인의 대금지급채무가 이행지체에 빠졌다고 하더라도 그 목적물이 매수인에게 인도될 때까지는 매도인은 그 목적물에서 생기는 과실을 수취할 수 있는 한편, 그 목적물의 관리보존비용도 자기가 부담하여야 한다. 그러나 매수인은 매매대금의 이자를 지급할 필요가 없는 것이므로 매도인은 매수인의 대금지급의무의 이행지체를 이유로 하여 그 목적물의 인도가 이루어지기 이전의 기간 목적물의 관리보존비용의 상환이나 매매대금의 이자 상당액의 손해배상청구를 할 수 없다.[9] 다만, 매매목적물의 인도 전이라고 하여도 매수인이 매매대금을 완납한 때에는 그 이후의 과실수취권은 매수인에게 귀속된다고 보아야 할 것이다.[10]

2. 종류채권

가. 의의 등

(1) 의의

종류채권(불특정물채권)이란 일정한 종류에 속하는 물건(종류물)의 인도를 목적으로 하는 채권을 말한다. 종류와 수량만으로 지정되는 채권으로 이를 종류물채권, 불특정물채권이라고도 한다. 여기에서 종류물이란 공통적인 성질에 의해 다른 것과 구별되는 물건의 총체이어서 동일한 종류에 속하는 물건 중에는 개개의 개성을 문제로 삼지 않는 것을 말한다. 예컨대, 대량생산된 물품이 그 전형적인 예이다.

(2) 구별개념

(가) 제한종류채권

위와 같은 종류채권 중에 제한종류채권이 있다. 제한종류채권이란 종류채권 중 특정창고에 있는 쌀 10가마와 같이 종류채권에 일정한 제한을 가한 것 즉, 인도할 대상이 되는 종류물이 특정장소, 범위에 의해 제한되고 있는 경우를 말한다. 예컨대, 특정창고에 있는 백미의 일부를 목적으로 한 매매계약에서 그 매매를 위하여 백미를 특별히 지정 또는 다른 것과 구분한 경우 이를 제한종류채권의 특정이라고 한다. 이는 단순히 창고주에 대한 하도지시만으로는 목적물의 특정이 있다고 할 수 없으므로[11] 구체적인 특정이 필요하다.

---

9) 대판 1981.5.26. 80다211.

10) 대판 1993.11.9. 93다28928.

또한, 보유주식 일정량을 담보로 제공하기로 한 담보제공약정은 특정주권에 대한 담보약정이 아니라 기명주식에 관한 담보약정이므로 담보약정 후 주권의 이행제공 전에 갖고 있던 주식에 대한 처분이나 새로운 주식의 취득이 있더라도 약정된 수의 기명주식을 표창하는 주권만 인도하면 되고 인도할 주권의 특정은 쌍방 어느 쪽에서도 할 수 있는 것으로서 담보약정에 기한 채권은 일종의 제한종류채권에 해당한다.[12]

한편, 보통의 종류채권에서는 이행불능이라는 것이 좀처럼 발생하지 않지만 제한종류채권에서는 제한된 장소 및 범위 내에 있는 물건을 이행하여야 할 의무를 부담하는 것이기 때문에 제한된 종류물이 없으면 이행불능이 발생할 수도 있다. 그리고 제한되는 범위가 협소해지면 선택채권과 흡사하게 되지만 선택채권은 종국적으로 채권의 목적으로 결정되는 물건의 개성에 중점을 두는 점에서 제한종류채권과 다르다.

> **[사례]** A는 B에게 B소유의 목장에 방목 중인 소 1마리를 어떠한 것이어도 좋으니 매수하고 싶다고 하였다. 이러한 경우 B는 어떠한 소를 인도해 주어야 하는가?

(나) 특정물과 종류물의 구별

특정물과 불특정물의 구별은 당사자의 의사에 따라 주관적으로 결정된다. 따라서 특정물 매매인지, 종류물 매매인지 여부의 구별은 당사자가 물건의 개성에 착안하고 있는지 여부에 의해 결정된다.

특정물과 불특정물의 구별은 구체적인 거래에 있어서 당사자의 주관적인 구별인데 그 구별은 물건에 하자가 있는 경우 또는 멸실, 훼손한 경우의 법적인 조치에 있어서 중요하게 된다.

(3) 목적물의 품질

통상적으로는 당사자의 의사로 결정되지만 법률행위의 성질로 결정하는 경우도 있다. 다만, 위와 같은 기준에 따라 결정할 수 없는 경우에는 채무자는 중등품질의 물건을 급부하여야 한다(제375조 제1항).

---

11) 대판 1956.3.31. 4288민상232.
12) 대판 1994.8.26. 93다20191.

나. 특정13)

(1) 의의

종류채권에서는 채권의 내용을 실현하기 위해 종류에 속하는 물건 중에서 구체적으로 인도되어야 할 물건을 선정하여야 한다. 이것을 "종류채권의 특정"이라고 한다. 종류물에는 통상적으로 이행불능의 관념을 받아들일 여지는 없고 채무자는 동종의 물건이 이 세상에 잔존하고 있는 한 다른 곳에서 조달하여 급부하여야 할 의무를 부담한다. 그러나 이렇게 이해하면 채무자 입장에서 지나치게 가혹하다. 따라서 채무자의 책임이 부당하게 무겁게 되는 것을 경감하기 위하여 특정의 제도를 만들었다. 종류채권이 특정되면 채무자의 보관의무는 특정물채권과 마찬가지로 되지만 특정하여도 종류채권이 특정물채권 자체로 되는 것은 아니다(물건의 개성에 착안한 거래로 바뀌는 것은 아니다). 이하 종류채권의 특정에 따른 법적 효과 등을 살펴본다.

(2) 방법

(가) 총론

특정이 인정되기 위해서는 합의가 없으면 채무자가 물건의 급부를 하는 데 필요한 행위를 완료하거나 또는 채무자가 채권자의 동의를 얻어 이행을 하여야 할 물건을 지정하는 것이 필요하다(제375조 제2항). 또한, 당사자 사이에 지정권의 부여 및 지정방법에 관한 합의가 없고 채무자가 이행에 필요한 행위를 하지 아니하거나 지정권자로 된 채무자가 이행할 물건을 지정하지 아니하는 경우에는 선택채권의 선택권 이전에 관한 제381조가 준용된다.14)

한편, 특정에 관하여 중요한 것은 전자이다. 전자에 관하여는 어떠한 행위를 하면 필요한 행위가 완료되었다고 할 수 있는지 여부가 문제이다. 이에 관하여는 이행되어야 할 장소가 어디인지 여부에 따라 다른 처리가 된다.

---

13) 변제의 제공과 특정은 구별되어야 한다. 변제의 제공은 채무자로 하여금 이행지체의 책임을 면제시키기 위한 제도인 반면, 특정은 불특정물에 관하여 그것에 의해 이행하여야 할 대상물을 한정하는 것에 의해 채무자의 부담을 경감하기 위한 제도이어서 제도의 취지가 다른 것이다.

14) 대판 2003.3.28. 2000다24856.

(나) 채무자가 물건의 급부를 하는 데 필요한 행위를 완료한 경우

ⅰ. 지참채무의 경우 - 현실적인 제공

지참채무란 임차인의 임대료지급채무[15]와 같이 채권자의 주소지에 목적물을 지참하고 가서 이행하여야 할 채무를 말한다. 지참채무인 경우에는 채무자가 종류물 중에서 특정할 물건을 선정한 다음 채권자의 주소지까지 지참하고 가서 현실적으로 제공한 때에 특정이 발생한다. 따라서 특정된 물건을 운송 등을 통하여 이행하는 과정에 발생한 급부의 위험은 채무자가 부담한다.[16]

ⅱ. 추심채무의 경우 - 목적물의 분리+변제의 준비+통지

추심채무란 채권자가 채무자의 주소지에서 목적물을 추심하여 이행을 받는 채무를 말한다. 추심채무의 경우에는 채무자가 목적물을 분리하여 인도준비를 갖추고 이것을 채권자에게 통지하는 것을 통하여 특정이 발생한다. 여기서 분리가 요구되는 것은 불특정물의 특정에 의해 소유권이 이전될 준비를 할 필요가 있기 때문이다. 단순히 변제의 준비가 가능하다는 것을 통지하여 수령하도록 한 것만으로는 충분하지 않다고 한다.[17]

ⅲ. 송부채무의 경우 - 제3 장소에서의 현실적인 제공

송부채무란 채무자 또는 채권자의 주소지 이외의 제3 장소에 목적물을 송부하여야 할 채무를 말한다. 즉, 제3 지로 이행하는 것이 채무자의 의무의 내용인 경우에는 지참채무와 마찬가지로 제공 시에, 제3 지로 이행하는 것이 채무자의 호의에 의한 경우에는 급부할 물건을 발송하면 물건을 급부하는 데 필요한 행위를 완료한 것으로 평가할 수 있을 것이다.

(다) 채권자의 동의를 얻어 급부하여야 할 물건을 지정한 경우

여기에서 말하는 동의란 지정권을 부여하는 것에 관한 동의를 말한다.

(라) 계약에 의해 목적물을 선정한 경우 또는 계약으로 제3자에게 지정권을 부여하고

---

15) 대판 1991.10.22. 91다22902.

16) 조선고판 1920.12.10.(민집 7권 461면).

17) 最判 昭和30(1955).10.18.(民集-9-11-1642).

그자에게 지정시킨 경우

(3) 발생 시기

특정의 발생 시기에 관하여는 변제제공을 한 때라는 견해(제공설), 이행장소에서 채권자가 받을 수 있는 상태로 물건을 두는 때라는 견해(이행지설, 통설) 및 독립적인 운송기관을 매개로 물건을 제3 지에 송부하여야 할 경우 채무자는 운송기관에 물건을 인도하면 그때 채무자가 물건의 점유상태에서 해방되므로 그 시점에 특정이 발생한다고 하는 견해(점유상실설)의 대립이 있으나 특정과 변제제공은 서로 다르고 공평의 관점에서 통설이 타당하다고 생각한다.

(4) 효과

종류채권에서 특정이 되어 있다고 하여도 위험부담은 여전히 채무자에게 있으나 물건의 위험은 채권자에게 이전한다. 이러한 점에서 양자 즉, 물건의 위험과 대가의 위험에 대한 구별을 할 실익이 있다. 물건의 위험이란 물건이 불가항력적으로 멸실되어 그것을 갖지 못하게 될 불이익을 말하는 반면, 대가의 위험이란 쌍무, 유상계약에서 계약목적물인 물건의 멸실로 인하여 대가(반대급부)를 받지 못하거나 멸실에도 불구하고 상대방에게 손해배상청구도 못 한 채 대가만을 지불해야 되는 불이익을 말한다(통상적으로 위험이라고 하면 대가의 위험을 말한다).

종류채권의 경우 물건의 위험에 대하여 특정이 될 때까지는 채무자가 위험을 부담하지만 특정된 이후에는 물건의 위험은 채권자에게 이전하므로 특정된 후 목적물이 불가항력적으로 멸실되면 다른 같은 종류의 물건이 있어도 채무자는 채무를 면하는 반면, 대가의 위험은 민법상 채무자위험부담주의를 취하고 있으므로(제537조) 종류채권의 경우 특정된 이후에도 위험은 여전히 채무자가 부담하여 목적물이 불가항력적으로 멸실하여도 채무자는 채권자에게 이행을 청구하지 못한다. 그리고 특정은 종류채권의 이행수단에 불과하므로 특정 후에도 채무자는 변경권을 가지고 있기 때문에 목적물의 소유권은 특정으로 인하여 채권자에게 이전되는 것은 아니다.

[사례 1] B상점은 A로부터 맥주 1박스의 주문을 받아 자신의 차량으로 A의 집에 가던 중 다른 자동차와 충돌하여 전도되어 맥주 전부가 파손되었다. A는 다시 위 맥주 1박스에 갈음하여 새로운 맥주를 가져오도록 청구할 수 있는가?

[사례 2] A는 B상점에 사과 1상자를 주문하였다. 그런데 B상점이 가지고 온 사과는 보관 중 실수로 인하여 대부분 부패된 상태이어서 먹을 수 없을 지경이었다. A는 B상점에게 어떠한 책임을 물을 수 있는가?

3. 금전채권

가. 의의 및 종류

(1) 의의

금전채권이란 일정액의 금전을 인도(지급)하는 것을 목적으로 하는 채권이다. 금전이란 일정량의 가치를 표시하는 유체물이고 상품유통을 매개하는 수단인 교환가치 그 자체로 만들어져 있기 때문에 개성을 가지고 있지 못하다. 이러한 성격 때문에 금전채권에는 목적물의 특정이라는 개념이 없고 시장에서 소진되는 것이 없이 법률상으로는 한정 없이 조달 가능한 것이어서 이행불능도 없다. 이러한 금전채권은 법률행위 또는 법률의 규정에 의해 성립한다.

(2) 종류

(가) 금전채권의 종류에는 특정된 금전의 인도를 목적으로 하는 특정금전채권, 특정 종류에 속하는 금전의 인도를 목적으로 하는 금종채권이 있는데 전자는 특정물채권에, 후자는 종류채권에 속한다. 반면, 통상의 금전채권을 금액채권이라고 한다. 이 외에도 외국의 금전 내지 통화의 급부를 목적으로 하는 외화채권(외국금전채권) 등이 있다. 그리고 외화채권에도 마찬가지로 외국특정금전채권, 외국금종채권, 외국금액채권 등이 있을 수 있는데 외국금전을 특정물 또는 종류물로서 다루는 경우에는 그 특질 내지 특색이 내국 금전채권과 같다고 볼 수 있을 것이다.

(나) 금전채권을 특수한 종류채권으로 파악하는 것이 보통인데 이는 종류채권에서 말

하는 중등품질의 재화제공이나 종류채권의 특정에 관한 규정이 적용되지 않기 때문이다. 금전채권의 특수성에 비추어 상술한 바와 같이 이행불능이란 생각할 수 없고 이행지체만 이 문제가 될 따름이다. 매매, 임대차, 고용 및 도급 등의 유상계약에서는 그 반대급부의 내용이 대부분 금전지급이므로 매매대금, 대금 및 임금 등의 채권은 모두 금전채권이다. 손해배상도 민법상 금전배상이 원칙이므로(제394조, 제763조) 채무불이행이나 불법행위 에 의한 손해배상청구권도 원칙적으로 금전채권이다(제394조). 한편, 여기에서 말하는 금 전이란 우리나라 통화를 가리키는 것이어서 채무불이행으로 인한 손해배상을 구하는 채 권은 당사자가 외국통화로 지급하기로 약정하였다는 등의 특별한 사정이 없는 한 채권액 이 외국통화로 지정된 외화채권이라고 할 수 없다.[18]

나. 특성

(1) 가치의 이전성

금전채권은 채무자에게 "돈"이라는 물건을 이전할 것을 청구하는 권리가 아니라 "돈" 이 나타내는 '가치'의 이전을 청구하는 권리다. 따라서 금전채무의 이행에는 특수한 방법 이 사용된다. 예컨대, 채무자는 현금을 채권자에게 지급하거나, 은행계좌에서 채권자의 계좌로 채무액을 이체시키거나, 우편환을 구입하여 채권자에게 전달하거나 자기앞수표를 발행하여 지급함으로써 채무를 이행할 수 있을 것이다. 결과적으로 채권자가 약정된 금 액을 배타적으로 사용할 수 있게 되면 그것으로 채무이행이 되었다고 말할 수 있다.

(2) 이행불능의 부존재와 채무자의 과실

금전채무의 불이행은 언제나 이행지체만이 문제가 되고 "이행불능"이 되지 않는다. 특 정물건을 주는 채무인 경우에는 그 물건이 멸실되면 채무이행은 불능으로 된다. 이때 채 무자에게 과실이 있으면 채권자에게 손해를 배상하여야 하고, 채무자에게 과실이 없으면 채무가 없어진다. 물론 채무자의 채권자에 대한 반대급부청구권도 소멸한다. 그러나 금전 채무에서는 이행이 불가능한 상태가 발생할 수 없다. 따라서 금전채무가 불이행되면 모 두 이행지체의 상태가 된다. 원래의 채무는 절대로 소멸하지 않고 이행지체에 대한 손해 배상채무가 추가로 발생하게 된다. 한편, 금전채무의 불이행은 채무자의 과실에 의한 불 이행을 말한다. 따라서 금전채무의 불이행이 있으면 바로 채무자의 과실이 있는 것이므

---

18) 대판 1997.5.9. 96다48688, 대판 2005.7.28. 2003다12083.

로 채무자는 채무불이행에 과실이 없음을 입증하여 손해배상책임을 면할 수 있는 것이 아니라고 하는 것이다.

(3) 손해의 발생

금전채무를 이행하지 않으면 채권자에게 당연히 손해가 발생한다. 원래 채권자가 채무자의 채무불이행을 이유로 손해배상을 청구하려면 자기에게 손해가 발생했음을 입증하여야 하는 것이 원칙인데, 금전채권의 경우에는 이를 입증할 필요가 없다. 그렇다고 하더라도 채권자가 금전채무의 불이행을 원인으로 손해배상을 구할 경우 지연이자 상당의 손해가 발생하였다는 취지의 주장을 하여야 한다. 왜냐하면, 제397조에 비추어 지연이자를 청구하는 채권자는 그만큼의 손해가 있었다는 것을 증명할 필요는 없을 것이나 그러한 주장조차 하지 아니하였기 때문에 그러한 손해를 청구하고 있다고 볼 수 없는 경우까지 지연이자 부분만큼의 손해를 인용해 줄 수는 없기 때문이다.[19]

또한, 이러한 지연이자는 금전채무의 이행지체로 인한 손해배상채무로서 이행기의 정함이 없는 채무에 해당하므로[20] 채무자는 확정된 지연손해금채무에 대하여 채권자의 이행청구를 받은 때부터 지체책임을 부담하게 될 것이다.[21] 그리고 소비대차에서 그 변제기가 지난 후 이자의 약정이 없는 경우 특별한 의사표시가 없는 한 당초의 계약이자를 지급하기로 한 것이라고 보는 것이 상당할 것이다.[22] 그러나 금전소비대차에서 이자의 약정은 법률상 그 대차에 반드시 수반되어야 하는 것이 아님은 물론 거래의 통념상 그 약정이 있었음이 추정되는 것도 아니다.[23]

금전채무의 이행지체에 의한 손해를 흔히 연체이자라고 표현하는데 당사자 간에 약정이 있으면 그것에 의하고 약정이 없으면 법정이율(민사 연 5푼, 상사 연 6푼)을 적용한다.

> [사례] A는 B로부터 금 1억 원을 연 1할 5푼의 이자를 지급하기로 약정하고 차용하였다. 지급기일이 되어도 A가 원금의 변제를 하지 않은 경우 B는 A에게 어떠한 이자를 청구할 수 있는가?

---

19) 대판 2000.2.11. 99다49644.

20) 대판 1998.6.28. 97다7868.

21) 대판 2004.7.9. 2004다11582.

22) 대판 1970.3.10. 69다2269.

23) 대판 1960.2.25. 4292민상125.

(4) 지급수단의 융통성

금전에는 개성이 없으므로 채무자가 자유롭게 어느 통화로 지급하여야 할 것인지 여부를 결정할 수 있다. 그러나 강제 통용력이 있는 것이 전제가 되고 통화의 종류를 미리 정해 놓았을 경우에는 그러하지 않다(제378조).

한편, 외국통화는 한국통화가 아니기 때문에 채무자는 채권자에게 이행지의 환금시가에 의하여[24] 한국통화로 변제할 수 있다(제378조). 즉, 채권액이 외국통화로 지정된 금전채권인 외화채권을 채무자가 우리나라 통화로 변제할 경우에는 제378조가 환산시기에 관하여 외화채권에 관한 제376조, 제377조 제2항의 변제기라는 표현과는 다르게 "지급할 때"라고 규정한 취지에 비추어 그 환산 시기는 이행기가 아니라 현실로 이행하는 경우의 외국환시세에 의하여 환산한 우리나라 통화로 변제하여야 할 것이다.[25] 그리고 경매절차에서도 마찬가지로 외화채권자에게 배당을 하는 경우 외화채권의 환산기준 시기는 배당기일 당시의 외국환시세를 우리나라 통화로 환산하는 기준으로 삼아야 한다.[26] 또한, 채권자도 채무자에게 외국금전채권을 한국통화로 지급하도록 청구할 수 있다.

> [사례] A는 B에게 금 1억 원을 차용한 후 변제기에 이르러 B는 A에게 백 원짜리 동전만으로 변제하고자 하였다. 그러자 B는 A에게 금 5만 원짜리로 변제하지 않으면 받지 않겠다고 하면서 수령을 거부하고 있다. B의 거부는 이유가 있는가?

(5) 기타 관련 문제

(가) 법정해제의 경우 당사자 일방이 그 수령한 금전을 반환할 때에는 받은 때부터 법정이자를 부가할 것이 요구되므로 매도인이 반환하여야 할 매매대금에 대해서는 그 받은 날부터 민법이 정한 법정이율인 연 5푼의 비율에 의한 법정이자를 부가하여 지급하여야 한다.[27]

(나) 이혼소송과 병합하여 재산분할청구를 하고 법원이 이혼과 동시에 재산분할로서

---

24) 변제충당 시 외국환시세에 의하여 환산하여야 한다는 판례로서는 대판 2000.6.9. 99다56512.

25) 대판(전합) 1991.3.12. 90다2147. 따라서 법원은 이행을 명할 때 채무자가 현실로 이행할 때 가장 가까운 사실심 변론종결 당시의 외국환시세를 우리나라 통화로 환산하는 기준시로 삼거나 우리나라의 통화를 외화채권에 변제충당할 때에도 현실로 변제충당할 당시의 외국환시세에 의하여 환산하는 기준시로 삼아야 한다(대판 2000.6.9. 99다56512)고 한다.

26) 대판 2011.4.14. 2010다103642.

27) 대판 1995.3.24. 94다47728, 대판 1996.4.12. 95다28892.

금전지급을 명하는 판결을 한 경우 그 금전지급채무의 이행기는 판결이 확정된 때이어서 그다음 날부터 이행지체책임을 지게 된다. 또한, 소송촉진 등에 관한 특례법 제3조 제1항 단서에 의하여 같은 조항 본문에 정한 이율은 적용되지 않는다.[28]

(다) 파산채권자에 대한 배당금지급채무는 파산채무의 원래 속성이나 파산자가 상인인지 여부와는 무관하게 민사채무로 봄이 상당하고 그 지연으로 인한 지연손해금에 적용될 법정이율도 원래 파산채무의 속성이나 약정이율 혹은 집행권원에서 정한 지연이율에 영향을 받지 아니하고 민사법정이율인 연 5%가 적용된다.[29]

(라) 채무자가 채무이행과 관련하여 채권자에게 어음을 교부하는 경우 채무자의 차용금채무는 원칙적으로 소멸하지 않는다. 즉, 채무이행에 관하여 어음 또는 수표를 교부하는 경우 별도의 약정이 있는 때에는 그에 따르되 약정이 없는 경우에는 구체적인 사안에 따라 지급을 위하여 또는 지급 확보를 위하여 교부된 것으로 추정된다.[30] 또한, 채권자가 채무자로부터 차용금채무의 지급을 위하여 어음을 받은 다음 채권자가 그 어음과 분리하여 대여금채권만을 제3자에게 양도하고 이를 채무자에게 통지한 다음 제3자가 채무자에게 대여금반환을 청구한 경우 채무자는 기존원인채권의 양도인에게 채권자가 위 어음의 반환이 없는 기존원인채무의 이행을 거절할 수 있는 항변권을 그 채권양도통지를 받기 이전부터 이미 가지고 있으므로 채권양수인에게도 위와 같은 항변권을 행사할 수 있다.[31] 그리고 어음채권의 행사는 원인채권의 소멸시효를 중단시키는 효력이 있고 이러한 법리는 채권자가 어음채권을 피보전권리로 하여 채무자의 재산을 가압류함으로써 그 권리를 행사한 경우에도 마찬가지로 적용된다고 할 것이다.[32]

(마) 한편, 변제기 이후에 지급하는 지연이자는 금전채무의 이행을 지체함으로 인한 손해배상금에 해당하고 이자가 아니므로 단기소멸시효의 대상도 되지 않을 것이다.[33]

---

28) 대판 2001.9.25. 2001므725, 732.

29) 대판 2005.8.19. 2003다22042.

30) 대판 2001.7.13. 2000다57771.

31) 대판 2003.5.30. 2003다13512.

32) 대판 1999.6.11. 99다16378.

33) 대판 1987.10.28. 87다카1409.

4. 이자채권

가. 의의 등

(1) 의의

이자채권이란 이자의 지급을 목적으로 하는 채권을 말한다. 이자란 유동자본인 원금에서 원금사용의 대가로 원금과 사용기간에 따라 일정한 이율에 의해 지급되는 금전 기타 대체물을 말한다. 따라서 이자는 동일 종류의 물건반환을 내용으로 하는 원본채권의 존재가 전제로 되고 원본으로부터 발생하는 수입, 소득이어서 원본의 소각을 포함하지 않고 일정이율에 따라 계산되어 그것은 금전 기타 대체물이 아니면 이율을 정할 수 없으므로 이자는 금전 기타 대체물이어야 하는 성질을 가지고 있다.

(2) 종류 등

(가) 이자의 종류

ⅰ. 법정이자와 약정이자

금전의 소비대차, 자기앞수표의 교부로서 실행된 대출[34] 등과 같이 금전 등을 상대방에게 지급하면서 당사자 간에 이자약정을 통하여 즉, 계약에 의해 이자채권 등이 발생하는 경우가 있다. 이자약정계약 등 법률행위에 의해 발생하는 이자를 약정이자라고 하고 법률의 규정에 의해 발생하는 법정이자이라고 한다. 약정이자의 이율은 계약에 의해 정하지만(이를 "약정이율"이라고 한다) 계약의 이율에 관한 규정이 없는 때에는 법정이율에 따른다. 법정이율은 민사인 경우에는 연 5푼인 반면, 상사인 경우에는 연 6푼이다. 법률에 특별한 규정이 없는 경우에도 원칙적으로 법정이율에 의하는 것으로 한다. 이 외에도 이자의 종류에는 복리가 있다.

> [사례] A는 친구 B에게 금 1억 원을 차용하면서 이자를 지급한다고 하는 약속을 하였지만 이율을 결정하지 않았다. 어느 정도의 이자를 지급하면 바람직한가?

---

34) 대판 2003.5.16. 2002다65745.

ⅱ. 복리

복리란 변제기가 도래한 이자를 원본에 삽입시켜 이것을 원본의 일부로 받아들여 그것에 대하여 이자를 붙이는 것을 말한다. 즉, 이자의 이자이다. 복리는 특약에 의한 경우(약정복리)와 법률에 의한 경우가 있다.

[사례] A는 B에게 금 1억 원을 변제기 1년, 약정이자 연 1푼으로 약정하고 차용하였다. 그때 3개월마다 이자를 계산하여 지급하고 그 이자의 지급이 없는 경우에는 그 이자를 원본에 산입하는 특약을 체결하였다. 이러한 계약은 유효한가?

(나) 기본적인 이자채권과 지분권인 이자채권

원본채권에 대하여 일정 기간의 도과에 따라 일정률의 이자를 만들어 낸다고 하는 기본적인 이자에 해당하는 기본권인 이자채권과 기본권인 이자채권의 효과로서 일정 기간에 현실적으로 발생한 일정액의 이자를 청구하는 하나하나의 채권을 지분권인 이자채권이라고 한다. 이러한 기본적인 이자채권은 원본채권에 대하여 종속성을 갖고 있으나 이미 변제기에 도달한 이자채권 즉, 지분권인 이자채권은 원본채권과 분리하여 양도할 수 있고 원본채권과 별도로 변제할 수 있으며 시효로 인하여 소멸되기도 하는 등 어느 정도 독립성을 갖게 된다. 따라서 원본채권이 양도된 경우에도 원본채권의 양도 당시 그 이자채권도 양도한다는 의사표시가 없는 한, 당연히 양도되지는 않는 반면,[35] 기본권인 이자채권은 원본채권에 대하여 부종성이 강하다고 말할 수 있을 것이다.

	기본권인 이자채권	지분권인 이자채권
원본채권이 양도된 경우	그것에 따라 이전한다.	특약이 없는 한 이전하지 않는다.
이자채권만을 양도할 수 있는가?	불가	가능
원본채권과 별개로 시효 소멸하는가?	하지 않는다.	한다.

한편, 제163조 제1호에 정한 1년 이내의 기간으로 정한 금전 또는 물건의 지급을 목적으로 하는 채권이란 1년 이내의 정기에 지급되는 채권을 의미하는 것이지, 변제기가 1년 이내의 채권을 말하는 것이 아니므로 이자채권이라고 하더라도 1년 이내의 정기에 지급하기로 한 것이 아닌 이상 위 규정에 정한 3년의 단기소멸시효에 걸리는 것이 아니다.[36]

---

35) 대판 1989.3.28. 88다카12803.

나. 이자제한법의 내용

(1) 제정경위

IMF의 도래 등 한국경제의 어려움으로 인하여 폐지되었던 이자제한법이 국민 경제생활의 안정과 경제정의의 실현을 목표로 2007년 6월 30일부터 다시 시행되고 있다. 금전소비대차에서는 이자를 계약당사자의 사적 자유에 위임할 경우에는 우월적 지위에 있는 대여자가 차용인의 궁박, 무경험에 편승하여 고금리에 의한 대여를 할 수 있는 상황이 빈번하게 발생할 수 있다. 이러한 경우 폭리행위로 평가되어 공서양속의 위반(제103조) 또는 불공정한 법률행위(제104조)를 이유로 계약이 무효화될 가능성은 있을 수 있다. 그러나 공서양속 위반 등에 해당한다고 말하기 위해서는 객관적으로 비정상적인 고금리일 것에 추가하여 대여자의 주관적인 착취의도 또는 차용인의 심리적인 궁박 등을 이용할 의도의 입증이 필요하다. 따라서 고금리라고 하는 점에서 바로 공서양속 위반 또는 불공정한 법률행위를 이끌어 내기 위해서는 많은 어려움이 있을 수 있으므로 고리의 금융에서 차용인을 보호하기 위하여 이자제한법이 제정된 것이다.

(2) 내용

이자제한법의 적용범위를 살펴보면, 금 10만 원 이상의 금전대차에만 적용되고 최고이자율은 연 40%이지만 동법 시행령에서 연 30%로 정하고 있어 실제 최고이자율은 연 30%이다. 또한, 같은 법령에 근거한 최고이자율인 연 30%를 넘은 부분은 무효이고 돈을 빌린 사람이 최고이자율을 초과하는 이자를 지급한 경우 초과로 지급된 이자는 우선 원금에서 공제하고 원금을 공제하고도 남은 잔액이 있는 경우에는 반환을 청구할 수 있다. 그리고 같은 법령에서는 선이자의 경우 채무자가 실제 받은 금액을 원금으로 보도록 정하고 있고 수수료, 할인금, 공제금, 체당금 및 예금 등 어떠한 명칭에도 불구하고 채권자가 받은 것은 이자로 본다. 그리고 이와 함께 이자에 대하여 복리도 최고이자율을 연 30% 이하로 제한하고 돈을 갚지 않을 경우를 대비하여 미리 손해배상금을 예정한 경우에도 법원에서 부당하다고 인정한 때에는 감액을 할 수 있도록 정하고 있다.

한편, 동법은 개인과 무등록 대부업자(혹은 사실상의 대부업자)가 적용대상이므로 다른 법률에 따라 인가, 허가 및 등록을 마친 금융기관 또는 대부업자인 경우에는 「대부업 등의 등록 및 금융이용자보호에 관한 법률」(이를 통상적으로 "대부업법"이라고 한다)에 따

---

36) 대판 1996.9.20. 96다25302.

라 등록한 등록대부업자에게는 이자제한법이 적용되지 않는다. 즉, "무등록" 대부업자의 최고이자율은 동법에 따라 연 30%이지만[37] "등록" 대부업자는 대부업법에 따라 연 49%이다.[38]

> [사례] A는 대부업자인 B에게 금 1억 원을 차용하였다. 변제기일은 1년 후로, 이자는 연 5할로 정하였다. A는 2개월 동안 이자를 지급하였지만 그 이후에는 변제기일이 도과하였음에도 현재까지 지급을 지체하고 있다. A의 잔대금은 어떻게 되는가?

5. 선택채권

가. 의의

선택채권이란 수개의 서로 다른 급부가 선택적으로 채권의 목적으로 되어 있으나 선택에 의하여 그중 하나가 급부의 목적으로 확정되는 채권을 말한다. 선택채권에서 수개의 급부는 동일종류가 아니어도 좋고 특정되어 있을 필요가 없다. 선택을 하지 않은 상태에서는 특정되어 있지 않다고 하는 점에서 종류채권의 특정과 유사하지만 개성이 중시된다고 하는 점에서 종류채권과 다르다. 이와 같은 선택채권은 선택적으로 정해져 있는 수개의 급부를 목적으로 하는 것이기 때문에 채무를 이행하려면 그 수개의 급부 중 어느 하나로 특정해서 단순채권으로 변경하여야만 한다. 이를 선택채권에 있어서 "특정 또는 집중"이라고 한다. 예컨대, 토지소유자가 1필 또는 수필의 토지 중 일정 면적의 소유권을 상대방에게 양도하기로 하는 계약을 체결하였으나 위 계약에서 양도받을 토지의 위치가 확정되지 아니한 경우 선택권자에 의한 특정이 필요하다.[39] 그러나 재개발사업의 시행에 따라 철거된 건물의 세입세대주가 가지는 임대아파트 입주확인권은 철거된 건물의 세입세대주에게 부여된 법률상의 권리 또는 이익일지라도 이는 사업시행자가 수립하는 이주대책에 따라 임대아파트의 방 1개에 관한 임대차주가 사업시행자에게 청구할 수 있는 것에 불과하므로 이를 선택채권으로 볼 수 없다고 한다.

한편, 이러한 선택채권은 증여와 같이 계약 등 법률행위 및 무권대리인의 책임(제135

---

37) 대판 2009.6.11. 2009다12399.

38) 종전 대부업법의 최고이자율은 연 66%이었지만 2007년 10월 4일부터 연 49%로 인하되었다.

39) 대판 2011.6.30. 2010다16090.

조), 유익비상환청구권(제203조 제2항) 등과 같이 법률의 규정 등에 의해 발생된다.

나. 구별개념

(1) 조건부 채권과의 구별

조건을 붙여서 선택채권과 비슷한 조건부 채권을 발생케 할 수 있다. 그러나 이러한 채권은 선택채권이 아니다. 채권 간의 선택은 수개의 채권에 해당하고 선택을 조건으로 하는 단순채권은 조건부 단순채권에 해당한다. 즉, 수개의 급부 중에서 조건의 성취로 그 중 하나로 특정케 하기 때문에 선택행위가 없는 것이 특징이다.

(2) 종류채권과의 구별

선택채권은 개성이 중요시되고 이행이 불가능한 경우에는 잔존급부로 특정되며 선택은 채권이 발생한 때로 소급하여 효력이 발생한다. 선택채권은 종류채권과 마찬가지로 특정 이전에는 채권의 목적인 급부가 불확정한 상태에 있다. 그러나 일정 종류에 속하는 물건을 급부할 것을 내용으로 하는 종류채권의 경우와는 달리 여러 개의 확정된 목적물 중에서 그 하나를 선택해서 급부하는 것이 선택채권이다. 또한, 종류채권은 각 급부의 개성이 무시되고 이행불능에 의한 특정이 없고 특정에 의한 소급효가 없다(제386조).

(3) 임의채권과의 구별

채권의 목적은 하나의 급부에 특정되어 있지만 채권자 또는 채무자가 다른 급부로 본래의 급부에 갈음하여 할 수 있는 권리(이를 대용권 또는 보충권이라고 한다)를 가지고 있는 채권을 임의채권이라고 한다. 반면, 선택채권은 선택적으로 정해져 있는 수개의 급부를 목적으로 하는 것이므로 채무를 이행하려면 그 수개의 급부 중 어느 하나로 특정해서 단순채권으로 변경하여 이행하는 채권에 해당한다.

다. 선택에 의한 선택채권의 특정

(1) 의의

선택채권의 목적인 수개의 급부가 하나의 급부로 확정되는 것이 선택채권의 특정 또는 집중이라고 한다. 선택에 의하여 어느 하나의 급부로 특정될 때까지는 채권의 목적은 확정되지 않는다. 따라서 특정 전에는 이행이나 강제집행이 불가능하다.

(2) 선택에 의한 특정

(가) 선택권

선택채권인 경우에는 수개의 급부 중에서 구체적으로 이행될 하나의 급부를 선정하는 의사표시가 급부의 선택이고 이 선택을 할 수 있는 법률상의 지위가 선택권이다. 그것은 선택하는 자의 일방적인 의사표시로 채권의 내용에 변경을 발생케 하므로 일종의 형성권에 해당한다(제382조 제1항).

(나) 선택권자

누가 선택권을 가지는지 여부는 선택채권의 발생 원인에 의해 정해지는 것이 보통이다. 따라서 선택채권이 법률규정에 의해 발생하는 경우에는 법률에 의하여, 법률행위에 의해 발생하는 경우에는 역시 법률행위로 선택권자가 결정된다. 전자의 사례로서는 무권대리인의 책임(제135조), 점유자의 유익비상환청구권(제203조) 및 보증인의 사전구상에 대한 주채무자의 보호(제443조) 등이 있다.

선택권을 행사할 수 있는 자는 특약이 없는 한 채무자에게 귀속되지만(제380조) 선택권자를 정하는 규정이나 당사자의 약정이 있으면 채권자, 채무자뿐만 아니라 제3자라도 무방하다고 할 것이다. 한편, 선택방법으로는 선택권자의 선택에 의한 특정(제381조~제384조)과 급부불능에 의한 특정(제385조) 등이 있다.

(3) 선택권의 행사

당사자 일방이 선택권을 가지는 경우에는 선택권은 상대방에 대한 의사표시에 의하여 행사한다. 한편, 제3자가 선택권을 행사하는 경우에는 채권자 및 채무자에 대한 의사표시로 하여야 한다(제383조 제1항). 선택의 의사표시는 수령을 요하는 일방적 의사표시이고 상대방에게 도달한 때에 그 효력이 발생한다. 그리고 일단 그 효력이 발생한 때에는 채권자 및 채무자의 동의가 없으면 철회하지 못한다(동조 제2항). 예컨대, 갑이 을로부터 특정 임야 중에서 500평을 매수하되 그 구체적인 목적물은 후일 갑의 선택에 의하도록 약정한 경우 갑이 일단 목적물을 특정한 후에는 특별한 사정이 없는 한 을의 동의 없이는 이를 일방적으로 철회할 수 없다.[40] 그러나 선택의 의사표시는 이른바 의사표시에 관한 일반법리가 적용된다. 따라서 선택권자가 선택의 의사표시를 한 뒤라도 상대방의 사해행위 등으로 선택의 목적을 달성할 수 없는 경우와 같이 특별한 사정이 있는 때에는 상대방의 동의가 없어도 의사표시도 철회하고 새로운 선택을 할 수 있다.[41] 사기, 강박에 의한 선택의 의사표시는 일반원칙에 따라 취소할 수 있다. 그리고 선택은 일방적 의사표시이므로 원칙적으로 조건이나 기한을 붙이지 못한다.

제3자의 선택권의 철회는 채권자, 채무자 쌍방의 동의가 있어야 한다. 선택권의 행사는 당사자의 이익을 위하여 존재하기 때문에 당사자 쌍방의 동의가 있으면 철회할 수 있다.

> [사례] A는 B로부터 대학입시 합격을 축하하기 위하여 손목시계든지, 만년필이든지 마음에 드는 것을 가지라고 하는 이야기를 들었다. A는 B에게 만년필을 가지고 싶다고 말하였다. 그런데 그 후 A가 생각이 바뀌어 손목시계로 변경하고 싶다고 하였는데 가능한가?

(4) 선택권의 이전

선택권은 권리이지, 의무가 아니므로 선택권을 행사하여야 할 의무에 관하여 당사자 사이에 특약이 없는 한, 선택권의 행사를 강제하지는 못한다. 그러나 선택권자가 선택권을 행사하지 않으면 선택권을 가지지 않는 당사자는 이행에 관하여 곤란을 받는다. 따라서 민법은 일정한 경우 선택권이 이전하는 것을 인정하고 있다.

(가) 당사자 일방이 선택권을 가지는 경우

선택권 행사의 기간 유무에 따라 다르다. 선택권 행사의 기간이 있는 경우에는 선택권자가 그 기간 내에 선택권을 행사하지 않으면 상대방은 상당한 기간을 정하여 그 선택을 최고할 수 있고 그럼에도 불구하고 그 기간 내에 선택하지 않으면 선택권은 상대방에게 이전된다(제381조 제1항). 그러나 선택권 행사의 기간이 없는 경우에는 채권의 이행기가

---

40) 대판 1965.3.16. 64다1216.

41) 대판 1972.7.11. 70다877.

도래한 후에 상대방이 상당한 기간을 정하여 선택을 고지하였음에도 선택권자가 그 기간 내에 선택하지 않으면 역시 선택권은 상대방에게 이전한다(동조 제2항).

(나) 제3자가 선택권을 가지는 경우

선택권자인 제3자가 선택불능인지 또는 선택할 수 있음에도 하지 않았는지 여부에 따라 다르다. 즉, 선택권자인 제3자가 선택할 수 없으면 선택권자는 당연히 채무자에게 이전한다(제384조 제1항). 반면, 선택할 수 있음에도 선택하지 않으면 채권자나 채무자는 상당한 기간을 정하여 선택을 최고할 수 있고 그 기간 내에 선택하지 않으면 선택권은 역시 채무자에게 이전한다(제384조 제2항).

(5) 불능으로 인한 선택채권의 특정

급부불능에 의한 특정은 소급효가 없다. 그리고 그러한 불능이 원시적 불능인 때에는 잔존하는 급부에 존재하게 된다(제385조 제1항). 그러나 선택권자의 과실 또는 당사자 쌍방의 무과실에 의한 후발적 불능인 경우에는 채권은 잔존하는 급부에 존재한다. 그러나 선택권 없는 자의 과실로 인한 경우에는 선택채권의 존속에 영향이 없으므로 잔존급부가 하나라고 하여도 특정은 발생하지 않고 선택권자는 불능으로 된 급부를 선택할 수도 있다(제385조 제2항). 그러므로 채권자가 선택권자인 경우 채무자의 과실로 불능이 된 급부를 선택하여 이행불능으로 인한 손해배상을 청구할 수도 있고 채무자가 선택권자인 경우 채권자의 과실로 불능으로 된 급부를 선택하여 채무자에게 책임이 없는 이행불능으로서 채무를 면할 수 있다. 그러나 당사자의 공동과실로 급부불능이 된 경우에는 잔존급부에 존재하는 것으로 보는 것이 타당할 것이다.

원시적 불능	제385조 제1항 전단		
후발적 불능	당사자의 과실에 의하지 않는 경우	제385조 제1항 후단	특정된다.
	당사자의 과실에 의한 경우 — 채권자에게 선택권이 있는데 그 과실에 의한 경우	제385조 제1항 후단	
	당사자의 과실에 의한 경우 — 채무자에게 선택권이 있는데 그 과실에 의한 경우	제385조 제1항 후단	
	선택권이 없는 당사자의 과실에 의한 경우	제385조 제2항	특정되지 않는다.

(6) 선택의 효과

선택이 행하여지면 선택채권은 단순채권으로 변한다. 즉, 특정으로 선택채권은 선택적인 것이 아닌 하나의 급부를 목적으로 하게 된다. 그러나 선택에 의하여 반드시 특정물채권이 되는 것은 아니다. 즉, 그 급부의 목적물이 특정물이냐, 불특정물이냐 또는 금전채권이냐에 따라 특정물채권, 종류채권 또는 금전채권으로 이전한다. 따라서 종류채권이 선택된 경우에는 종류채권으로 되기 때문에 종류채권으로서 다시 특정이 필요하게 된다.

선택은 채권이 발생한 때 소급하여 그 효력이 생긴다(제386조). 즉, 채권이 발생한 때부터 선택된 급부만을 목적으로 하는 채권이 성립되어 있는 것으로 된다. 이와 관련하여 제3자의 권리를 해하지 못한다고 하는 단서규정은 전혀 의미가 없는 규정에 해당한다.

[사례 1] A는 B와 A소유의 갑과 을의 건물 중 어느 하나를 B에게 증여한다는 취지의 계약을 체결하였다. 그런데 위 계약을 하기 전날에 갑 건물이 붕괴되었다. B의 권리는 어떻게 되는가?

[사례 2] 위 사례의 계약에서 계약이 성립된 후 A의 과실로 갑 건물이 소실되었다고 한다면 어떻게 되는가?

[사례 3] 위 사례의 계약에서 선택권이 채권자 B에게 있는 경우 A의 과실에 의해 갑 건물이 소실되어 버린 경우에는 어떻게 되는가?

[사례 4] A는 B와 A소유의 갑 건물이든지, 을 건물이든지 어느 하나를 B에게 증여하는 취지의 계약을 체결하였다. 그런데 그 후 A와 B 간에 불화가 발생하여 A는 위 갑, 을 건물을 C에게 매도하였다. B가 갑 건물을 선택한 경우 갑 건물의 소유권을 취득하는가?

6. 임의채권

가. 의의

채권의 목적은 하나의 급부로 특정되어 있지만 채권자 또는 채무자가 다른 급부로서 본래의 급부에 갈음할 수 있는 권리를 가지고 있는 채권을 말한다. 예컨대, 소 1마리를 급부하여야 하지만 시가에 따라 금전으로 급부해도 좋다고 하는 채권을 말한다. 이러한 경우 본래의 급부에 갈음하여 다른 급부를 할 수 있는 권리를 대용권 또는 보충권이라고 하고 갈음하는 급부를 대용급부라고 한다.

나. 구별개념

대용권(보충권)은 채무자의 일방적 의사표시로써 행사할 수 있는 형성권인 점에서 대물변제계약 또는 그 예약과 구별되고 채권의 목적인 수개의 급부가 본래의 급부와 대용급부로 나누어지고 대용급부가 보충적인 지위에 있는 점에서 선택채권과 구별된다. 따라서 본래의 급부가 원시적으로 불능인 경우에는 임의채권은 성립하지 않고 본래의 급부가 채무자의 책임 없는 사유로 불능이 되었을 때에는 임의채권은 소멸한다. 그러나 선택채권에 있어서는 나머지의 급부가 소멸하지 않고 특정되는 것이다.

다. 발생원인

법률행위에 의해서 발생하는 것이 보통이나 법률의 규정에 의해 발생하는 경우도 있다(제378조, 제443조 후단 등). 대용급부권이 없는 채권자는 어디까지나 본래의 급부를 청구할 수 있음에 그치고 대용급부권이 없는 채무자는 대용급부의 수령을 강제하거나 또는 이에 의하여 상계 등의 주장을 하지 못한다.

라. 행사

대용권 또는 보충권을 행사할 수 있는 권한은 당사자의 계약이나 채권채무관계에 따라 다를 수 있으나 당사자의 의사가 명확하지 않은 때에는 원칙적으로 채무자에게 있다. 왜냐하면, 임의채권은 주로 채무자의 변제를 위한 편의를 도모하기 위하여 성립하는 경우가 많기 때문이다. 대용권자의 대용급부의 의사표시만으로는 특정되지 아니하고 실제의 대용급부가 이루어져야 한다. 다만, 본래의 급부가 채무자에게 책임 없는 사유로 불능으로 된 경우 채권은 소멸한다.

제3장 채권의 효력에 관한 개괄적인 고찰

제1절 개관

Ⅰ. 의의

채권자가 채권을 가지고 있는 경우 그 채권에 주어져 있는 힘 즉, 채권이 자기의 내용을 실현하기 위해 가져야 하는 효과를 채권의 효력이라고 한다. 여기에서 말하는 채권의 효력에 관하여는 표와 같이 채권의 대내적·대외적 효력 등으로 구분하여 말할 수 있다.

〈채권의 효력〉

채권의 효력	대내적 효력	청구력과 급부보유력	청구력
			급부보유력
		채무불이행에 대한 효력	현실적 이행강제
			손해배상의 청구
			계약해제권
		채권자지체	
	대외적 효력	제3자의 채권침해와 불법행위 성립 여부	
		채권침해와 방해배제청구	
		채무자의 책임재산 보전	채권자대위권
			채권자취소권

Ⅱ. 채권의 대내적 효력

채권의 효력 중에서도 채권자와 채무자의 관계 즉, 채권관계 내부에서 발생하는 효력을 말한다. 이러한 채권의 대내적 효력에는 다시 이를 청구력, 급부보유력 및 현실적인 이행강제, 손해배상청구, 계약해제권과 같은 채무불이행에 대한 효력 및 채권자지체 등으로 구분할 수 있을 것이다.

1. 청구력과 급부보유력

청구력이란 채권자가 채무자에게 급부를 청구할 수 있게 해 주는 힘을 말한다. 따라서 채권자에게 이러한 청구력이 있다고 한다면, 채권자의 청구가 있다고 하여도 그것이 불법행위가 성립되지 않는다. 예컨대, 청구력이란 매수인이 매도인에게 매매목적물인 자동차의 인도를 청구할 수 있는 힘이다.

또한, 급부보유력이란 위와 같이 채권자가 청구하여 채무자가 이행한 급부를 적법하게 보유할 수 있게 해 주는 힘을 말한다. 따라서 이러한 급부보유력이 있다고 한다면, 채무자의 급부를 수령하여도 부당이득이 성립되지 않는다. 예컨대, 급부보유력이란 상점임차인이 임차한 상점을 계속하여 점유하고 있을 수 있는 힘이다.

이와 같은 청구력과 급부보유력은 채권의 본래적 효력으로서 이러한 본래적 효력만 갖고 있다고 한다면 채권자는 강제적인 실현권능과는 상관없이 법률상의 채권을 가진 것으로 취급된다.

2. 강제이행 및 손해배상청구의 효력

강제이행의 효력이란 채권자가 이행청구를 하였음에도 채무자가 임의이행을 하지 않는 경우 채권의 실현을 위해 채권자가 법원을 통하여 이행강제의 신청을 할 수 있게 해 주는 효력을 말한다(제389조). 예컨대, 소비대차에서 대주가 차주에게 빌려준 금전의 반환을 청구를 하였음에도 차주가 이를 반환하지 않을 경우 차주의 일반재산에 대하여 강제집행을 하여 채권의 만족을 얻을 수 있게 해 주는 효력을 말한다.

그리고 손해배상청구의 효력이란 채권자가 이행청구를 하였음에도 채무자가 채무를 그 내용에 좇아 이행하지 않았을 경우 채권자가 강제이행 대신 채무자에게 그로 인한 손해배상을 청구할 수 있게 해 주는 효력을 말한다(제390조). 예컨대, 의료계약에서 의사가 수술을 잘못해 환자를 불구로 만든 경우 환자가 의사에게 일실이익 기타 손해배상을 청구할 수 있는 효력을 말한다.

이와 같은 강제이행 및 손해배상청구의 효력은 채권의 이차적인 효력으로서 이러한 효력이 없이 본래적인 효력만을 가진 채권 즉, 강제력이 없는 채권에 대해서는 이른바 자연채무가 성립한다고 한다.

Ⅲ. 채권의 대외적 효력

　채권의 대외적 효력이란 채권의 효력 중에서도 채권자와 제3자 사이 즉, 채권관계의 외부에서 발생하는 효력을 말한다. 채권은 절대권인 물권과 달리 상대권이고 그 목적이 물건이 아닌 급부라는 무형적인 행위이므로 제3자에 의해 침해된다고 하여도 그것이 바로 위법으로 되는 것은 아니다. 그러나 예컨대, 주택임대차보호법상 대항요건을 갖춘 임차권과 같이 채권이 점유를 수반하면서 대항력을 갖고 있다거나, 제3자가 순전히 채권자의 권리를 해할 목적으로 사기, 강박 및 기타 유사한 수단에 의하여 채권자의 자유로운 의사결정을 적극적으로 방해할 경우에는 점유권의 침해나 영업방해 등에 의한 자유의 침해로서 불법행위가 적용될 수 있으므로 이러한 경우에는 채권도 대외적 효력을 가질 수 있게 된다.

Ⅳ. 책임재산의 보전을 위한 효력

　위와 같은 채권 자체의 효력 이외에 채권자의 보호를 위해 법률이 특별히 인정한 효력으로서 채권의 만족을 궁극적으로 보장해 주는 채무자의 일반재산을 지키기 위해 채권자로 하여금 특별히 채무자의 법률관계에 개입할 수 있게 만들어 주는 효력이 있다. 예컨대, 채권자대위권(제404조, 제405조)과 채권자취소권(제406조, 제407조) 등이 그것이다.

1. 채권자대위권

　채권자가 자기의 채권을 보전하기 위해 채무자가 제3자에게 가진 채권을 채무자에 갈음하여 행사할 수 있는 권한을 채권자대위권이라고 한다(제404조, 제405조).

2. 채권자취소권

　채무자가 채권자를 해함을 알면서도 어떤 재산법적인 법률행위를 했을 경우 채권자가 그 취소 및 원상회복을 법원에 청구할 수 있는 권한을 채권자취소권이라고 한다(제406조,

제407조).

V. 채권자지체

채무이행을 위하여 채권자의 협력행위가 필요함에도 채권자가 협력행위를 하지 않을 경우 계약의 내용에 좇아 이행제공을 한 성실한 채무자를 보호하기 위하여 채무자의 경과실책임을 면제해 주고 채권자지체로 인해 증가된 비용을 채권자의 부담으로 돌리는 제도를 말한다(제400조 내지 제403조). 예컨대, 매수인이 TV를 주문하여 매도인인 채무자가 수차례 배달하였음에도 매수인인 채권자가 집에 있지 않을 경우 채권자는 채무자에게 그 증가된 교통비 등의 비용을 지급해야 하고 그 와중에 채무자의 경과실로 발생한 손해까지도 당연히 부담해야 한다.

제2절 강제이행과 손해배상

I. 채권의 속성인 강제력

채권의 강제력(집행력)이란 채권의 만족을 위하여 즉, 그 내용을 실현하기 위해 채권자가 국가기관의 도움을 받을 수 있도록 해 주는 효력을 말한다. 이러한 채권의 강제력은 다시 관철력과 공취력으로 구분될 수 있다. 전자는 부동산매수인이 부동산 점유의 인도를 소구하는 것과 같이 채무내용을 그대로 실현할 수 있도록 하기 위하여 법원에 강제이행판결을 얻을 수 있게 만드는 효력인 반면, 후자는 돈을 빌려준 은행이 돈을 갚지 않은 채무자를 대신하여 그가 살고 있는 집에 대하여 경매 등을 통하여 처분하고 그 대금에서 금전채권의 만족을 얻는 것과 같이 채무자의 일반재산을 소송법적인 절차에 따라 압류하고 금전 이외의 재산은 다시 환가하여 배당절차를 통하여 채권자가 채권가치의 만족을 얻을 수 있게 해 주는 효력을 말한다.

Ⅱ. 자연채무

1. 의의

　　자연채무란 채무자가 임의로 이행하고자 하여 그 채무이행을 한 경우에는 그 이행한 급부는 유효한 채무변제로 되기 때문에 그 급부를 부당이득이라고 하는 이유로 채무자 등이 채권자로부터 다시 반환받을 수는 없지만 채무자가 임의로 이행하지 않을 경우 채권자 또는 국가기관인 법원에 의해 그 이행이 강제 당하지 않는 채무를 말한다. 즉, 채무이행은 채무자의 자유이지만 채무자가 채권자에 의해 소구를 당할 가능성이 없는 채무를 말한다. 예컨대, 채무자 회생 및 파산에 관한 법률상 면책된 채무는 채무 자체가 소멸하지 않지만 이행을 강제할 수 없다는 특성을 지니고 있는데(동법 제251조)[1] 이러한 경우 이를 자연채무라고 말할 수 있을 것이다. 또한, 본안에 대한 종국판결이 있는 후 소를 취하한 자는 다시 동일한 소를 제기하지 못하지만(민사소송법 제267조 제2항) 그 실체법상의 권리가 소멸하는 것이 아니고 단지 상대방에게 의무이행을 소구할 수 없는 점에서 이러한 채무도 자연채무라고 하여야 할 것이다.[2]

2. 연혁

　　자연채무는 원래 로마법상의 자기 주권을 갖고 있지 않은 노예가 채무를 부담한 경우 이에 대하여 법적인 구속력을 인정할 수 없는 것에 기인하여 발생한 채무이었다고 한다. 그러나 고전기를 거쳐 동로마제국의 유스티니아누스 황제에 이르러서는 법률상 부양의무가 없음에도 계속적으로 생활비를 제공해 온 경우 이 역시 자연채무에 의한 변제로 인정되어 그동안 제공한 생활비의 반환과 장래의 생활비에 대한 계속적인 지급요구가 모두 부인되었고 법률상의 의무가 없음에도 먼 친척의 장례비를 지급한 경우에도 마찬가지로 자연채무에 의한 변제가 인정되어 장례비반환청구가 부인되었다. 이로써 자연채무는 사회도의상의 또는 종교적인 의무에 의한 채무까지도 모두 범위 속에 포괄하게 되었다.

---

1) 대판 2001.7.24. 2001다3122; 정리계획의 인가가 있는 때에는 계획의 규정 또는 동법의 규정에 의하여 인정된 권리를 제외하고 회사는 모든 정리채권과 정리담보권에 관하여 그 책임을 면한다(동법 제251조)고 규정하고 있는데, 여기서 말하는 면책이라 함은 채무 자체는 존속하지만 회사에 대하여 이행을 강제할 수 없다고 하는 것을 말한다고 한다.

2) 대판 1969.4.22. 68다1722.

3. 자연채무의 성질과 범위

일부 견해는 자연채무가 사회도의상의 또는 종교적인 의무에 의한 채무를 포함하지 않아야 한다고 한다(협의설). 그러나 연혁적인 이유, 법규범의 무흠결성이라는 대륙법계의 특징 및 사회도의상의 또는 종교적인 의무에 의한 채무라고 할지라도 법규범이 그 재산관계를 확정해야 할 필요를 지닐 경우에는 자연채무의 개념을 가지고서 규율하는 것이 합당할 것이다(광의설). 판례도 교회신도가 교회목사에게 헌금의 약정을 한 경우 그 헌금채무를 '자연채무'로 보아 명백히 후설의 입장에 따른 사례가 있다.[3]

위와 같은 입장을 견지할 경우 자연채무는 채권자와 채무자 간에 부제소의 합의가 있는 경우, 채권자의 소송 진행 오류로 인하여 패소판결이 확정된 채무와 같이 소송법상의 제소가 금지되는 경우, 승소의 종국 절차 후 채권자가 소를 취하한 채무인 경우, 파산절차에서 면책된 채무인 경우, 화의절차에서 일부 면제된 채무인 경우, 도의상 임의로 지급할 것을 약정한 채무인 경우, 시효로 소멸된 채무인 경우, 반사회질서 및 불공정한 행위로 인한 채무인 경우, 제한초과의 이자채무, 놀이, 내기 또는 국가적으로 승인되지 않은 복권 기타 차액거래로부터 나온 채무(독일 민법 제762조~제764조)인 경우, 약혼에 의한 결혼의무(독일 민법 제1297조 1항)인 경우 및 결혼중매료 채무(독일 민법 제656조 1항)까지 모두 자연채무의 범위 내에 포함된다고 말할 수 있다.

Ⅲ. 채무와 책임의 분리

1. 의의

가. 내용

채무는 채권에 상응하여 채무자가 채권자에게 일정한 행위(급부)를 부담하는 것 즉, 채권에 따라 채무자가 급부의 의무를 부담하는 것인 반면, 책임은 채무의 결과에 따라 채무자 등의 일정한 재산이 채무의 담보가 되어 채권자에게 채무불이행에 대한 대가적인

---

3) 서울지판 1993.12.9. 93나 8923.

만족을 제공하게 되는 것 즉, 채무자 등의 재산이 집행의 목적으로 되는 것을 의미한다. 민법에서 책임이라고 말하는 경우에는 손해배상의무를 부담한다든지, 해제가 된다든지, 강제집행이 된다든지 하는 3가지가 있는데 여기에서는 강제집행이 된다는 의미이다.

나. 양자의 구별

위와 같이 채무와 책임은 서로 분리된 것으로 예컨대, 부집행계약이 있는 경우에는 채권자가 채무자에게 채권을 보유하고 있기 때문에 소송절차에서 승소를 할 수 있을지라도 위 계약에 위반하여 강제집행을 할 경우에는 채무자가 위 계약을 이유로 집행력의 배제를 구할 수 있을 것이다.[4] 그러나 신탁사무의 처리상 발생한 채권을 가지고 있는 채권자는 수탁자의 일반채권자와 달리 신탁재산에 대하여도 강제집행을 할 수 있는 반면(신탁법 제21조 제1항), 수탁자의 이행책임이 신탁재산의 한도 내로 제한되는 것은 신탁행위로 인하여 수익자에게 부담하는 채무에 한정되는 것이므로(동법 제32조) 수탁자가 수익자 이외의 제3자 중 신탁재산에 대하여 강제집행을 할 수 있는 채권자(신탁법 제21조 제1항)에게 부담하는 채무에 관한 이행책임은 신탁재산의 한도 내로 제한되는 것이 아니라 수탁자의 고유재산에 대하여도 미친다.[5] 따라서 채권자에게 부담하는 채무에 관한 이행책임은 신탁재산의 한도를 벗어나므로 그것은 자연채무에 해당하지 않는다.

2. 책임 없는 채무

채권자와 채무자 간에 설령 채무자가 채무를 이행하지 않는다고 하여도 채무자의 일반재산에 대해 강제집행을 하지는 않겠다고 채무자와 합의를 한 경우 이때 채무자가 부담하는 채무에는 책임이 없다.

3. 유한책임의 채무

유한책임의 경우에는 물적 유한책임의 채무와 금액유한책임의 채무가 있다. 전자는 상속의 한정승인(제1028조)과 같이 채무자가 자기의 특정재산에 대해서만 책임을 지는 채

---

4) 대판 1993.12.10. 93다42979, 대판 1996.7.26. 95다19012.

5) 대판 2004.10.15. 2004다31883, 31890.

무이고 후자는 자동차손해배상보장법(동법 제12조), 산업재해보상보험법(동법 제9조 이하) 및 근로기준법(동법 제78조 이하, 제38조)의 취지와 같이 일정한 금액으로 책임이 제한되는 무과실배상 또는 보상채무를 말한다.

4. 채무 없는 책임

채무자 이외의 자가 책임을 부담하는 경우에는 책임은 있어도 채무는 없다. 예컨대, 물상보증인이나 저당부동산의 제3 취득자가 채무 없이 책임을 부담하게 된다.

Ⅳ. 강제이행

1. 의의

강제이행이란 채무자가 임의로 채무를 이행하지 않을 경우 채권자가 국가기관의 강제력에 힘입어 채무의 내용을 채무자 의사 여부와 상관없이 실현하는 것을 말한다.

2. 방법

민법과 민사집행법이 인정하고 있는 강제이행의 방법에는 직접강제(제389조 제1항), 대체집행(제389조 제2항 후단) 및 간접강제(민사소송법 제693조)를 들 수 있다.

가. 직접강제

가장 본래적인 강제이행방법으로서 국가기관 즉, 법원의 힘을 얻어 채무자로부터 채권의 내용을 그대로 실현하는 것을 말한다. 예컨대, 채무자가 돈을 꾸고 나서 갚지 않고 있을 경우 채권자는 법원의 판결을 얻어 채무자의 재산을 압류하고 이를 처분하여 일정금액을 마련하여 자기채권의 만족을 얻는 것이다. 금전채무, 부동산명도채무와 같이 "주는 채무"에서 가장 전형적인 강제이행의 방법이라고 말할 수 있다.

나. 간접강제

"주는 채무"가 아닌 "하는 채무"에서 급부가 증권상의 서명 등과 같이 꼭 그 채무자만이 제공할 수 있는 불대체적인 급부일 경우에는 법원의 힘을 얻긴 하되 벌금, 압류 및 손해배상의 지급 등과 같이 간접적인 수단에 의하여 채무자에게 심리적인 압박을 가함으로써 채무자로 하여금 급부내용을 실현하게 하는 경우이다. 그러나 간접강제는 채무자의 자유로운 의사를 부당하게 억압할 우려가 있다. 예컨대, 제3자의 동의가 필요한 경우와 같이 채무자의 행위실현이 채무자의 의사만으로는 이루어질 수 없는 경우, 부부간의 동거나 고용계약상의 노무제공과 같이 현대적인 문화의 관념과 인격존중사상에 비추어 절대적으로 강요가 인정될 수 없는 경우, 예술가의 작품제작과 같이 강요에 의해서는 채무내용에 부합한 급부를 기대할 수 없는 경우 등에는 간접강제를 허용할 수 없을 것이다.

다. 대체집행

건물의 철거 등과 같이 "주는 채무"가 아닌 "하는 채무" 중에서 급부를 그 채무자가 아닌 다른 사람이 제공하여도 상관없는 대체적인 급부일 경우에는 채무자가 하여야 할 급부를 채무자에 갈음하여 채권자 등이 실현하고 그에 대한 비용을 채권자가 채무자로부터 추심하는 경우를 말한다.

라. 대용판결

채무자가 승낙의 의사표시와 같이 어떤 의사표시를 해야 할 채무를 부담하면서도 이를 이행하지 않을 경우 채권자는 법원이 채무자에게 일정한 의사표시를 하도록 명하는 판결[대용판결; 채무자의 의사표시에 갈음할 재판을 함으로써 채무가 이행된 것과 동일한 효과를 발생시키는 경우이다(제389조 제2항 전단).]

마. 손해에 대한 담보제공처분

채무자가 어떠한 행위를 하지 않겠다고 하는 부작위채무를 채권자에게 부담하고 있으면서도 이를 위반했을 경우에는 채권자가 간접강제로 위반행위를 저지하거나, 대체집행으로 방해상태를 제거하는 것 이외에 법원으로 하여금 장래 발생할 수 있는 손해에 대한 담보제공 등 적당한 처분을 내리게 하는 것을 말한다(제389조 3항).

V. 강제이행과 손해배상

강제이행과 손해배상은 똑같이 채권의 2차적인 효력이지만 서로에게 영향을 미치지 않는다. 예컨대, 채무자가 아주 장시간 전기를 공급하지 않아 채권자의 정유시설이 모두 고철 덩어리로 되어버린 경우 채권자는 채무자로 하여금 전기를 다시 공급하도록 강제이행을 청구하는 것과 동시에 정유시설에 발생한 손해에 대해서도 배상을 청구할 수 있다.

제4장 제3자에 의한 채권침해

Ⅰ. 제3자의 채권침해에 의한 불법행위

1. 문제의 소재-권리의 불가침성과 채권의 특수성

제3자의 행위에 의해 채권이 침해될 경우 불법행위책임(제750조 이하)에 의한 채권자의 보호를 도모할 수 있는 것인가? 채권도 권리이기 때문에 일반인은 이를 존중해 주어야 할 의무가 있고 정당한 이유 없이 이를 침해하지 못하는 법률상의 의무가 있는 불가침성이 있으므로[1] 역시 채권도 제3자의 침해에 대하여 불법행위에 의한 보호가 부여될 필요가 있다. 다만, 제3자의 행위에 의한 채권침해를 불법행위책임으로 처리하는 것을 긍정한다고 하여도 채권에는 다른 권리와 다른 특수성이 있는 점을 부인할 수 없다. 왜냐하면, 물권과 달리 채권은 그 내용이 공시되지 않기 때문에 객관적으로 채권침해의 결과가 발생하여도 침해행위자인 제3자가 채권침해의 존재에 관하여 알지 못하는 경우도 있을 수 있을 뿐만 아니라 채권이 발생하는 중요한 계기인 계약의 세계에서는 자유경쟁의 원리 및 사적 자치에 입각하고 있어 자유경쟁의 범위 내에서는 그것이 권리침해의 결과를 가져올지라도 침해행위가 정당화될 수 있기 때문이다.

이와 같은 채권의 특질(공시성의 결여와 자유경쟁원리의 지배)에 비추어 제3자에 의한 채권침해가 문제 되는 상황에서는 불법행위책임의 일반적 성립요건(고의 또는 과실, 위법성, 인과관계, 손해(액))과 관련하여 고찰할 필요가 있다. 이는 채권의 특성으로 인하여 채권침해가 불법행위로 되는 것은 가해행위의 위법성이 강한 경우에 한정되어야 한다. 예컨대, 제3자의 행위가 부정한 경쟁에 의하여 채권자의 권리를 해칠 목적으로 행하여지거나, 사기나 강박 또는 이와 유사한 수단에 의하여 채권자의 자유로운 의사결정을 방해함으로써 채권을 침해한 경우[2] 즉, 강행법규 또는 공서양속에 반하는 등으로 인하여 위법한 행위를 함으로써 채권자의 이익을 침해하였다고 말할 수 있는 정도라고 한다면 이로써 불법행위가 성립하고[3] 또한, 정당한 이유 없이 타인의 채권을 침해하거나 방해하는 경우[4]에도 마찬가지로 채권침해에 해당할 것이다. 한편, 여기서 채무이행을 방해하는 행위라 함은 불법적으로 이행목적물을 소지한 채무자에 대한 자유구속 등 유형, 무형의 행

---

[1] 대판 1953.2.21. 4285민상129.

[2] 대판 1978.1.24. 77다1804.

[3] 대판 2003.3.14. 2000다32437.

[4] 대판 1953.2.21. 4285민상129.

위를 말하는 것이다. 이와 관련하여 단순히 제3자가 채무자에게 지급의 일시보류를 요청함과 같은 행위는 채무자가 당해 제3자의 요청을 거절할 수 없는 지위에 있거나 또는 이를 거절하기 심히 곤란한 특별한 사정이 없는 한, 채무자의 제3자에 대한 응낙 여부는 전혀 임의에 속한 것으로 이러한 경우를 이행의 방해라고 할 수는 없을 것이다.[5]

위와 같이 채권침해는 언제나 불법행위가 되는 것은 아니고 침해되는 채권의 태양, 침해자의 고의 내지 해의의 유무 등을 참작하여 구체적·개별적으로 판단할 것이다. 그러나 거래자유 보장의 필요성, 경제, 사회정책적인 요인 등을 포함한 공공의 이익, 당사자 사이의 이익균형 등을 종합적으로 고려하여 불법행위의 유무를 판단하여야 할 것이다.[6]

2. 채권침해의 유형화

가. 서언

일반적으로 채권침해에 대하여 급부 결과 귀속수준에서의 침해(귀속침해), 채무자의 구체적 급부행위의 침해(행위침해), 책임재산에 대한 침해라고 하는 3가지 형태로 분류하여 논하고 있다.

나. 재산귀속을 침해한 경우

채권의 준점유자 또는 영수증소지자로서 유효한 변제를 받은 자와 같이 채권자 이외의 자가 채권자로 행사하여 채권의 변제를 받아 채권의 귀속이 침해된 경우에는 제3자의 행위는 채권자의 채권 자체를 상실시킨다. 이러한 경우 채권자는 귀속침해를 한 제3자에게 불법행위를 이유로 즉, 채권이 상실된 것에 기인한 손해배상을 청구할 수 있다. 채권귀속 침해의 유형에는 전술한 채권의 공시성 또는 자유경쟁원리의 지배와 익숙한 채권침해에 특유한 사정은 문제가 되지 않기 때문에 제750조의 요건 면에서 수정을 가할 필요는 없을 것이다. 따라서 제3자에게 고의가 아니라 과실이 있는 경우에도 불법행위책임이 성립할 수 있을 것이다.

---

5) 주 57)판결.
6) 대판 1975.5.13. 73다1244, 대판 2003.3.14. 2000다32437.

다. 급부를 침해한 경우

(1) 급부침해에 의해 채권이 소멸한 경우

제3자가 급부목적물 또는 급부행위자를 침해하여 채권을 소멸시키는 경우이다. 강연을 하기로 한 채무자를 납치하여 채권자에게 손해를 발생케 한다든지, 채무의 목적물을 파괴하는 것에 의해 채무이행을 불능케 하는 것과 같은 경우이다. 이러한 경우 채권이 소멸된 채권자는 제3자에게 채권침해의 불법행위를 이유로 손해배상청구를 할 수 있다. 그러나 채권의 존재는 공시되지 않으므로 제3자에게 채권침해의 불법행위책임을 부담시키기 위해서는 제3자가 채권의 존재를 인식하고 있는 것이 필요하다. 왜냐하면, 제750조에 비추어 채권의 존재에 대한 고의 또는 과실로 인식이 있어야 하기 때문이다.

그러나 독립된 경제주체 간의 경제적 또는 경쟁적인 계약관계에서는 단순히 제3자가 채무자와 채권자 간의 계약 내용을 알면서 채무자와 채권자 간에 체결된 계약에 위반되는 내용의 계약을 체결한 것만으로는 제3자의 고의, 과실 및 위법성을 인정하기 어렵고 제3자가 채무자와 적극 공모하였거나, 제3자가 기망, 협박 등 사회상규에 반하는 수단을 사용하거나 또는 채권자를 해할 의사로 채무자와 계약을 체결하였다는 등의 특별한 사정이 있는 경우에 한하여 제3자의 고의, 과실 및 위법성을 인정하여야 할 것이다. 따라서 마이클 잭슨의 내한공연을 반대하기 위하여 시민단체가 입장권의 판매대행계약을 체결하고 판매하는 은행에게 은행의 모든 상품에 대한 불매운동을 벌이겠다는 경제적인 압박수단을 고지하여 이로 말미암아 은행이 불매운동으로 인한 경제적인 손실을 우려하여 부득이 의도와 달리 공연기획사와 체결한 입장권판매대행계약을 파기하였다고 한다면 이는 위 계약에 기한 공연기획사의 채권 등을 침해하는 것으로서 위법하다고 말할 수 있을 것이다.[7]

그리고 갑과 을 간에 고속도로상의 특정주유소에 을의 석유제품공급권을 부여하는 계약이 체결되었으나 갑으로부터 위 주유소의 운영권을 임차한 자가 을과의 관계가 악화되자 다른 정유업체로부터 석유제품을 공급받아 판매하고 다른 정유업체의 상호와 상표를 사용하여 주유소를 운영하면서 한국도로공사의 고속도로주유소에 대한 석유제품 공급업체 지정행위가 불공정거래행위라는 공정거래위원회의 시정권고에 따라 한국도로공사와 석유제품 공급업체 지정조항을 삭제하는 주유소운영계약을 체결한 경우 주유소 운영자의 위와 같은 주유소 운영행위 및 계약체결행위가 을의 석유제품공급권을 침해하기 위해 한국도로공사와 적극적인 공모에 의해 이루어진 것도 아니고 그 수단이나 목적이 사회상규

---

7) 대판 2001.7.13. 98다51091.

에 반하는 것도 아닐 경우에는 위법하다고 말할 수 없을 것이다.[8]

(2) 급부침해에 의해 채권이 소멸하지 않는 경우(1)

제3자의 사실행위에 의해 급부가 침해되었기 때문에 채무불이행이 발생하였지만 채무자에게도 채무불이행에 관하여 귀책사유가 있기 때문에 채권이 소멸하지 않는 경우이다. 예컨대, 산림매매가 이루어진 후 제3자가 매도인과 공모하여 지상의 입목을 벌채하여 다른 사람에게 매각함으로써 이익을 얻는 경우가 여기에 해당한다. 이러한 경우에도 채권의 존재는 공시되지 않은 것이기 때문에 제3자에게 채권침해의 불법행위책임을 부담시키기 위해서는 제3자가 채권의 존재를 인식하고 있는 것이 필요하다.

그러나 위탁받아 판매한 매매대금을 편취한 제3자의 행위는 위탁인의 채권이 소멸하지 않고 단지 채무자의 책임재산이 감소되어 위탁인이 간접적 손해를 본 것에 불과한 경우에는 채권침해로 인한 불법행위책임이 성립하지 않는다고 할 것이다.[9]

(3) 급부침해에 의해 채권이 소멸하지 않는 경우(2)

제3자의 거래행위에 의해 급부를 침해하였기 때문에 채무불이행이 발생하였지만 채무자에게도 당해 채무불이행에 관하여 귀책사유가 있어 채권이 소멸하지 않은 경우이다. 토지매매가 이루어진 후 매도인이 토지를 제3자에게 이중으로 매각하고 소유권 이전등기를 하였다든지, 학원강사를 경쟁 관계에 있는 다른 학원이 스카우트하는 것과 같은 경우가 여기에 해당한다.

이와 같은 경우 자유경쟁의 원칙 때문에 불법행위책임을 묻는 것이 곤란한 경우가 있

---

8) 대판 2001.5.8. 99다38699.

9) 대판 1975.5.13. 73다1244.

을 수 있다. 왜냐하면 채권은 원칙적으로 배타성이 없고 동일내용의 급부를 목적으로 하는 채권이 시간적으로 서로 전후에 성립한다고 하여도 그것은 상호 간에 우선할 수 없고 어느 쪽을 이행할 것인지 여부는 채무자의 자유의사에 위임되어 있고 어느 쪽의 채권자도 대등한 입장에서 적법하게 채무이행을 구할 수 있기 때문이다. 이러한 경우 채권침해는 계약법이 지배하는 자유경쟁의 원리에 비추어 원칙적으로 허용되는 것이고 예외적으로 공서양속 위반의 태양에 의한 불공정한 경쟁이고 고의적인 가해행위가 있는 경우에만 불법행위로 평가될 수 있을 것이다.

[사례] B는 A와 A의 토지를 금 3억 원에 구입하는 계약을 체결하였다. 그 후 AB 간에 계약이 체결되어 있다고 하는 사실을 알면서도 C는 A와 위 토지를 금 5억 원에 구입하는 계약을 체결하고 먼저 이전등기도 하였다. 이러한 경우 B는 C에게 채권침해를 이유로 하는 불법행위책임을 추궁할 수 있는가?

(4) 책임재산을 감소시키는 경우

제3자가 채무자의 책임재산을 침해하는 행위를 한 경우 채권의 존재 자체는 손상당하지 않지만 채무자의 책임재산이 없어 채권의 만족을 얻을 수 없게 되면 채권이 침해된 것으로 파악할 수도 있다. 다만, 채무자와 공모하여 채무자의 일반재산을 감소시켜 채권자취소권(제406조)의 요건을 충족하는 경우에는 채권자는 채권자취소권에 의해 그 행위를 취소하여 책임재산의 회복을 도모하여야 할 것이다.

채권침해에 의한 불법행위	채권의 귀속침해형			
	채권의 급부침해형	사실행위에 의한 침해	간접침해형	
			채무불이행 유발형	
		계약적 개입에 의한 침해	이중 양도형	
			스카우트형	이중의 고용계약
				퇴직 후 공용
	책임재산감소형	사실행위		
		법률행위		

Ⅱ. 채권에 기한 방해배제청구

1. 서언-물권적 청구권의 유추(analogy)

X가 A로부터 임차한 토지에 Y가 쓰레기를 투기하고 있는 경우와 같이 제3자에 의해 채권이 침해되고 있는 경우 채권자는 채권에 대한 침해를 근거로 제3자에게 침해상태의 제거를 청구할 수 있는지 여부가 문제이다.

물권적 침해라고 한다면 물권은 물건에 대한 지배를 내용으로 하는 것이기 때문에 그 절대적인 가치지배가 제3자에 의해 파손된 경우 지배를 회복하기 위하여 제3자에게 물권에 의해 일정한 행위(부작위를 포함한다)를 청구할 수 있을 것이다(물권적 청구권).

반면, 채권에 기한 방해배제청구는 이러한 물권적 청구권, 그중 물권적 방해배제청구권에 대응한 것인데 채권침해를 이유로 방해배제청구를 하는 것이 문제가 되는 상황에서 물권침해의 경우와 마찬가지로 파악할 수는 없을 것이다. 왜냐하면, 채권은 원칙적으로 공시방법이 없고 그 존재를 외부에서 인식하는 것이 곤란하기 때문이다. 그리고 채권은 상대권(특정인이 다른 특정인에게만 권리의 본래적인 내용을 주장할 수 있는 권리)이어서 절대권인 물권과 똑같이 볼 수는 없을 것이다. 따라서 갑이 을에게 임차한 토지의 일시경작권은 채권적인 권리에 불과하기 때문에 대세적인 효력이 없으므로 갑이 위 일시경작권을 임차하였다는 사유만으로 곧 제3자인 병에게 직접 토지의 인도를 청구할 수는 없을 것이다.[10]

그러나 물권적 청구권과 같은 채권적 청구권을 채권인 경우에도 인정할 수 있기 위해서는 채권자 자신의 채권에 기한 지위 자체가 물권과 마찬가지로 절대화되어 있다고 한다면 가능할 것이다. 따라서 그러한 의미에서 채권에 기한 방해배제청구권이 문제 되는 것은 채권의 물권화현상이 표현되고 있는 주택, 상가임차권 및 그것과 유사한 용익적 권리(어업권 등) 등에 실질적으로 대부분 한정될 것이다.

2. 주택 및 상가임대차에 기한 방해배제청구

주택 및 상가임대차에서 대항요건을 구비하고 있지 못한 주택 및 상가임차인이 임대차

---

10) 대판 1981.6.23. 80다1362.

에 의해 방해배제청구권을 행사할 경우 채권자(임차인)는 채무자(임대인)에게 급부행위를 청구할 수 있을 뿐이어서 제3자의 행동의 자유를 제한할 수 없을 것이다.[11] 그러나 대항요건을 구비한 주택 및 상가임차권에 관하여는 그것이 물권적 효력을 가지고 있음을 이유로 임차권에 기한 방해배제청구권을 인정할 수 있을 것이다. 임차인 대 임차인의 사례(이중임대차)가 대표적인 사례일 것이다.

---

11) 最判 昭和28(1953).12.18.(民集 7-12-1407), 最判 昭和29(1954).7.20.(民集 7-12-1515).

제5장　채무불이행

제1절 이행청구권과 강제이행

Ⅰ. 이행청구권

채권자는 채무자에게 급부를 청구할 수 있다. 왜냐하면, 채권에는 급부를 청구할 수 있는 권능(청구력)이 있기 때문이다. 청구력은 채무자의 급부가 없는 경우에는 이행청구권이라는 형태로 구체화된다.

Ⅱ. 이행지체

1. 의의

이행지체란 채무가 이행기에 있을 뿐만 아니라 그 이행이 가능함에도 채무자가 책임이 있는 사유(귀책사유)로 인하여 그 채무의 내용에 따른 이행을 하지 않은 상태에서 이행기를 도과하는 형태의 채무불이행을 말한다. 이행지체의 전형적인 사례는 채무자가 아무런 이행행위도 하지 않는 경우이다. 일부만을 이행한 경우에는 나머지 부분에 대하여는 이행지체, 경우에 따라서는 전체의 이행지체가 성립할 수 있다. 그러나 외형상 전체적으로 이행을 하였다고 할지라도 그 급부목적물에 하자가 있거나 그 급부의 결과가 채무내용에 따르지 않는 불완전한 경우에는 채무이행이 있는 것으로 볼 수 없기 때문에 이행지체로 파악할 수도 있다. 그러나 이는 후술하는 바와 같이 불완전이행이라는 개념에서 설명하기로 하고 여기에서는 상술한 이행지체에 국한하여 서술하기로 한다.

2. 요건

가. 이행기가 도래하였을 것

(1) 확정기한 있는 채무

(가) 원칙(제387조 제1항)

채무이행을 위한 확정적인 기한이 있는 경우에는 채무자가 기한이 도래한 때로부터 지체책임이 있다(제387조 제1항 전단). 구체적으로 채무이행의 확정기한이 있는 경우에는 그 기한이 도래한 다음 날부터 이행지체의 책임을 부담한다.[1]

한편, 제387조 제1항 전문은 채무이행에 있어서 확정기한이 있는 경우 채무자가 기한이 도래한 때로부터 지체책임이 있다고 규정하고 있으므로 이행의무의 확정기한인 이행기를 도과시키면 바로 이행지체에 빠진다. 그리고 이와 같이 일단 이행지체에 빠진 이상 그 후 채권자가 채무의 일부를 수령하였다고 하여도 이행지체의 효과가 없어지고 기한의 정함이 없는 채무로 된다고도 볼 수 없으므로[2] 채무자는 기한이 도과한 때로부터 지체책임이 있다고 보아야 할 것이다.

(나) 예외

지시채권, 무기명채권 및 면책증권 등과 같이 증서에 변제기한이 있는 경우일지라도 그 기한이 도래한 다음 소지인이 채무자에게 증서를 제시하면서 그 이행을 청구한 때부터 채무자는 지체책임을 부담한다(제517조). 한편, 제514조 내지 제522조의 규정은 무기명채권에 준용한다(제524조).

한편, 추심채무 기타 이행에 먼저 채권자의 협력을 필요로 하는 채무인 경우에는 채권자가 먼저 필요한 협력을 제공하면서 이행을 최고한 때부터 지체책임이 있다. 그리고 쌍무계약에서 확정기한이 있는 각 채무가 동시이행관계에 있을 경우에는 상대방의 이행제공을 받았음에도 자기채무의 이행을 제공하지 아니하는 때부터 지체책임이 있다. 그러나 쌍무계약의 당사자 일방이 계약상의 이행의무를 부담하고 있는데 그와 대가관계에 있는 상대방의 채무가 아직 이행기에 이르지 아니하였지만 이행기의 이행이 현저히 불투명하

---

1) 대판 1988.11.8. 88다3253.
2) 대판 1992.10.27. 91다483.

게 된 경우에는 제536조 제2항 및 신의칙에 의하여 그 당사자에게 반대급부의 이행이 확실해질 때까지 이행의무의 이행을 거절할 수 있다. 그러나 이와 같이 대가적인 채무 간에 이행거절의 권능을 가지는 경우에 비록 이행거절의 의사를 구체적으로 밝히지 아니하였다고 할지라도 이행거절권능의 존재 자체로 이행지체책임은 발생하지 않는다.[3]

또한, 쌍무계약의 당사자 일방이 먼저 한 번 현실제공을 하여 상대방을 수령지체에 빠지게 하였을지라도 그 이행제공이 계속되지 않는 경우에는 과거에 비록 이행제공이 있었다는 사실만으로 상대방이 가지는 동시이행의 항변권이 소멸하는 것은 아니므로 일시적으로 당사자 일방의 이행제공이 있었으나 곧 그 이행제공이 중지되어 더 이상 그 제공이 계속되지 아니하는 기간에는 상대방의 의무가 이행지체상태에 빠졌다고 할 수는 없다. 따라서 그 이행제공이 중지된 이후 상대방의 의무가 이행지체임을 전제로 하는 손해배상 청구도 할 수 없을 것이다.

(2) 불확정기한 있는 채무

(가) 의의

불확정기한이란 도래할 기한의 발생시기가 확정되어 있지 않은 기한을 말한다. 기한으로 도래할 사실은 장래 발생할 것이 객관적으로 확정될 수 있지만 그 발생의 시기는 반드시 확정될 필요가 없다. 예컨대, "매년 1월 1일", "오늘부터 3개월 후"와 같이 발생할 시기가 달력에 처음부터 확정되어 있는 것을 확정기한이라 하는 반면, "내가 죽은 때", "비가 올 때"와 같이 발생할 시기가 불확정한 기한을 불확정기한이라고 한다. 불확정기한도 도래할 것이 확정되어 있다는 점에서 성부 자체가 미확정인 조건과 다르다. 예컨대 "어떤 사람이 죽는다면"과 같은 것은 장래에 발생할 것이 객관적으로 확정되어 있는 사실을 조건으로 한 경우이지만 그 본질은 조건이 아니라 불확정기한이다. 그러나 "어떤 사람이 올해 안에 죽는다면"과 같은 경우에는 올해 안에 죽는다는 것이 불확정적이기 때문에 진정한 조건에 해당한다.

(나) 구별개념

불확정기한과 조건의 구별은 개념상으로 명백하지만 채권계약에서 장래에 발생할 불확정적인 사실이 발생한 경우에 이행할 뜻을 약정하면 이를 채무의 발생시기를 정지조건으

---

3) 대판 1999.7.9. 98다13754.

로 할 것인지 또는 채무는 확정적으로 발생하고 그 이행시기만을 불확정기한으로 볼 것인지 여부를 결정하는 것이 사실상 곤란한 경우가 많다. 의사해석에 의해 결정할 문제로서 당사자 사이에 장래 반드시 지급할 의사가 있는 때는 불확정기한인 반면, 당해 사실이 발생하지 않을 경우에는 채무를 면한다는 의사가 있을 때에는 조건이라고 말할 수 있을 것이다. 즉, 부관이 붙은 법률행위에서 부관에 표시된 사실이 발생하지 아니하면 채무를 이행하지 아니하여도 된다고 보는 것이 상당한 경우에는 이를 조건으로 이해하여야 하는 반면, 표시된 사실이 발생한 때에는 물론 반대로 발생하지 아니하는 것이 확정된 때에도 그 채무를 이행하여야 한다고 보는 것이 상당한 경우에는 표시된 사실의 발생 여부가 확정되는 것을 불확정기한으로 정한 것으로 보아야 할 것이다.[4]

출세한 때에 지급한다는 뜻의 특약이 있는 경우 출세란 자격 회복을 의미하는데 이러한 특약은 이미 발생한 채무의 이행을 출세라는 것에 의하여 제한하고 채무자가 출세한 경우에는 그 이행을 하는 것에 불과한 것이어서 이를 채무이행에 부가된 불확정기한이라고 보아야 할 것이다. 예컨대, 상경하였을 때 지급한다는 약정, 채무자의 혼인 또는 분가 시에 지급한다는 차용금, 가옥을 매각하면 지급한다는 채무, 운송물을 적하한 경우에 지급한다는 채무, 장래 공사의 하도급계약을 체결한 경우에 그 이익금을 지급한다는 채무 등에 관하여도 상황에 따라 마찬가지로 이해할 수 있을 것이다.

불확정기한의 경우 기한으로 도래할 사실은 발생할 것이 확정되어 있고 그 사실이 발생한 때에 기한은 도래한다. 그러나 발생할 것이 불확정한 사실이 발생까지 채무이행을 유예한 경우에도 당사자 사이에 장래에 반드시 지급한다는 의사가 있는 때는 불확정기한이고, 이 경우 그 불확정사실이 발생한 때 또는 불발생으로 확정된 때에 기한이 도래한다. 채무이행에 붙은 불확정기한이 도래하면 채권자는 채권을 행사할 수 있기 때문에 채권자 및 채무자가 기한이 도래할 것을 알지 못하여도 그때부터 채권의 소멸시효는 진행되기 시작한다. 그러나 불확정기한은 도래시기가 불확정하기 때문에 채권자 보호의 필요상 기한의 도래에 따라 직접적으로 이행지체의 책임이 생기지 않고 채무자가 기한이 도래한 것을 안 때부터 이행지체에 들어간다.

그 밖에 어음행위에서 예컨대, "내가 죽은 때", "비가 온 때"와 같은 불확정기한을 이행기 등으로 붙인 것은 어음권리자의 지위를 불확정하게 하여 거래질서를 혼란시키기 때문에 허용되지 않는다. 그러나 일람출급 및 일람 후 정기출급으로 하는 것은 상관없다(어음법 제33조, 제77조). 이 경우에는 어음권리자가 권리행사의 시기를 확정할 수 있는 것

---

4) 대판 2002.3.29. 2001다41766, 대판 2003.8.19. 2003다24215.

이고 권리자의 지위를 불확정하게 하는 것이 아니기 때문이다.

(다) 요건

불확정기한 채무의 경우에는 원칙적으로 기한이 도래하였음을 안 때로부터 지체책임이 있다(제387조 제1항 후단). 또한, 기한의 약정이 없는 채무의 채무자는 이행청구를 받은 날 안으로 이행하면 되고 그 청구를 받은 날이 도과한 경우에 비로소 지체책임을 진다고 볼 것이다.[5] 그리고 채무자가 기한의 도래를 알지 못하더라도 채권자의 최고가 있는 경우에는 기한이 도래한 것으로 볼 수 있다. 이러한 경우에는 최고 시부터 지체책임이 있다고 할 것인데 그 지체의 효과는 채무자가 기한의 도래를 안 날의 다음 날 또는 채권자의 최고가 도달한 날의 다음 날로부터 발생한다고 볼 것이다.[6]

> [사례] A는 B에게 금 2억 원을 차용하였다. 지급기한을 A가 의사로 되는 때로 결정하였다. 그런데 A는 허약한 신체조건 때문에 의사의 길을 단념하였다. A는 위 금액을 지급하지 않아도 되는가?

(3) 기한 없는 채무

(가) 원칙

불확정기한의 채무와 달리 장래의 발생사실에 대한 기대를 명확하게 할 수 없는 채무 즉, 기한 없는 채무인 경우에는 이행청구 즉, 채무자가 채권자의 최고를 받은 때부터 지체책임이 있다(제387조 제2항). 예컨대, 금전채무의 지연손해금채무는 금전채무의 이행지체로 인한 손해배상채무로서 이행기의 정함이 없는 채무에 해당하므로 채무자는 확정된 지연손해금채무에 대하여 채권자로부터 이행청구를 받은 때부터 지체책임을 부담하게 될 것이다.[7]

최고에 의한 지체는 그 최고가 도달한 다음 날로부터 생긴다. 통상적으로 제387조 제2항의 취지는 기한의 약정이 없는 채무의 채무자는 이행청구를 받은 날 안으로 이행을 하면 되고 그 청구를 받은 날을 도과할 때 비로소 지체책임을 부담한다. 통상적으로 이행지체에 대한 책임의 효과를 채무자가 기한의 도래를 안 날의 다음 날 또는 채무자가 최

---

5) 대판 1972.8.22. 72다1066.

6) 대판 1988.11.8. 88다3253.

7) 대판 2010.12.9. 2009다59237.

고를 받은 다음 날부터 발생한다. 왜냐하면, 이행청구를 받은 때 곧 이행지체의 책임을 지게 된다면 채무자는 청구도 없는데 언제든지 이행의 준비를 갖추고 있을 것을 요구하는 것이 되어서 채무자에게 가혹할 뿐만 아니라 오히려 이행을 청구하는 요건을 무의미하게 만들기 때문이다.[8]

(나) 예외

반환시기의 약정이 없는 소비대차에서 차주는 약정시기에 차용물과 같은 종류, 품질 및 수량의 물건을 반환하여야 한다. 반환시기의 약정이 없는 경우 대주가 상당한 기간을 정하여 반환을 최고하여야 한다. 그러나 차주는 언제든지 반환할 수 있다(제603조). 만일 상당한 기간을 정하지 않고 최고한 경우에는 최고 후 상당기간이 경과하여야 그때부터 이행지체의 책임이 있다고 말할 수 있을 것이다.[9]

금전채무의 지연손해금은 금전채무의 이행지체로 인한 손해배상채무로서 이행기의 정함이 없는 채무에 해당한다. 따라서 채무자는 확정된 지연손해금에 대하여 채권자로부터 이행청구를 받은 때부터 지체책임을 부담한다.[10] 그리고 불법행위의 경우 손해배상채무는 최고조차 없이 불법행위 시부터 당연히 지체책임이 발생한다. 즉, 불법행위로 인한 손해배상채무는 손해발생과 동시에 이행기가 도래하는 것이다.[11] 또한, 부당이득반환채무도 기한의 정함이 없는 채무이므로 수익자는 이행청구를 받은 때부터 지체책임을 부담하고[12] 공사장에 출역한 인부의 임금으로 현금 대신 발행한 출역인부전표채권은 변제기한이 도래한 후 소지인이 위 증서를 제시하여 이행을 청구한 때부터 비로소 채무자는 지체책임을 부담한다.[13]

(다) 기타 어음 등과 관련된 판례

매수인이 매도인으로부터 물품을 공급받은 다음 물품대금의 지급방법에 관한 약정에 따라 그 대금지급을 위하여 물품의 매도인에게 지급기일이 물품공급 일자 이후로 된 약속어음을 발행, 교부한 경우 물품대금에 대한 지급채무의 이행기는 그 약속어음의 지급

---

8) 대판 1972.8.22. 72다1066.

9) 대판 1966.5.31. 66다663.

10) 대판 2004.7.9. 2004다11582.

11) 대판 1975.5.27. 74다1393.

12) 대판 1995.11.21. 94다45753.

13) 대판 1976.5.11. 73다616.

기일이고 위 약속어음이 발행인의 지급정지사유로 그 지급기일 이전에 지급거절이 되었다고 하더라도 물품대금의 지급채무가 그 지급이 거절된 때에 이행기에 도달하는 것은 아니다.[14]

그리고 원인채무의 이행의무와 어음의 반환의무가 동시이행의 관계에 있다고 하더라도 이는 어음의 반환과 상환으로 하지 아니하면 지급을 할 필요가 없으므로 이를 거절할 수 있다는 것을 의미하는 것에 지나지 않는다. 따라서 채무자가 어음의 반환이 없음을 이유로 원인채무의 변제를 거절할 수 있는 권능을 가진다고 하여도 채권자는 채무자에게 적법한 이행의 최고를 할 수 있기 때문에 채무자는 원인채무의 이행기를 도과하면 원칙적으로 이행지체의 책임을 부담한다.[15]

또한, 수취인은 어음요건의 하나로서 그 기재를 흠결한 어음은 완성된 어음으로서 효력이 없기 때문에 어음상의 권리가 적법하게 성립하지 않으므로 이러한 미완성어음을 지급제시하였다고 하여도 적법한 지급제시의 효력이 없는 것이기 때문에 발행인을 이행지체에 빠뜨릴 수 없다고 할 것이다.[16] 그리고 백지어음의 경우 그것에 대한 백지의 보충 없이 제시한 경우에도 마찬가지이다.[17]

〈참고〉 지체시기와 소멸시효기산점의 비교

		지체시기	소멸시효의 기산점
확정기한 있는 채무		기한이 도래한 때	기한이 도래한 때
불확정기한 있는 채무		기한도래를 채무자가 안 때	기한이 도래한 때
기한의 정함이 없는 채무	원칙	최고를 한 때	채권이 성립한 때
	반환시기의 정함이 없는 소비대차	최고 후 상당기간이 경과한 때	채권성립 후 상당기간이 경과한 때
	불법행위에 기한 채무	불법행위 시	피해자 또는 그 법정대리인이 가해자를 안 때

> [사례] A는 B에게 금 1억 원을 차용하였다. B가 반환시기에 관하여 언제라도 좋다고 말하였기 때문에 A도 안심하고 빌렸는데 다음날 B는 급하게 위 돈이 필요하니 돌려달라고 말하였다. A가 바로 변제를 하여야 하는가?

---

14) 대판 2000.9.5. 2000다26333.

15) 대판 1999.7.9. 98다47542,47559.

16) 대판 1992.3.10. 91다28313.

17) 대판 1970.3.10. 69다2184.

(4) 기한의 이익을 상실한 채무

(가) 의의

채무자에게 기한의 이익이 주어지는 것은 채무자가 채무를 성실하게 이행할 것을 채권자가 신뢰하기 때문이다. 따라서 채권자와 채무자 사이의 이러한 신뢰관계가 파괴될 경우에는 채무자는 기한의 이익을 주장할 수 없을 것이다. 기한이익의 상실에 관한 제388조는 임의규정이므로 당사자 사이에 위 규정과 다른 내용의 약정이 있는 경우에는 그 약정에 따라 기한이익의 상실 여부를 판단하여야 한다.[18] 예컨대, 기한이익 상실의 특약은 그 내용에 따라 일정한 사유가 발생하면 채권자의 청구 등을 요함이 없이 당연히 기한의 이익이 상실되어 이행기가 도래하는 것으로 하는 정지조건 있는 기한이익 상실의 특약과 일정한 사유가 발생한 후 채권자의 통지나 청구 등 채권자의 의사표시 등을 기다려 비로소 이행기가 도래하는 것으로 하는 형성권적인 기한이익 상실의 특약의 두 가지로 대별할 수 있다. 그리고 기한이익 상실의 특약이 위 양자 중 어느 것에 해당하는지 여부는 당사자의 의사해석문제이지만 일반적으로 기한이익 상실의 특약이 채권자를 위하여 마련된 것인 점에 비추어 명백히 정지조건 있는 기한이익 상실의 특약이라고 볼 만한 특별한 사정이 없는 한 형성권적인 기한이익 상실의 특약으로 추정하는 것이 타당할 것이다.

한편, 이른바 정지조건 있는 기한이익 상실의 특약을 하였다고 한다면 그 특약에 정한 기한이익의 상실사유가 발생함과 동시에 기한의 이익을 상실케 하는 채권자의 의사표시가 없더라도 이행기 도래의 효과가 발생하고 채무자는 특별한 사정이 없는 한 그때부터 이행지체의 상태에 놓이게 될 것인 반면,[19] 형성권적인 기한이익 상실의 특약이 있는 경우에는 있는 할부채무에서 1회의 불이행이 있더라도 각 할부금에 대해 그 각 변제기의 도래 시마다 그때부터 순차로 소멸시효가 진행하고 채권자가 특별히 잔존채무 전액의 변제를 구하는 취지의 의사를 표시한 경우에 한하여 전액에 대하여 그때부터 소멸시효가 진행한다고 보아야 할 것이다.[20]

(나) 사유

채무자가 채무의 담보를 손상, 감소 또는 멸실하게 하거나(제388조 제1항), 채무의 담

---

18) 대판 2001.10.12. 99다56192.

19) 대판 1999.7.9. 99다15184.

20) 대판 2002.9.4. 2002다28340.

보제공의무를 이행하지 아니하거나(동조 제2항), 채무자가 파산선고를 받거나(파산법 제16조) 또는 당사자가 기한이익의 상실사유를 약정하고 그 사유가 발생한 경우(이러한 경우에는 최고 없이 곧바로 지체가 된다)에는 기한의 이익을 주장하지 못한다(제388조).

여기에서 담보물을 권한 없이 멸실, 훼손하거나 담보가치를 감소시키는 행위와 관련하여 채권자가 입게 되는 손해는 담보목적물가액의 범위 내에서 채권최고액을 한도로 하는 피담보채권액으로 확정될 뿐 그 피담보채무의 변제기가 도래하여 그 담보권을 실행할 때 비로소 발생하는 것은 아니다.[21]

그리고 할부거래의 경우 할부금을 다음 지급기일까지 연속하여 2회 이상 지급하지 않고 지급하지 않은 금액이 할부가격의 1/10을 초과하는 경우에 한하여 매수인은 기한의 이익을 상실한다(할부거래에 관한 법률 제10조 제1호). 이 규정은 강행규정이다(동법 제13조).

(다) 효과

기한이익의 상실로 곧 이행기가 도래하여 지체로 되는 것은 아니고 채권자의 청구 즉, 최고가 있는 때부터 지체가 된다. 이 경우 채무자가 기한의 이익을 주장하지 못할 뿐이어서(제388조) 당연히 기한의 도래가 의제되는 것은 아니다. 따라서 채권자는 그의 선택에 따라 즉시 이행청구를 하거나 이행을 거절하여 기한까지 이자를 청구할 수도 있다.

나. 채무의 이행이 가능할 것

이행기에 이행이 가능함에도 이행하지 못하고 있어야 한다. 따라서 채권성립 전에 이행불능이 발생하면 이는 원시적인 불능으로 계약체결상의 과실 책임이 발생하고 이행기 이후에 이행불능이 발생하면 후발적 불능으로 이행불능이 된다. 한편, 이행기가 도과한 이후 이행불능이 발생하면 지체 중 불능으로 불능 시부터 이행불능으로 취급한다.

다. 채무자에게 귀책사유가 있을 것

(1) 채무자의 고의, 과실이 있을 것

고의라 함은 위법한 결과를 인식하면서 이를 의욕 하는 것을 말한다. 그리고 당사자 일방이 부담하는 계약상의 채무를 이행함에 있어서 장애가 될 수 있는 사유를 계약을 체

---

21) 대판 1998.11.10. 98다34126.

결할 당시에 알았거나 예견할 수 있었음에도 이를 상대방에게 고지하지 아니한 경우에는 비록 그 사유로 말미암아 후에 채무불이행이 되는 것 자체에 대하여는 그에게 어떠한 잘못이 없다고 하더라도 그 채무가 불이행된 것에 대하여 귀책사유가 있다고 할 것이다. 왜냐하면, 그것이 계약의 원만한 실현과 관련하여 각각의 당사자가 부담하여야 할 위험을 적절하게 분배한다는 계약법의 기본적 요구에 부합한다고 볼 수 있기 때문이다.[22]

한편, 과실이란 부주의를 의미하는 것인데 그것을 추상적·구체적 과실과 중, 경과실로 구분하여 이해할 수 있다. 추상적인 과실이란 채무자가 자신의 직업 등 사회적·경제적 지위에 비추어 거래상 요구되는 일반적인 주의를 해태한 것으로서 즉, "선량한 관리자의 주의"(제374조)를 다하지 못함으로써 채무를 이행하지 못하게 되는 경우를 말한다. 추상적 과실은 평균인의 예견 가능성과 결과 회피성을 그 비난의 기준으로 하고 유상계약에 적용되는 귀책사유로 이해할 수 있다. 반면, 구체적인 과실이란 일정한 지식과 능력을 갖춘 채무자가 일정한 상황에서 자신의 개인적인 능력에 따른 주의를 해태한 것으로서 즉, "자기 재산과 동일한 주의(제695조)", "자기 재산에 관한 행위와 동일한 주의(제922조)" 또는 "고유재산에 대한 것과 동일한 주의(제1022조)"를 다하지 않은 경우를 말한다. 구체적인 과실은 채무자 개인의 지식이나 능력과 개별적인 상황에 따라 개인적인 인식 가능성을 그 비난의 기준으로 하고 무상계약에 적용되는 귀책사유로 이해할 수 있다.

위와 같은 고의, 과실 등의 귀책사유에 관한 입증책임은 채무자에게 있다.[23] 따라서 채무자가 금전채무가 아닌 채무의 이행지체인 경우에는 목적물의 멸실로 인한 이행불능의 상태가 발생한 때에는 채무자가 귀책사유 없음에 관한 입증책임[24]과 이행기에 채무를 이행하였더라도 채권자가 손해를 면할 수 없다고 하는 사유에 대한 입증책임이 있다.

한편, 채무자와 채권자가 동업계약에 따라 서로 업무를 분담하여 동업체를 운영하여 오다가 채무자가 그 맡은 업무를 수행하지 않기 때문에 부득이 채권자가 제3자를 고용하여 그 업무를 대행케 함으로써 손해가 발생한 경우에는 그 업무수행의무의 불이행에 관하여 귀책사유가 없다는 점에 관한 입증책임은 채무자에게 있다고 할 것이다.[25]

---

22) 대판 2011.8.25. 2011다43778.
23) 대판 1984.11.27. 80다177.
24) 대판 1962.5.24. 62다175.
25) 대판 1985.3.26. 84다카1864.

(2) 법정대리인, 이행보조자의 고의, 과실

(가) 의의

채무자의 법정대리인이 채무자를 위하여 이행하거나 채무자가 타인을 사용하여 이행하
는 경우 법정대리인 또는 피용자의 고의 또는 과실은 채무자의 고의 또는 과실로 인정된
다. 따라서 채무자는 자신의 법정대리인 또는 이행보조자의 채무불이행에 대한 고의 또
는 과실에 대해서도 책임을 부담한다(제391조). 또한, 이행보조자가 채무이행을 위하여
제3자를 복이행보조자로 사용하는 경우에도 채무자가 이를 승낙하였거나 적어도 묵시적
으로 동의한 경우에는 채무자는 복이행보조자의 고의, 과실에 관하여 제391조에 의하여
책임을 부담한다.26)

한편, 제391조의 법정대리인, 이행보조자의 고의 또는 과실에 대한 책임은 제756조의
사용자책임과는 어떻게 다른지 여부가 문제이다. 채무자의 피용자가 업무와 관련하여 채
권자에게 불법행위로 손해를 입힌 경우에는 사용자책임의 규정에 의하여 채무자는 채권
자에게 손해배상책임을 부담한다. 이와 달리 채무이행에 있어서 본인을 대리하는 법정대
리인이나 피용자가 고의, 과실로 인하여 채무불이행에 이른 경우에는 그 고의, 과실을 본
인의 귀책사유로 보아 본인에게 채무불이행의 책임을 부담시킨다. 또한, 사용자책임은 타
인을 사용하여 어느 사무에 종사하게 한 자로 하여금 피용자가 그 사무집행에 관하여 제
3자에게 가한 손해를 배상하게 하는 것으로서 사용자책임이 성립하려면 사용자와 불법행
위자 사이의 사용관계 즉, 사용자가 불법행위자를 실질적으로 지휘 또는 감독하는 관계
에 있어야 인정되는 것인 반면,27) 이행보조자는 채무자와의 관계에 있어서 지휘 또는 종
속관계가 아니라고 할지라도 의사관여 아래 그 채무이행행위에 속하는 활동을 하는 사람
이면 충분하다.

(나) 책임을 지는 근거

타인을 사용하여 이익을 얻는 채무자는 동시에 이에 대한 위험 또는 불이익도 부담해
야 한다. 왜냐하면, 채무자는 채무이행이 종료할 때까지 선량한 관리자의 주의로서 목적
물 등을 이행할 의무를 부담하는 것이고 이 의무를 이행할 경우 채무자의 피용자에게 과
실이 있는 경우에는 그것도 채무자에게 과실이 있는 것으로 보아야 형평에 비추어 타당

---

26) 대판 2011.5.26. 2011다1330.
27) 대판 1999.10.12. 98다62671.

하기 때문이다.

(다) 법정대리인

친권자, 후견인, 법원의 의해 선임된 부재자의 재산관리인, 일상가사대리권을 갖는 부부(제827조), 유언집행자(제1093조) 및 파산관재인(파산법 제147조) 등이 여기에 해당한다. 그러나 법인을 대표하는 기관에 의한 유책의 불법행위는 법인 자체의 채무불이행이므로 제391조가 적용될 여지가 없다.

(라) 이행보조자

ⅰ. 협의의 이행보조자

사실상 채무자가 수족과 같이 사용하는 자를 말한다. 그리고 이행보조자로서 피용자라 함은 일반적으로 채무자의 의사관여 아래 그 채무의 이행행위에 속하는 활동을 하는 사람이면 충분하고 반드시 채무자의 지시 또는 감독을 받는 관계에 있어야 하는 것은 아니므로 채무자에게 종속적인 지위에 있는지, 독립적인 지위에 있는지 여부는 문제가 되지 않는다.[28] 즉, 이행보조자인 피용자의 범위에 관하여 채무자의 피용자에 대한 선임, 감독의 권한이 있을 것을 요구한다. 예컨대, 임대인이 임차인과 임대차계약상의 약정에 따라 제3자에게 도급을 주어 임대차목적물에 시설물을 설치하던 중 화재가 발생하였는데 공사수급인에게 화재 발생에 대한 과실이 인정되는 경우,[29] 임차인의 피용자에게 과실이 있는 경우,[30] 임대인의 이행보조자가 임차인으로 하여금 임차목적물을 사용, 수익하지 못하게 한 경우,[31] 관광진흥법상의 국외여행인솔자가 여행자에 대한 안전배려의무를 다하지 않은 경우[32] 또는 보세창고업자가 화물을 보관하고 이를 인도하는 경우[33] 등에는 이행보조자로서 업무를 수행한 경우에 해당하므로 사용자 등은 채무불이행에 의한 손해배상책임 등을 부담하여야 할 것이다.

반면, 운송인을 위하여 운송계약의 이행을 보조하거나 대행하고 있더라도 운송인으로

---

28) 대판 1999.4.13. 98다51077, 51084.

29) 대판 2002.7.12. 2001다44338.

30) 대판 1966.9.20. 66다758, 759.

31) 대판 1994.11.11. 94다22446.

32) 대판 1998.11.24. 98다25061, 대판 2011.5.26. 2011다1330.

33) 대판 2007.6.28. 2005다22404.

부터 직접 지휘, 감독을 받지 않고 독립하여 영업활동을 수행하고 있을 뿐이라고 한다면 그러한 자를 운송인의 피용자라고 할 수는 없는 것이므로 운송인은 그러한 자의 불법행위에 대하여 사용자로서의 손해배상책임을 지지 아니한다.

또한, 피용자가 제3자에 대한 불법행위로 인한 손해배상의무가 있다고 할 경우 사용자의 채무불이행책임과 피용자의 불법행위책임은 동일한 사실관계에 기한 것으로 부진정연대채무 관계에 있다고 할 것이다.[34] 예컨대, 예식장 측은 사진촬영 및 현상의 이행보조자인 사진관의 과실로 인하여 결혼사진이 나오지 않게 되었다면 그 채무불이행으로 인한 재산 및 정신적인 손해를 배상할 책임이 있다. 그리고 정리회사 관리인이 갑을 정리회사의 부사장으로 선임하여 정리업무에 참여케 하였다면 갑은 위 직명 여하에 관계없이 관리인의 책임으로 그 직무집행에 필요하여 법원의 허가를 얻어 선임한 관리인의 대리인 또는 이행보조자나 이행대용자라고 보아야 할 것이고 정리회사의 피용자라고 할 수 없으므로 자기책임으로 갑을 선임한 관리인은 회사정리법 제98조 제1항의 취지로 보아 그 선임, 감독상의 과실 유무에 관계없이 갑의 행위에 의하여 정리회사가 손해를 입은 경우에는 그 책임을 져야 할 것이다.

ii. 이행대행자

독립하여 채무를 채무자에 갈음하여 이행하는 자로서 제391조의 요건을 구비하면 본인(＝사용인)은 채무불이행책임을 지게 되고 제756조의 요건을 갖추면 사용자는 불법행위책임을 지게 된다. 그러나 채무불이행의 한 가지 유형인 불완전이행 중 적극적 채권침해의 경우에는 채무불이행책임과 불법행위책임이 교차하는 경우가 빈번한데 이때에는 제391조와 756조가 경합하여 적용된다고 본다.

[사례] A는 B에게 주택을 임차하였는데 A의 처 C의 실화에 의해 위 주택이 전소되었다. A의 책임은 어떻게 되는가?

(3) 이행지체가 위법할 것

채무불이행에서 확정된 채무의 내용에 좇은 이행이 행하여지지 아니하였다면 그 자체가 바로 위법한 것으로 평가된다. 다만, 이행하지 아니한 것이 위법성을 조각할 만한 행

---

34) 대판 1994.11.11. 94다22446.

위에 해당하는 특별한 사정이 있는 경우에는 채무불이행이 성립하지 않을 수도 있다.[35] 한편, 그러한 위법성 등의 귀책사유에 대한 입증책임은 채무자 측에게 있다. 따라서 채무자는 채무불이행에 대해 자신에게 과실이 없음을 증명하여야 한다. 그러나 소위 수단채무의 경우에는 채권자에게 입증책임이 있다는 것이 판례이다.[36] 즉, 어떤 성과를 달성하기 위하여 최선의 노력을 다해야 할 예컨대, 진료채무와 같은 소위 수단채무와 같은 경우에는 좋은 결과를 이루지 못했다는 사실만으로 채무불이행이 있다고 단정할 수 없다. 따라서 이른바 수단채무에 대한 입증책임을 채권자가 부담한다. 이 판례와 같은 예외적인 경우를 제외하고는 손해배상의 주관적인 요건인 고의, 과실에 대해 채무자에게 입증책임이 있으므로 채권자로서는 불법행위 책임보다는 채무불이행책임을 묻는 것이 용이한 경우가 있을 수 있다.

한편, 채무자는 계약자유의 원칙상 채권자와 과실에 대한 면책약정을 할 수 있다. 그러나 채무자 자신의 고의에 대한 면책을 약정하는 것은 사회질서에 반하는 것이므로 무효이다. 예컨대, 한국전력공사의 전기공작물에 고장이 발생하거나 발생할 우려가 있는 경우 한국전력공사는 부득이 전기 공급을 중지하거나 그 사용을 제한할 수 있는데 이 경우 수용가가 받은 손해에 대해서는 그 배상책임을 지지 않는다는 내용의 전기 공급에 관한 규정은 면책약관의 성질을 가지는 것으로서 한국전력공사의 고의, 중대한 과실로 인한 경우까지 적용된다고 보는 경우에는 약관의 규제에 관한 법률 제7조 제1호에 위반되어 무효라고 볼 수밖에 없다고 한다. 반면, 그 이외의 경우에 한하여 한국전력공사의 면책을 정한 규정이라고 해석하는 한도 내에서는 유효하다.[37]

(4) 관련 문제

(가) 쌍무계약에 있어서 이행지체와 동시이행항변권 등

쌍무계약의 당사자 일방이 먼저 한 번 현실제공을 하고 상대방을 수령지체에 빠지게 하였다고 하더라도 그 이행제공이 계속되지 않는 경우에는 과거에 이행제공이 있었다고 하는 사실만으로는 상대방이 가지는 동시이행의 항변권이 소멸하는 것은 아니다. 따라서 일시적으로 당사자 일방의 의무가 이행제공이 되었으나 곧 그 이행제공이 중지되어 더

---

35) 대판 2002.12.27. 2000다47361.

36) 대판 2003.11.27. 2001다20127.

37) 대판 1995.12.12. 95다11344.

이상 그 제공이 계속되지 아니하는 기간에는 상대방의 의무가 이행지체 상태에 빠졌다고 할 수는 없다. 그러므로 그 이행제공이 중지된 이후에는 상대방의 의무가 이행지체 되었음을 전제로 하는 손해배상청구도 할 수 없을 것이다.[38]

한편, 쌍무계약에서 쌍방의 채무가 동시이행관계에 있는 경우 일방 채무가 이행기에 도래하더라도 상대방 채무의 이행제공이 있을 때까지는 그 채무를 이행하지 않아도 이행지체의 책임을 지지 않는 것이고 이와 같은 효과는 이행지체의 책임이 없다고 주장하는 자가 반드시 동시이행의 항변권을 행사하여야만 발생하는 것은 아니다.[39] 따라서 매수인이 선이행의무가 있는 중도금을 지급하지 않았다고 하더라도 계약이 해제되지 않은 상태에서 잔대금의 지급일이 도래하여 그때까지 중도금과 잔대금이 지급되지 아니하고 잔대금과 동시이행관계에 있는 매도인의 소유권 이전등기 소요서류가 제공된 바 없이 그 기일이 도과하였다면 매수인의 중도금, 잔대금의 지급과 매도인의 소유권 이전등기를 위한 소요서류의 제공은 동시이행관계에 있다고 할 것이어서 그때부터 매수인은 중도금을 지급하지 아니한 것에 대한 이행지체의 책임을 지지 아니한다.[40]

그리고 쌍무계약에서 당사자 쌍방이 이행기일을 각자 도과하였을 경우에는 그 후 그 계약은 이행기일의 약정이 없는 것으로 되고 당사자 중 일방이 자기채무의 이행을 제공하고 상대방에게 그 채무이행을 최고함으로써 비로소 상대방은 이행지체에 빠지게 된다.[41] 예컨대, 매도인이 매매계약의 목적물에 설정되어 있는 담보권설정등기를 말소해야 할 의무는 매수인의 잔대금지급의무와 특별한 사정이 없는 한 동시이행관계에 있는 것이고 그 이행기에 채무를 이행하지 아니하였다면 그 이후 쌍방채무는 기한의 정함이 없는 동시이행관계에 있게 된다.[42]

(나) 선이행의무에 대한 이행거절권능과 이행지체책임

쌍무계약의 당사자 일방이 계약상 선이행의무를 부담하고 있는데 그와 대가관계에 있는 상대방의 채무가 아직 이행기에 이르지 아니하였지만 이행기의 이행이 현저히 불투명하게 된 경우에는 제536조 제2항 및 신의칙에 의하여 그 당사자에게 반대급부의 이행이 확실하여질 때까지 선이행의무의 이행을 거절할 수 있다고 보아야 한다. 따라서 대가적

---

38) 대판 1995.3.14. 94다26646.

39) 대판 1998.3.13. 97다54604, 54611.

40) 대판 2001.7.10. 2001다3764, 대판 2002.3.29. 2000다577.

41) 대판 1959.11.12. 4292민상413, 대판 1972.3.28. 71마155.

42) 대판 1980.8.26. 80다1037.

인 채무 간에 이행거절의 권능을 가지는 경우에는 비록 이행거절의 의사를 구체적으로 밝히지 아니하였다고 할지라도 이행거절 권능의 존재 자체로 이행지체책임은 발생하지 않는다.

또한, 이행거절의 권능은 어디까지나 자기 채무의 이행을 거절할 권능에 지나지 아니할 뿐 애초에 약정된 변제기를 변경시키거나 변제기의 정함이 없는 채무로 그 성질을 변경시키는 효력을 가지는 것이 아니므로 설사 이행거절 권능을 가지는 매수인이 이를 행사하지 않고 대금채무를 이행하였다고 한다면 납부기한 전에 선납한 것에 해당한다고 볼 수 없다.[43]

(다) 기타 이행지체가 문제 되는 경우

매수인이 잔대금 지급기일까지 그 대금을 지급하지 못하면 그 계약이 자동적으로 해제된다는 취지의 약정이 있는 경우 해제 및 동시이행항변권과 관련하여 살펴보면, 부동산 매매계약에서 매수인이 잔대금 지급기일까지 그 대금을 지급하지 못하면 그 계약이 자동적으로 해제된다는 취지의 약정이 있더라도 특별한 사정이 없는 한 매수인의 잔대금 지급의무와 매도인의 소유권 이전등기의무는 동시이행의 관계에 있다. 따라서 매도인이 잔대금 지급기일에 소유권 이전등기에 필요한 서류를 준비하여 매수인에게 고지하는 등의 이행제공을 하여 매수인으로 하여금 이행지체에 빠지게 하였을 때 비로소 자동적으로 매매계약이 해제된다고 보아야 하고 매수인이 그 약정기한을 도과하였더라도 이행지체에 빠진 것이 아니라면 대금 미지급으로 계약이 자동해제된 것으로 볼 수 없을 것이다.[44]

또한, 매수인이 대금을 약정기일까지 납부하지 아니할 경우 그 체납액에 대하여 연체료를 가산하여 지급하기로 하는 연체료 약정은 이행지체에 대한 손해배상의 예정으로서 지체책임이 발생할 때 비로소 그 지급의무가 발생한다. 그러므로 매수인이 선이행할 중도금지급의무를 이행하지 않은 상태에서 입주예정일이 도래하였다면 매수인의 중도금 지급의무와 매도인의 입주를 가능하게 할 의무는 동시이행관계에 있게 되어 그때부터는 매도인이 매수인에게 입주를 가능하게 할 때까지 매수인에게 중도금지급의무에 대한 지체책임이 생기지 않는다.[45] 그리고 매수인이 선이행할 중도금의 지급을 하지 아니한 채 잔대금의 지급일을 경과한 경우에는 매수인의 중도금 및 이에 대한 지급일 다음 날부터 잔

---

43) 대판 1997.7.25. 97다5541, 대판 1997.11.11. 96다36579.

44) 대판 1998.6.12. 98다505.

45) 대판 1998.2.10. 96다7793, 7809, 7816.

대금지급기일까지 지연손해금과 잔대금의 지급채무는 매도인의 소유권 이전등기의무와 특별한 사정이 없는 한 동시이행관계에 있다.[46]

3. 효과

가. 이행의 강제

이행지체에서는 원래의 급부가 여전히 가능하므로 채권자는 현실이행을 강제할 수 있다(제389조).

나. 손해배상

(1) 지연배상

채권자는 본래의 급부에 대한 이행청구와 더불어 지체로 인하여 발생한 손해에 대해서도 그 배상(지연배상)을 청구할 수 있다(제390조).

[약정이자와 지연이자의 구별]

민법상의 이자라고 표현되는 것에는 약정이자와 지연이자가 있다. 전자는 원칙적으로 이자채권의 발생 시부터 변제기까지 적용된다. 민사상의 금전소비대차인 경우에는 이자약정만 있고 이율이 없는 때에는 변제기까지 상사채권은 연 6%, 민사채권은 연 5%의 법정이율이 적용된다. 변제기 도과 후에는 약정이자 유무와 관계없이 당연히 지연이자가 붙게 되는데 그 이율은 법정이율 즉, 연 5% 또는 6%로 한다. 이 지연이자는 명칭만 이자일 뿐이고 그 실질은 손해배상의 일종이다. 약정이율이 있는 경우 그 이율이 법정이율을 초과한다면 지연이자는 그 약정이율로 계산한다. 한편, 소장이 상대방에게 송달된 다음 날부터는 「소송촉진 등에 관한 법률」 등에 의해 지연이자율은 연 20%로 계산된다.

변제기 이후에 지급하는 지연이자는 금전채무의 이행을 지체함으로 인한 손해배상금이

---

46) 대판 1991.3.29. 90다19930.

지, 이자가 아니다. 이러한 금전채무의 불이행으로 인한 손해배상액은 달리 특별한 사정이 없는 한, 민법에 정한 법정이율인 연 5%의 비율에 의한 금원이라고 할 것이다. 다만, 그와 다른 이자율의 약정이 있거나 지연손해금율의 약정이 있는 경우에 한하여 그 별도의 약정에 따른 손해배상액을 인정할 수 있다. 따라서 이와 같이 별도의 약정이 있음을 이유로 하여 법정이율보다도 낮은 비율에 의한 지연손해금을 인정하기 위해서는 법정이율보다 낮은 이자율 또는 지연손해금의 약정이 있다는 점에 관하여 당사자 사이에 다툼이 없거나 증거에 의하여 적극적으로 인정되는 사정이 존재하여야 할 것이다. 따라서 당사자 일방이 법정이자율보다 낮은 비율에 의한 이자율 또는 지연손해금율의 약정이 있음을 자인한다고 하여 곧바로 그에 따른 금원의 지급을 명할 수는 없을 것이다.[47]

한편, 소비대차에서 변제기 이후의 이자약정이 없는 경우 특별한 의사표시가 없는 한 변제기가 지난 후에도 애초의 약정이자를 지급하기로 한 것으로 보는 것이 당사자의 의사라고 볼 수 있다.[48] 그리고 금전채무에 관하여 이행지체에 대비한 지연손해금의 비율을 따로 정한 경우에는 제398조에 정한 손해배상액의 예정으로서 감액의 대상이 된다고 할 것이다.

(2) 전보배상

채권자가 상당한 기간을 정하여 최고하였음에도 그 기간 내에 이행하지 아니하거나, 지체한 이후의 이행이 채권자에게 이익이 없는 경우에는 채권자는 수령을 거절하고 이행에 갈음한 손해배상 즉, 전보배상을 청구할 수 있다(제395조). 이행지체에 의한 전보배상을 청구할 경우에는 다른 특별한 사정이 없는 한 채권자는 채무자에게 상당한 기간을 정하여 그 본래의 의무이행을 최고하고 그 이행이 없는 경우에 그 본래 의무의 이행에 대신하는 전보배상을 청구할 수 있고 그 전보배상에서 그 손해액 산정의 표준시기는 원칙적으로 최고를 한 후 상당한 기간이 경과한 당시의 시가에 의하여야 할 것이다.

또한, 계약당사자의 일방이 계약해제와 아울러 하는 손해배상청구도 채무불이행으로 인한 손해배상과 다를 것이 없으므로 전보배상으로서 그 계약의 이행으로 인하여 채권자가 얻을 이익 즉, 이행이익을 손해로서 청구하여야 하고 그 계약이 해제되지 아니하였을 경우 채권자가 그 채무의 이행으로 소요하게 된 비용 등 즉, 신뢰이익의 배상을 청구할 수 없는 것이다.

---

47) 대판 1995.10.12. 95다26797.
48) 대판 1981.9.8. 80다2649.

(3) 책임의 가중

채무자는 자기에게 과실이 없는 경우에도 그 이행지체 중에 생긴 손해를 배상하여야
한다. 그러나 채무자가 이행기에 이행을 하여도 손해를 면할 수 없는 경우에는 그러하지
아니하다(제392조). 그리고 이행기에 이행하여도 손해를 면할 수 없었다는 점에 대한 입
증책임은 채무자가 부담한다. 즉, 이행지체에 있는 동안 불가항력 기타 사유로 인하여 이
행불능이 된 경우 채무자는 이행지체에 있지 않더라도 필연적으로 손해가 발생하였을 것
이라는 사실을 입증하지 않는 한 손해배상책임을 면할 수 없다.[49]

4. 계약의 법정해제권

채무자가 이행을 지체할 경우 채권자는 상당한 기간을 정하여 이행을 최고하고 채무자
가 그 기간 내에 이행하지 않으면 계약을 해제할 수 있다(제544조 본문). 그러나 채무자
가 미리 이행하지 아니할 의사를 표시한 경우와 채무자의 급부가 정기행위(계약의 성질
또는 당사자의 의사표시에 의하여 일정한 시일 또는 일정한 기간 내에 이행하지 아니하
면 계약의 목적을 달성할 수 없는 경우)인 때에는 이행의 최고를 하지 않고서도 채권자
에게 해제권이 발생한다(제545조).

일반적으로 쌍무계약에서 당사자 일방이 미리 자기채무를 이행하지 아니할 의사를 표
명한 경우에는 상대방은 이행의 최고나 자기채무의 이행제공 없이 계약을 해제할 수 있
고 이러한 의사의 표명 여부는 계약이행에 관한 당사자의 행동과 계약 전후의 구체적 사
정 등을 종합적으로 살펴서 판단하여야 한다. 예컨대, 매도인과 매수인 사이에 토지매매
계약을 체결하면서 매매대금의 지급방법 및 매매토지에 관한 기존의 임대차관계승계 등
에 관해 특약을 했음에도 매수인이 매도인의 계속된 특약사항의 이행촉구에도 그 특약의
존재를 부정하면서 이를 이행하지 아니하였다면 매수인은 위 특약사항을 이행하지 아니
할 의사를 분명하게 표시하였다고 할 것이므로 매도인은 자기채무의 이행제공이 없더라
도 매매계약을 해제할 수 있다.

해제권을 행사한 경우에도 손해배상청구권은 영향을 받지 않는다(제551조). 채무 전체
에 대해 이행을 지체하는 경우 계약해제를 인정함에는 문제가 없으나 채무내용 중 일부
를 지체한 경우 과연 그러한 채무불이행이 계약해제의 사유가 되는지 여부는 매우 어려
운 문제이다. 어느 정도의 불이행이 계약해제사유로 되는지 여부가 문제이다. 제544조에

---

49) 대판 1959.10.15. 4291민상803.

의하여 채무불이행을 이유로 계약을 해제하려면 당해 채무가 계약의 목적달성에 있어서 필요불가결하고 이를 이행하지 아니하면 계약의 목적이 달성되지 아니하여 채권자가 그 계약을 체결하지 아니하였을 것이라고 여겨질 정도의 주채무이어야 하고 그렇지 아니한 부수적인 채무를 불이행한 것에 불과한 경우에는 계약을 해제할 수 없다. 예컨대, 전대차 계약을 체결한 후 중도금을 수수할 때 전대차보증금의 반환을 담보하기 위하여 전대인이 그 소유 부동산에 근저당권을 설정하여 주기로 약정한 경우 근저당권설정약정이 이미 전 대차계약을 체결한 이후 이루어진 점에서 전대인의 근저당권설정약정이 없었더라면 전차 인이 전대인과 전대차계약을 체결하지 않았으리라 보기 어려울 뿐만 아니라 전대인의 근 저당권설정등기의무가 전대차계약의 목적달성에 필요불가결하다거나 그 의무이행이 없으 면 전대차계약이 목적을 달성할 수 없다고 볼 만한 사정을 찾아볼 수 없으므로 전대인의 근저당권설정등기의무가 전대차계약에서 주된 의무라고 보기 어려울 것이다. 또한, 매수 인이 비록 매매대금의 일부 지급에 갈음하여 인수한 피담보채무인 대출금채무의 이자를 지급하지 아니하였고 그 채무인수 자체에 관하여 매도인과 다툼이 있었다고 하더라도 그 로 인하여 매매목적물인 부동산이나 공동담보로 제공된 다른 부동산에 설정된 근저당권 의 실행으로 임의경매절차가 개시되었다거나 개시될 염려가 있다고 볼 만한 사정이 없고 더욱이 위 매매목적인 부동산에 관하여 매수인 명의의 소유권 이전등기가 이미 경료된 사실이 있고 그 경제적인 가치가 위 대출금채무를 담보하기에 충분한 이상 매도인으로서 는 임의경매를 막기 위하여 부득이 위 대출금채무의 이자를 변제할 만한 실제적인 필요 성이 있었다고도 보기 어려우므로 그러한 사유만으로 매도인이 위 매매계약을 해제할 수 는 없다고 한다.

Ⅲ. 이행불능

1. 의의

이행을 요구받은 채무자가 그 이행을 할 수 없는 경우에는 이행청구권은 인정되지 않 는다. 채무의 이행불능이란 단순히 절대적·물리적으로 불능인 경우가 아니라 사회생활 에서 경험법칙 또는 거래상의 관념에 비추어 볼 때 채권자가 채무자의 이행을 기대할 수 없는 경우를 의미한다.[50] 한편, 계약의 일방당사자가 계약기간 중에 부도가 발생하였다는 사실만으로는 당해 계약의 이행이 그의 귀책사유로 불가능하게 되었다고 단정할 수 없고 그 부도 발생 전후 계약이행의 정도, 부도에 이르게 된 원인, 부도 발생 이후 영업 계속 혹은 재개 여부, 당해 계약을 이행할 자금 사정, 기타 여건 등 제반 사정을 종합하여 계약의 이행불능 여부를 판단하여야 한다.[51] 예컨대, 의약품제조 및 도매업, 의약품 원료판매, 의약품 수입판매 등을 목적으로 하는 주식회사는 농지매매계약을 체결하였다고 하더라도 농지개혁법 또는 농지임대차관리법상의 농지매매증명을 발급받을 수가 없어 결과적으로 농지의 소유권을 취득할 수 없기 때문에 농지의 매도인이 매매계약에 따라 그 매수인에게 부담하는 소유권 이전등기의무는 원시불능에 해당한다고 하여야 할 것이다. 따라서 원시불능인 급부를 목적으로 하는 농지의 매매계약은 채권계약으로서도 무효라고 보아야 할 것이다.[52]

그러나 채무가 이행불능인 사실은 당사자의 항변사실에 불과하므로 당사자 일방의 소유권 이전등기채무가 이행불능이라고 하더라도 원심의 변론이 종결될 때까지 이행불능의 항변을 하지 아니하는 이상, 변론주의의 원칙상 법원이 이행불능이라는 이유로 상대방의 청구를 배척할 수 없다.

2. 이행불능의 구체적 사례

불능이라고 하는 것은 급부가 물리적으로 불가능한 경우에만 한정되는 것은 아니다. 급부가 비록 물리적으로 가능할지라도 사회통념에 비추어 불가능한 경우에도 여전히 불능에 해당한다(사회통념상 불능). 이러한 이행불능은 구체적으로 다음과 같은 경우를 생각할 수 있다.

가. 이중매매와 이행불능

부동산의 이중매매란 매도인과 제1매수인 사이에 매매계약을 체결한 이후 다시 매도인과 제2매수인 사이에 매매계약을 체결하는 것을 말한다. 즉, 매매계약을 이중으로 하는 것을 말한다. 매매계약은 배타성 없이 권리이전청구를 내용으로 하는 채권이 발생할 단

---

50) 대판 2002.12.27. 2000다147361, 대판 2003.1.24. 2000다22850.

51) 대판 2006.4.28. 2004다16976.

52) 대판 1994.10.25. 94다18323.

계에서는 이중매매를 하더라도 두 매수인의 권리는 충돌하지 않을 것이어서 채무자의 이행실현을 기대할 수 없는 것은 아니다.[53] 따라서 매매계약 후 계약금만 이전된 상태에서는 이행불능의 문제가 발생하지 않아 이중으로 매매계약을 체결하여도 아무런 문제가 발생하지 않는다. 또한, 부동산소유권 이전등기 의무자가 그 목적물을 제3자에게 양도하고 아직 그 소유권 이전등기를 경유하지 아니한 경우에는 특별한 사정이 없는 한, 위 소유권 이전등기의무는 이행불능의 상태에 있다고 볼 수 없음은 물론 위 소유권 이전등기의무를 상속한 자가 그 명의로 소유권 이전등기를 경료하였다고 할지라도 상속한 소유권 이전등기의무가 이행불능되었다고 볼 수 없다.[54]

그러나 문제는 이행단계에 이르렀을 때이다. 예컨대, 부동산을 이중매도하고 매도인이 1인에게 먼저 소유권의 명의를 이전하여 준 경우이거나[55] 징발재산정리에 관한 특별조치법 제20조 제1항의 환매권자로부터 국가가 환매권 행사의 토지를 이전받은 이후 대상 토지를 타인에 양도하고 그 소유권 이전등기를 마친 경우에는 특별한 사정이 없는 한, 다른 1인에 대한 소유권 이전등기의무는 이행불능상태에 있다고 할 것이다.[56] 뿐만 아니라 부동산의 이중양도에서 일방의 양수인이 등기를 갖춘 경우(이러한 경우에는 일방의 양수인이 양도인에게 가지고 있는 이전청구권은 등기회복을 기대할 수 있는 특별한 사정이 있는 경우를 제외하고 이행불능이 된다),[57] 타인 물건의 매매에서 물건의 소유자가 그 물건의 소유권 이전을 확정적으로 거절하고 있는 경우(제570조) 그리고 계약체결 시에는 그 이익을 채권자에게 유지시켜 주는 것이 공서양속에 반하지 않았던 것이 채권성립 후 법의 개정 또는 사회통념의 변화 등에 의해 사후적으로 그 이익을 채권자에게 유지시켜 주는 것이 공서양속에 반하는 것으로 평가된 경우 등에는 각각 이행불능에 해당한다.

> [사례] A는 자기 소유의 토지를 B에게 양도하기로 하였다. 그런데 C가 B보다도 높은 가격으로 사고 싶다고 하였기 때문에 위 토지를 C에게 매각하고 C에게 소유권 이전등기를 해 주었다. B는 A에게 어떠한 책임을 물을 수 있는가?

---

53) 대판 1992.10.13. 91다34394, 대판 1994.12.22. 94다40789, 대판 1967.7.26. 96다14616, 대판 1998.10. 23. 98다36207.
54) 대판 1984.4.10. 83다카1222.
55) 대판 1965.7.27. 65다947, 대판 1975.7.22. 75다450, 대판 1981.6.23. 81다225, 대판 1983.3.22. 80다416.
56) 대판 1990.2.13. 89다카12435, 대판 2010.4.29. 2009다99129.
57) 대판 1983.3.22. 80다1416.

나. 임대인의 소유권 상실과 임대차계약의 이행불능

임대차계약이 성립된 이후 그 존속 기간에 임대목적물에 대한 소유권을 상실한 경우에
도 그 사실만으로 임대차계약이 종료하지 아니한다. 왜냐하면, 임대차계약상의 임대인의
의무는 목적물을 사용 및 수익게 할 의무로서 목적물에 대한 소유권이 있음을 성립요건
으로 하고 있지 아니하여 임대인이 소유권을 상실하였다는 이유만으로 그 의무가 불가능
하게 된 것이라고 단정할 수 없기 때문이다.[58]
그러나 임차인이 진실한 소유자로부터 목적물의 반환청구 또는 차임 내지 그 해당액의
지급을 요구받는 등의 이유로 임대인이 임차인으로 하여금 사용 및 수익시킬 수가 없게
되면 임대인의 사용 및 수익시킬 채무는 이행불능으로 된다고 할 것이므로 임차인은 그
때 이후 임대인의 차임지급청구를 거절할 수 있다.[59] 그리고 이행불능이 일시적이라고
볼 만한 특별한 사정이 없다면 임대차는 당사자의 해지의사표시를 기다릴 필요조차 없이
당연히 종료되었다고 보아야 할 것이다.[60]

다. 채권담보를 위한 소유권 이전등기와 이행불능

부동산소유권 이전등기 의무자가 그 부동산에 관하여 제3자 앞으로 채무담보를 위하
여 소유권 이전등기를 경료해 주었거나[61] 지상권등기를 경료해 주면서 저당권설정등기까
지 마친 경우에는[62] 그 의무자가 채무를 변제할 자력이 없는 경우에는 특별한 사정이 없
는 한 그 소유권 이전등기의무는 이행불능된다.
그러나 부동산소유권 이전등기 의무자가 그 부동산상에 가등기를 경료한 경우 가등기
는 본등기의 순위보전의 효력을 가지는 것에 불과하고 또한 그 소유권 이전등기 의무자
의 처분권한이 상실되지도 아니하므로 그 가등기만으로는 소유권 이전등기의무가 이행불
능이 된다고 말할 수 없다.[63]

---

58) 대판 1994.5.10. 93다37977.
59) 대판 1978.9.12. 78다1103.
60) 대판 1996.3.8. 95다15087.
61) 대판 1991.7.26. 91다8104.
62) 대판 1974.5.28. 73다1133.
63) 대판 1991.7.26. 91다8104.

라. 기타 이행불능의 긍정 및 부정사례

(1) 긍정된 사례

마을버스운송사업조합과 광고업자 갑 간의 마을버스 자체 내부 및 정류소 표지판을 이용한 광고계약에 따른 위 조합의 광고업자 갑에 대한 채무이행은 위 조합이 광고업자 을과 광고계약을 새로 체결하고 광고업자 을에게 마을버스 차체 내부 및 정류소표지판을 이용하여 광고를 하게 함으로써 광고업자 갑의 마을버스 차체 내부 및 정류소표지판 이용을 거부하고 채권실현을 불가능하게 만든 경우,[64] 당사자가 사실상의 경계에 따라 토지를 매매할 의사로 매매를 한 경우에는 매수인은 매도인에게 매수한 범위 내의 토지에 대한 소유권 이전등기청구권을 취득하게 되나 분할측량의 잘못 등으로 지적도상의 경계표시와 사실상의 경계표시에 차이가 나서 그 차이 나는 부분이 인접한 토지를 취득한 제3자 앞으로 지적공부상 경계에 의하여 소유권 이전등기가 된 경우,[65] 나라가 사인 소유의 토지를 공군비행장부지로서 불법점유하고 있는 경우 그 반환이 전혀 불가능한 것이 아니라 할지라도 그 비행장의 보유가 국방상 절대로 필요하고 또한 그 시설철거나 변경이 용이하지 않은 경우,[66] 매도인으로부터 소유권 이전등기를 받은 매수인이 제3자에게 적법하고 유효한 소유권 이전등기를 이미 경료한 경우(제548조 제1항),[67] 부동산에 관하여 교환계약을 체결한 후 이를 제3자에게 매도하고 소유권 이전등기와 인도를 한 경우[68] 및 골재채취를 하기로 한 곳에 학교 교사의 신축 및 운동장 부지 조성작업이 진행되어 원상회복이 용이하지 않게 된 경우 골재채취계약에 기한 골재채취에 협력할 의무[69] 등은 특별한 사유가 없는 한 이행불능이 되었다고 말할 수 있다.

(2) 부정된 사례

매매등기와 아울러 환매특약의 등기가 경료된 이후 그 부동산 매수인으로부터 그 부동산을 전득한 제3자가 있어도 매수인이 전득자인 제3자에게 부담하는 소유권 이전등기절차의 이행의무(왜냐하면, 부동산의 매수인은 전득자인 제3자에게 환매특약의 등기사실만으로

---

64) 대판 2002.3.15. 2001다76397.
65) 대판 1992.1.21. 91다32961,32978.
66) 대판 1971.5.24. 71다361.
67) 대판 1969.9.30. 69다939.
68) 대판 1968.9.12. 88다카33176.
69) 대판 1990.5.8. 88다카4574,4581.

제3자의 소유권 이전등기청구를 거절할 수 없기 때문이다),[70] 갑과 을 사이의 토지교환계약 후 갑 소유의 교환목적토지에 관하여 병 명의로 소유권 이전등기가 경료되었을지라도 갑과 병 사이에 명의신탁관계가 성립된 것이어서 갑이 병으로부터 그 소유권을 회복하여 을에게 소유권 이전등기절차를 이행할 수 있는 특별한 사정이 있는 경우,[71] 매매목적물에 대하여 가압류집행이 되어 있는 경우[72] 및 매매목적이 된 부동산에 관하여 이미 제3자의 처분금지가처분등기나 소유권말소예고등기가 기입되어 있는 경우(왜냐하면, 이러한 경우일지라도 가처분등기는 단지 거기에 저촉되는 범위 내에서 가처분채권자에게 대항할 수 없는 효과가 있는 것이고, 예고등기는 등기원인의 무효 또는 취소로 인한 등기의 말소 또는 회복의 소가 제기된 경우 그 등기에 의하여 소의 제기가 있었음을 제3자에게 경고하는 것이기 때문이다)[73] 등은 바로 계약이 이행불능으로 확정되었다고 볼 수 없다.

3. 이행불능의 효과

가. 전보배상과 계약해제권

채무자의 고의 또는 과실 없이 이행할 수 없게 된 경우를 제외하고 채무자가 채무의 내용에 좇은 이행을 하지 아니한 경우에는 채권자는 손해배상을 청구할 수 있다(제390조). 반면, 채무자의 책임 있는 사유로 이행이 불가능하게 된 경우에는 채권자는 계약을 해제할 수 있다(제546조). 따라서 이행불능의 경우에는 우선적으로 손해배상으로서 전보배상과 계약해제권이 문제가 될 것이고 명문의 규정은 없으나 이행불능이 발생한 것과 동일한 원인으로 채무자가 목적물의 대상이 되는 이익을 취득하는 경우 채권자는 그 이익의 인도를 청구할 수 있는 권리 즉, 대상청구권이 발생하는데 대상청구권은 후술하고 우선 전보배상과 계약해제권에 관하여 먼저 살펴보기로 한다.

여기에서 전보배상이란 본래의 이행과 함께하는 지연배상에 상대되는 개념으로 이행에 갈음하는 손해배상을 말한다. 이는 채무가 이행되었다면 채권자가 얻을 이익의 전부에 대한 배상을 말한다. 전보배상은 본래적인 급부의 변형이므로 법률적으로 전보배상청구

---

70) 대판 1994.10.25. 94다35527.

71) 대판 1989.9.12. 88다카33176.

72) 대판 1992.12.22. 92다28518.

73) 대판 1999.7.9. 98다13754,13761.

권은 본래의 채권과 동일성을 가진다. 이행불능에 의한 손해배상은 모두 전보배상이다. 한편, 이러한 전보배상청구권의 소멸시효는 채무가 이행불능상태로 돌아간 때부터 진행된다. 이러한 전보배상의 예로서는 소유권 이전등기의무가 제3자 앞으로 소유권 이전등기가 되는 등 사회통념에 비추어 계약이행이 극히 곤란한 사정이 발생한 경우(이때 이행불능으로 된다)74) 등이 있다.

한편, 쌍무계약에서 당사자 일방이 부담하는 채무의 일부만이 채무자의 책임 있는 사유로 이행할 수 없게 된 경우에는 그 이행이 불가능한 부분을 제외한 나머지 부분만의 이행으로는 계약의 목적을 달성할 수 없다면 채무이행은 전부가 불능이라고 보아야 할 것이다. 따라서 채권자는 채무자에게 계약의 전부를 해제하거나 또는 채무의 전부에 대한 이행에 갈음하는 전보배상을 청구할 수 있을 뿐이지 이행이 가능한 부분만의 급부를 청구할 수는 없을 것이다. 예컨대, 신축 예정인 상가건물 중 특정점포에 관한 분양계약이 체결된 이후 분양점포에 관한 소유권 이전등기의무가 이행불능에 이른 경우에는 그 분양계약상의 채무는 전부 이행불능의 상태에 이르렀다고 보아야 할 것이다.75)

그러나 신탁법 제15조, 제55조76)의 규정 등에 의하면 신탁의 목적을 달성할 수 없을 경우에는 신탁이 절대적으로 종료하지만 그 목적달성이 가능함에도 단지 수탁자의 배임행위 등으로 인하여 신뢰관계가 무너진 경우에는 위탁자 등의 청구에 따라 법원이 수탁자를 해임하거나 또는 위탁자가 수탁자에게 손해배상 등을 청구할 수 있을 뿐 이행불능을 원인으로 하여 신탁계약을 해지할 수 없을 것이다.77)

한편, 집행 불능 등이 예견되는 경우 채권자가 본래적인 급부청구에 해당하는 부동산 소유권 이전등기청구를 하면서 동시에 이에 대신할 전보배상을 부가하여 대상청구를 병합하여 소구하는 경우가 있다. 이러한 경우 그 대상청구는 본래적인 급부청구의 현존함을 전제로 하여 이것이 판결 확정 전에 이행불능이 되거나 판결 확정 후 집행 불능이 되는 경우를 대비하여 전보배상을 미리 청구하는 경우로서 양자의 병합은 현재의 급부청구와 장래의 급부청구의 단순병합에 속하는 것으로 허용된다고 한다.78)

---

74) 대판 2002.12.27. 2000다47361.

75) 대판 1995.7.25. 95다5929.

76) 신탁법 제15조(수탁자의 해임) 수탁자가 그 임무에 위반하거나 기타 중요한 사유가 있는 경우에는 법원은 위탁자, 그 상속인 또는 수익자의 청구에 의하여 수탁자를 해임할 수 있다.
　　동법 제55조(신탁의 종료) 신탁행위로 정한 사유가 발생한 때 또는 신탁의 목적을 달성하였거나 달성할 수 없게 된 때에는 신탁은 종료한다.

77) 대판 2002.3.26. 2000다25989.

78) 대판 1975.7.22. 75다450.

그리고 부동산소유권 이전등기의 말소등기의무가 이행불능되므로 말미암아 그 권리자가 입는 손해액은 원칙적으로 그 이행불능이 될 당시의 목적물의 시가 상당액에 해당하는 금액이다.[79] 구체적으로 이행불능의 시기를 특정하는 것과 관련하여 살펴보면 갑이 을을 강박하여 그에 따른 하자 있는 의사표시에 의하여 부동산에 관한 소유권 이전등기를 마친 다음 타인에게 매도하여 소유권 이전등기를 경료하여 준 경우 을이 그 부동산의 전득자를 상대로 제기한 소유권 이전등기말소청구소송이 패소 확정된 때라고 한다.[80]

나. 이행불능과 대상청구권

(1) 대상청구권의 의의

채무이행이 불능으로 된 경우 채권자의 이행청구권은 소멸한다. 이러한 경우 채무자가 이행불능을 발생시킨 것과 동일한 원인에 의해 이행의 목적물에 갈음하는 이익 또는 권리를 얻은 때에는 채권자는 채무자에게 이러한 대상의 양도를 구할 수 있다. 이러한 행위에 관한 명문의 규정은 없지만 통설, 판례에 의해 인정되는 권리인바, 이를 대상청구권이라고 한다. 예컨대, 매도인에게 매매목적인 토지가 수용됨으로써 그 토지에 대한 소유권 이전등기의무가 이행불능이 되었고 그로 인하여 위 토지의 대상인 보상금의 지급을 구하는 것이거나, 경매의 목적물인 토지가 경락허가결정 이후 하천구역에 편입됨으로써 소유자의 경락자에 대한 소유권 이전의무가 이행불능이 되어 경락자는 소유자가 하천구역 편입으로 인하여 지급받게 되는 보상금의 지급을 구하는 것이 이른바 대상청구권을 행사하는 것이다.[81]

한편, 쌍무계약의 당사자 일방이 상대방의 급부가 이행불능이 된 것 때문에 상대방이 취득한 대상에 대하여 급부청구권을 행사할 수 있다고 하더라도 그 당사자 일방이 대상청구권을 행사하려면 상대방에 대하여 반대급부를 이행할 의무가 있다. 따라서 이러한 경우 당사자 일방의 반대급부도 그 전부가 이행불능이 되거나 그 일부가 이행불능이 되고 나머지 잔부의 이행만으로는 상대방의 계약목적을 달성할 수 없다고 하는 등 상대방에게 아무런 이익이 되지 않는다고 인정되는 때에는 상대방이 당사자 일방의 대상청구를 거부하는 것이 신의칙에 반한다고 볼 만한 특별한 사정이 없는 한, 당사자 일방은 상대

---

79) 대판 2005.9.15. 2005다29474.

80) 대판 2006.3.10. 2005다55411.

81) 대판 1992.5.12. 92다4581, 92다4598, 대판 1995.12.22. 95다38080, 대판 2002.2.8. 99다23901.

방에 대하여 대상청구권을 행사할 수 없다고 보아야 할 것이다.[82]

(2) 대상청구권의 요건 등

대상청구권이 인정되기 위해서는 급부가 후발적으로 불능이 되어야 하고 급부가 불능으로 된 사정 때문에 채무자가 채권의 목적물에 갈음하는 이익을 취득하여야 한다. 따라서 급부가 후발적 이행불능인 경우 급부가 불능으로 된 사정과 채무자가 취득하게 되는 갈음하는 이익 사이에 상당인과관계가 존재하지 않는 경우 채무자에 대한 대상청구권은 인정되지 않는다.[83]

채권자가 본래적 급부청구에 해당하는 부동산소유권 이전등기청구와 이에 대신할 전보배상을 부가하여 대상청구를 병합하여 소구하는 경우 대상청구는 본래적 이행청구의 현존함을 전제로 하여 이것이 판결 확정 전에 이행불능이 되거나 또는 판결 확정 후에 집행 불능이 되는 경우에 대비하여 전보배상을 미리 청구하는 경우로서 양자의 병합은 현재의 이행청구와 장래의 이행청구와의 단순병합에 속하는 것으로 허용된다.[84] 또한, 이러한 대상청구를 본래의 이행청구와 예비적으로 병합한 경우에도 본래의 이행청구가 인용된다는 이유만으로 예비적 청구에 대한 판단을 생략할 수는 없을 것이다.[85]

한편, 부동산소유권 이전등기청구의 판결 확정 후 그 소유권 이전등기의무가 집행 불능이 된 뒤에 별소로 그 전보배상을 구하는 것도 당연히 허용되고 이러한 것은 부동산소유권 이전등기 말소청구권의 경우에도 마찬가지이다.[86] 이 경우의 대상금액의 산정시기는 사실심 변론종결 당시의 본래적인 급부의 가격을 기준으로 산정하여야 할 것이다.[87]

(3) 대상청구권의 행사

이러한 대상청구권의 행사방법은 점유로 인한 부동산소유권의 취득시효가 완성되었으나 그 등기청구권이 이행불능으로 되어 대상청구권을 행사하기 위해서는 그 이행불능 전에 등기명의자에게 점유로 인한 부동산소유권 취득기간이 만료되었음을 이유로 그 권리를 주장하였거나 그 취득기간의 만료를 원인으로 한 등기청구권을 행사했어야 하고 그

---

82) 대판 1996.6.25. 95다6601.

83) 대판 2003.11.14. 2003다35428.

84) 대판 1975.7.22. 75다450.

85) 대판 2011.8.18. 2011다30666, 30673.

86) 대판 2006.3.10. 2005다55411.

87) 대판 1975.7.22. 75다450.

이행불능 전에 그와 같은 권리의 주장이나 행사를 하지 않았다면 대상청구권을 행사할 수 없다.[88]

　그리고 소유권 이전등기의무의 목적부동산이 수용되어 그 소유권 이전등기의무가 이행불능이 된 경우 등기청구권자는 등기의무자에게 대상청구권의 행사로써 등기의무자가 지급받은 수용보상금의 반환을 구하거나 또는 등기의무자가 취득한 수용보상금청구권의 양도를 구할 수 있는 청구권을 행사할 수 있을 뿐이고 그 수용보상금청구권 자체가 등기청구권자에게 귀속되는 것은 아니므로[89] 직접 수용자를 상대로 공탁된 토지수용보상금의 수령권자가 자신이라는 확인을 구할 수 있는 소의 이익은 없다.[90] 그러나 채무자가 수령하게 될 보상금이나 그 청구권에 대하여 채권자가 대상청구권을 가지는 경우 어떤 사유로 채권자가 직접 자신의 명의로 대상청구의 대상이 되는 보상금을 지급받았다고 하더라도 이로써 채무자에 대한 관계에서 바로 부당이득이 되는 것은 아니라고 보아야 할 것이다.[91]

(4) 대상청구권과 시효문제

(가) 취득시효의 완성문제

　민법상 이행불능의 효과로서 채권자의 전보배상청구권과 계약해제권 외에 별도로 대상청구권을 규정하고 있지는 않으나 해석상 대상청구권을 부정할 이유가 없음은 상술한 바와 같다. 그러나 점유로 인한 부동산소유권의 취득시효기간이 만료되었음을 이유로 한 등기청구권이 이행불능으로 되었다고 하여도 그 소유권 이전등기청구권자는 소위 대상청구권의 행사로서 그 토지의 소유자가 그 토지의 대가로서 지급받은 수용보상금의 반환을 청구할 수 있다.[92] 그러나 이러한 대상청구권을 행사하기 위해서는 그 이행불능 이전에 등기명의자에게 점유로 인한 부동산의 소유권에 대한 취득기간이 만료되었음을 이유로 그 권리를 주장하였거나 그 취득기간 만료를 원인으로 한 등기청구권을 행사하였어야 한다. 만약 그 이행불능 전에 그와 같은 권리의 주장이나 행사를 하지 않았다면 공평의 관념에 비추어 대상청구권을 행사할 수 없다고 보아야 할 것이다.[93]

---

88) 대판1996.12.10. 94다43825.

89) 대판 1996.10.29. 95다56910.

90) 대판 1995.7.28. 95다2074, 대판 1995.12.5. 95다4209.

91) 대판 2002.2.8. 99다23901.

92) 대판 1994.12.9. 94다25025.

93) 대판 1996.12.10. 94다43825.

(나) 소멸시효의 기산점 문제

매매의 일종인 경매의 목적물인 토지가 경락허가결정 이후 하천구역에 편입되게 됨으로써 소유자의 경락자에 대한 소유권 이전등기의무가 이행불능이 되었다면 경락자는 소유자가 하천구역 편입으로 인하여 지급받게 되는 손실보상금에 대한 대상청구권을 행사할 수 있다. 이러한 대상청구권은 특별한 사정이 없는 한 매매목적물의 수용 또는 국유화로 인하여 매도인의 소유권 이전등기의무가 이행불능되었을 때 매수인이 그 권리를 행사할 수 있다고 보아야 할 것인데 이는 그때부터 소멸시효가 진행하는 것이 원칙이라 할 것이다.

그러나 국유화가 된 사유의 특수성과 법규의 미비 등으로 그 보상금 지급을 구할 수 있는 방법이나 절차가 없다가 상당한 기간이 지난 뒤에야 보상금청구의 방법과 절차가 마련된 경우라고 한다면 대상청구권자로서는 그 보상금청구의 방법이 마련되기 전에는 대상청구권을 행사하는 것이 불가능하였던 것이어서 이러한 경우에는 보상금을 청구할 수 있는 방법이 마련된 시점부터 대상청구권에 대한 소멸시효가 진행하는 것으로 봄이 상당할 것이다. 왜냐하면 이는 대상청구권자가 보상금을 청구할 길이 없는 상태에서 추상적인 대상청구권이 발생하였다는 사유만으로 소멸시효가 진행한다고 해석하는 것은 대상청구권자에게 너무 가혹하여 사회정의와 형평의 이념에 반할 뿐만 아니라 소멸시효제도의 존재 이유에 부합된다고 볼 수 없기 때문이다.[94]

[사례 1] A는 B와 중고자동차를 금 오백만 원에 구입한다고 하는 계약을 체결하였다. 그런데 그 자동차를 인도하기로 한 날 하루 전에 B가 그 자동차를 과속으로 운행하여 언덕 아래로 굴러떨어져 자동차가 전소되었다. 차에서 팽개쳐진 B는 기적적으로 살아났다. 때마침 그 사실을 알게 된 A는 바로 B에게 채무불이행에 기한 손해배상을 구하였다. A의 청구는 가능한가?

[사례 2] A가 B와 유명한 화가의 그림을 구입하는 계약을 체결하였는데 그 그림이 B의 귀책사유가 없는 화재 때문에 소실되었다. 그런데 B가 그 그림에 대하여 화재보험을 가입하여 그 보험금을 받게 되었다고 한다. 이와 같은 경우 A는 B에게 어떠한 청구가 가능한가?

---

94) 대판 2002.2.8. 99다23901.

Ⅳ. 채권자지체

1. 의의

채권자지체(수령지체)란 채무이행에 대하여 채권자의 협력을 필요로 하는 경우 채무자가 채무의 내용에 좇은 제공을 하였음에도 채권자가 이를 수령하지 않거나, 기타 협력을 하지 않아 또는 할 수 없어 이행이 지연되고 있는 상태를 말한다.

2. 법적 성질

채권자지체의 본질에 대해서는 이를 채무불이행의 일종으로 보는 견해(채무불이행설, 다수설)와 신의칙에 기한 법정책임으로 민법이 특별히 인정한 것이라고 보는 견해(법정책임설)의 대립이 있다. 전자는 채권자에게 채무자와 협력할 의무 즉, 수령할 의무가 있음을 전제로 채권자지체의 성립요건으로 채권자의 귀책사유가 요구된다. 또한, 채권자지체의 효과로 제400조 이하 이외에 채무불이행으로 인한 손해배상청구권과 계약해제권도 인정하는 반면, 후자는 채권자의 수령의무를 부정하고 공평의 관념에서 인정된 제도로서 그 성립요건으로 채권자의 귀책사유가 불필요하고 채권자지체에 관한 제401조 내지 제403조만의 효과를 인정한다.

3. 구별개념

채무자에 의한 이행불능과 채권자에 의한 수령불능을 구별함에 있어서는 급부를 불능케 한 장애가 어느 쪽의 영향범위 내에서 생겼는지 여부가 기준이 되어 채무자에게 있으면 이행불능이, 채권자에게 있으면 수령불능이 된다고 한다.

4. 요건

채권자지체가 성립하기 위해서는 채무자가 채무의 내용에 좇은 이행제공이 있는 반면, 채권의 성질상 이행에 있어서 채권자의 협력을 요함에도 채권자가 수령불능의 상태에 있거나 또는 수령을 거절하고 수령불능 또는 수령거절이 채권자의 귀책사유로 인한 것으로 위법한 것이 요구된다. 즉, 채권자지체가 성립하기 위해서는 채무자의 변제공이 있어야 하고, 변제제공은 원칙적으로 현실제공으로 하여야 한다. 다만, 채권자가 미리 변제받기를 거절하거나 채무이행에 채권자의 행위를 요하는 경우에는 구두제공으로 하여도 무방하고 채권자가 변제받지 아니할 의사를 확고히 한 경우(이른바 채권자의 영구적 불수령)에는 구두제공을 하는 것조차 무의미하므로 그러한 경우에는 구두제공도 필요 없다고 할 것이다. 그러나 그러한 구두제공조차 필요 없는 경우라고 하더라도 이는 그것으로 인하여 채무자가 채무불이행책임을 면하는 것에 불과하다. 따라서 제538조 제1항 제2문의 "채권자의 수령지체 중에 당사자 쌍방의 책임 없는 사유로 이행할 수 없게 된 때"에 해당하기 위해서는 현실제공이나 구두제공이 필요하다. 다만, 그 제공의 정도는 그 시기와 구체적인 상황에 따라 신의성실의 원칙에 어긋나지 않게 합리적으로 정하여야 할 것이다.[95] 따라서 수치인이 적법하게 임치계약을 해지하고 임치인에게 임치물의 회수를 최고하였음에도 임치인의 수령지체로 반환하고 있지 못한 동안 임치물이 멸실 또는 훼손된 경우에는 수치인에게 고의 또는 중대한 과실이 없는 한 채무불이행으로 인한 손해배상책임이 없다. 예컨대, 수치인이 임치인에게 보관 중인 건고추를 속히 처분하지 않으면 벌레가 먹어 못쓰게 되니 빨리 처분하든지 인도받아 가라고 요구하였다면 이는 임치계약을 해지하고 임치물의 회수를 최고한 의사표시라고 볼 여지가 있고 이에 대하여 임치인이 시세가 싸다는 등의 이유로 그 회수를 거절하였다면 이때로부터 수령지체에 빠진 것이라고 보아야 할 것이다.[96]

5. 채권자지체의 효과

채권자지체가 생김으로써 채무자에게는 손해배상청구권, 계약해제권 등의 권리가 발생하고 채권자지체 중 채무자의 주의의무가 경감되어 고의나 중대한 과실에 대해서만 책임을 지며(제401조) 이자 있는 채권의 경우에는 이자를 지급할 의무가 없다(제402조).

또한, 채권자지체로 목적물의 보관 또는 변제의 비용이 증가된 경우에는 채무자는 그 증가액을 채권자에게 청구할 수 있다(제403조). 쌍무계약에 있어서는 위험부담이 채권자에게 이전한다(제538조 제1항 후단). 한편, 채무면제, 변제수령, 공탁 또는 이행불능[97] 등

---

95) 대판 2004.3.12. 2001다79013.
96) 대판 1983.11.8. 83다카1476.

으로 채권이 소멸하거나, 채무자가 채권자에게 지체를 면제한 때이거나, 채권자지체 후 채무자의 귀책사유로 이행불능이 발생하거나[98] 또는 채권자가 수령을 최고한 경우에는 채권자지체는 소멸된다.

<학설에 따른 비교표>

제400조	소수설(법정책임설)	다수설(채무불이행설)
성질	법률적인 의무 위반이 아니라 신의칙에 따른 법정책임	채권자에게 급부의 수령의무가 있어 채무불이행의 일종이다.
근거	채권은 권리이기 때문에 의무를 수반하지 않는다.	• 조문상의 위치 • 신의칙을 근거로 채권자에게 수령의무를 인정할 수 있다.
요건	• 변제의 제공이 있을 것 • 채권자의 수령거절 또는 수령불능	• 변제의 제공이 있을 것 • 채권자의 수령거절 또는 수령불능 • 수령거절, 불능이 채권자의 귀책사유에 기인할 것
효과	• 주의의무의 경감(채무자는 채무이행에 관하여 고의 또는 중과실이 있는 경우에만 책임을 부담한다) • 위험이전(수령지체 후 불가항력에 의한 이행불능은 채권자의 귀책사유에 의한 것으로 된다) • 증가비용의 채권자부담 • 채무불이행을 이유로 하는 손해배상, 지연이자 및 위약금의 청구를 받을 수 없고 담보를 실행할 수 없다. • 약정이자의 발생이 없다. • 공탁할 수 있다. • 동시이행항변권의 상실 • 과실수취의무의 면제	• 채권자의 손해배상책임 • 채무자의 계약해제권
변제제공의 효과	• 수령지체의 효과와 마찬가지	• 제492조 • 약정이자가 발생하지 않는다. • 공탁할 수 있다. • 동시이행항변권의 상실

[사례 1] A는 자기 소유의 차량을 B에게 매각하였다. 위 차량의 인도일자는 매매계약을 체결한 후 1주일로 정하고 B가 위 차량을 인도받기 위하여 A의 집에 오기로 되어 있었다. 그런데 1주일이 경과되었음에도 B가 오지 않았다. A는 이행지체로 되는가?

[사례 2] A는 B와 토지매매계약을 체결하고 약속일시에 대금 전액을 지참하고 B에게 갔다. 그런

---

97) 대판 1958.5.8. 4290민상372; 이 판결은 "……채권자는 채무자의 채무이행의 제공을 수령하여야 할 의무가 있고 만약 채권자가 위 의무에 위반하여 수령을 지체한 경우에는 그 이후의 불가항력에 의한 이행불능에 대하여도 채권자에게 책임이 없다"고 판시하고 있다.

98) 대판 1993.3.26. 91다14116; 이 판결은 "……수급인이 도급인에게 공사금을 지급하고 기성부분을 인도받아 가라고 최고하였다면 수급인은 이로써 자기 의무의 이행 제공을 하였다고 볼 수 있는데 도급인이 아무런 이유 없이 수령을 거절하던 중 쌍방이 책임질 수 없는 제3자의 행위로 기성부분이 철거되었다면 도급인의 수급인에 대한 공사대금지급채무는 여전히 남아 있다"고 판시하고 있다.

V. 불완전이행

1. 의의

불완전이행이란 채무자가 외견상 채무이행으로서 이행행위를 하였으나 그것이 채무의 내용에 좇은 완전한 이행이 되지 못하고 흠 있는 불완전한 이행이었기 때문에 채권자에게 손해를 입히는 경우를 말한다. 이는 적극적으로 채무를 이행하였지만 채권자에게 부가적 손해를 준 것이기 때문에 채권자가 이행지체 또는 이행불능에 의한 손해배상을 청구할 수 없고 오히려 채무불이행의 새로운 모습으로 20세기 초에 제기된 문제이다.

2. 요건

가. 이행행위가 있어야 한다.

나. 이행이 불완전하여야 한다.

채무의 내용에 좇은 것이 되지 못하여 급부행위의 내용뿐만 아니라 그 방법, 시기 및 장소 등 어느 점에서든지 채무의 내용에 반하는 경우로서 이행의 목적물 내지 행위의 내용에 흠이 있거나, 이행방법이 불완전하거나 또는 급부할 때 필요한 주의를 게을리한 경우에 볼 수 있다. 예컨대, 배합사료와 기초사료에 어떠한 불순물이 함유되었고 또한 그것이 어떤 화학적·영양학적 또는 생리적인 작용을 하여 이를 사료로 한 닭이 난소협착증을 일으키게 되고 산란율을 급격하고 현저하게 저하시킨 경우[99] 등이다. 따라서 불완전 이행이라는 채무불이행의 모습을 인정한다면 일부 지체 또는 일부 불가능의 문제가 아닌 제3의 모습으로 불완전이행이 인정되는 것이다. 예컨대, 계약 당시에는 흠이 없었는데 채무자의 특정물에 대한 보관 또는 운송방법이 나빴기 때문에 흠이 생기거나, 임차인이 임차물을 손상하거나, 수치인이 목적물을 훼손하거나 또는 운송방법이 거칠었기 때문에 화물이나 여객에 손상을 준 경우 등이다. 다만, 불특정물의 인도를 목적으로 할 경우 그 목적물에 흠이 있다고 할지라도 이는 하자담보책임의 문제가 되는 것에 불과하고 불완전이행의 문제가 발생하지 않는다.

다. 채무자에게 귀책사유가 있어야 한다.

불완전이행 또는 적극적 채권침해를 채무불이행으로 보는 이상 당연히 다른 채무불이행의 형태와 마찬가지로 채무자에게 책임 있는 사유에 의한 것이어야 한다. 예컨대, 매도인이 매수인에게 공급한 부품이 통상적인 품질이나 성능을 갖추고 있지만 내한성이라는 특수한 품질이나 성능을 갖추고 있지 못하여 하자가 있다고 인정할 수 있기 위해서는 매수인이 매도인에게 완제품이 사용될 환경을 설명하면서 그 환경에 충분히 견딜 수 있는 내한성 있는 부품의 공급을 요구한 것에 대하여 매도인이 부품에 대하여 그러한 품질과 성능을 갖춘 제품이라는 점을 명시적으로나 묵시적으로 보증하고 공급하였다는 사실이 인정되어야만 할 것이고 특히, 매매목적물의 하자로 인하여 확대손해 내지 2차 손해가 발생하였다는 이유로 매도인에게 그 확대손해에 대한 배상책임을 지우기 위해서는 채무의 내용으로 된 하자 없는 목적물을 인도하지 못한 의무위반사실 외에 그러한 의무 위반에 대하여 매도인에게 귀책사유가 인정될 수 있어야만 한다.[100]

라. 채무자의 불완전이행이 위법한 것이어야 한다.

공중접객업인 숙박업을 경영하는 자가 투숙객과 체결하는 숙박계약은 숙박업자가 고객에게 숙박을 할 수 있는 객실을 제공하여 고객으로 하여금 이를 사용할 수 있도록 하고 고객으로부터 그 대가를 받는 일종의 일시 사용을 위한 임대차계약에 해당한다. 한편, 객

---

99) 대판 1977.1.25. 75다2092.
100) 대판 1997.5.7. 96다39455.

실 및 관련 시설은 오로지 숙박업자의 지배 아래 놓여 있는 것이므로 숙박업자는 통상의 임대차와 같이 단순히 여관 등의 객실 및 관련 시설을 제공하여 고객으로 하여금 이를 사용, 수익하게 할 의무를 부담하는 것에서 한 걸음 더 나아가 고객에게 위험이 없는 안전하고 편안한 객실 및 관련 시설을 제공함으로써 고객의 안전을 배려하여야 할 보호의무를 부담한다고 할 것이다. 따라서 이러한 의무는 숙박계약의 특수성을 고려하여 신의칙상 인정되는 부수적인 의무로서 숙박업자가 이를 위반하여 고객의 생명, 신체를 침해하여 투숙객에게 손해를 입힌 경우이어야 불완전이행으로 인한 채무불이행책임을 부담한다고 보아야 할 것이다.[101]

3. 효과

불완전이행이 있으면 채권자는 그 수령을 거절하거나 또는 이미 수령한 상태라고 할지라도 완전한 급부제공을 청구할 수 있다. 또한, 추완방법이 있다고 한다면 신의칙상 완전하게 하는 추완청구권만을 행사할 수 있다고 보아야 할 것이다. 이러한 경우에는 완전이행 또는 추완청구권 이외에 그로 인한 이행지체를 원인으로 손해배상도 청구할 수 있을 것이다. 또한, 확대손해가 있다고 한 경우에도 마찬가지이다. 그리고 완전이행이 가능한 경우에는 채권자가 상당한 기간을 정하여 이행의 최고를 하여도 채무자가 이행을 하지 않는 때에는 채권자는 계약을 해약할 수 있는 반면, 완전이행이 불가능한 경우에는 채권자는 곧 계약을 해제할 수 있다. 완전이행이 불가능한 경우에는 확대손해에 대한 배상을 청구할 수 있을 것이다.

한편, 손해배상책임을 불법행위를 이유로 하는 것이 아니고 계약불이행을 이유로 하는 경우에는 불완전이행을 한 자에게 피해자가 아닌 자는 계약의 불완전이행으로 인한 위자료를 청구할 수는 없다.[102] 따라서 승객이 객차의 승강구에서 추락, 사망한 경우 승객 아닌 그 망인의 처, 자녀는 그로 인하여 정신적 고통을 받았다고 하더라도 여객운송자에게 손해배상책임이 있음을 이유로 하여 그들의 위자료를 청구할 수는 없을 것이다.[103]

---

101) 대판 2000.11.24. 2000다38718,38725.
102) 대판 1974.11.12. 74다997.
103) 대판 1982.7.13. 82다카278.

> [사례 1] A는 B와 자동차를 금 일천오백만 원에 구입하는 매매계약을 체결하였다. 약속기일에 A
> 는 B로부터 그 자동차를 인수받았다.
> 가. 다음날 A는 그 자동차를 운전하고자 엔진시동을 걸었는데 작동이 되지 않았다. 이러한 경우
>   A는 B에게 어떠한 법적 수단을 취할 수 있는가?
> 나. A가 그 자동차를 운전하는 과정에서 브레이크가 작동되지 않다가 갑자기 브레이크가 작동이
>   되어 A가 부상을 입게 된 경우에는 어떻게 되는가?
>
> [사례 2] A는 B로부터 가구를 매수하였는데 그 가구의 여러 곳에 흠집이 있었다. B의 책임은 어
> 떻게 되는가?

Ⅵ. 이행거절

1. 의의

이행거절이란 급부가 가능함에도 채무자가 그 귀책사유로 인해 이행을 원하지 않아 채
권자에게 이행을 하지 않겠다는 뜻을 확정적으로 표시하는 것을 말한다. 쌍무계약의 일
방 당사자가 이행거절을 할 경우에는 보통 반대급부의 수령거절의 의미도 포함되므로 타
방 당사자는 구두제공만으로 동시이행항변권을 배척할 수 있다(제460조, 제536조).

2. 법적 성질

이행거절을 이유로 바로 전보배상을 청구하는 것은 이행불능을 제외하고는 이행지체
후에 이행이 채권자에게 전혀 이익을 주지 않을 때에만 가능하다고 한다. 그러나 이행거
절을 이유로 바로 손해배상을 청구할 수도 있고 또한 최고를 하지 않고 계약을 해제할
수도 있다.

3. 구별개념

채무불이행을 적극적 상태와 소극적 상태로 나눌 경우 이행거절은 이행지체, 이행불능

과 더불어 소극적 상태의 채무불이행에 해당한다. 그러나 이행기의 도과라는 사실에 기인하지 않는 점에서 이행지체와 구별이 되고 또한 의사를 표명하는 점에서 의사와 관계 없는 객관적 사실에 의해 발생하는 이행불능과 구별되며 적극적인 상태인 불완전이행과도 구별됨은 물론이다.

4. 행사

이행거절은 의사통지의 성질을 갖지만 반드시 서면이나 구술로 명시적으로 행하지 않아도 된다. 또한, 계약상 채무자가 계약을 이행하지 아니할 의사를 명백히 표시할 경우에는 채권자는 신의성실의 원칙상 이행기 전이라도 이행의 최고 없이 채무자의 이행거절을 이유로 계약을 해제하거나[104] 채무자를 상대로 손해배상을 청구할 수 있다. 채무자가 계약을 이행하지 아니할 의사를 명백히 표시하였는지 여부는 계약이행에 관한 당사자의 행동과 계약 전후의 구체적 사정 등을 종합적으로 살펴서 판단하여야 할 것이다.[105]

VII. 강제이행(현실적 이행의 강제)

1. 의의

채권자가 이행청구권을 가지고 있다고 하여도 채무자가 임의로 이행을 하지 않을 경우에는 채권의 내용을 강제적으로 실현할 수 있도록 국가가 채권자에게 보장하지 않는다면 채권을 권리로 승인하는 것이 무의미하게 된다. 그렇기 때문에 채권에는 급부를 강제적으로 실현하기 위한 권능(강제력)이 내재되어 있고 채권자는 채무자로부터 임의이행이 없는 경우에는 채무자에게 이행을 강제할 수 있다. 어떠한 방법으로 이행을 강제할 수 있는지 여부에 관하여는 제389조와 민사집행법 등에 규정되어 있다.

---

104) 대판 1993.6.25. 93다11821.
105) 대판 2005.8.19. 2004다53173.

2. 종류

가. 직접강제

직접강제란 국가의 집행기관이 직접적으로 채권의 내용을 실현시키는 강제집행방법을 말한다(제389조 제1항). 구체적인 수단은 민사집행법이 규정하고 있다. 물건 또는 금전의 인도를 목적으로 하는 채무에 관하여는 직접강제의 방법이 인정되고 있다.

나. 대체집행

(1) 의의 등

(가) 의의
대체집행이란 채무자 이외의 자에 의해 채권의 내용을 실현시킨 다음 그 실현과정에 필요한 비용을 채무자에게 추심하는 강제집행의 방법을 말한다(제389조 제2항). 채권자 또는 제3자가 법원에서 비용추심과 대체이행의 수권을 받아 채권내용을 실현하고 비용을 채무자로부터 추심하거나 또는 사전에 비용을 추심하여 채권내용을 실현하는 것이다.

(나) 인정 범위
대체집행은 물건 또는 금전의 인도를 목적으로 하는 채무에 관하여는 인정되지 않지만 작위채무로 대체성이 있는 것(대체적 작위채무)에 관하여 인정되고 있다. 또한, 부작위채무에서 채권자는 채무자의 비용으로 부작위채무에 위반한 유형적 상태의 제거를 청구할 수 있고 장래를 위하여 적당한 처분을 청구할 수 있다(제389조 제3항). 장래를 위한 적당한 처분이란 장래의 손해에 대하여 금전 기타 담보를 제공시키는 것이 보통일 것이다.

(2) 부작위채무의 집행절차에 있어서 문제점
부작위채무는 비대체적 채무로서 그에 대한 강제집행은 간접강제만 가능한 것이고 통상적으로는 판결절차(협의의 소송절차)에서 먼저 집행권원이 성립된 후 채권자의 별도의 신청에 의하여 채무자에 대한 필요적 신문(민사소송법 제694조)을 거쳐 동법 제693조에 따라 채무불이행 시 일정한 배상을 하도록 명하는 간접강제결정을 할 수 있다. 그러나 부작위채무에 관하여 언제나 먼저 집행권원(채무명의)이 성립하여야만 그다음 단계에서 비로소 간접강제결정을 할 수 있다고 한다면, 집행권원의 성립과 집행단계 사이의 시간적 간격이 있는 동안 채무자가 부작위채무를 위반할 경우 손해배상이나 위반 결과의 제거 등 사후적 구제수단만으로 채권자에게 충분한 손해전보가 되지 아니하여 실질적으로는 집행제도의 공백을 초래할 우려가 있다.

(3) 대체집행의 필요성

작위채무 중에서도 예컨대, 소유권 이전등기절차를 이행할 의무와 같이 법률행위를 목적으로 하는 채무에 관하여는 의사표시에 의해 법률효과를 발생시킨다고 하는 것에 의의가 있다. 따라서 현실적으로 의사표시를 시키지 않아도 법률효과를 발생시키면 충분하다. 그렇기 때문에 민법은 이러한 경우 재판을 통해 의사표시에 갈음할 수 있는 것으로 하였다(제389조 전단, "판결대용"이라고도 한다). 예컨대, "피고는 원고에게 별지목록 기재 부동산에 대하여 2007년 4월 8일 자 매매를 원인으로 한 소유권 이전등기절차를 이행하라"고 하는 판결과 같이 의사표시를 명하는 판결이 확정된 때에는 그 확정 시에 의사표시를 한 것으로 간주한다. 그러나 채무자인 학교법인에 다른 재산이 없어 기본재산을 처분하지 않고서는 채무변제가 불가능하더라도 학교법인이 기본재산을 처분하기 위하여 관할관청의 허가를 신청할지 여부는 특별한 사정이 없는 한 재단법인의 의사에 맡겨 있다. 따라서 학교법인으로부터 기본재산을 양수한 자도 아니고 대금채권자에 불과한 자로서는 강제이행청구권의 실질적인 실현을 위해 필요하다는 사유만으로 기본재산의 처분을 희망하지도 않는 학교법인을 상대로 관할관청에 대하여 기본재산에 대한 처분허가신청절차를 이행할 것을 청구할 수 없다.[106]

> [사례] B주간지에서 A에 대한 사실무근의 중상기사를 게재하여 A의 명예가 현저하게 훼손당하였다. 그래서 A는 B에게 손해배상과 사죄광고를 요구하는 내용의 소를 제기하여 승소판결을 얻었다. 이러한 사죄광고에 관한 강제수단은 무엇인가?

---

106) 대판 2001.12.28. 2001다24075.

다. 간접강제

(1) 의의 등

간접강제란 채무이행이 될 때까지 상당하다고 인정되는 일정한 액수의 금액을 강제적으로 채무자가 채권자에게 지급하도록 하는 것을 통하여 채무자에게 심리적으로 압박을 가함으로써 채무자의 의사를 이행하는 것으로 마음을 먹도록 하는 강제집행방법을 말한다(민사집행법 제260조). 여기에서 말하는 상당하다고 인정되는 일정한 금액의 금전은 손해배상이 아니다. 따라서 채권자는 채무불이행에 의해 발생한 현실적인 손해액을 상회하는 경우일지라도 차액을 반환할 필요가 없고 현실적인 손해액이 지급액을 초과하는 때에는 채권자는 그 금액에 관하여 손해배상을 청구할 수 있다. 이러한 간접강제는 물건의 인도를 목적으로 하는 채무, 작위채무 및 부작위채무[107)에 관하여 인정되고 있다. 이에 반하여, 금전의 이행을 목적으로 하는 채무에 관하여는 간접강제는 인정되지 않는다.

(2) 필요성 등

부작위채무를 명하는 판결의 실효성 있는 집행을 보장하기 위해서는 부작위채무에 관한 소송절차의 변론종결 당시로 보아 집행권원이 성립하더라도 채무자가 이를 단기간 내에 위반할 개연성이 있고 또한 그 판결절차에서 민사집행법 제261조에 의하여 명할 적정한 배상액을 산정할 수 있는 경우에는 위의 부작위채무에 관한 판결절차에서도 위 조문에 의하여 장차 채무자가 그 채무를 불이행할 경우에 일정한 배상을 할 것을 명할 수 있다고 함이 상당하다. 이렇게 하더라도 판결절차는 필요적으로 변론을 거치므로 심문을 거치지 아니하여도 채무자에게 불이익이 없으며 이 판결의 배상명령 부분에 대하여 상소할 수도 있으므로 별도로 즉시항고가 인정되지 아니한다고 하여 채무자에게 아무런 불이익도 없는 것이다.[108)

> [사례] A·B 부부에게 유아 C가 있는데 성격의 불일치 때문에 어쩔 수 없이 이혼을 하였다. 협의를 한 결과, 부친 A가 C의 친권자로 되었다. 그런데 A가 집을 비운 사이 B가 C를 데리고 갔다. A는 어떻게 하면 C를 데리고 올 수 있는가?

---

107) 대판 1996.4.12. 93다40614,40621.
108) 대판 1996.4.12. 93다40614,40621.

라. 간접강제조차 허용되지 않는 채무

이행강제에는 채무자의 의사에 반하여 이행을 강제하는 성격을 수반하고 있다. 이행을 강제하는 것은 헌법에서 보장된 인격의 자유, 의사의 자유의 존중이라는 이념과 충돌하는 면이 있다. 그렇기 때문에 예컨대, 예술가에게 그림을 그리도록 강제하는 것과 같이 채무자의 인격, 의사를 지나치게 구속하는 채무의 이행강제는 허용되지 않는다. 이러한 경우에 채권자는 손해배상청구를 하는 것으로 만족할 수밖에 없다.

[사례] A남은 B녀와 결혼하였다. 그런데 B는 신혼 1주 만에 친정으로 돌아갔다. A는 처의 동거의무를 이유로 판결을 얻어 강제집행을 하여 집으로 데리고 올 수 있는가?

제2절 채무불이행을 이유로 하는 손해배상

Ⅰ. 손해배상

1. 채무불이행

채무자가 채무의 내용에 좇은 이행을 하지 않는 것을 채무불이행이라고 한다(제390조). 이러한 채무불이행을 할 경우 채권자는 채무자에게 그것을 이유로 손해배상을 청구할 수 있다. 다만, 채무불이행에 관하여 채무자에게 고의 또는 과실 없이 이행을 할 수 없게 된 즉, 귀책사유가 없는 경우에는 채무자는 손해배상책임을 부담하지 않는다(제390조 단서). 귀책사유가 없다는 것에 관하여는 채무자에게 주장, 입증책임이 있다.

2. 손해의 개념

가. 의의

(1) 차액설

채무불이행을 이유로 손해배상을 청구할 수 있는데 여기에서 말하는 손해의 내용은 그 위법행위가 없었을 경우 존재하였을 재산상태와 그 위법행위가 가해진 현재의 재산상태의 차이를 손해라고 한다. 그리고 차액의 계산방법에 관하여 채권자의 손해를 재산적 손해와 비재산적 손해(위자료)로 구분하면서 재산적 손해에 관하여는 다시 적극적 손해(재산의 적극적 감소)와 소극적 감소(증가하였어야 할 재산이 증가하지 않은 것. 일실이익이라든지, 얻을 수 있는 이익이라고도 한다)로 구분한 후 개별적인 손해항목마다 금액을 산출하여 합산하는 방식을 채용하고 있다(개별손해항목합산방식).

(2) 규범적 손해설(평가설)

손해를 논의할 경우 규범적 관점을 받아들여야 한다고 하는 것이 지적되고 있다. 채무불이행에 의해 채권자가 받는 변화 중에서 무엇을 불이익으로 판단하여야 하는지 여부는 실체법상의 규범적 판단으로 귀착하는 것이기 때문이라고 한다. 예컨대, 피해자가 사고로 인한 부상 및 후유증으로 인하여 노동능력의 32%를 상실하였음에도 그가 종사하고 있던 국가공무원의 직무를 여전히 수행하여 전과 같은 급여를 수령하고 있다고 한다면 위와 같은 노동능력의 상실은 손해를 평가할 경우 고려요소에서 부정적인 것으로 작용되어야 할 것인지 여부가 문제이다. 이에 대하여 사고 전후에 현실적인 소득의 차액이 변론과정에서 밝혀지지 않고 차액설의 방법에 의하여 일실이익을 산정하는 것이 불가능하여 규범적 평가설(평가설)의 방법에 의하여 산정하는 것이 합리적이고 정의와 형평에도 합당할 경우가 있다. 이러한 경우에는 일실이익의 산정을 피해자의 가동능력상실률의 인정평가 방법에 의해 그 상실률을 정함에 있어 단순한 의학적인 신체기능장애율이 아니라 피해자의 연령, 교육 정도, 종전 직업의 성질과 직업 경력 및 기능의 숙련 정도, 신체기능장애 정도 및 유사직종이나 타 직종으로의 전업 가능성과 그 확률 기타 사회적 · 경제적인 조건 등을 모두 참작하여 경험칙에 따라 정하여지는 수익상실률의 평가도 법관의 자의가 배제된 합리적이고 객관성이 있는 것이라고 한다면 부당하다고 볼 수 없을 것이다.[109]

(3) 판례에 나타난 "손해" 등과의 관련 고찰

손해는 현실적으로 발생한 때 성립하는 것으로 현실적으로 발생하였는지 여부는 사회통념에 비추어 객관적이고 합리적으로 판단하여야 한다. 예컨대, 손해배상청구권자가 자기 돈으로 치료비 등을 직접 지급함으로써 손해가 현실적으로 발생한 경우뿐만 아니라 치료비지급채무를 부담하거나 또는 현실적으로 재수술을 요하는 불가피한 사정에 의하여 금전 지출을 함으로 인하여 손해를 받은 경우에도 현실적으로 손해의 발생이 있다고 볼 수 있을 것이다.[110] 또한, 부동산교환계약의 일방당사자가 상대방의 대출금채무 및 임차보증금반환채무를 인수하여 이행하기로 약정하고서도 이를 위반함에 따라 그 상대방이 은행과 임차인으로부터 대출금 및 임대차보증금반환청구소송을 제기당하여 패소판결을 선고받고 나아가 그들로부터 다른 부동산에 대한 가압류를 당하기까지 하였다면 그 상대방의 은행 및 임차인에 대한 채무부담은 현실적이고 확정적이어서 실제로 변제하여야 할 성질의 것이 되므로 그 채무액 상당의 손해를 현실적으로 입게 되었다고 볼 것이다.[111] 그리고 매수인으로서는 부동산에 대한 소유권 이전등기청구권을 보전하기 위하여 매도인이 약정보다 초과하여 대출받은 금원까지도 변제하지 않을 수 없게 되었다고 한다면 이 역시 현실적으로 발생한 손해에 해당한다.[112]

그리고 불법행위로 인한 손해배상청구사건에서 피해자의 후유장애 또는 사망이 당해 사고로 인한 부상을 유일한 원인으로 하는 것이 아니고 피해자의 기왕증이나 지병과 사고로 인한 부상이 함께 경합하여 초래된 경우 그 후유장애 또는 사망으로 인한 모든 손해를 당해 사고로 인한 손해로 인정하는 것은 불법행위책임에 있어서 손해의 공평한 부담이라는 견지에서 부당하다고 할 것이므로 이와 같은 경우에는 피해자의 전손해 중 기왕증이 기여한 부분에 상응한 손해액을 뺀 나머지 손해액만을 가해자에게 부담시키는 것이 타당하다고 할 것이다. 그러므로 법원은 기왕증이 사고로 인한 부상과 경합하여 피해자의 후유장애 정도를 확대하거나 사망의 결과를 초래했는지 여부와 후유장애의 경우 노동능력상실률이 피해자의 기왕증 기여도를 감안하여 감정된 것인지 여부를 살펴보아야 할 것이고 기왕증의 기여도를 평가함에 있어서 기왕증의 원인과 정도, 기왕증과 후유장애 및 사망과의 상관관계, 피해자의 연령과 직업, 그 건강상태 등 제반 사정을 합리적으

---

109) 대판 1990.11.23. 90다카21022.

110) 대판 1965.3.23. 64다1899.

111) 대판 2001.7.13. 2001다22833.

112) 대판 1998.4.24. 97다28568.

로 고려하여 판단하여야 할 것이라고 한다.[113)

또한, 현실적인 장애사실이 인정되고 그 장애가 완전히 극복되지 아니하였다면 설사 기왕증이 고정된 후 정상인과 다름없는 소득을 얻고 있었다고 하더라도 당해 직장이나 소득이 피해자의 가동능력의 정상적인 한계에 알맞은 것이었다는 사정까지 나타나지 아니하는 한 피해자의 신체훼손에도 불구하고 가동능력이나 추정소득의 상실이 없었다고 단정할 수는 없다. 그리고 망인이 해기사시험과정에서 시행하는 신체검사에서 승선 가능 판정을 받아 해기사면허를 취득하게 되었다고 하더라도 이는 해기사로서 최소한의 적격자로 판정받은 것에 불과하므로 그와 같은 면허취득사실만으로 곧 망인이 정상인과 동일한 노동능력을 갖추고 있다고 판단할 수는 없다. 따라서 법원이 사고 당시 망인의 추정소득을 산정할 때에도 위와 같은 기왕증에 의한 장애사실을 고려해야 할 것이므로 망인의 추정소득을 산정할 때 망인의 오른쪽 무릎 절단상을 고려하여도 무방할 것이다.[114)

한편, 맥브라이드 불구평가표에 의한 장애율은 단순히 장애증상이 고정된 후 그 증상에 상응하는 장애율을 산정한 것에 불과하여 의족의 착용이나 재활의학적 적응훈련의 유무 등의 다른 요소는 참작되지 아니하는 것인데 망인이 오른쪽 무릎 절단상을 입은 후 의족을 착용하고 정상인과 다름없이 생활하였고 그와 같은 상해가 있음에도 선원으로 종사해 오다가 해기사면허를 취득한 후 소형선박의 선장으로 종사해 온 사실이 있다고 한다면 무릎 절단상 이후 새로운 사고에 이르기까지 이미 6년여의 세월이 경과된 점과 의수, 의족의 발달을 고려해 볼 때 망인은 의족의 장착으로 이 사건 교통사고 무렵에는 기왕증으로 상실된 노동능력을 상당 정도 회복하였을 개연성이 높다고 볼 것이므로 마땅히 위와 같은 점과 함께 의족이 장착된 상태에서 노동능력의 상실 정도에 대한 심리를 하여 이에 터 잡아서 상실된 노동력의 가치를 산정하여야 할 것이다.[115)

또한, 손해란 현실적으로 발생한 손해이어야 하기 때문에 비록 외형상 손해의 발생이라고 볼 수 있는 외형이 있을지라도 현실적인 측면에서 실질적인 손해가 없다고 한다면 그러한 경우에는 손해가 없는 것으로 보아야 할 것이다. 예컨대, 타인 소유의 토지에 대하여 관계 서류 등을 위조하여 원인무효의 소유권 이전등기를 경료하고 다시 이를 다른 사람에게 매도하여 순차로 소유권 이전등기가 경료된 후 토지의 진정한 소유자가 최종 매수인을 상대로 말소등기청구소송을 제기하여 승소판결이 확정된 경우 위 불법행위로

---

113) 대판 1992.4.28. 91다31517, 대판 1992.5.22. 91다39320.
114) 대판 1990.12.26. 88다카33473.
115) 대판 1994.4.12. 93다52372.

인하여 최종 매수인이 입은 손해는 무효로 이루어진 소유권 이전등기를 유효한 등기로 믿고 위 토지를 매수하기 위하여 출연한 금액 즉, 매매대금으로서 이는 기존이익의 상실 인 적극적 손해에 해당하고 최종 매수인은 처음부터 위 토지의 소유권을 취득하지 못한 것이어서 위 말소등기를 명하는 판결의 확정으로 비로소 위 토지의 소유권을 상실한 것 이 아니므로 위 토지의 소유권 상실이 그 손해가 될 수는 없을 것이다.[116]

3. 손해의 발생

손해는 현실적인 확실성이 있어야 한다. 따라서 불법행위 또는 채무불이행[117]으로 인 한 손해배상청구권은 현실적으로 손해가 발생한 때에 성립한다. 다만, 현실적으로 손해가 발생하였는지 여부는 사회통념에 비추어 객관적이고 합리적으로 판단하여야 한다.[118] 여 기에서 말하는 현실적 손해란 손해배상청구권자가 자기 돈으로 치료비 등을 직접 지급함 으로써 손해가 현실적으로 발생한 경우뿐만 아니라 치료비지급채무를 부담하거나 또는 현실적으로 재수술을 요하는 불가피한 사정에 의하여 금전 지출을 함으로 인하여 손해를 받은 경우에도 포함된다고 보아야 할 것이다.[119] 또한, 매매대금 일부의 지급에 갈음하여 매도인이 매매부동산을 담보로 대출받고 매수인이 그 반환채무를 인수하기로 하였으나 매도인이 약정금액보다 많은 금액을 대출받고 그 초과대출금을 변제하지도 않은 채 매수 인에게 매매대금 전액에 대한 지급청구권이 행사되거나[120] 채무불이행 등으로 인하여 피 해자가 제3자에게 현실적이고 확정적으로 채무를 변제하여야 할 성질인 경우[121]에는 현 실로 입은 확실한 손해에 해당한다.

---

116) 대판(전합) 1992.6.23. 91다33070.

117)

<채무불이행책임과 불법행위책임의 관계>

	채무불이행	불법행위
과실의 입증책임	채무자	채권자
손해배상의 범위	제393조	제393조 유추
과실상계	책임 부정가능, 필요적 참작	감액에 한한다. 재량적 참작
상계금지	규정 없다(제약이 없다고 이해할 수 있다).	가해자에 의한 상계는 금지된다.
지체시기	이행청구권를 받은 때	불법행위 시
소멸시효	10년	손해 및 가해자를 안 때부터 3년

118) 대판 1998.4.24. 97다28568.

119) 대판 1965.3.23. 64다1899.

120) 대판 1998.4.24. 97다28568.

121) 대판 1965.3.23. 64다1899.

[사례] A는 B로부터 건물을 금 2억 원에 매입하였다. 그런데 B는 이행기가 지난 다음 금 2억 5천만 원에 C에게 매각하고서 등기도 이전해 주었다. A가 주거용으로 건물을 매입한 경우 A는 B에게 어떠한 시점을 기준으로 손해를 청구할 수 있는가?

4. 손해의 종류

가. 통상손해와 특별손해

제393조 제1항에서는 통상손해를 말하는 반면, 동조 제2항에서는 특별손해를 말하고 있다.

(1) 통상손해

통상손해란 계약체결 당시 그 발생을 예견할 수 있는 손해를 말하는 것으로 개별적·구체적인 사람이 아닌 평균인에 관련된 손해를 의미한다. 즉, 특별한 사정이 없는 한 그러한 종류의 채무불이행이 있으면 사회 일반의 관념에 따라 통상적으로 보통 발생하는 것으로 생각되는 범위의 손해를 말한다. 한편, 채무불이행 또는 불법행위로 인하여 물건이 훼손, 멸실된 경우 그로 인한 손해는 원칙적으로 훼손, 멸실 당시의 수리비나 교환가격을 충분히 예측할 수 있으므로 이를 통상손해로 보아야 할 것이다. 구체적으로 수리가 가능한 경우에는 그 수리에 소요되는 수리비가 통상의 손해일 것이다. 그러나 훼손된 건물을 원상으로 회복시키는 데 소요되는 수리비가 건물의 교환가치를 초과하는 경우 그 손해액은 형평의 원칙상 그 건물의 교환가치의 범위 내로 제한되어야 할 것이다.[122] 한편, 중고차가 타인의 불법행위로 훼손된 경우 그 자동차의 불법행위 당시 교환가격은 원칙적으로 그것과 동일한 차종, 연식, 형으로 같은 정도의 사용상태 및 주행거리 등의 자동차를 중고차시장에서 취득하는 데 소요되는 가액에 의하여 정하여야 할 것이다.[123] 그리고 사고 당시 피해차량의 교환가격을 현저하게 웃도는 수리비용을 지출했다고 하더라도 이런 경우에는 경제적인 면에서 수리불능으로 보아 사고 당시 교환가격에서 고철대금을 뺀 나머지만을 손해배상으로 청구할 수 있을 뿐이다. 그리고 수리한 후에도 일부 수

---

122) 대판 1994.10.14. 94다3964, 대판 1999.1.26. 97다39520, 대판 2006.4.28. 2005다44633.
123) 대판 1992.5.12. 92다6112.

리가 불가능한 부분이 남아 있는 경우에는 수리비 외에 수리불능으로 인한 교환가치의 감소액도 통상손해에 해당한다.[124] 한편, 영업용 차량이 사고로 인하여 파손되어 그 유상교체나 수리를 위하여 필요한 기간 그 차량에 의한 영업을 할 수 없었던 경우에는 영업을 계속했더라면 얻을 수 있었던 수익상실 역시 통상손해에 해당한다.[125] 마찬가지로 불법행위로 영업용 물건이 멸실된 경우 이를 대체할 다른 물건을 마련하기 위하여 필요한 합리적인 기간 그 물건을 이용하여 영업을 계속하였더라면 얻을 수 있었던 이익 즉, 휴업손해는 그에 대한 증명이 가능한 한 통상적인 손해에 해당하여 그 교환가치와는 별도로 배상하여야 할 것이다.[126]

또한, 공사 진행과정에 따라 점진적으로 손괴가 계속될 우려가 있어 곧바로 수선에 착수하기 어려운 사정이 있는 경우에는 수선의 착수가 가능한 시점까지 사용을 하지 못함으로 인한 손해 역시 통상손해라고 보아야 할 것이다.[127] 그리고 철거 및 신축에 소요되는 기간뿐만 아니라 철거 여부에 대한 판단을 위하여 필요한 합리적인 기간,[128] 건축공사 도급계약의 수급인이 공사를 지체하여 약정기한까지 완성, 인도하지 않은 경우 임료 상당의 손해액,[129] 담보제공자의 권리행사최고에 따라 담보권리자가 권리행사를 위하여 제기한 소송의 소송비용,[130] 토석의 굴취로 인하여 토지가 훼손됨으로 그 부분을 원상회복시키는 데 소요되는 비용 상당액 또는 그 토지 자체의 교환가치,[131] 이행불능 당시의 시가가 계약 당시의 그것보다 현저하게 앙등한 경우 그와 같은 시가 상당액,[132] 매수인이 전매계약을 체결한 때의 전매이익,[133] 매수인이 제3자에게 부담한 채무불이행에 의한 손해배상책임의 손해배상 상당액,[134] 이행이 없었기 때문에 제3자로부터 대체물을 구입한 경우 그 대금상당액[135] 또는 매수인이 목적물의 사용에 의해 취득한 영업이익[136] 등

---

124) 대판 2001.11.13. 2001다52889.
125) 대판 1990.8.14. 90다카7569, 대판 1998.5.29. 98다7735.
126) 대판(전합) 2004.3.18. 2001다82507.
127) 대판 1998.6.12. 96다27469.
128) 대판 2004.3.25. 2003다20909, 20916.
129) 대판 1995.2.10. 94다44774, 44781.
130) 대판 2004.7.5. 2004마177.
131) 대판 1989.6.27. 88다카25861.
132) 대판 1993.5.27. 92다20163.
133) 大判 大正10(1921).3.30.
134) 大判 明治38(1905).11.28.
135) 大判 大正7(1918).11.14.
136) 最判 昭和39(1964).10.29.

도 통상손해에 속한다.

(2) 특별손해

특별손해는 당사자 사이의 개별적·구체적 사정에 의한 손해를 말한다. 통상손해인지, 특별손해인지 여부는 거래당사자의 직업, 거래형태, 목적물의 종류 등 제반 사정을 종합해서 당사자가 그러한 손해의 발생을 어느 만큼 용이하게 예견할 수 있었는지 여부에 따라 결정되어야 할 것이다. 당사자가 일반적·객관적으로 당연히 그 채무불이행으로부터 발생하리라고 예상하였어야 할 손해이면 통상손해이고 그 범위를 벗어나면 특별손해에 해당할 것이다. 예컨대, 매수인으로부터 매매대금을 약정기일에 지급받지 못한 결과, 매도인이 제3자로부터 부동산을 매수하고 그 잔대금을 지급하지 못하여 그 계약금을 몰수당함으로써 발생한 손해,[137] 매수인이 계약을 일방적으로 파기함으로써 매도인 역시 제3자와의 계약을 이행할 수 없게 되어 그에게 지급한 손해배상금,[138] 매수인이 건물을 신축하려고 한 사정[139] 또는 매수인이 매수가격의 3배 가격으로 전매할 것이 예정되어 있는 때의 전매이익[140] 등은 특별손해에 해당한다.

그리고 특별손해에서 위와 같은 특별한 사정의 존재 및 채무자의 예견 가능성은 채권자가 그에 대한 입증책임을 부담한다.[141] 또한, 이러한 특별사정으로 인한 손해배상에서 채무자가 그 사정을 알았거나 알 수 있었는지 여부를 가리는 시기는 계약체결 당시가 아니라 채무의 이행기까지를 기준으로 판단하여야 한다.[142] 다만, 채무불이행자 또는 불법행위자는 특별한 사정의 존재를 알았거나 알 수 있었으면 그러한 특별사정으로 인한 손해를 배상하여야 할 의무가 있는데 그러한 특별한 사정에 의하여 발생한 손해액수까지 알았거나 알 수 있었어야 하는 것은 아니다.[143]

그러나 매매목적물이 그 자체의 결함 때문에 정상적으로 작동되지 아니하고 매도인이 매수인에게 매매목적물을 매도하기까지 이를 보관만 하였지 가동한 사실이 없었던 경우 매매계약 해제 후 그에 따른 매매목적물의 반환이 매수인의 귀책사유로 지체되었다고 하

---

137) 대판 1991.10.11. 91다25369.

138) 대판 1980.5.13. 80다130.

139) 대판 1992.8.14. 92다2028.

140) 大判 昭和4(1929).4.5.

141) 대판 1964.6.9. 63다1023.

142) 대판 1985.9.10. 84다카1532.

143) 대판 1994.11.11. 94다22446.

더라도 매도인으로서는 그 가동으로 인한 수익을 기대할 수 없었던 사정에 있었을뿐더러 매수인으로서는 그와 같은 사정을 알 수도 없었을 것이므로 그러한 특별사정에 관한 주장, 입증이 없는 한 특별손해를 부정할 수 있는 경우도 있다.[144]

> [사례] A는 B에게 토지를 임대해 주었다. 그런데 A가 그 토지에 건물을 건축하여 영업을 할 계획이 있었기 때문에 그 취지를 B에게 통지하고 토지의 임대차계약을 합의 해약하고 명도기간을 1개월 후로 정하였다. 그런데 B는 약속기일이 되었음에도 토지의 명도를 이행하지 않는다. A는 B에게 어떠한 손해를 청구할 수 있는가?

나. 재산적 손해와 비재산적 손해

(1) 재산에 관하여 생긴 손해가 재산적 손해이고 생명, 신체, 자유 또는 명예 등의 비재산적 법익에 관하여 생긴 손해가 비재산적 손해이다. 비재산적 손해는 정신적 타격, 고통 또는 슬픔과 설움을 평가하는 것이라는 의미에서 이를 무형적 손해 또는 위자료라고도 한다.

민법은 "고의 또는 과실로 인한 위법행위로 타인에게 손해를 가한 자는 그 손해를 배상할 책임이 있다(제750조)"고 규정하였는데, 그 손해에는 정신적 손해도 포함된다. 또한, "타인의 신체, 자유 또는 명예를 해하거나 기타 정신상 고통을 가한 자는 재산 이외의 손해에 대하여도 배상할 책임이 있다(제751조 제1항)"고 규정하였는데, 재산 이외의 손해는 바로 정신적 손해를 의미한다. 생명침해로 인한 위자료에 관하여 "타인의 생명을 해한 자는 피해자의 직계존속, 직계비속 및 배우자에 대하여는 재산상의 손해 없는 경우에도 손해배상의 책임이 있다(752조)"고 규정하고 있다. 따라서 생명 이외의 신체, 자유, 명예 또는 정조 등의 침해에 대하여도 피해자의 직계존속, 직계비속 및 배우자가 위자료를 청구할 수 있는 것으로 해석되고 있다. 한편, 조상의 유품을 파훼한 경우와 같이 재산에 대한 침해의 경우에도 정신상의 손해배상이 인정되는 경우가 있다. 정신적 손해를 금전으로 평가, 산정할 때에는 피해자 및 가해자의 사회적 신분, 지위, 직업 및 재산 등을 참작하여 구체적으로 그 배상액을 결정한다.

---

144) 대판 1998.5.29. 96다41106.

(2) 한편, 위 양자의 관계에 관하여 살펴보면 일반적으로 타인의 채무불이행 또는 불법행위 등에 의하여 재산권이 침해된 경우에는 그 재산적 손해배상에 의하여 정신적 고통도 회복된다고 보아야 할 것이고 재산권 침해로 인한 정신적 손해는 특별사정으로 인한 손해라고 볼 것이다. 따라서 재산적 손해의 배상에 의하여 회복할 수 없는 정신적 손해가 발생하였다고 한다면 이는 특별한 사정으로 인한 손해로서 가해자가 그러한 사정을 알았거나 알 수 있었을 경우에 한하여 그 손해에 대한 위자료를 청구할 수 있을 것이다.[145] 마찬가지로 임차인이나 위임인이 재산적 손해의 배상만으로는 회복될 수 없는 정신적 고통을 입었다는 특별한 사정이 있고 임대인이나 수임인이 이와 같은 사정을 알았거나 알 수 있었을 경우에 한하여 정신적 고통에 대한 위자료를 인정할 수 있을 것이다.[146]

그러나 재산적 손해의 발생이 인정되어도 입증곤란 등의 이유로 그 손해액의 확정이 불가능하여 그 배상을 받을 수 없는 경우 이러한 사정을 위자료의 증액사유로 참작할 수는 있다고 할 것이다. 그러나 이러한 위자료의 보완적 기능은 재산적 손해의 발생이 인정되는데도 손해액의 확정이 불가능하여 그 손해전보를 받을 수 없게 됨으로써 피해회복이 충분히 이루어지지 않는 경우 이를 참작하여 위자료를 증액함으로써 손해전보의 불균형을 어느 정도 보완하고자 하는 것이므로 그 재산적 손해액의 주장, 입증 및 분류, 확정이 가능한 계약상의 채무불이행으로 인한 손해를 심리, 확정함에 있어서 함부로 그 보완적 기능을 확장하여 편의한 방법으로 위자료라는 명목 아래 다수의 계약당사자에 대하여 획일적으로 일정 금액의 지급을 명함으로써 사실상 재산적 손해의 전보를 꾀하는 것과 같은 일은 허용될 수 없을 것이다.[147]

다. 적극적 손해와 소극적 손해

적극적 손해(발생한 손해)란 물건의 멸실, 훼손 등 기존의 재산(이익)이 감소 또는 상실되는 것을 말하고 소극적 손해(상실한 이익)란 재산적 손해의 일종으로서 장래의 이익을 얻는 것이 방해됨으로써 받은 손실을 말한다. 예컨대, 고속도로 확장공사 및 차량통행에 따른 소음, 진동으로 인하여 종전 사업장에서 더 이상 양돈업을 할 수 없게 된 경우 양돈업자가 그곳에서 양돈업을 폐업, 이전함으로 인하여 상실하게 된 수입 등은 소극적

---

145) 대판 1971.2.9. 70다2826, 대판 1992.5.26. 91다38334, 대판 1993.11.9. 93다19115, 대판 1996.6.11. 95다12798, 대판 2004.3.18. 2001다82507.

146) 대판 1994.12.13. 93다59779, 대판 1996.12.10. 96다36289.

147) 대판 2004.11.12. 2002다53865.

손해에 해당한다.[148] 손해에 있어서 그것이 적극적 손해든지, 소극적 손해든지 모두 손해배상의 대상이 된다.

한편, 적극적 손해는 급부와의 관련성에 따라 3단계로 구분된다. 불이행 자체의 손해 즉, 이행에 갈음한 손해(제1차적·직접적 손해), 계약 위반으로 인하여 이행이익의 만족이 아니라 부가적 불이익 등을 피하기 위하여 채권자에게 초래된 추가적 비용의 지출, 채권자의 제3자에 대한 위약금 손해라든지, 하자확대손해 등과 같이 불이행 자체를 넘어서는 부가적 손해 등이 있다.

라. 직접적 손해와 간접적 손해

손해배상에서 직접적 손해란 채무불이행, 불법행위 등의 직접적 대상에 대한 손해를 말하는 것으로 (향후)치료비, 개호비 및 의료보조구대 등의 비용을 들 수 있는 반면, 간접적 손해란 채무불이행, 불법행위 등의 직접적 대상에 대한 손해가 아닌 것으로 특별한 사정에 의한 손해를 말한다. 직접적 대상에 대한 손해가 아닌 간접적 손해는 특별한 사정으로 인한 손해로서 가해자가 그 사정을 알았거나 알 수 있었을 것이라고 인정되는 경우에만 배상책임이 인정된다. 따라서 가해자가 공장지대에 위치한 전신주를 충격하여 전선이 절단된 경우 그 전선을 통하여 전기를 공급받아 공장을 가동하던 피해자가 전력공급의 중단으로 공장의 가동이 상당기간 중지되어 영업상의 손실을 입게 될 것인지 여부는 불확실하며 또한 이러한 손실은 가해행위와 너무 먼 손해라고 할 것이므로 전주 충격 사고 당시 그 전신주를 통하여 전력을 공급받고 있는 인근 피해자의 공장에서 예고 없는 불시의 전력공급의 중단으로 인하여 갑자기 공장가동이 중단되는 바람에 당시 공장 내 가동 중이던 기계에 고장이 발생한다든지, 작업 중인 자료가 못 쓰게 되는 것과 같은 등의 적극적인 손해가 발생할 수 있을 것이라는 사정을 가해자가 알거나 알 수 있었을 것이라고 봄이 상당한 경우에만 배상책임이 있다.[149]

마. 이행이익의 손해와 신뢰이익의 손해

이행이익이란 채권이 완전히 이행됨으로써 채권자가 받을 이익을 말한다. 이는 계약이

---

148) 대판 2003.9.5. 2001다68358.

149) 대판 1996.1.26. 94다5472, 대판 1997.10.10. 96다52311.

유효한 것을 전제로 한다. 채무불이행을 이유로 하는 손해배상은 원칙적으로 이행이익의 배상이고 신뢰이익의 배상은 특별한 경우에 한한다. 이러한 이행이익은 적극적 계약이익 이라고도 하는데 그에 대한 손해가 이행이익의 손해에 해당한다. 예컨대, 계약당사자의 일방이 계약해제와 아울러 하는 손해배상을 청구하는 경우에도 채무불이행으로 인한 손해배상과 다를 것이 없으므로 전보배상으로서 그 계약의 이행으로 인하여 채권자가 얻을 이익 즉, 이행이익을 손해로서 청구하여야 한다.[150] 그리고 공사도급계약의 도급인이 될 자가 수급인을 선정하기 위해 입찰절차를 거쳐 낙찰자를 결정한 경우 입찰을 실시한 자와 낙찰자 사이에는 도급계약의 본계약체결의무를 내용으로 하는 예약의 계약관계가 성립하고 어느 일방이 정당한 이유 없이 본계약의 체결을 거절하는 경우 상대방은 예약채무불이행을 이유로 한 손해배상을 청구할 수 있는데 이러한 경우 손해배상의 범위는 원칙적으로 예약채무불이행으로 인한 통상의 손해를 한도로 한다. 그런데 만일 입찰을 실시한 자가 정당한 이유 없이 낙찰자에 대하여 본계약의 체결을 거절하는 경우라면 낙찰자가 본계약의 체결 및 이행을 통하여 얻을 수 있었던 이익, 즉 이행이익 상실의 손해는 통상의 손해에 해당한다고 볼 것이다. 따라서 입찰을 실시한 자는 낙찰자에게 이를 배상할 책임이 있고 낙찰자가 본계약의 체결 및 이행을 통하여 얻을 수 있었던 이익은 일단 본계약에 따라 타방 당사자에게서 지급받을 수 있었던 급부인 낙찰금액이라고 할 것이지만 본계약의 체결과 이행에 이르지 않음으로써 낙찰자가 지출을 면하게 된 직간접적 비용은 그가 배상받을 손해액에서 당연히 공제되어야 할 뿐만 아니라 손해의 공평, 타당한 분담을 지도 원리로 하는 손해배상제도의 취지상 본계약 체결의 거절로 인하여 낙찰자가 이행과정에서 기울여야 할 노력이나 이에 수반하여 불가피하게 인수하여야 할 사업상 위험을 면하게 된 점 등 여러 사정을 두루 고려하여 객관적으로 수긍할 수 있는 손해액을 산정하여야 할 것이다.[151]

　반면, 채권이 무효인 경우 그것이 유효하다고 믿었기 때문에 계약의 일방당사자가 상대방의 이행을 믿고 지출한 비용 즉, 계약의 유효를 믿었으므로 인하여 받은 손해(제535조)를 신뢰이익의 손해라고 말할 수 있다. 이러한 손해는 주로 계약체결비용 기타 계약의 성립에 관하여 받은 손해를 말하는데 이와 관련하여 제535조 제1항은 "목적이 불가능한 계약을 체결할 때 그 불능을 알았거나 알 수 있었을 자는 상대방이 그 계약의 유효를 믿었음으로 인하여 받은 손해를 배상하여야 한다. 그러나 그 배상액은 계약이 유효함으로

---

150) 대판 1983.5.24. 82다카1667.

151) 대판 2011.11.10. 2011다41659.

인하여 생길 이익액을 넘지 못한다"고 규정하여 이른바 신뢰이익의 손해도 그러한 지출 사실을 상대방이 알았거나 알 수 있었고 또한 그것이 통상적인 지출비용의 범위 내에 속한다면 그에 대하여도 이행이익의 한도 내에서 배상을 청구할 수 있다고 한다.[152) 이를 좀 더 구체적으로 살펴보면, 계약이 이행되리라고 믿고 채권자가 지출한 비용 즉, 신뢰이익의 배상을 구할 수도 있다고 할 것인데 그러한 신뢰이익 중 계약의 체결과 이행을 위하여 통상적으로 지출되는 비용은 통상의 손해로서 상대방이 알았거나 알 수 있었는지의 여부와는 관계없이 그 배상을 구할 수 있고 이를 초과하여 지출되는 비용은 특별한 사정으로 인한 손해로서 상대방이 이를 알았거나 알 수 있었던 경우에 한하여 그 배상을 구할 수 있다고 할 것이다. 다만, 그 신뢰이익은 과잉배상금지의 원칙에 비추어 이행이익의 범위를 초과할 수 없을 것이다.[153)

5. 손해배상청구

가. 의의

손해배상이란 불법적인 원인으로 발생한 손해를 피해자 이외의 자가 전보하는 것을 말한다. 발생한 손해에 대하여 전보를 하는 것은 일단 발생한 손해를 제거하는 것이 불가능하므로 발생한 손해에 대하여 오직 전보만을 할 수 있기 때문이다.

여기에서 위법(불법)이란 채무불이행에 있어서 확정된 채무의 내용에 좇은 이행이 행하여지지 아니한 것을 말한다. 채무불이행은 그 자체가 바로 위법한 것으로 평가되는 것이다. 다만, 채무를 이행하지 아니한 것이 위법성을 조각할 만한 행위에 해당하게 되는 특별한 사정이 있는 때에는 채무불이행이 성립하지 않는 경우도 있을 수 있다.[154)

나. 방법

손해배상의 방법은 원상회복주의(자연적 회복주의)와 금전배상주의가 있는데 전자는 손해가 발생하지 않았던 것과 같은 상태를 현실적으로 다시 만들어 내는 방법이고 후자는

---

152) 대판 1999.2.9. 98다49104, 대판 1999.7.27. 99다13621.

153) 대판 2002.6.11. 2002다2539, 대판 2003.10.23. 2001다75295.

154) 대판 2002.12.27. 2000다47361.

손해를 금전으로 어림잡아 계산하여 채무자에게 그 금액을 지급게 하는 방법을 말한다.

입법례로는 독일 민법과 같이 원상회복을 원칙으로 하고 금전배상을 보충적인 것으로 하는 경우도 있으나 민법은 원칙적으로 실제상의 편의를 위하여 금전배상주의를 취하고 있다(제394조, 제763조).

다. 성질

채무불이행에 의한 손해배상청구권은 본래 채권의 확장 또는 내용의 변경에 해당하여 본래 채권과 동일성을 가지므로 본래 채권의 담보는 그 손해배상청구권에도 미치고(제333조, 제360조, 제429조) 시효기간도 본래 채권의 성질에 의해 정해지므로 본래 채권을 행사할 수 있을 때부터 그 소멸시효기간의 진행이 개시되고 원칙적으로 본래 채권이 양도되면 이미 발생한 지연배상청구권도 이전된다.

라. 귀책사유

무엇이 귀책사유인지 여부에 관하여 지금까지는 과실이 없으면 책임이 없다고 하는 과실책임의 원칙에 의해 채무자의 고의, 과실이 여기에 해당된다고 한 다음 신의칙상 그와 같이 볼 수 있는 사유도 채무자의 귀책사유에 해당한다고 한다.[155] 즉, 귀책사유란 일반적으로 손해배상책임 발생의 주관적 요건에 해당하는 고의 또는 과실을 의미할 것이다. 예컨대, 신용카드 가맹점업자가 가맹점허가증 등을 양도하고 양수인에게 신용카드대금결제계좌의 비밀번호까지 알려준 경우 그 양수인이 제3자의 신용카드를 위조한 다음 그 가맹점 명의의 허위매출전표를 작성하여 은행으로부터 매출금액 상당을 편취한 것에 대하여 그 가맹점업자에게 귀책사유가 있다고 하거나,[156] 토지에 대한 매매계약이 국토이용관리법의 규정에 의한 토지 등 거래계약신고구역으로 지정되기 전에 체결되었기 때문에 토지 등 거래계약신고에 관한 규정이 적용되지 않음에도 매수인은 적용되는 것으로 잘못 알고 매도인에게 계약상 약정된 이전등기에 필요한 서류 외에 위 토지 등 거래계약신고필증까지 요구하면서 중도금 및 잔금의 지급을 거절한 경우에는 매수인에게 채무불이행의 귀책사유가 있다고 한다.[157]

---

155) 대판 1998.9.4. 97다9635.
156) 대판 1998.9.4. 97다9635.

반면, 공공용지의 취득 및 손실보상에 관한 특례법상의 환매요건이나 환매권 행사의 상대방 등에 대하여 그 해석이 법문 자체로 명백하지 아니하여 여러 견해가 있을 수 있을뿐더러 이에 대한 선례가 될 만한 판례도 없어 해석상 다툼의 여지가 있는 경우 지방자치단체에 환매를 원인으로 한 소유권 이전등기의무와 토지인도의무가 있음을 명백히 한 판결이 있기까지는 그 지방자치단체가 그와 같은 의무가 있음을 예견할 수 있음에도 이를 해태하여 그 이행을 지체하였다고 보기 어렵다고 하여 귀책사유를 부정한 경우도 있다.158)

한편, 신의칙상의 고의, 과실로 볼 수 있는 것으로는 이행보조자의 고의, 과실이 거론되고 있다(오늘날에는 다른 견해를 주장하는 학자가 많다). 이행보조자란 채무를 이행하기 위하여 채무자가 이행과정에 투입한 자를 말한다. 채무자 및 이행보조자 간의 계약은 필요 없다. 따라서 이행보조자는 채무자의 피용자(종속적 보조자)뿐만 아니라 채무자와 독립된 법 주체(독립적 보조자)이어도 무방하다.

오늘날에는 계약으로 채권의 내용을 실현한다고 약속한 이상 채무불이행이 있는 때에는 채무자는 과실의 유무와 관계없이 손해배상책임을 부담하여야 하는 것이 원칙이다. 따라서 채무자는 불가항력 또는 채권자의 과실 등 계약으로 인하여 채무자에 의해 인수되지 않은 위험이 불이행의 원인으로 된 경우를 증명하여야 비로소 면책된다고 하는 견해가 유력하다.

마. 청구권자

채무불이행에 의한 손해배상에서 그 청구권자는 계약당사자이다. 따라서 운송계약에서 여객운송계약의 당사자가 아닌 당사자의 상속인이 여객운송계약을 이유로 하는 위자료를 청구할 수 없고159) 숙박업자가 숙박계약상의 고객보호 의무를 다하지 못하여 투숙객이 사망한 경우 숙박계약의 당사자가 아닌 그 투숙객의 근친자가 그 사고로 인하여 정신적 고통을 받았다고 하더라도 숙박업자의 그 망인에 대한 숙박계약상의 채무불이행을 이유로 위자료를 청구할 수 없다.160)

---

157) 대판 1990.2.27. 89다카999.
158) 대판 1998.5.26. 96다21363.
159) 대판 1974.11.12. 74다997.
160) 대판 2000.11.24. 2000다38718, 38725.

바. 소멸시효

채무불이행으로 인한 손해배상청구권의 소멸시효는 채무불이행 시부터 진행한다.[161] 따라서 매매로 인한 부동산소유권 이전채무가 이행불능됨으로써 매수인이 매도인에게 갖는 손해배상채권은 그 부동산소유권의 이전채무가 이행불능된 때에 발생하는 것이고 그 계약체결일에 생기는 것은 아니므로 위 손해배상채권의 소멸시효는 계약체결일이 아닌 소유권 이전채무가 이행불능 된 때부터 진행한다.[162]

그리고 소유권 이전등기의무의 이행불능으로 인한 전보배상청구권의 소멸시효는 이전등기의무가 이행불능의 상태에 돌아간 때로부터 진행된다고 할 것인데 그 시기는 매매의 목적이 된 부동산에 관하여 제3자 앞으로 소유권 이전등기가 경료되는 등 사회거래의 통념에 비추어 계약의 이행이 극히 곤란한 사정이 발생한 때가 비로소 이행불능으로 된 때라고 말할 수 있을 것이다.[163]

사. 면책약관의 효력

면책약관이란 채무자가 법률상 부담할 책임을 특히 면제 또는 경감하는 약관을 말한다. 이러한 내용은 예컨대, 선하증권이나 보험증권 등의 이면에 기재되는 보통약관 중에 삽입되어 있는 것이 일반적이다. 그러나 일반적으로 면책약관이라고 할 때에는 법률상 또는 그 해석상 당연히 면책될 사항에 대하여 의혹을 피하기 위하여 특히 기재하는 것도 포함하고 있다. 따라서 면책조항이란 현재 또는 장래에 손해배상책임을 부담할 자가 법규상 손해배상책임의 발생원인과 범위에 비하여 유리한 법적 취급을 받을 수 있는 것을 정한 것을 말한다.

그러나 이러한 면책약관에 대하여 「약관의 규제에 관한 법률」(이하 "약관규제법"이라고 한다) 제7조는 약관사용자인 사업자의 책임을 제한하거나 배제하는 조항을 일정한 범위에서 무효로 하고 있다. 예컨대, 용역경비계약에 있어서 "고객은 현금 및 귀중품을 되도록 금융기관에 예치하고 부득이한 경우에는 고정금고 또는 옮기기 힘든 대형금고 속에 보관하여야 하며 이를 준수하지 아니하여 발생한 사고에 대하여는 용역경비업자가 책임

---

161) 대판 1995.6.30. 94다54269.

162) 대판 1990.11.9. 90다카22513.

163) 대판 2002.12.27. 2000다47361.

을 지지 않는다"는 내용의 규정 및 특약사항은 그 규정의 형식 및 내용 등에 비추어 면 책약관의 성질을 가지는데 그 면책조항이 용역경비업자의 고의, 중과실로 인한 경우까지 적용된다고 본다면 약관규제법 제7조 제1호에 위반되어 무효라고 볼 수밖에 없다고 한 다. 따라서 이 외의 경우에 한하여 피고의 면책을 정한 규정이라고 해석하는 한도 내에 서만 유효하다고 수정해석을 하여야 할 것이다.164) 그리고 업무상 자동차종합보험약관에 서 "배상책임 있는 피보험자의 피용자로서 산업재해보상보험법(이하 '산재보험법'이라 한 다)에 의한 재해보상을 받을 수 있는 사람에 대하여는 보상하지 아니한다"는 면책조항을 두고 있다. 그런데 이러한 조항은 약관규제법 제6조 제1항, 제2항 제1호 및 제7조 제2호 에서 규정한 고객인 보험계약자 및 피보험자에게 부당하게 불리할 뿐만 아니라 사업자인 보험자가 부담하여야 할 위험을 고객에게 이전시키는 것이 되므로 위 면책조항은 위 같 은 법률의 각 조항에 의하여 효력이 없다고 한다.165) 또한, 도급인과 감리인이 공사의 감 리계약을 체결할 때 "안전진단 작업 중 감리인 소속의 직원에게 발생한 사고는 감리인의 책임으로 한다"고 약정한 경우 위와 같은 것은 공사의 안전진단작업 중 감리인의 소속직 원에게 발생한 사고에 대하여 도급인에게 아무런 고의나 과실이 없는 경우에 도급인의 책임이 면책된다는 것으로 제한해서 해석해야 한다고 한다.166)

아. 청구권경합의 문제

일반 운송계약상의 채무불이행책임과 불법행위책임의 관계에 관하여 살펴보면, 해상 운 송인이 운송 도중 운송인이나 그 사용인 등의 고의 또는 과실로 인하여 운송물을 멸실 또 는 훼손시킨 경우 운송계약상의 운송물인도청구권과 그 운송물의 소유권을 아울러 가지고 있는 선하증권의 소지인은 운송인에게 운송계약상의 채무불이행으로 인한 손해배상청구권 과 아울러 소유권 침해의 불법행위로 인한 손해배상청구권을 취득하는데 이 두 청구권은 서로 경합하여 병존한다. 그런데 운송계약상의 면책특약이나 상법상의 면책조항은 오로지 운송계약상의 채무불이행책임에만 적용될 뿐 당사자 사이에 명시적 또는 묵시적인 합의가 없는 한 불법행위로 인한 손해배상책임에는 영향을 미치지 않는다고 할 것이다.167)

---

164) 대판 1996.5.14. 94다2169.

165) 대판(전합) 2005.3.17. 2003다2802.

166) 대판 2002.6.28. 2000다62254.

167) 대판 1962.6.21. 62다102, 대판 1977.12.13. 75다107, 대판 1980.11.11. 80다1812.

한편, 본래 채무불이행책임과 불법행위책임은 각각 요건과 효과를 달리하는 별개의 법률관계에서 발생하는 것이다. 그러므로 하나의 행위가 계약상 채무불이행의 요건을 충족함과 동시에 불법행위의 요건도 충족하는 경우에는 두 개의 손해배상청구권이 경합하여 발생한다고 보는 것이 당연하다. 뿐만 아니라 두 개 청구권의 병존을 인정하여 권리자로 하여금 그중 어느 것이든 선택하여 행사할 수 있게 하는 것이 피해자인 권리자를 두텁게 보호하는 길이라는 실제적인 이유에 비추어 보더라도 당연할 것이다.[168] 다만, 실화책임법은 실화자에게 중대한 과실이 없는 한 불법행위법상의 손해배상책임의 부담을 시키지 않는다고 규정하고 있지만 채무불이행상의 손해배상청구의 경우에는 그 적용이 없다고 할 것이다.[169]

자. 손해배상의 범위

(1) 배상범위의 결정규칙

(가) 제393조의 구조

손해배상의 범위를 어떻게 결정할지 여부에 관한 일반적인 규칙을 정하는 것으로 제393조의 규정이 있다. 제393조 제1항은 채무불이행에 의해 통상의 손해를 그 한도로 배상하여야 하는 것을 규정하고 있다(이를 "통상손해"라고 한다). 반면, 제393조 제2항은 특별사정에 의해 발생한 손해일지라도 당사자가 그 사정을 예견하거나 또는 예견할 수 있는 경우에는 채권자가 그 배상을 청구할 수 있다고 하는 것을 규정하고 있다(이를 "특별손해"라고 한다). 이와 같이 특별손해에 대하여는 그것을 발생시킨 특별사정에 관하여 당사자가 예견이 가능한 사실이 입증된 때이어야 비로소 배상이 가능하게 된다. 여기에서 예견의 대상은 특별한 사정에 해당하고 손해는 아니다. 또한, 예견할 수 있는 당사자는 채무자이다. 또한, 예견의 시기는 채무불이행 시이다.

(나) 상당인과관계의 이론

배상 되어야 할 손해의 범위(및 금액)를 어떻게 결정하는지 여부에 관하여 채무자에 의해 배상 되어야 할 손해(액)는 채무불이행과 상당인과관계 있는 것이라고 한다(판례).

---

168) 대판(전합) 1983.3.22. 82다카1533.
169) 대판 1987.12.8. 87다카898.

이러한 견해에 따르면 채무불이행과 인과관계가 있는 손해는 모두 배상하여야 하고(완전배상원칙) 여기에서 말하는 인과관계란 사실적인 것뿐만 아니라 법적인 판단을 포함하는 것이라고 한다. 그리고 인과관계를 인정하는 것이 상당하다고 말할 수 있는지 여부의 상당성 판단이 인과관계의 존부를 판단하기 위한 기준으로 받아들여진다. 따라서 채무불이행과 상당인과관계 있는 손해가 배상되어야 한다고 말하게 된다.

이와 같은 입장에서는 제393조 제1항의 규정이 상당인과관계를 정한 것이라고 이해할 수 있다. 즉, 통상적으로 발생할 수 있는 손해가 상당인과관계가 있는 손해라고 하는 견해를 가지고 있다. 그리고 동조 제2항에 관하여는 특별한 사정에 의해 발생한 손해에 대하여 어떠한 사정이 상당성 판단으로 받아들여지고 있는지 여부를 서술한 규정이라고 이해한다.

(2) 채무불이행의 유형과 배상 되어야 할 손해

채무불이행에 의해 발생한 손해가 무엇인지 여부는 이행이 여전히 가능한지 여부에 의해 내용이 달라진다. 이행지체인 경우에는 지연손해배상이 문제가 되는 반면, 이행불능의 경우 또는 채무불이행을 이유로 계약이 해제된 경우 채권자는 채무자에게 급부에 갈음한 손해배상(전보배상)이 문제될 것이다.

그리고 채권자의 생명, 신체 및 재산 등의 보호를 목적으로 한 계약상 의무 위반을 이유로 하는 손해배상이 문제가 된 경우에는 그 의무를 채무자에게 부과하는 것에 의해 보호하고자 한 이익(생명, 신체 및 재산 등)이 침해된 것에 의해 채권자에게 발생한 손해가 배상 된다.

(3) 지연배상—이행지체의 발생시기

지연손해의 배상이 인정되기 위해서는 채무자가 이행지체에 빠져 있는 것이 필요하다. 그래서 언제 채무자가 이행지체에 빠져 있는 것인지 여부는 언제부터 지연손해가 계산되는 것인지 여부를 결정하는 데 중요하다. 제387조는 채무자가 이행지체에 빠져 있는 시기에 관하여 확정기한이 있는 채무의 경우에는 그 기한이 경과한 때에 이행지체에 빠지고(동조 제1항) 불확정기한이 있는 채무의 경우에는 채무자가 기한의 도래를 안 때에 이행지체에 빠지며(동조 제2항) 기한의 정함이 없는 채무의 경우에는 채권자가 채무자에게 이행을 청구한 때 이행지체에 빠진다(동조 제3항). 다만, 불법행위를 이유로 하는 손해배상채무에 관하여는 기한의 정함이 없지만 동조 제3항과 달리 불법행위 시부터 채무자가 이행지체에 빠진다. 따라서 불법행위 시부터 지연손해금이 계산된다. 또한, 안전배려의무 위반을 이유로 하는 손해배상채무는 채무불이행에 기한 손해배상청구이고 동조 제3항에 의해 청구 시부터 지체에 빠진다.[170]

(4) 전보배상-가격등귀의 문제

전보배상을 둘러싸고 이행불능 이후 목적물의 가격이 등귀한 경우 그 처리가 문제이다. 예컨대, 가격이 일직선으로 상승한 경우와 올라갔다가 내려갔다가 하는 경우 후자의 경우에는 중간 최고가격으로 배상할 수 있는지 여부가 문제로 된다. 이에 관하여 이행불능 시 목적물의 교환가격이 제393조 제1항의 통상손해이고 등귀가격에서의 그 배상은 제393조 제2항의 문제로서 처리되어 가격이 직선적으로 등귀한 경우에는 가격등귀라고 하는 특별사정을 이행불능 시에 채무자가 예견하였다든지 또는 예견할 수 있었다고 하는 경우에 해당한다고 보고(채권자의 전매의사와는 무관하다) 중간 최고가격의 사례에서는 채권자가 그 중간 최고가격의 등귀가격을 확실하게 입수하는 것을 이행불능 시에 채무자가 예견하였다든지 또는 예견할 수 있었던 때라고 한다.[171] 다만, 채권자가 그 사이에 목적물에 관하여 구체적인 금전적 손해를 받은 상태라고 한다면 그 손실액이 배상 되어야 할 손해가 된다. 예컨대, 전매예약처에 위약금을 지급하였다든지, 동종의 물건을 다른 곳에서 조달한 것과 같은 경우이다.

> [사례] 부동산업자 A는 B로부터 B소유의 부동산을 금 5억 원에 매입하였다. 그리고 그 부동산에 대한 등기를 하기 전에 제3자 C에게 금 7억 원에 전매하였다. 그런데 부동산가격이 금 8억 원으로 상승하였기 때문에 B가 등기이전을 거부하였다. 그래서 A는 B의 이행지체를 이유로 계약을 해제하는 것과 함께 손해배상을 청구하였다. B의 배상의무의 범위는 어떻게 되는가?

(5) 금전채무의 불이행에 대한 특칙

금전채무의 불이행인 경우 손해배상에 관하여 제397조에 제393조의 특칙이 규정되어 있어 금전채무에 관하여는 그 불이행에 관하여 채무자는 불가항력으로 항변을 할 수 없다. 또한, 금전채무의 불이행인 경우 손해액은 법정이율로 산정되지만 약정이율이 이것을 초과하는 때에는 약정이율에 의해 산정된다. 법정이율 또는 약정이율에 의해 산정된 손

---

170) 最判 昭和55(1980).12.18.(民集34-7-888).

171) 最判 昭和37(1962).11.16.(民集16-11-2280), 最判 昭和47(1972).4.20.(民集26-3-520).

해액에 관하여는 채권자가 손해를 증명할 필요 없이 채무자에게 청구할 수 있다. 다른 한편, 이러한 이율에 의해 산정된 손해를 넘는 손해(이자초과손해. 예컨대, 금전채권의 추심에 필요한 비용 또는 금전을 투자하는 것에 의해 얻을 수 있는 이익, 금전을 수령하지 않은 것에 의해 입은 영업상의 손해)에 관하여는 채권자가 채무자에게 배상청구를 할 수 없다.[172] 다만, 제397조 제1항은 본문에서 금전채무불이행의 손해배상액을 법정이율에 의할 것을 규정하고 그 단서에서 "그러나 법령의 제한에 위반하지 아니한 약정이율이 있으면 그 이율에 의한다"고 정하고 있으므로 약정이율이 법정이율 이상인 경우에만 적용되고 약정이율이 법정이율보다 낮은 경우에는 그 본문으로 돌아가 법정이율에 의하여 지연손해금을 정하여야 할 것이다. 또한, 금전채무에 관하여 이자약정이 없어서 이자청구를 전혀 할 수 없는 경우이어도 채무자의 이행지체로 인한 지연손해금은 법정이율에 의하여 청구할 수 있을 것이므로 이자를 조금이라도 청구할 수 있었던 경우에는 법정이율에 의한 지연손해금을 청구할 수 있다고 하여야 할 것이다.[173]

차. 손해배상의 범위 등과 관련된 문제

(1) 손해배상액의 감액

(가) 손익상계

채권자가 손해를 입는 것과 함께 동일한 원인에 의해 이익을 받은 경우 손해와 이익 간에 동질성이 있는 범위 내에서 손해액에서 이익액을 공제한 것이 배상되어야 할 손해액으로 되는데 이를 손익상계라고 한다.

손익상계는 먼저 산정된 손해액에서 과실상계를 한 다음 손익상계를 하는 순서에 따라 이득을 공제하여야 한다.[174] 그리고 손익상계에 의하여 공제하여야 할 이익의 범위는 배상하여야 할 손해의 범위와 마찬가지로 손해배상책임의 원인인 채무불이행 또는 불법행위와 상당인과관계에 있는 것에 국한된다. 여기에서 채무불이행과 상당인과관계에 있는 손해란 채무이행이 있음으로 인하여 얻을 수 있는 이익금에서 반대급부채무를 명한 이익을 공제한 것을 말한다.[175] 따라서 교통사고의 피해자가 사고로 상해를 입은 후에도 계

---

172) 最判 昭和48(1973).10.11.(判時723-44).

173) 대판 2009.12.24. 2009다85342.

174) 대판 1973.10.23. 73다337, 대판 1981.6.9. 80다3277, 대판 1996.1.23. 95다24340.

속하여 종전과 같이 직장에 근무하여 종전과 같은 보수를 지급받고 있다고 하더라도 그
와 같은 보수가 사고와 상당인과관계가 있는 이익이라고 볼 수 없는 경우에는 이를 손해
배상액에서 공제할 수 없을 것이다.[176] 또한, 공무원이 순직한 경우 공무원연금법에 의하
여 지급되는 유족급여금이나 각계에서 보내오는 조위금 등 손해배상이나 위자료의 성질
을 띤 것이 아니라 사회보장적 의미에서 지급 내지 공여되는 것이므로 위자액을 산정하
는 데 참작될 사유에 불과하여 손해액에서 공제하여서는 아니 될 것이고,[177] 상해보험인
해외여행보험에 의한 급부금은 이미 납입한 보험료의 대가적 성질을 가지는 것으로서 그
부상에 관하여 제3자가 불법행위 또는 채무불이행에 기한 손해배상의무를 부담하는 경우
보험계약의 당사자 사이에 다른 약정이 없는 한, 상법 제729조에 의하여 보험자대위가
금지됨은 물론, 그 배상액의 산정에 있어서 손익상계로서 공제하여야 할 이익에 해당하
지 아니하며, 보험자대위가 인정되는 경우에도 피보험자가 보험자로부터 손해의 일부를
전보를 받았을지라도 그 나머지 손해에 대한 가해자의 피보험자에 대한 손해배상책임까
지 소멸되는 것은 아니라고 할 것이다.[178]

(나) 과실상계

ⅰ. 의의

채무불이행의 성립 그 자체 또는 채무불이행에 의한 손해발생 내지 확대에 관하여 채
권자에게 과실이 있는 경우에는 법원은 손해배상의 책임 및 그 금액을 정함에 있어서 이
것을 참작하여야 한다. 이것을 과실상계라고 한다(제396조).

ⅱ. 취지

과실상계제도에 있어서 과실이란 공평의 원칙에 따라 단순한 부주의 즉, 엄격한 법률
상 의미로 새길 것이 아니고 그것이 손해배상액 산정에 참작된다는 점에서 적어도 신의
칙에 따라 공동생활에 있어 요구되는 결과발생회피의무로서 일반적으로 예견 가능한 결
과의 발생을 회피하여 피해자 자신의 불이익을 방지할 주의를 게을리함을 말하는 정도

---

175) 대판 1969.11.25. 69다887.
176) 대판 1992.12.22. 92다31361.
177) 대판 1977.7.12. 75다1229.
178) 대판 1998.11.24. 98다25061.

로[179] 약한 의미의 부주의[180]를 말한다. 그리고 그로 말미암아 손해가 발생하거나 손해의 확대원인이 되었다고 한다면 피해자에게 과실이 있는 것으로 보아 과실상계를 할 수 있고 피해자에게 과실이 인정되면 법원은 손해배상의 책임 및 그 금액을 정함에 있어서 이를 참작하여야 한다.

iii. 판단 방법

채무불이행으로 인한 손해배상책임의 범위를 정할 경우 과실상계사유의 유무와 정도는 개별적인 사례에서 문제된 계약의 체결 및 이행경위와 당사자 쌍방의 잘못을 비교하여 종합적으로 판단하여야 하고 이때에 과실상계사유에 관한 사실인정이나 그 비율을 정하는 것은 그것이 형평의 원칙에 비추어 현저히 불합리한 것이 아닌 한 사실심의 전권사항이라고 할 수 있다. 그러므로 피해자의 과실에 관하여 주장하지 않는 경우에도 소송자료에 의하여 과실이 인정되는 경우에는 이를 법원이 직권으로 심리, 판단할 수 있다고 할 것이다.[181]

한편, 손해배상청구소송에 있어서 피해자에게 과실이 인정되면 법원은 손해배상의 책임 및 그 금액을 정함에 있어서 이를 법원이 직권으로 심리, 판단하여야 할 것이지만 피해자의 부주의를 이용하여 고의로 불법행위를 저지른 자가 바로 그 피해자의 부주의를 이유로 자신의 책임을 감하여 달라고 주장하는 것을 허용해서는 아니 될 것이다.[182] 따라서 고의로 불법행위를 저지른 을이 법률에 정해진 학교법인 설립의 요건을 갖추기 위하여 형식적으로 일정 수의 인원을 정관에 이사로 등재만 하여 놓은 후 실제로는 그들로부터 인장을 넘겨받아 단독으로 갑 학교법인의 업무를 집행하여 온 경우에는 을이 갑 학교법인의 이사들의 임무해태를 이유로 책임감경을 주장할 수 없고[183] 은행의 부주의를 이용하여 허위의 선하증권을 이용하여 은행으로부터 수출환어음 등의 매입대금을 편취한 행위에 적극 가담하여 허위의 선하증권을 발행한 자는 은행의 부주의를 이유로 손해배상책임을 경감하여 달라고 주장할 수 없다.[184] 그러나 과실상계에 있어서 피해자의 과실참작비율을 정하는 일은 법원의 자유재량에 달린 것이라고 할지라도 과실의 정도를 비교

---

179) 대판 1986.2.11. 85다카1422, 대판 1999.9.21. 99다31667.

180) 대판 1999.2.26. 98다52469.

181) 대판 1987.11.10. 87다카473, 대판 1996.10.25. 96다30113, 대판 2000.6.13. 98다35389.

182) 대판 2000.1.21. 99다50538, 대판 2000.9.29. 2000다13900.

183) 대판 1995.11.14. 95다30352.

184) 대판 1997.9.5. 97다17452.

형량함에 있어서 지나치게 피해자에게 유리하거나 또는 불리하게 판단하는 것은 재량의 범위를 벗어난 처사로서 위법하다고 할 것이다.[185] 그리고 과실상계를 할 때 판단의 대상인 피해자에 대하여 사실을 변식함에 족한 지능을 보유하고 있으면 충분하고 행위의 책임을 변식함에 족한 지능을 보유함을 요하지 아니한다.[186] 따라서 8세인 미성년자,[187] 양수장에 빠져 익사한 초등학교 5학년과 3학년의 학생[188]은 사고 당시 특별한 사정이 없는 한 책임능력은 없어도 사리를 변식할 능력이 있다 할 것이므로 피해자로서의 소위 과실능력을 인정할 수 있다고 한다.

한편, 공동불법행위인 경우에는 피해자에 대한 공동불법행위자 각인에 대한 과실비율이 서로 다르더라도 피해자의 과실을 공동불법행위자 각인에 대한 과실로 개별적으로 평가할 것이 아니라 그들 전원에 대한 과실로 전체적으로 평가하여야 한다.[189] 그러나 공동불법행위자에 대한 손해배상청구를 별개의 소로 진행한 경우 과실상계비율이나 손해액을 달리 인정할 수 있다고 할지라도 피해자가 공동불법행위 중 일부를 상대로 한 전소에서 승소한 금액을 전부 지급받았다고 하더라도 그 금액이 나머지 공동불법행위자에 대한 후소에서 산정된 손해액에 미치지 못한다면 후소의 공동불법행위자는 그 차액을 지급할 의무가 있다고 할 것이다.[190]

iv. 과실상계의 기준

채무불이행으로 인한 손해배상의 범위를 정함에 있어서 채권자의 과실을 어느 정도로 참작할 것인지 여부는 구체적인 사안마다 신의칙과 공평의 관념에 따라 채권자와 채무자의 고의나 과실의 정도, 책임원인사실인 채무불이행의 내용, 손해의 발생 및 확대 등에 어느 정도의 원인을 제공하였는지 여부 등 여러 가지 사정을 참작하여 손해가 공평하게 분담되도록 합리적으로 결정하여야 한다. 따라서 은행과 운전용역계약을 체결한 회사 소속의 운전기사가 은행원과 함께 현금을 수송하다가 도주한 경우 위 운전용역계약을 체결함에 있어 운전기사가 고의로 은행에 손해를 가하였을 경우에는 회사가 이를 배상하기로 약정하였고 위 운전용역계약에 따르면 운전기사에 대한 1차적 지시감독권이 회사에 있었

---

185) 대판 1972.12.26. 72다1037, 대판 1984.7.10. 84다카440.
186) 대판 1971.3.23. 70다2986.
187) 대판 1968.8.30. 68다1224.
188) 대판 1992.6.9. 92다7207.
189) 대판 2000.9.8. 99다48245.
190) 대판 2001.2.9. 2000다60227.

고 은행의 과실은 주의의무를 다소 소홀히 한 것에 불과함에 비하여 운전기사의 현금절취행위는 고의적 범죄행위인 점, 회사가 사고 이후 손해액의 약 6할 상당액에 대하여 배상책임이 있음을 인정하고 변제공탁한 점 등을 고려하여 결정하여야 할 것이다.[191]

한편, 제763조, 제396조가 정한 피해자의 과실에는 피해자 본인의 과실만이 아니라 공평의 원칙에 비추어 피해자와 신분상 내지 생활상 일체로 볼 수 있는 관계에 있는 자의 과실도 이른바 피해자의 과실에 포함되어야 할 것이다. 따라서 자동차의 보유자가 다른 사람으로 하여금 자동차를 운전하게 하고 그 자동차에 함께 탔다가 제3자의 과실로 인하여 교통사고가 발생한 결과 손해를 입은 경우,[192] 피해자가 남편이 운전하는 오토바이 뒷좌석에 타고 가다가 제3자가 운전하는 승용차에 충돌하여 상해를 입고 제3자에 대하여 손해배상을 청구하는 경우,[193] 형이 운전하는 오토바이 뒤에 동승하였다가 사망한 동생에 대한 손해배상액을 정하는 경우,[194] 아버지와 생계를 같이하는 미성년자인 아들이 아버지가 운전하는 자동차에 동승하여 가다가 제3자가 운전하는 자동차에 충돌되어 상해를 입은 경우,[195] 조카가 운전하는 트럭은 삼촌의 소유이고 삼촌의 처가 설탕을 팔려고 삼촌과 그 자녀들이 함께 타고 가다가 사고가 발생한 경우[196] 및 사고 당시 11세에 불과한 피해자가 외삼촌이 운전하는 어머니 소유의 자동차에 승차하여 외삼촌 일행과 같이 외증조부의 묘소에 갔다 오다가 사고를 당한 경우[197]에는 그 자동차 등의 운전자에게도 과실이 있어 그 손해를 배상할 의무가 있는 제3자가 자동차의 보유자에게 배상하여야 할 재산상 손해액과 위자료를 정함에 있어서 그 자동차 운전자의 과실을 참작하여야 할 것이다.

그러나 오로지 호의동승을 한 차량의 운전자의 과실로 인한 사고로 동승자가 사망하거나 상해를 입어 동승자 혹은 그 유족들이 그 동승 차량의 운행자를 상대로 손해배상을 청구하는 경우,[198] 다방종업원이 차 배달을 목적으로 다방주인이 운전하는 차량에 동승한 경우[199] 등과 같이 운전자가 동승자와 신분상 또는 생활 관계상 일체를 이루고 있지 않아 운전자의 과실을 동승자에 대한 과실상계사유로 삼는 것이 공평의 원칙에 합치한다

---

191) 대판 1991.1.25. 90다6491.

192) 대판 1994.4.26. 94다2121.

193) 대판 1993.5.25. 92다54753.

194) 대판 1991.11.12. 91다30156.

195) 대판 1989.4.11. 87다카2933.

196) 대판 1987.2.10. 86다카1759.

197) 대판 1996.2.27. 95다41239.

198) 대판 1997.11.14. 97다35344.

199) 대판 1998.8.21. 98다23232.

는 구체적인 사정이 전제되지 않는 경우에는 그 운전자의 과실은 오로지 동승 차량 운행자의 손해배상채무의 성립요건에 해당할 뿐이고 피해자의 과실로 참작할 성질의 것이 아니라고 하여야 할 것이다.

ⅴ. 과실상계에 있어서 참작 여부

가해행위와 피해자의 요인이 경합하여 손해가 발생하거나 확대된 경우 그 피해자의 요인이 체질적인 소인 또는 질병의 위험도와 같이 피해자의 귀책사유와 무관한 것이라고 할지라도 그 질환의 태양, 정도 등에 비추어 가해자에게 손해의 전부를 배상하게 하는 것이 공평의 이념에 반하는 경우,[200] 손해담보계약상 담보의무자의 책임은 손해배상책임이 아니라 이행책임이므로 담보계약상 담보권리자의 담보의무자에 대한 청구권의 성질상 과실상계의 규정이 준용될 수 없고 그 법리를 유추 적용하여 그 담보책임을 감경할 수도 없는 것이 원칙이지만 담보권리자의 고의 또는 과실로 손해가 야기되는 등 구체적인 사정에 비추어 담보권리자의 권리행사가 신의칙 또는 형평의 원칙에 반하는 경우,[201] 보증보험계약에서 보험자가 피보험자에게 보험금을 지급함으로써 보험계약자에 대한 구상권을 취득하고서 보증인에게 이를 통지할 의무를 게을리하여 지연손해가 확대된 경우[202]에는 손해배상액을 정하면서 과실상계의 법리를 유추 적용하여 그 손해의 발생 또는 확대에 기여한 피해자의 요인을 참작할 수 있을 것이다.

또한, 제581조, 제580조에 기한 매도인의 하자담보책임은 법이 특별히 인정한 무과실책임으로서 여기에 제396조의 과실상계 규정이 준용될 수 없다고 할지라도 담보책임이 민법의 지도이념인 공평의 원칙에 입각한 것인 이상 하자 발생 및 그 확대에 가공한 매수인의 잘못을 참작하여 손해배상의 범위를 정함이 상당할 것이다.[203]

그러나 사용자가 근로자에게 지급한 치료비가 근로기준법상의 요양보상에 해당한다면 치료비 중 근로자의 과실비율에 따른 금원을 부당이득이라고 하여 사용자의 손해배상액에서 공제할 수 없고,[204] 근로계약관계의 존속을 전제로 사용자의 수령지체로 인하여 근

---

200) 대판 2000.1.21. 98다50586.

201) 대판 2002.5.24. 2000다72572.

202) 대판 1992.5.12. 92다4345.

203) 대판 1990.3.9. 88다카31866, 대판 1995.6.30. 94다23920.

204) 대판 2002.2.8. 2001다78294; 그러나 업무상 재해를 입은 근로자가 사용자가 아닌 제3자로부터 근로기준법 제81조 제1항에 규정된 요양보상에 해당하는 급부를 받은 경우 사용자는 근로자에 대한 요양보상의무를 면하므로 사용자로서는 근로자에게 요양보상에 해당하는 급부를 한 제3자에게 근로자에 대한 요양보상의무를 면하게 됨으로써 얻은 이익을 반환할 의무가 있다(대판 2005.4.28. 2004다12660).

로하지 못한 기간의 임금의 지급을 구하는 사건에 적용될 여지가 없고,[205] 과실상계는 본래 채무불이행이나 불법행위로 인한 손해배상책임에 대해 인정되는 것이므로 채무의 내용에 따른 본래 급부의 이행을 구하는 경우에는 그 적용이 없고,[206] 표현대리가 성립하는 경우에 그 본인은 표현대리행위에 의하여 전적으로 책임을 져야 하므로 상대방에게 과실이 있다고 하더라도 과실상계의 법리를 유추 적용하여 본인의 책임을 경감할 수 없고,[207] 채권자의 청구가 연대보증인에게 그 보증채무의 이행을 구하고 있다면 손해배상책임 유무 또는 배상의 범위를 정함에 있어 채권자의 과실이 참작되는 과실상계의 법리가 적용되지 않고,[208] 손해배상액의 예정이 있는 경우에도 과실상계의 법리가 적용되지 않는다고 할 것이다.[209]

(다) 현재가액의 측정, 중간이익의 공제

장래의 일정한 시기에 일정한 가액을 취득할 관계가 침해된 경우 현재의 손해액은 장래의 가액 자체가 아니므로 장래의 가액에서 중간이익을 공제한 것이 현재의 손해액에 해당할 것이다. 따라서 그 장래의 치료비 상당의 손해를 사고 당시를 기준으로 일시에 청구할 수 있는 금액으로 산정할 때에는 사고 당시와 치료비 지출이 예상되는 기간의 중간이자를 공제함이 마땅할 것이다.[210] 이러한 경우 채무불이행 또는 불법행위로 인한 장래 얻을 수 있는 일실이익의 현가를 산정함에 있어서 중간이자공제방법으로서 호프만식 계산법에 의하지 않고 라이프니츠계산법에 의하여 그 일실이익의 현가를 산정하여도 무방할 것이다.[211]

---

205) 대판 1993.7.27. 92다42743.
206) 대판 1987.3.24. 84다카1324, 대판 1996.5.10. 96다8468, 대판 2001.2.9. 99다48; 따라서 예금주가 인장관리를 소홀히 하였거나 입출금 내역을 조회하여 보지 않음으로써 금융기관 직원의 불법행위가 용이하게 된 사정이 있다고 할지라도 정기예탁금계약에 기한 정기예탁금반환청구사건에 있어서는 그러한 사정을 들어 금융기관의 채무액을 감경하거나 과실상계를 할 수 없다(대판 2001.2.9. 99다48801).
207) 대판 1996.7.12. 95다49554.
208) 대판 1987.3.24. 84다카1324, 대판 1996.2.23. 95다49141.
209) 대판 1972.3.31. 72다108.
210) 대판(전합) 1979.4.24. 77다703.
211) 대판 1983.6.28. 83다191.

[사례 1] A는 B와 철근을 계속적으로 공급하는 취지의 계약을 체결하였다. 그런데 매도인 A는 철근의 가격이 폭등하게 되어 B에 대한 공급(급부)을 해태하였다. 그 후 철근가격이 하락하였기 때문에 A는 지체분도 포함하여 일시에 철근을 급부하였다. 하지만 매수인 B는 대금을 한 번에 지급하지 않았다. B는 과실상계의 주장을 할 수 있는가?

[사례 2] A는 B로부터 토지를 매입하였다. 이 토지상에 제3자 C의 건물이 있었으므로 B가 C를 내보낸 상태에서 인도한다는 취지의 특약을 하였다. 그러나 B 측에서 위 의무를 이행하지 않고 있기 때문에 A가 내보내는 비용 등을 지급하고서 인도를 받았는데 그 비용은 통상적인 금액보다도 많았다. 이러한 경우 그 차액에 관하여 B는 과실상계를 주장하여 감액을 청구할 수 있는가?

(2) 손해배상액의 예정

(가) 의의

손해배상액의 예정이란 금전채무에 관하여 이행지체에 대비한 지연손해금 비율을 따로 약정한 경우[212]와 같이 채무자가 채무불이행을 할 경우 채무자가 지급하여야 할 손해배상액을 당사자 간의 계약으로 미리 정하는 것을 말한다(제398조 제1항). 이러한 손해배상액 예정은 많은 거래의 계약과정에서 손해배상액의 예정 또는 위약금 약정의 형태로 이루어지고 있다. 그러나 여기에서도 채무자는 자신의 귀책사유가 없음을 주장, 입증함으로써 위 예정배상액의 지급책임을 면할 수 있을 것이다.[213] 일단 손해배상액의 예정이 있을 경우에는 원칙적으로 법원은 실제적인 손해가 예정배상액보다 과다하다든지, 과소하다든지 하는 경우에도 예정배상액을 증감할 수 없다(제398조).[214]

(나) 취지

손해배상액의 예정은 손해발생사실과 손해액에 대한 입증 곤란을 덜고 분쟁 발생을 미리 방지하여 법률관계를 쉽게 해결할 뿐만 아니라 채무자에게 심리적인 경고를 함으로써 채무이행을 확보하려는 것에 그 목적이 있다. 한편, 제398조 제2항에 규정된 손해배상예정액의 감액제도는 국가가 계약당사자 사이의 실질적인 불평등을 제거하고 공정을 보장

---

212) 대판 1988.12.22.86다카2994, 대판 1996.2.23. 95다42393, 대판 1997.7.25. 97다15357, 대판 2000.12.8. 2000다50350, 대판 2002.12.24. 2000다54536.

213) 대판 2010.2.25. 2009다83797.

214) 대판 1988.5.10. 87다카3101.

하기 위하여 계약 내용에 간섭한다는 것에 그 취지가 있다고 할 것이다.[215]

(다) 구별개념-손해배상액의 예정과 위약벌

위약벌이란 채무불이행의 경우 채무자가 채권자에게 지급할 것을 약속한 금전을 말한다. 이러한 위약벌은 채무자가 계약을 위반할 경우 채무자에게 제재를 가함과 동시에 채무자의 계약이행을 간접적으로 강제하는 작용을 하는 성질을 가지는 점에서 손해배상액의 예정과 다르다.[216] 예컨대, 공급자가 계약을 이행하지 않을 경우 이를 몰수하고 계약이 이행될 경우 이를 공급자에게 반환하기로 한 이행보증금,[217] 입찰보증금,[218] 국가와 수급자 사이의 차액보증금[219] 등은 위약벌에 해당한다.

그러나 도급에 있어서 계약보증금,[220] 「국가를 당사자로 하는 계약에 관한 법률」에 따른 매매계약에서 지급된 계약금,[221] 수급인의 하자보수의무 불이행 시 도급인에게 귀속하는 것으로 약정된 하자보수보증금[222] 등은 손해배상액의 예정에 해당한다고 명시하지 않았으나 위약벌로 보기는 어려울 것이다.

반면, 임대차계약에서 특약에 의하여 중도금 지급 후 잔금이행지체로 계약이 해제된 경우 당사자 사이에 교부된 계약금,[223] 계약금 및 중도금에 대한 반환청구권의 포기 내지 상실의 약정,[224] 계약보증금의 귀속에 관한 약정,[225] 도급계약에 있어서 지체상금[226] 등은 손해배상액의 예정에 해당한다고 한다.

(라) 특징

손해배상액의 예정에 관한 계약은 채무불이행이 발생하기 전에 체결되어야 한다. 채무

---

215) 대판 1993.4.23. 92다41719.
216) 대판 1998.12.23. 97다40131, 대판 1999.3.26. 98다33260.
217) 대판 1991.4.26. 90다6880.
218) 대판 1979.9.11. 79다1270.
219) 대판 2002.4.23. 2000다56976.
220) 대판 2001.1.19. 2000다42632.
221) 대판 2004.12.10. 2002다73852.
222) 대판 2001.9.28. 2001다14689, 대판 2002.7.12. 2000다17810.
223) 대판 1989.12.12.89다카10811, 대판 1996.6.14. 95다11429.
224) 대판 1995.12.10. 95다40076.
225) 대판 1999.4.27. 97다24009.
226) 대판 1996.4.26. 95다11436, 대판 1997.10.28. 97다21932.

불이행이 발생한 후 배상액을 정하는 계약은 예정계약에 해당한다고 볼 수 없다. 예정계약은 채무불이행을 정지조건으로 하는 조건부 계약이고 원채권관계에 종된 계약에 해당한다. 따라서 기본적인 채권관계와 법률적인 운명을 함께하고 기본채권의 담보는 손해배상액의 예정도 담보하게 된다.

그러나 손해배상액의 예정은 계약상 채무불이행으로 인한 손해액에 관한 것일 뿐이고 이것을 계약과 관련된 불법행위상의 손해까지 예정한 것이라고 볼 수 없다. 따라서 매매계약 해제 이후 철거의무불이행 등으로 인한 손해는 계약이 해제된 후 별도의 불법행위를 원인으로 하는 것으로서 계약 당시 수수된 손해배상예정액으로 전보되는 것은 아니라고 할 것이다.[227]

(마) 효과

계약을 할 때 손해배상액의 예정을 한 경우에는 채권자는 채무불이행사실만을 증명하면 손해발생 및 그 금액을 증명하지 않아도 예정배상액을 청구할 수 있고[228] 실제손해액이 예정액을 초과하더라도 그 초과액을 청구할 수 없다.[229] 또한, 채무불이행으로 인하여 입은 통상손해는 물론 특별손해까지도 예정액에 포함된다.[230] 따라서 부동산매매에 있어서 매도인이 매매목적물을 2중으로 양도하여 제3자에게 소유권 이전등기를 하여 줌으로써 매수인에 대한 소유권 이전등기의무가 이행불능된 경우 그 손해배상액은 특별한 사정이 없는 한 제3자에게 소유권 이전등기를 넘겨준 날 현재의 시가상당액이라고 할 것인데 매매계약 시 미리 손해배상의 예정에 관한 특약을 하였다면 매수인은 매도인에게 예정된 손해배상액만을 청구할 수 있을 뿐이다.[231]

한편, 법원이 손해배상의 예정액이 부당하게 과다하다고 하여 감액을 한 경우 손해배상액의 예정에 관한 약정 중 감액 부분에 해당하는 부분은 처음부터 무효로 보아야 할 것이다. 그런데 그것이 과다한지 여부의 판단 기준 및 판단 기준의 시점은 사실심의 변론종결 당시를 기준으로 하여 그 사이에 발생한 모든 사정을 종합적으로 고려하여야 한다.[232] 그리고 법원은 손해배상의 예정으로 인정되어 감액을 할 경우에는 채무자가 계약을 위반한

---

227) 대판 1999.1.15. 98다48033.

228) 대판 1975.3.25. 74다296, 대판 1991.1.11. 90다8053, 대판 2000.12.8. 2000다50350.

229) 대판 1988.5.10. 87다카3101.

230) 대판 1988.9.27. 86다카2375,2376, 대판 1993.4.23. 92다41719.

231) 대판 1994.1.11. 93다17638.

232) 대판 2000.12.8. 2000다35771, 대판 2004.12.10. 2002다73852.

경위 등 제반 사정이 참작되므로 손해배상의 감경에 앞서 채권자의 과실 등을 따로 감경할 필요는 없다. 또한 손해배상의 예정액이 부당히 과다한지 여부는 채권자와 채무자의 각 지위, 계약의 목적 및 내용, 손해배상액의 예정 동기, 채무액에 대한 예정액의 비율, 예상손해액의 크기, 그 당시의 거래 관행 등 모든 사정을 참작하여 판단하여야 한다. 그런데 손해배상 예정액의 과다 여부에 관한 판단에 있어서 실제의 손해액을 구체적으로 심리, 확정할 필요는 없고 다만, 기록상 실제의 손해액 또는 예상 손해액을 알 수 있는 경우 그 예정액과 대비하여 보면 충분하다고 할 것이고 실제의 손해액이 예정액에 미치지 못한다는 점은 그 예정액이 부당히 과다하다고 주장하는 채무자가 입증할 필요가 있다.[233]

[사례 1] A는 B와 토지매매계약을 체결하였다. 그때 손해배상액의 예정을 하여 당사자의 일방은 상대방에게 금 2억 원을 지급할 것을 약속하였다. 매도인 A가 동일부동산을 C에게 이중매매하고 그 이전등기를 해 주었기 때문에 A의 B에 대한 채무가 이행불능으로 되었다. 위와 같은 사정 때문에 B는 5천만 원의 손해를 입은 경우 B는 어느 정도의 손해를 청구할 수 있는가?

[사례 2] A는 B에게 자기소유의 건물을 매도하였다. 그때 서로 채무불이행이 있는 경우에는 상대방에게 위약금 금 1천만 원을 교부하는 것으로 하였다. B가 채무불이행을 한 경우 A는 위약금 금 1천만 원 이외에 별도의 손해배상을 청구할 수 있는가?

[사례 3] A는 B에게 금 1억 원을 빌려주고 약정이자 연 1할 5푼, 지연이자 연 4할로 정하였다. 지급기일을 도과시킨 경우 B에게 A는 어느 정도의 청구를 할 수 있는가?

카. 배상자대위

배상자대위란 채권자가 손해배상으로 그 채권의 목적인 물건 또는 권리의 가치 전부를 받은 때에는 채무자는 그 물건 또는 권리에 관하여 당연히 채권자를 대위하는 제도를 말한다(제399조). 채권자에 대하여 당연히 대위한다고 하는 의미는 채권의 목적인 물건 또는 권리가 양도계약을 필요로 하는 것이 아니라 채권자로부터 채무자에게 당연히 이전한다고 하는 것을 의미이다. 따라서 배상자대위는 채권양도가 아니다.[234] 예컨대, 소유자에게 빌린 시계를 손상케 한 차용인이 소유자에게 그 가치 상당액의 배상을 한 경우 차용

---

233) 대판 1995.11.10. 95다33658.
234) 대판 1977.7.12. 76다408.

인은 시계의 소유권을 취득하는 것이 배상자대위의 이론이다.

제6장 책임재산의 보전

제1절 총설

채무자가 채무이행을 하지 않을 경우 채권자는 이행청구 또는 손해배상청구를 행사할 수 있다. 그러나 채권자가 그렇게 하고 싶어도 채무자가 채무이행 또는 손해배상을 하지 않으면 채권자는 최종적으로 채무자의 재산(채무자의 총재산에서 담보물권 등에 의해 우선적으로 지배되고 있는 재산을 제외한 것. 이를 "일반재산"이라고 한다)에 강제집행을 하여 거기에서 채권가치의 만족을 얻을 수밖에 없다. 즉, 채권자 입장에서 채무자의 일반 재산이 채권가치의 만족을 얻기 위한 소위 최후의 보루(담보)가 된다. 이러한 특징을 중심으로 파악하여 채무자의 일반재산을 "책임재산"이라고도 한다.

이와 같이 채무자의 일반재산 즉, 책임재산이 채권의 가치만족이라는 입장에서 최종적인 담보로 되기 때문에 채권만족을 목표로 하는 채권자는 채무자의 일반재산이 어느 정도인지 여부를 확인하는 것에 관심을 갖지 않을 수 없는 반면, 오히려 채무자는 경우에 따라 자신의 재산관리를 소홀하게 하는 경우도 많을 수 있다. 그러한 상황에서도 채무자에게는 재산권 절대의 원칙이 지배하고 있기 때문에 채무자의 재산은 자유롭게 관리, 처분할 수 있다고 주장하는 것을 채권자가 방관만 하고 있는 것이 과연 적절한 것인지 여부가 문제이다. 채무자는 자기 재산의 관리, 처분이 자유롭다고 하여도 채무자의 일반재산은 채권의 가치만족을 위한 담보도 되고 있다. 따라서 채권을 권리로 인정하는 이상 그 가치실현을 보장하기 위해서는 채무자의 일반재산에 관한 관리, 처분의 자유를 제약하는 경우가 있어도 이러한 일반재산의 관리에 대하여 개입할 권한을 채권자에게 인정할 필요성이 높다고 할 것이다.

민법도 이러한 입장에서 채권자에게 책임재산을 보전하기 위한 두 가지의 권리를 부여하여 채무자의 일반재산관리에 대한 개입권한을 채권자에게 인정하였다. 채권자대위권과 채권자취소권이 바로 그것이다. 전자는 채무자가 자기의 권리를 행사하지 않을 경우 채권자가 채무자에 갈음하여 채무자의 권리를 행사함으로써 책임재산의 유지를 도모하는 권리를 말한다(제404조). 반면, 후자는 채무자가 사해행위 등을 통하여 책임재산을 감소시키는 행위를 할 경우 그 행위를 취소하는 것에 의해 책임재산의 유지를 도모하는 권리를 말한다(제406조).

채권자대위권도, 채권자취소권도 책임재산을 보전하기 위하여 채권자가 채무자의 재산관리에 개입하는 것이다. 그러나 책임재산도 채무자의 재산이어서 본래적으로 채무자가 자유롭게 관리, 처분할 수 있도록 하는 반면, 채권자에게도 전자 또는 후자를 행사하여 예외적으로 채무자의 재산관리에 대한 개입을 할 수 있도록 하여야 할 것이다. 따라서 이것을 고려한다면 채권자에 의한 채무자의 재산관리에 대한 개입은 가급적으로 억제적인 경향을 보여야 할 것이다. 따라서 원칙적으로 전자 또는 후자가 인정되는 것은 책임재산의 부족을 초래할 우려가 있는 경우 즉, 채무자가 무자력인 경우에 한정되어야 할 것이다.

제2절 채권자대위권

Ⅰ. 의의

채권자대위권이란 채권자가 채무자에 대한 자신의 채권(이를 "피보전채권"이라고 한다)을 보전하기 위하여 채무자에게 속한 권리를 자기의 이름으로 채무자에 갈음하여 행사하는 권리를 말한다. 본래적으로는 채무자 자신이 행사하여야 할 권리를 행사하지 않는 것 때문에 책임재산의 증가가 방해되고 있는 경우 채권자가 채무자의 재산관리에 개입하기 위하여 인정된 권리이다(제404조 제1항 본문).

Ⅱ. 요건

채권자대위권이 인정되기 위해서는 피보전채권이 존재하여야 하고 동시에 대위채권자 입장에서 자기의 채권을 보전할 필요성(＝채무자의 무자력)이 있어야 한다. 따라서 위와 같은 요건을 구비하고 있지 못할 경우 채권자대위소송에서 당사자적격의 존부 판단의 기초가 되는 사실이 없는 것으로 되기 때문에 채권자대위권이 재판으로 행사되는 경우(이를 "채권자대위소송"이라고 한다) 이러한 요건을 흠결한 것을 이유로 청구기각이 아니라 소 각하를 당하게 된다.

1. 피보전채권의 존재

　보전되는 채권은 보전의 필요성이 인정되고 이행기가 도래한 것이면 충분하고 그 채권의 발생원인, 종류 등은 문제 되지 않는다. 따라서 물적 담보에 의해 보전되고 있는 채권도 좋고 금전채권이 아니어도 무방하다. 그러나 추정상속인이 실제로 상속인이 되었을 때 취득할 수 있는 권리와 같이 단순한 기대권은 피보전권리가 되지 않을 뿐만 아니라[1] 협의 또는 심판 등에 의해 구체적인 내용이 형성되기 전의 재산분할청구권과 같이 구체적인 내용이 형성되기 전의 권리는 피보전권리로 되지 못한다.[2]

　한편, 이러한 피보전채권이 존재하는지 여부는 소송요건으로서 법원의 직권조사사항에 해당하므로 법원으로서는 그 판단의 기초자료인 사실과 증거를 직권으로 탐지할 의무까지는 없다고 하더라도 법원에 현출된 모든 소송자료를 통하여 살펴보아 피보전채권의 존부에 관하여 의심할 만한 사정이 발견되면 직권으로 추가적인 심리, 조사를 통하여 그 존재 여부를 확인하여야 할 의무가 있다고 할 것이다.[3]

　피보전채권은 대위 행사가 되는 채무자의 권리보다도 먼저 성립되어 있을 필요는 없다. 채권의 발생원인 또는 그 채권이 제3채무자에게 대항할 수 있는 것임을 요하지 않는다. 따라서 채권자가 채무자를 상대로 그 보전되는 청구권에 기한 이행청구의 소를 제기하여 승소판결이 확정되면 제3채무자는 그 청구권의 존재를 다툴 수 없다.[4] 또한, 피보전채권이 존재한다고 하면 그 행사를 위하여 채무자의 동의를 필요로 하는 것도 아니다.[5] 그러나 이와 관련하여 유의할 것은 중간생략등기의 합의가 없다면 직접 자기 앞으로 소유권 이전등기를 구할 수 없고[6] 무효인 이중매매에서 배임행위에 가담한 제1매수인의 소유권 이전등기행위에 대하여 매수인은 매도인을 대위하여 위 등기의 말소를 청구할 수 있고[7] 매수인은 매도인에 대한 소유권 이전등기청구권을 보전하기 위하여 채권자대위권을 행사할 수 있고 또한 대금완납의 부동산매수인은 매도인을 대위하여 목적부동산에 관한 원인무효등기의 말소등기를 청구할 수 있다.[8]

---

1) 最判 昭和30(1955).12.26.(民集9-14-2082).

2) 最判 昭和55(1980).7.11.(民集34-4-628).

3) 대판 2009.4.23. 2009다3234.

4) 대판 2000.6.9. 98다18155, 대판 2001.10.12. 2001다43885, 대판 2003.4.11. 2003다1250.

5) 대판 1963.11.21. 63다634.

6) 대판 1969.10.28. 69다1351.

7) 대판 1983.4.26. 83다카57.

반면, 대표이사의 업무집행권에 의해 회사가 제3자에 대하여 가지는 재산상 청구권을 대위 행사할 수 없고(왜냐하면, 대표이사의 업무집행권은 대표이사의 개인적인 재산상 권리가 아니기 때문에),[9] 임대인의 동의 없는 임차권의 양도는 당사자 사이에서는 유효하더라도 다른 특약이 없는 한 임대인에게는 대항할 수 없는 것이고 임대인에게 대항할 수 없는 임차권의 양수인으로서는 임대인의 권한을 대위 행사하여 채권자대위소송을 제기한 경우 대위에 의해 보전될 채권자의 채무자에 대한 권리가 인정되지 아니하는 경우에 해당하므로 부적법, 각하되어야 하고(피보전권리의 흠결에 의한 각하),[10] 채권자가 채무자를 상대로 소유권 이전등기절차이행의 소를 제기하여 패소의 확정판결을 받게 되면 채권자는 채무자의 제3자에 대한 채권자대위소송에서 그 확정판결의 기판력으로 말미암아 더 이상 채무자에게 동일한 청구원인으로 소유권 이전등기청구를 할 수 없어 그러한 권리를 보전하기 위한 채권자대위소송은 부적법하고,[11] 부동산 소유자에 대하여 소유권 이전등기를 청구할 지위에 있기는 하지만 아직 그 소유권 이전등기를 경료하지 않은 상태에서 제3자가 부동산의 소유자를 상대로 그 부동산에 관한 소유권 이전등기절차이행의 확정판결을 받아 소유권 이전등기를 경료한 경우에는 종전의 소유권 이전등기청구권을 가지는 자는 원칙적으로 부동산의 소유자에 대한 소유권 이전등기청구권을 보전하기 위하여 부동산의 소유자를 대위하여 제3자 명의의 소유권 이전등기가 원인무효임을 내세워 그 등기의 말소를 구할 수 없고[12] 유류분반환청구권은 그 행사 여부가 유류분권리자의 인격적 이익을 위하여 그의 자유로운 의사결정에 전적으로 맡긴 권리로서 행사상의 일신전속성을 가진다고 보아야 하므로 유류분권리자에게 그 권리행사의 확정적 의사가 있다고 인정되는 경우가 아니라면 채권자대위권의 목적이 될 수 없을 것이다.[13]

2. 채무자의 권리 불행사

"채무자가 스스로 그 권리를 행사하지 않을 것"이란 채무자의 제3채무자에 대한 권리가 존재하고 채무자가 그 권리를 행사할 수 있는 상태에 있으나 스스로 그 권리를 행사

---

8) 대판 1965.2.16. 64다1630.

9) 대판 1978.4.25. 78다90, 대판 1985.2.8. 84다카188.

10) 대판 1988.6.14. 87다카2753, 대판 1990.12.11. 88다카4727, 대판 1994.11.8. 94다31549.

11) 대판 1993.2.12. 92다25151, 대판 2002다5.10. 2000다55171, 대판 2003.5.13. 2002다64148.

12) 대판 1996.6.25. 96다8666.

13) 대판 2010.5.27. 2009다93992.

하고 있지 아니한 경우를 의미한다. 그리고 여기서 권리를 행사할 수 있는 상태에 있다
는 뜻은 권리행사를 할 수 없게 하는 법률적 장애가 없어야 한다는 뜻을 말하고 채무자
자신에 관한 현실적인 장애까지 없어야 한다는 뜻은 아니다.[14]

한편, 채무자가 그 권리를 행사한 때에는 그 권리행사가 부적절하여도 채권자는 대위
권을 행사할 수 없으므로[15] 이미 채무자가 그 권리를 재판상 행사하였을 경우에는 설사
패소의 확정판결을 받았더라도 채무자를 대위하여 채무자의 권리를 행사할 당사자적격은
없다.[16] 그리고 피대위자인 채무자가 제대로 특정될 필요가 있고 그 정도는 채권자대위
소송에서 피대위자인 채무자의 특정이 필요한 사항이 있으면 충분하다. 왜냐하면, 이는
피보전채권과 대위 행사할 채권의 존부를 판단하고 판결의 효력이 미칠 주관적 범위와
집행력이 미치는 범위를 정하며 채무자 본인이 제기할 소송이 중복소송에 해당하는지 여
부를 판단하기 위하여 요구되기 때문이다. 따라서 채무자가 제대로 특정되었는지 여부를
확정할 필요가 있는데 그 정도는 당해 채권자대위소송의 소송물이 갖는 성격과 채무자
특정의 난이도 및 소송과정에서 드러난 사안의 특성 등에 비추어 그 특정의 정도가 목적
을 달성하는 데 충분한지 여부를 검토한 후 그 결과에 따라 구체적 · 개별적으로 결정하
면 되기 때문에 반드시 모든 경우 일률적으로 채무자 개개인의 인적 사항을 통상의 소송
당사자와 같은 정도로 상세히 특정하여야 하는 것은 아니다.[17]

3. 대위채권자의 자기채권 보전의 필요성(=채무자의 무자력)

가. 채무자의 무자력

금전채권에 관하여 채권자대위권을 행사하는 경우에는 채무자가 채무이행의 의사가 없
는 것만으로는 부족하고 채무자가 무자력으로 되어 그 일반재산의 감소를 방지할 필요가
있는 경우에 행사할 수 있는 것이다.[18] 여기서 무자력이란 채무자의 변제 자력이 없음을
뜻한다. 그리고 특히, 임의변제를 기대할 수 없는 경우에는 강제집행을 통한 변제가 고려

---

14) 대판 1992.2.25. 91다9312.

15) 대판 1979.3.27. 78다2342, 대판 1980.5.27. 80다735.

16) 대판 1992.11.10. 92다30016, 대판 1993.3.26. 92다32876.

17) 대판 2004.11.26. 2004다40986.

18) 대판 1969.11.25. 69다1665.

되어야 하므로 소극재산이든지, 적극재산이든지 위와 같은 목적에 부합할 수 있는 재산인지 여부가 변제 자력 유무 판단의 중요한 고려요소가 되어야 한다. 따라서 채무자의 적극재산인 부동산에 이미 제3자 명의로 소유권 이전청구권보전의 가등기가 마쳐져 있는 경우에는 강제집행을 통한 변제가 사실상 불가능하므로 그 가등기가 「가등기담보 등에 관한 법률」에 규정된 담보가등기로서 강제집행을 통한 매각이 가능하다는 등의 특별한 사정이 없는 한 위 부동산은 실질적으로 재산적 가치가 없어 적극재산을 산정할 때 제외하여야 할 것이다.[19]

또한, 제404조 제1항에서 "……자기의 채권을 보전하기 위하여"의 의미는 그 채권이 금전채권이나 손해배상채권으로 귀착할 수밖에 없는 것인 때에는 채무자가 무자력으로 되어 그 일반재산이 감소되는 것을 방지할 필요가 있는 경우를 말하는 것이고[20] 이러한 무자력의 요건은 채권자가 주장 입증하여야 할 것이며[21] 채권보전 필요의 여부는 변론종결 당시를 기준으로 하여 판단하여야 한다.[22]

나. 금전채권임에도 무자력을 요하지 않는 경우

일정한 경우 위 가. 항의 예외가 인정된다. 예컨대, 피해자를 치료한 의료인이 같은 피해자에 대한 치료비청구권을 보전하기 위하여 피해자의 국가에 대한 국가보상청구권을 압류하거나 대위 행사하는 경우,[23] 임대차보증금반환채권을 양수한 채권자가 그 이행을 청구하기 위하여 임차인의 가옥명도가 선이행되어야 할 필요가 있어서 그 명도를 구하는 경우,[24] 유실물법 제10조 제3항에 의하여 보상금채권을 가지고 있는 자가 법률상 습득자

---

19) 대판 2009.2.26. 2008다76556.

20) 대판 1963.4.25. 63다122.

21) 대판 1966.6.21. 66다587.

22) 대판 1972.11.28. 72다1466, 대판 1976.7.13. 75다1086.

23) 대판 1981.6.23. 80다1351.

24) 대판 1962.1.25. 4294민상607.

의 유실자에 대한 보상금청구권을 대위 행사하는 경우[25] 또는 수임인이 가지는 제688조 제2항 전단의 대변제청구권을 보전하기 위하여 채무자인 위임인의 채권을 대위 행사하는 경우[26] 등에는 금전채권임에도 채무자의 무자력을 요건으로 하지 않는다.

다. 특정채권의 보전인 경우

특정채권의 보전인 경우에도 예외가 인정된다. 예컨대, 채권자는 자기의 채무자에 대한 부동산의 소유권 이전등기청구권 등 특정채권을 보전하는 경우,[27] 취득시효 완성 후 제3자 앞으로 경료된 소유권 이전등기가 원인무효인 경우 취득시효 완성을 원인으로 한 소유권 이전등기청구권을 가진 자가 취득시효 완성 당시의 소유자를 대위하여 제3자 명의의 등기말소를 구하는 경우[28]에는 채무자의 무자력을 요건으로 하지 아니한다.

4. 채권자의 채권이 이행기에 있을 것(제404조 제2항)

채무자의 재산관리권에 대한 개입은 억제적이어야 한다는 고려 때문에 피보전채권의 이행기가 도래하고 있지 않은 경우에는 채권자대위권을 행사할 수 없는 것이 원칙이다. 다만, 피보전채권의 이행기가 도래하고 있지 않아도 채권자대위권을 행사할 수 있는 예외가 있다.

가. 재판상의 대위(제404조 제2항)

재판상 대위란 법원의 허가를 얻어 대위권을 행사하는 것을 말한다. 그러나 이것이 문제 되는 것은 실제로 대부분 민사집행법에 의한 가압류, 가처분제도로 대응할 수 있다. 그렇기 때문에 재판상 대위제도는 그다지 유용한 제도가 아니라고 말할 수 있다.

---

25) 대판 1968.6.18. 68다663.
26) 대판 2002.1.25. 2001다52606.
27) 대판 1992.10.27. 91다483.
28) 대판 1990.11.27. 90다6651.

나. 보존행위(제404조 제2항 단서)

보존행위란 채무자 재산의 현상유지행위를 말한다. 채무자의 권리에 관한 시효중단행위, 채무자의 권리에 관한 보존등기 또는 이전등기, 채무자권리에 관한 파산채권의 신고 등이 그 예이다. 이러한 보존행위를 하는 것은 채무자 입장에서 불이익이 없다든지, 급속함을 요하는 경우가 많기 때문에 피보전채권의 이행기 전이라도 대위 행사가 인정되는 것이다. 다만, 그 권리의 특정이 가능하고 그 가까운 장래에 발생할 것임이 상당할 정도로 기대되어야 할 것이다.[29]

5. 대위의 대상으로 되는 채무자의 권리일 것

대위의 대상으로 되는 채무자의 권리는 공동담보의 보전에 적합한 권리이어야 한다. 따라서 채권자대위권의 대상은 채권의 배당, 공동담보로 되는 책임재산의 보전을 목적으로 한 것이기 때문에 공동담보의 보전에 적합한 권리는 모두 대위의 대상으로 된다. 따라서 채권자가 상속인을 대위하여 상속등기를 하는 경우,[30] 토지거래허가신청절차에서는 쌍방당사자 공동으로 관할관청에 허가를 신청할 의무가 있으므로 토지거래허가신청절차의 협력의무에 대한 이행을 청구하는 경우,[31] 채권자가 채무자를 대위하여 채권자취소권을 행사하는 경우,[32] 본안제소명령의 신청권이나 제소기간의 도과에 의한 가압류, 가처분의 취소신청권을 대위 행사하는 경우,[33] 물권적 청구권을 대위 행사하는 경우,[34] 지하도상가의 운영을 목적으로 한 도로점용허가를 받은 자로서 그 상가의 소유자 겸 관리주체인 시에

---

29) 대판 1982.10.26. 82다카508.

30) 대판 1964.4.3. 63마54.

31) 대판 1995.9.5. 95다22917; 그러나 국토이용관리법에 의하여 허가를 받아야 하는 토지거래계약이 처음부터 허가를 배제하거나 잠탈하는 내용의 계약인 경우에는 허가 여부를 기다릴 것도 없이 확정적으로 무효로서 유효화될 여지가 없는바, 토지거래허가구역 내의 토지가 거래허가를 받거나 소유권 이전등기를 경료할 의사 없이 중간생략등기의 합의 아래 전매차익을 얻을 목적으로 소유자 갑으로부터 부동산중개업자인 을, 병을 거쳐 정에게 전전매한 경우 그 각각의 매매계약은 모두 확정적으로 무효로서 유효화될 여지가 없고, 각 매수인이 각 매도인에 대하여 토지거래허가 신청절차 협력의무의 이행청구권을 가지고 있다고 할 수 없으며, 따라서 정이 이들을 순차 대위하여 갑에 대한 토지거래허가 신청절차 협력의무의 이행청구권을 대위 행사할 수도 없다(대판 1996.6.28. 96다3982).

32) 대판 2001.12.27. 2000다73049.

33) 대판 1993.12.27. 93마1655.

34) 대판 1966.9.27. 66다1334.

그 상가 내 각 점포의 사용을 청구할 수 있는 권리를 가지는 자가 점포사용청구권을 보전하기 위하여 그 점포의 소유자인 시가 불법점유자에 대하여 가지는 명도청구권을 대위 행사하거나 불법점유자에 대하여 직접 자기에게 그 점포들을 명도할 것을 청구하는 경우[35] 또는 특정물에 관한 채권자가 채권을 보전하기 위하여 채무자의 제3채무자에 대한 그 특정물에 관한 권리를 대위 행사하는 경우[36]에는 모두 대위의 대상으로 된다.

그러나 제950조 제1항 각 호의 행위를 하면서 친족회의 동의를 얻지 아니한 경우(왜냐하면, 동조 제2항에 의하여 행사상 일신전속권에 해당하므로),[37] 이혼으로 인한 재산분할청구권을 행사하는 경우(왜냐냐면, 협의 또는 심판에 의하여 그 구체적인 내용이 형성되기까지는 그 범위 및 내용이 불명확, 불확실하기 때문에)[38] 또는 시효소멸에 의해 직접 이익을 받는 채무자뿐만 아니라 그 채무자에 대한 일반채권자 또는 자기의 채권을 보전하기 위하여 필요한 한도에서 채무자 갑에 대해서 갑이 다른 채권자 을에 대하여 가지는 소멸시효의 이익을 원용할 수 있으나[39] 채무자에 대하여 아무런 채권도 없는 자인 경우[40] 또는 파산채권자가 파산자에 대한 채권을 보전하기 위하여 파산재단에 관하여 파산관재인에 속하는 권리를 대위 행사하는 경우[41] 등은 법률상 허용되지 않는다.

Ⅲ. 행사

1. 행사방법과 직접청구

채권자대위권은 채권자의 고유권리이다. 그러나 채권자대위권이 비록 채권자의 고유권리라고 하여도 이는 채무자가 제3채무자에게 가지고 있는 권리를 채권자가 대위하여 행사하는 것에 불과하므로 채권자가 대위권을 행사하는 경우 "제3채무자는 채무자에게 일정한 급부행위를 하라"고 청구하는 것이 원칙이다.[42] 그러므로 원칙적으로 채권자대위권

---

35) 대판 1995.5.12. 93다59502.

36) 대판 1993.4.23. 93다289.

37) 대판 1996.5.31. 94다35985.

38) 대판 1999.4.9. 98다58016.

39) 대판 1979.6.26. 79다407.

40) 대판 1991.3.27. 90다17552.

41) 대판 2000.12.22. 2000다39780.

을 주장하여 소유권 이전등기를 구하는 경우 제3채무자는 채무자에게 소유권 이전등기를 하도록 청구하여야 하기 때문에 자신에게 소유권 이전등기를 청구하라고 하는 것은 법률상 근거가 없다고 하여야 할 것이다.

또한, 위와 같은 논리에 따라 채권자가 자기의 채권을 제3채무자로부터 직접 변제받을 수 없지만 제3채무자로 하여금 그 채무자에 대한 채무이행으로서 채권자에게 출급하게 하고 채권자는 자신의 채권을 추심할 수 있어 사실상 금전 기타 물건의 급부를 목적으로 하는 채권과 같이 변제수령을 요하는 경우에는 사실상 직접 자기에게 인도할 것을 청구할 수도 있을 것이다.[43] 즉, 대위 행사를 하는 권리가 채권인 경우 대위채권자는 대위 행사의 상대방에게 급부를 채무자가 아닌 자기에게 직접 이행하도록 청구할 수 있는데 이는 채권자에게 부여되는 채무자의 책임재산관리권 중에는 대위 행사하는 채권을 추심하여 수령할 권한도 포함되어 있기 때문이다. 또한 갑이 미등기건물을 매수하였으나 소유권 이전등기를 하지 못한 경우 위 건물의 소유권을 원시취득한 매도인을 대위하여 불법점유자에 대하여 명도청구를 할 수 있고 이때 갑은 직접 자기에게 명도할 것을 청구할 수도 있다.[44]

한편, 대위채권자는 자기의 이름으로 타인(＝채무자)의 권리를 행사하는 것이다. 또한 채권자취소권과 달리 재판상 행사할 필요도 없다. 그리고 대위채권자와 채무자 간에는 법정위임관계[45]가 발생하므로 채권자는 선량한 관리자의 주의를 가지고 채무자의 권리를 행사하여야 한다. 한편, 대위 행사를 하는 권리가 금전채권인 경우 대위채권자는 자신의 금전채권을 상한으로 행사할 수 있는 것에 불과하다.[46] 왜냐하면, 이것은 후술하는 바와 같이 대위채권자에게 사실상 우선변제효과가 발생하는 것을 고려하여 행사권한의 제한(채무자의 재산관리에 대한 과잉개입의 금지)을 도모할 필요가 있기 때문이다.

그리고 대위채권자가 채권자대위권을 행사할 때 행사된 권리에 관한 채무자의 처분권한을 제한하지 않으면 채권자대위제도가 유명무실하게 되어 버린다. 따라서 채권자가 채무자에게 대위통지를 한다든지, 채무자가 채권자의 대위 행사를 안 때에는 채무자는 채권자가 대위 행사할 권리에 관하여 더 이상 권리의 행사 또는 처분을 할 수 없도록 하여 채무자의 처분권을 제한하도록 하고 있다.[47] 그러나 제405조 제2항은 채무자가 하는 처

---

42) 대판 1966.9.27. 66다1149.

43) 대판 1962.1.11. 4294민상195.

44) 대판 1980.7.8. 79다1928.

45) 대판 1996.8.21. 96그8.

46) 最判 昭和44(1969).6.24.(民集23-7-1079).

분행위의 효력에 관한 것으로서 채무자는 동조 제1항의 채권자에게 대위의 목적인 권리에 대하여 대위 행사를 방해하는 관리처분권을 상실케 하는 것을 규정한 것이지, 다른 사람이 채무자의 처분권을 대위 수행할 수 있는 권능(관리권)에 기하여 행사하는 소송행위까지 금지시키는 것은 아니다.[48] 따라서 다른 채권자도 대위권자와 함께 채권자대위소송을 할 수 있는 것이다.

한편, 채권자에 의해 채무자의 권리가 대위 행사되는 경우 상대방은 대위 행사가 되고 있는 권리를 발생시킨 계약이 무효이거나 대위 행사되고 있는 권리가 소멸시효의 기간이 도과한 경우에는 채무자에 대하여 주장할 수 있는 사유를 가지고 대항할 수 있다. 그러나 채권자대위권에 기한 청구에서 제3채무자는 채무자가 채권자에 대하여 가지는 항변으로 대항할 수 없으므로 채권의 소멸시효가 완성된 경우 이를 원용할 수 있는 자는 시효이익을 직접 받는 자뿐이기 때문에 제3채무자는 이를 행사할 수 없다.[49] 즉, 채권자대위권을 행사하는 경우 제3채무자는 채무자가 채권자에게 주장할 수 있는 사유를 원용할 수 있는 것이 아니다.[50] 또한 제3채무자는 채무자에 대해 가지는 모든 항변사유로 채권자에게 대항할 수 있지만 채권자는 채무자 자신이 주장할 수 있는 사유의 범위 내에서 주장할 수 있을 뿐 자기와 제3채무자 사이의 독자적인 사정에 기한 사유를 주장할 수는 없을 것이다.[51]

> [사례] 부동산이 A→B→C로 양도되었지만 A · B 간의 매매계약이 허위표시에 의해 무효로 되었다. C가 선의의 제3자에 해당하여 허위표시에 의한 무효를 이유로 대항할 수 없는 경우 C가 B를 대위하여 A에게 소유권 이전등기절차의 이행을 청구할 수 있는가?

2. 행사의 통지와 그 효력

채권자가 그 채권의 이행기 이후 채무자의 보존행위 이외의 권리를 행사한 경우에는 채무자에게 대위의 통지를 하여야 한다(제405조 제1항). 채무자가 이러한 통지를 받은 후에는 그 권리에 관하여 처분행위를 하지 못한다(동조 제2항). 따라서 채무자가 통지를 받

---

47) 大判 昭和14(1939).5.16.(民集18-557).

48) 대판 1989.4.11. 87다카3155.

49) 대판 1992.11.10. 92다35899, 대판 1998.12.8. 97다31472, 대판 2004.2.12. 2001다10151.

50) 대판 1995.5.12. 93다59502.

51) 대판 2009.5.28. 2009다4787.

은 후 채무자의 처분행위는 효력이 없다. 또한, 채권자가 채권자대위권에 의하여 채무자의 권리를 행사하고 그 사실을 채무자에게 통지하지 아니하였더라도 채무자가 자기의 채권이 채권자에 의하여 대위 행사되고 있는 사실을 알고 있었다면 채권자에게 대항할 수 없을 뿐만 아니라[52] 채무자가 채권자대위권의 행사사실을 알게 된 이후에는 채무자가 그 권리를 처분하여도 이로써 채권자에게 대항할 수 없다. 따라서 채무자가 그러한 채권자대위권의 행사사실을 알게 된 이후 그 부동산에 대한 매매계약을 합의 해제함으로써 채권자대위권의 객체인 그 부동산의 소유권 이전등기청구권을 소멸시켰다고 하더라도 이로써 채권자에게 대항할 수 없다.[53] 그러므로 채권자가 부동산 소유권 이전등기의 말소등기청구권을 대위 행사하는 경우 채무자는 위 소유권 이전등기의 원인이 된 매매계약을 이미 추인하였다고 하여도 제405조 제2항에 의하여 그 추인의 유효를 주장할 수 없을 것이다.[54]

그러나 채무자의 변제수령행위는 처분행위라 할 수 없는바, 채무자가 그 명의로 소유권 이전등기를 경료하는 것 역시 처분행위라고 할 수 없으므로 소유권 이전등기청구권의 대위 행사 후에도 채무자는 그 명의로 소유권 이전등기를 경료할 수 있다.[55] 마찬가지로 대위권의 행사를 방해하는 것으로 되지 아니하는 권리의 관리, 보존행위는 금지되는 것이 아니다.[56]

[사례] A는 Y에 대한 채권을 B에게 양도하고 B는 위 채권을 C에게 양도하였다. 그러나 A는 채권양도의 통지를 하지 않았다. C가 취하여야 할 수단은 무엇인가?

Ⅳ. 효과

1. 원칙적 효력

채권자대위권이 행사된 경우 대위채권자는 채무자의 권리를 행사한 것이기 때문에 그

---

52) 대판 1993.4.27. 92다44350.
53) 대판 1996.4.12. 95다54167, 대판 1977.3.22. 77다118, 대판 2003.1.10. 2000다27343.
54) 대판 1975.12.23. 73다1086.
55) 대판 1991.4.12. 90다9407.
56) 대판 1990.4.27. 88다카25274,25281.

행사의 결과는 직접적으로 채무자에게 귀속하고 획득재산은 채무자의 재산으로 되며 총 채권자를 위한 공동담보(책임재산)가 된다. 즉, 채권자대위권을 행사함에 있어서 채권자가 제3채무자에 대하여 자기에게 직접 급부를 요구하여도 상관없는 것이고 자기에게 급부를 요구하여도 어차피 그 효과는 채무자에게 귀속되는 것이므로 채권자대위권을 행사하여 채권자가 제3채무자에게 그 명의의 소유권보존등기나 소유권 이전등기의 말소절차를 직접 자기에게 이행할 것을 청구하여 승소하였다고 하여도 그 효과는 원래의 소유자인 채무자에게 귀속되는 것이다. 따라서 법원이 채권자대위권을 행사하는 채권자에게 직접 말소등기 절차를 이행할 것을 명하였다고 하여 무슨 위법이 있다고는 말할 수 없다.[57] 또한, 대위채권자도 대위에 의해 우선변제권을 취득하는 것이 아니라 다른 채권자와 함께 강제집행과정을 거쳐 채권액에 따른 평등변제를 받을 수 있을 뿐이다. 한편, 채권자가 채권자대위권을 행사하는 방법으로 제3채무자를 상대로 소송을 제기하여 판결을 받은 경우 어떠한 사유로 인하였든지 채무자가 채권자대위권에 의한 소송이 제기된 사실을 알았을 경우에는 그 확정판결의 효력은 채무자에게도 미친다.[58]

채권자가 채무자를 대위하여 제3채무자에게 한 처분금지가처분은 채권자 자신의 채무자에 대한 청구권 보전을 위하여 제3채무자가 채무자 이외의 다른 사람에게 소유권 이전 등 처분행위를 하지 못하도록 하는 것에 그 목적이 있으므로 실질상의 가처분권리자인 채무자에 대한 처분의 금지가 포함되는 것은 아니다.[59]

2. 사실상 우선변제효

그러나 실제로는 대위채권자가 사실상 우선변제를 받는 것과 마찬가지의 효과로 되는 경우가 많다. 대위채권자는 대위 행사되는 권리를 통하여 상대방으로부터 직접적으로 추심하여 수령할 수 있고 이러한 경우 대위채권자가 상대방으로부터 수령한 것이 금전이고 동시에 대위채권자의 피담보채권도 금전채권인 경우에는 대위채권자는 채무자의 제3채무자에 대한 수령금반환청구권과 채무자에 대한 피보전채권을 대등액으로 상계하는 것에 의해 사실상 다른 일반채권자에 우선하여 변제(채권회수)를 받는 것과 마찬가지의 결과가 될 수 있다.

---

57) 대판 1996.2.9. 95다27998.

58) 대판(전합) 1975.5.13. 74다1664.

59) 대판 1989.4.11. 87다카3155.

Ⅴ. 전용문제에 관하여

1. 의의 및 그 특징

채권자대위권은 책임재산을 보전하기 위한 제도이다. 그럼에도 채권자대위권이 책임재산의 보전과는 달리 목적 이외의 이용이 되고 있는 경우가 있다. 채권자대위권은 채무자가 가지는 특정채권을 보전하기 위하여 전용되고 있는 경우가 바로 그것이다. 책임재산의 보전과는 관계가 없는 상황에서 대위 행사되는 것이기 때문에 채무자의 자력을 기준으로 한 채무자의 재산관리에 대한 개입 제한이 문제로 되지 않는다.

2. 등기청구권을 보전하기 위한 전용

A가 B의 토지를 매도한 후 다시 B가 C에게 이 토지를 전매한 상황에서 어떠한 사정으로 이 토지의 등기명의가 여전히 A에게 있는 경우 C는 A에게 자기에 대한 소유권 이전등기를 청구할 수는 없다. 왜냐하면, 중간생략등기청구권은 원칙적으로 인정되고 있지 않기 때문이다. 그래서 C는 자신이 B에게 가지고 있는 소유권 이전등기청구권(=특정채권)을 피보전채권으로 하여 B가 A에게 가지고 있는 소유권 이전등기청구권을 대위 행사하는 것을 통해 등기명의를 A에게서 B에게로 이전하고 그다음 자신의 B에 대한 소유권 이전등기청구권을 행사하여 등기명의를 B로부터 자신에게 이전하는 것이다.[60] 여기에서 C는 B의 책임재산을 보전하기 위하여 B의 A에 대한 소유권 이전등기청구권을 대위 행사하고 있는 것이 아니라 자기의 B에 대한 소유권 이전등기청구권(=특정채권)을 보전하기 위하여 B의 A에 대한 소유권 이전등기청구권을 대위 행사하고 있는 것이다.[61] 여기에서 등기명의는 A로부터 B에게, B로부터 C에게 순차적으로 이전하는 점에 주의하여야 할 것이다.

3. 부동산임차권을 보전하기 위한 전용

임차인 C가 임대인 B로부터 B의 소유지를 임차하였는데 이 토지에 A가 쓰레기를 불

---

60) 대판 1990.11.27. 90다6651.
61) 대판 1992.10.27. 91다483.

법투기하고 있는 경우가 있다. 이때 C는 A에게 부동산임차권에 기한 방해배제청구를 할 수 있지만 요건 측면에서 제약이 따른다. 그래서 C는 자신이 B에 대하여 가지고 있는 부동산 임차권을 피보전채권으로 하여 B가 A에게 가지고 있는 소유권에 기한 방해배제청구권을 대위 행사하는 것에 의해 임차권에 대한 A의 방해를 배제할 수 있을 것이다. 여기에서 C는 B의 책임재산을 보전하기 위하여 B의 A에 대한 소유권에 기한 방해배제청구권을 대위 행사하고 있는 것이 아니라 자기의 B에 대한 부동산임차권(＝특정채권)을 보전하기 위하여 B의 A에 대한 소유권에 기한 방해배제청구권을 대위 행사하고 있는 것이다.[62]

> [사례] A는 B로부터 주택을 임차하여 주택임대차보호법상 대항력을 구비하였다. 그런데 이 주택에 C가 임의로 입주하여 생활하고 있는 경우 A는 C에게 명도할 것을 청구할 수 있는가?

4. 저당부동산의 담보가치를 유지하기 위한 전용

제3자가 저당부동산을 불법점거하고 있기 때문에 경매절차의 진행이 방해되고 적정가치의 확보가 되지 않고 오히려 매각가액이 하락할 우려가 있는 등 저당부동산의 교환가치 실현이 방해되어 저당권자의 우선변제청구권 행사가 곤란한 경우에는 저당권자는 저당권자에 대한 담보가치유지청구권을 보전하기 위하여 불법점거자에게 소유자의 방해배제청구권을 제404조를 근거로 이끌어 대위 행사할 수 있을 것이다.[63] 왜냐하면, 제3자가 저당부동산을 불법점유하고 있기 때문에 저당부동산의 교환가치 실현이 방해되고 우선변제청구권의 행사가 곤란하거나 또는 본래 점유권원(예컨대, 임차권)을 얻어 점유하고 있는 경우에도 그 권원의 설정이 저당권의 행사로서 경매절차를 방해할 목적에서 나온 것이라고 한다면 그 점유에 의해 저당부동산의 교환가치 실현이 방해되고 우선변제청구권의 행사가 곤란하게 되기 때문에[64] 저당권자가 점유자에게 저당권에 기하여 채권자대위권을 행사하여 그 상태의 배제를 구할 수 있을 것이다.

---

62) 대판 2001.5.8. 99다38699.

63) 最大判 平成11(1999).11.24.(民集53-8-1899).

64) 最判 平成17(2005).3.10.(民集59-2-356).

제3절 채권자취소권

Ⅰ. 의의

1. 개념

채권자가 그 채권을 위한 담보로 되는 책임재산을 보전하기 위하여 채무자가 그 채권자를 해한다는 사실을 알면서 행한 법률행위(사해행위)의 취소를 법원에 청구할 수 있는 권리를 채권자취소권(사해행위취소권)이라고 한다. 채권자 갑은 채무자 을에게 매매대금채권을 가지고 있는데 자금난이 악화된 을이 자기 소유의 A지를 병에게 증여하여 을에게는 그 이외의 책임재산을 구성하는 가치 있는 재산이 없는 경우 책임재산을 감소시킨 을의 행위를 부인하여 다시 A지를 을의 책임재산으로 회복시키는 것을 통하여 강제집행 준비에 대비하는 것이 채권자취소권에 부여된 본래의 입법목적이다.

2. 채권자취소권과 유사한 제도–채권자취소권과 부인권의 비교

채권자취소권과 유사한 제도로는 「채무자회생 및 파산에 관한 법률」(법률 제10682호 2011.5.19. 시행)상의 부인권이 있다(동법 제3장 제2절 제100조 내지 제113조). 여기에서 부인권이란 정리절차 개시 전에 회사가 정리채권자 또는 정리담보권자를 해하는 것을 알고서 한 행위 또는 다른 정리채권자 등과의 평등을 해하는 변제, 담보제공 등과 같은 행위를 한 경우 정리절차 개시결정 후 관리인이 그 행위의 효력을 부인함으로써 회사의 재산을 원상으로 회복시키거나 채권자 간의 평등을 회복시키는 것을 목적으로 하는 권리를 말한다. 이러한 부인권은 채무자가 책임재산을 감소시키는 행위를 한 경우 그 효과의 부인을 목적으로 한다는 점에서 민법상의 채권자취소권과 유사한 제도이나 채권자취소권보다 그 범위가 넓다.

채권자취소권과 부인권은 로마시대 법무관법[65)]에서 그 기원을 찾을 수 있다. 이 법에서

---

65) http://www.encyber.com/index.html(2010.5.29. access); 법무관법(ius praetorium)이란 로마시대에 법무관의 고시에 의하여 형성된 법을 말한다. 법무관(praetor)은 법정절차와 심판절차로 이루어진 소송절차 중 법

는 최초로 채무자가 강제집행을 피하기 위하여 의도적으로 제3자와 통모하여 재산을 일탈시키는 행위를 범죄행위로 간주하여 벌금형을 부과하는 제도를 창설하였다. 그 후 유스티니아누스(Justinianus) 대제에 이르러 채권자가 소송당사자로서 채무자가 재산을 일탈시킨 법률행위를 한 경우 이를 취소시킬 수 있는 파울리아나소권(Actio Pauliana)을 인정하였는데 일반적으로 이 소권이 근대적인 채권자취소권과 부인권의 기원이 되었다고 한다.

3. 전용의 가부

가. 본래적으로 채권자취소권은 모든 채권자의 이익을 위하여 책임재산을 보전하여 공동담보의 보전을 유지하기 위한 제도에 해당한다. 원칙적으로 채권자대위권과 달리 특정채권을 보전하기 위한 전용은 허용되지 않는다.[66] 예전에는 특정물채권의 채권자가 채권자취소권을 행사할 수 있는지 여부에 관하여 논의된 적도 있지만 본래적으로 이 제도의 경우에는 취소채권자가 취소의 결과로서 채무자에게 복귀한 재산으로부터 평등비율로 변제를 받는 것에 불과하기 때문에 피보전채권이 될 수 있는 것은 금전채권에 한정된다. 따라서 특정물에 대한 소유권 이전등기청구권과 같은 특정물채권을 보전하기 위하여 행사되는 것은 부정되어야 할 것이다.[67]

그러나 특정물채권도 궁극적으로 손해배상채권으로 바뀔 수 있는 것이기 때문에 채무

정절차를 담당하여 당사자의 선언, 재정에 따른 권리부여 등의 소송지휘권을 행사하는 정무관으로서 전문적 소양과 도덕적 자질과 함께 법률가의 학술적 자문에 의하여 권한을 행사하였다. BC 3세기경부터 취임 초기에 소송지휘권의 행사와 당사자의 자격과 쟁송해결의 승인 등에 대한 지침을 정한 고시(edictum)를 발포하는 것이 관습으로 되었으며 법무관은 필요에 따라 재직 중에도 고시를 발포하였다. 법무관은 이 고시권을 이용하여 신의의 원칙 또는 의제 등을 이용하여 시대에 뒤떨어진 법률, 관습을 비롯하여 만민법(ius gentium)에 이르기까지 규정된 사항을 그대로 실현, 형성하거나 규정된 사항을 수정하거나 규정에 없는 사항을 보충하였다.

법무관은 집행기관이므로 법률에 위반하는 고시를 발포할 수 없었으나 실제로 심판절차를 담당하는 심판관은 권위가 있는 학설에 근거하고 시대의 요구에 부응한 고시를 무시하는 판결을 내릴 수 없었다. 또한, 고시는 그것을 발포한 법무관의 임기 중에만 유효한 것이었지만 유용한 고시는 후임자에게 답습되었고 그 과정을 통하여 일련의 법규가 정리되었다. 법무관 이외에 고등안찰관, 속주장관 및 재무관 등도 고시권을 행사하였다. 이러한 정무관의 고시에 의하여 발달한 법의 일체를 명예법(ius honorarium)이라고 하는 반면, 종래의 제정법과 관습법을 시민법(ius civile)이라고 한다. 법무관법은 명예법의 중심을 이루고 로마법은 법무관법에 의하여 세계법으로 발전하였다고 한다.

그러나 입법기관에 의한 엄격한 의미의 법은 시민법뿐이고 법무관법은 시민법을 창설, 개폐하여 실질적으로 변경하는 것이 아니라 단지 소송상의 변경을 가하는 체제이다. 법무관법을 비롯한 명예법은 130년경에 하드리아누스(Hadrianus: 76~138) 황제의 명에 의하여 영구고시록(Edictum Perpetuum)이 편찬된 뒤 황제만 수정증보권을 갖도록 함으로써 그 발달이 정체되었다고 한다.

66) 대판 1995.2.10. 94다2534, 대판 1999.4.27. 98다56690.

67) 대판 1996.9.20. 95다1965.

자의 일반재산에 의해 담보되어야 한다는 점에서는 금전채권과 마찬가지이다. 다만, 특정물채권자는 특정물의 인도를 목적으로 하는 채권 그 자체의 보호를 채권자취소권을 통하여 주장할 수는 없고 어디까지나 공동담보의 보전을 위하여 손해배상채권 등 금전채권을 위해 채권자취소권을 행사하여야 할 것이다.

나. 특정물채권과 관련하여 피보전채권으로 되는지 여부에 관하여 실제로 문제가 되는 것은 대부분 부동산이중매매의 사례이다. 예컨대, 갑은 그가 소유하는 A지를 을에게 양도하는 매매계약을 체결하고 중도금을 수령하였음에도 다시 그것을 병에게 매각하여 소유권 이전등기를 경료해 준 사안에서 갑의 을에 대한 특정물급부는 병에 대한 소유권 이전등기가 경료된 시점에 갑의 귀책사유에 의해 이행불능으로 되어 이것을 이유로 손해배상을 청구할 수 있다고 하는 내용으로 변경된다. 따라서 특정물채권자인 을은 이러한 손해배상청구권을 피보전채권으로 하여 병을 피고로 하여 갑, 병 간의 양도행위를 취소할 수 있을 것이다. 다만, 원칙적으로 이중매매에 있어서 소유권 이전등기청권은 이중 양도행위에 대한 사해행위취소권을 행사할 수 있는 피보전채권에 해당한다고 할 수 없다.[68] 왜냐하면, 금전채권으로 변화될 가능성이 있는 특정채권이라도 금전채권으로 변화된 경우가 아닌 한, 채권자취소권을 행사할 수 없기 때문이다.

Ⅱ. 법적 성질

1. 문제의 소재

제406조에 따르면 채권자는 채무자가 한 사해행위의 취소를 법원에 청구할 수 있다. 그러나 동조에서 말하는 취소의 의미가 무엇인지 여부에 관하여 언급하고 있지 않다. 하지만 채권자취소권은 채권자 입장에서 공동담보를 보전하는 제도이므로 사해행위의 취소가 가진 의미는 공동담보의 보전이라고 하는 목적과의 관계에서 파악하여야 할 것이다.

---

68) 대판 1996.9.20. 95다1965.

2. 입법 당시의 견해

제406조를 기초할 당시의 견해로서 채권자취소권은 일방적인 의사표시에 의해 일탈재산을 회복할 수 있는 제도로 생각하였고(형성권) 취소소송에서는 수익자 또는 전득자뿐만 아니라 채무자도 공동피고로 하여야 한다고 생각하였으며 취소판결의 효력은 피고로 된 자뿐만 아니라 관련된 모든 당사자에게 미친다고 생각하였다(취소의 절대효).

3. 최근의 논의

가. 형성권설

입법 후 초창기에 주장된 입장으로 판례이론의 한 축을 담당한 견해이다. 이 견해는 채권자취소권이란 사해행위의 효력을 일방적 의사표시에 의해 부정하기 위한 권리(형성권)로 파악하는 입장이다. 취소라고 하는 문언에 충실하게 해석하는 견해이다. 형성권설에서는 채무자와 수익자, 전득자 쌍방을 공동피고로 하여야 하고 취소의 효과는 모든 사람에게 발생한다고 한다(절대적 효력).

그러나 이 견해에 대하여 취소의 효력을 절대화함으로써 거래가 부당하게 혼란스럽게 될 우려가 있고 취소한 것만으로는 재산이 반환되지 않기 때문에 일탈재산을 회복하기 위해서는 다시 채권자대위권을 사용하여 채무자가 가지는 부당이득반환청구권을 대위하여 행사하여야 하기 때문에 번잡하다는 비판을 받고 있다.

나. 청구권설

오늘날에는 그 지지자를 찾을 수 없지만 후술하는 판례이론의 기초가 되었던 견해이다. 이 견해에 따르면, 채권자취소권이란 사해행위에 의해 일탈한 재산을 반환하기 위한 권리(일탈한 재산의 반환청구권)라고 파악하는 입장이다. 책임재산의 회복이라고 하는 제도 목적에 중점을 둔 견해이다. 따라서 청구권설에서는 취소소송의 피고는 일탈재산 또는 그 가치를 보유하고 있는 수익자 또는 전득자이어서 채무자는 피고적격이 없다고 한다. 또한, 취소의 효과는 채권자와 피고 간에 상대적으로 발생할 뿐이라고 한다(상대적 효력).

그러나 청구권설에 대하여는 제406조의 문언을 무시한 견해이고 사해행위가 약속되었을 뿐 현실적으로 재산이 일탈되지 않은 경우 또는 채무자가 채무면제의 의사표시를 한 때와 같이 재산의 반환이 문제 되지 않는 경우에는 그 설명이 궁핍하다는 이유로 비판을 받고 있다.

다. 상대적 취소설(판례, 통설)

이 견해[69]에서는 채권자취소권이란 사해행위를 취소하고 동시에 이것을 근거로 일탈된 재산의 반환을 청구하는 제도이므로 취소소송의 피고는 수익자 또는 전득자이고 채무자는 피고적격을 갖지 못한다고 한다(채무자를 상대로 제소하면 소각하가 된다고 한다). 또한 취소의 효과는 채권자와 피고인 수익자 또는 전득자 사이에 상대적으로 발생할 뿐이어서 취소소송에 관여하지 않은 채무자, 수익자 또는 전득자에 대한 관계에서는 문제의 법률행위가 당연히 유효하며 채무자의 재산이 전득자에게 귀속되어 있는 경우 채권자는 수익자를 피고로 하여 취소소송을 제기하여 금전배상을 청구할 수 있을 뿐만 아니라 전득자를 피고로 하여 취소소송을 제기하여 전득자로부터 직접 재산을 반환받아도 좋다고 한다. 그리고 채권자는 재산반환의 전제로서 사해행위의 취소만을 청구할 수도 있다고 한다.

그러나 이러한 상대적 취소소송에 대하여 일탈재산의 반환은 공동담보의 보전이라고 하는 목적에 비추어 채권자를 과잉보호할 우려가 있고 반환재산에 대한 강제집행은 항상 채권자와 채무자의 관계가 수반되는 것인데 채무자에게 취소의 효과가 미치지 않는다고 하는 것은 치명적인 결함에 해당하며 당사자마다 상대적인 구성을 채용할 때에는 법률관계가 복잡해져 거래관계까지 복잡하게 될 우려가 있다는 점 때문에 비판을 받고 있다.

라. 책임설

책임재산의 보전이라고 하는 채권자취소권의 목적을 관철하는 점에 주안을 두고 있는 것 중에 책임설이라고 부르는 견해가 있다. 그러나 우리나라에서는 이 견해에 대응하는 절차법상의 절차가 없다는 점을 이유로 그 채용을 주저하는 자가 많다.

책임설은 채권자취소권을 사해행위 자체에 의한 법률행위의 효력을 유지한 다음, 어떤

---

69) 대판 1988.2.23. 87다카1989; 이 견해는 형성권설의 주장과 청구권설의 주장이 절충되어 있는 것이라고 말할 수 있을 것이다. 또한, 상대적 취소설이라고 부르는데 이는 단순히 취소의 효과가 상대적이라고 하는 것을 서술할 뿐만 아니라 채권자취소권의 성질 전체에 미친다고 한다.

재산(또는 그것에 대응하는 금전적 가치)이 채무자의 책임재산에서 일탈하였다고 하는 효력만을 취소하는 것에 의해 그 재산을 수익자, 전득자의 소유상태에서 채무자의 책임재산 일부로 하기 위한 제도로 파악한다. 따라서 책임설에서는 취소소송의 피고는 수익자 또는 전득자이고 취소의 효과는 채무자에게도 미치며 취소소송의 결과로서 수익자 또는 전득자의 소유에 있으면서 채무자의 책임재산으로 된 재산에 관하여 채권자는 집행인용판결을 얻어 강제집행을 할 수 있을 뿐만 아니라 이 재산에 관하여 취소채권자는 그 재산의 소유자인 수익자, 전득자의 채권자에 대하여 우선권을 주장할 수 있다고 한다.

Ⅲ. 채권자취소권이 인정되기 위한 요건

1. 서론

채권자취소권의 요건은 다음과 같다. 즉, 객관적으로 사해행위 전에 피보전채권이 존재하고 있어야 하고 채무자의 사해행위가 있으며 취소권자 입장에서 자기채권을 보전할 필요성이 있어야 할 뿐만 아니라(채무자의 무자력 요건) 주관적으로 채무자가 재산권을 목적으로 법률행위를 했는데 그것이 채권자를 해할 의사로 이루어져야 하는 것(사해의사) 등이 요구된다.

2. 객관적 요건

가. 사해행위

(1) 총설

채권자취소권의 대상으로 되는 법률행위는 채무자가 채권자를 해하는 것을 알면서(사해의사) 한 행위이어야 할 것이다. 예컨대, 특정채권자에 대한 담보제공행위가 채무자 입장에서 이미 채무초과 상태에 있음에도 그 채권자에게만 우선변제를 받을 수 있도록 하여 다른 일반 채권자의 공동담보를 감소시키는 결과를 초래할 경우를 말한다.[70] 한편, 채

---

70) 대판 2000.4.25. 99다55656.

무자가 연속하여 수개의 재산행위를 한 경우에는 채권자취소권에 관하여 행위별로 그로 인하여 무자력이 초래되었는지 여부에 따라 사해성을 판단하는 것이 원칙이지만 그 일련의 행위를 하나의 행위로 볼 특별한 사정이 있는 때에는 이를 일괄하여 전체로서 사해성이 있는지 여부를 판단하여야 한다. 이때 그러한 특별한 사정이 있는지 여부는 행위 상대방의 동일성, 각 재산행위의 시간적 근접성, 채무자와 상대방의 관계, 행위의 동기 내지 기회의 동일성 여부 등을 기준으로 결정되어야 한다.[71] 반면, 당사자 사이에 일련의 약정과 그 이행으로 최종적인 법률행위를 한 경우 일련의 약정과 최종적인 법률행위를 동일한 법률행위로 평가할 수 없다면 일련의 약정과는 별도로 최종적인 법률행위에 대하여 사해행위의 성립 여부를 판단하여야 한다. 그리고 이때 동일한 법률행위로 평가할 수 있는지 여부는 당사자가 동일한지, 일련의 약정에서 최종적인 법률행위의 내용이 특정되어 있거나 특정할 수 있는 방법과 기준이 정해져 있는지 또는 조건 없이 최종적인 법률행위가 예정되어 있는지 여부 등을 종합하여 판단하여야 할 것이다.[72]

그리고 위와 같은 사안에서 담보제공행위가 사해행위가 되는지 여부를 판단하기 위해서는 채무자의 재산 상태를 심리하여 채무초과 여부를 밝혀보아야 하는데 이것을 이유 있게 하는 사실에 관하여는 취소채권자가 주장, 입증책임을 부담하여야 할 것이다.

(2) 사해행위의 성질

(가) 예전의 사고방식 – 이원설(사해행위 + 사해의 의사)

이 견해는 채무자가 채권자를 해한다는 사실을 알고서 행한 행위를 객관적인 요건인 사해행위와 주관적인 요건인 사해의사로 구분하여 생각하는 입장이다(이원설). 이러한 입장에서는 사해행위에 관하여는 사해행위의 객관적인 성질로만 사해행위인지 여부를 판단하여야 하고 처분행위에 의해 일실된 재산의 가치와 그것과의 교환으로 책임재산에 들어온 재산의 가치(또는 처분행위에 의해 소멸한 소극적인 재산의 가치)를 양적으로 비교하는 것에 의해 사해행위인지 여부를 판정한다. 즉, 책임재산의 계수상의 감소 유무로 사해행위인지 여부를 결정한다고 한다. 여기에서는 객관적인 요건인 사해행위의 판단 기준과 채권자취소권의 행사를 위하여 필요한 다른 요건인 무자력 요건이 일치하는 것(무자력의 요건만으로 사해행위인지 여부를 결정한다)으로 된다. 다른 한편, 이 입장은 주관적인 요

---

71) 대판 2010.5.27. 2010다15387.

72) 대판 2009.11.12. 2009다53437.

건인 사해의사에 관하여는 채권자를 해하는 것에 대한 인식으로 충분하다고 한다.

(나) 오늘날의 사고방식 – 상관관계설

이 견해는 채무자가 채권자를 해하는 것을 알고서 행한 행위인지 여부를 판단할 때 행위의 객관적 요인과 주관적 요인의 쌍방을 중시하면서 각각을 독립적인 요건으로 파악할 것이 아니라 행위의 객관적 성질(그 행위가 공동담보의 실질적인 효력을 빼앗는지 여부), 행위의 주관적 요소(그 행위를 할 때 채무자의 목적, 동기의 정당성을 포함한다) 및 채무자가 취한 수단의 상당성을 종합적으로 고려하여 당해 행위가 정당한 처분권의 행사라고 말할 수 있는지 여부를 평가하여야 한다고 한다(상관관계설). 오늘날에는 학설의 압도적인 다수가 지지하고 있는 입장이고 또한 후술하는 일련의 판례도 이 입장이라고 말할 수 있다.[73]

확실히 이 견해는 사해의사에 관하여 채권자취소권을 행사할 수 있기 위해서 채무자의 의사가 어떠한 것이어야 하는지 여부를 한마디로 결정하는 것은 무리이어서 상관적인 형량 속에서 그리고 사해행위의 구체적인 태양과의 관련 속에서 판단하여야 한다고 한다. 예컨대, 증여인 경우 사해성이 강하기 때문에 인식으로 충분하지만 변제의 경우에는 통모가 필요하고 또한 적정가격으로 부동산을 매각한 경우에는 행위의 목적, 동기를 고려하여 사해의사의 유무가 판단된다고 한다.

(3) 판단 기준 및 시기

(가) 채무자의 행위가 채권자취소의 대상인 사해행위에 해당하는지 여부는 행위목적물이 채무자의 전체 책임재산 중 차지하는 비중, 무자력의 정도, 법률행위의 경제적인 목적이 갖는 정당성 및 그 실현수단인 당해 행위의 상당성, 행위의 의무성 또는 상황의 불가피성, 채무자와 수익자 간 통모의 유무와 같은 공동담보의 부족 위험에 대한 당사자의 인식 정도 등 그 행위에 나타난 여러 사정을 종합적으로 고려하여 그 행위를 궁극적으로 일반채권자를 해하는 행위로 볼 수 있는지 여부에 따라 최종 판단하여야 한다.[74]

(나) 채무자의 재산처분행위가 사해행위로 되는지 여부는 처분행위 당시를 기준으로 판단하여야 한다. 따라서 담보로 제공된 부동산에 대하여 사해성 여부는 문제 되는 재산

---

73) 最判 平成5(1993).1.25.(判タ809-116); 행위의 객관적 성질과 주관적 요소를 종합적으로 고려하여 공동담보감손의 유무를 판단하는 방향을 명시적으로 보여준 판결이다.

74) 대판 2010.9.30. 2007다2718, 대판 2011.10.13. 2011다28045.

처분행위가 있은 후 임의경매 등 절차에서 환가가 진행된 경우 그 부동산가액의 평가는 부동산가액의 하락이 예상되는 등 특별한 사정이 없는 한 사후에 환가된 가액을 기준으로 할 것이 아니라 사해성 여부가 문제 되는 재산처분행위 당시의 시가를 기준으로 하여야 한다.[75] 또한 가등기에 기하여 본등기가 경료된 경우 가등기의 원인인 법률행위와 본등기의 원인인 법률행위가 명백히 다른 것이 아닌 한 사해행위 요건의 구비 여부는 가등기의 원인된 법률행위 당시를 기준으로 하여 판단하여야 한다고 한다.[76]

(4) 일부 채권자에 대한 변제(일부 채권자에 대한 대물변제 포함)

(가) 문제의 소재

다중채무를 부담하고 있는 채무자가 일부 채권자에게 변제한 경우 변제를 받을 채권자가 이러한 변제를 사해행위라고 하여 수익자인 채권자를 상대로 채권자취소권을 행사할 수 있는지 여부가 문제이다.

(나) 이원설

이원설에 따르면, 일부채권에 대한 변제는 언제나 사해행위로 되지 않는다. 왜냐하면, 변제에 의해 적극재산이 감소하지만 그것과 동일한 금액의 소극재산도 감소하여 전체적으로 보면, 채무자의 자력에 증감이 없고 채무자는 다른 채권자가 있다는 이유로 변제를 거절할 수 없으며 사해의사의 유무에 의해 객관적인 사해행위의 성부를 판정하는 것은 타당하지 않기 때문이다. 또한, 대물변제인 경우에도 채무자의 의무는 아니지만 책임재산에서 대물변제의 전후로 증감이 없기 때문에 마찬가지로 이해하고 있다.

(다) 상관관계설

상관관계설에 입각한 판례, 통설은 위와 같은 입장을 부정하고 다음과 같은 논지를 전개하고 있다.[77] 채권자가 변제기 도래의 채무변제를 요구하는 것은 채권자로서 당연한 권리행사이고 채무자로서는 다른 채권자가 있다고 하는 이유로 그 권리행사를 거부할 수 없다. 또한, 채무자도 채무의 본지에 따른 이행을 하여야 할 의무를 부담하고 있기 때문

---

75) 대판 2002.11.8. 2002다41589, 대판 2009.6.23. 2009다549.

76) 대판 2001.7.27. 2000다73377.

77) 大判 大正5(1916).11.22.(民錄22-2281), 最判 昭和33(1958).9.26.(民集12-13-3022), 最判 昭和46(1971).11.19.(民集25-8-1321), 最判 昭和52(1977).7.12.(判時867-58).

에 다른 채권자가 있다는 이유로 변제를 거부할 수 없다. 그렇기 때문에 채무초과상황에
서 채권자에게 변제하는 것이 다른 채권자의 공동담보를 감소시켰다고 하여도 그 변제는
원칙적으로 사해행위로 되지 않는다고 한다. 본래 채권자 평등의 원칙은 도산, 집행절차
단계에서 비로소 작용하는 것이고 채권자취소권의 행사단계에서는 아직 작용하지 않는다.

다만, 채무자가 채권자와 통모하여 다른 채권자를 해할 의사를 가지고서 변제한 경우
에는 특별히 다른 채권자를 해하기 위하여 고의적으로 한 것이기 때문에 사해행위가 될
수 있다고 한다. 이와 같은 사실에 대하여는 청구원인에서 취소채권자가 주장, 입증책임
을 부담한다. 따라서 판례, 통설은 일부 채권에 대한 변제는 원칙적으로 사해행위로 되지
않고 예외적으로 그 채권자와 통모한 다음, 다른 채권자를 해할 의도("통모적 해의"라고
말하는 경우도 있다)로 변제한 경우에만 사해행위라고 하는 것을 인정하고 있다. 또한,
대물변제를 할 것인지 여부는 채무자의 자유이고 대물변제가 되는 것에 의해 다른 채권
자의 배당기회를 박탈할 가능성이 높기 때문에 사해행위가 될 수도 있을 것이다.[78] 반대
로 적정가격의 대물변제는 예외적으로 사해행위성이 부정된다.[79]

(라) 판례의 입장

채무초과의 상태에 있는 채무자가 여러 채권자 중 일부에게만 채무이행과 관련하여 그
채무의 본래 목적이 아닌 다른 채권 기타 적극재산을 양도하는 행위는 원칙적으로 다른
채권자에 대한 관계에서 사해행위가 될 수 있다. 다만, 이러한 경우에도 사해성의 일반적
인 판단 기준에 비추어 그 행위가 궁극적으로 일반채권자를 해하는 행위로 볼 수 없는
경우에는 사해행위의 성립이 부정될 수 있다.[80] 이러한 기준에 따라 채무자의 재산이 채
무의 전부에 대한 변제를 하기에 부족한 경우 채무자가 그의 유일한 재산인 부동산을 어
느 특정채권자에게 대물변제로 제공하여 소유권 이전등기를 경료하였다면 다른 특별한
사정이 없는 한 다른 채권자에 대한 관계에서 사해행위가 된다고 한다.[81] 그리고 위와
같은 경우 담보채권자가 최고액 채권자이고 부동산의 시가가 담보채권자의 채권액에 미
치지 못하는 경우에도 마찬가지가 될 것이다.[82] 이러한 논리는 채무자의 재산이 채무의

---

78) 大判 大正8(1919).7.11.(民錄25-1305).

79) 大判 昭和36(1961).7.19.(民集15-7-1875).

80) 대판 2011.10.13. 2011다28045.

81) 대판 1996.10.29. 96다23207, 대판 2000.9.29. 2000다3262, 대판 2010.9.30. 2007다2718.

82) 대판 1986.9.23. 86다카83, 대판 1989.9.12. 88다카23186, 대판 1990. 11.23. 90다카27198, 대판 2002.4.12.
2000다63912, 대판 2005.11.10. 2004다7873.

전부를 변제하기에 부족한 경우 채무자가 그의 유일한 재산인 부동산을 무상양도하거나 일부 채권자와 통모하여 대물변제로 제공하였다면 특별한 사정이 없는 한 마찬가지로 생각하여야 할 것이다.[83] 무자력 상태의 채무자가 기존채무에 관하여 특정채권자로 하여금 채무자가 가지는 채권에 대하여 압류 및 추심명령을 받음으로써 강제집행절차를 통하여 사실상 우선변제를 받게 할 목적으로 그 기존채무에 관하여 강제집행을 승낙하는 취지가 기재된 공정증서를 작성하여 주어 채권자가 채무자의 그 채권에 관하여 압류 및 추심명령을 얻은 경우에는 그와 같은 공정증서 작성의 원인이 된 채권자와 채무자의 합의는 기존채무의 이행에 관한 별도의 계약인 이른바 채무변제계약에 해당하는 것으로서 다른 일반채권자의 이익을 해하여 사해행위가 된다고 할 것이다.[84] 다만, 기존채무를 소멸시키기 위한 방법으로 대물변제가 있었고 그것이 상당한 가격으로 된 것이라고 한다면 사해행위가 되지 않아 채권자취소권의 대상이 될 수 없을 것이다.[85]

(5) 신탁행위

채무자가 채무를 변제하지 아니한 채 그의 유일한 재산인 부동산에 관하여 제3자와 신탁계약을 체결하고 그 제3자 명의로 소유권 이전등기를 경료한 경우 그 신탁계약은 채권자를 해함을 알고서 한 사해행위라고 봄이 상당하다고 한다.[86]

그러나 부동산에 관하여 부동산 실권리자 명의등기에 관한 법률 제4조 제2항 본문이 적용되어 명의수탁자인 채무자 명의의 소유권 이전등기가 무효인 경우에는 그 부동산은 채무자의 소유가 아니기 때문에 이를 채무자의 일반 채권자의 공동담보에 공하여지는 책임재산이라고 볼 수 없고 채무자가 위 부동산에 관하여 제3자와 근저당권설정계약을 체결하고 나아가 그에게 근저당권설정등기를 마쳐 주었다고 하더라도 그로써 채무자의 책임재산에 감소를 초래한 것이라고 할 수 없으므로 이를 들어 채무자의 일반 채권자를 해하는 사해행위라고 할 수 없고 채무자에게 사해의사가 있다고 볼 수도 없다고 한다.[87] 그리고 수탁자가 신탁행위에 따른 반환의무의 이행으로서 신탁자가 지정하는 제3자 명의로 신탁부동산의 소유권 이전등기를 경료하는 행위는 기존채무의 이행으로써 이루어진 경우 사해행위를 구성하지 않는다.[88] 또한, 공사대금을 지급받지 못한 아파트공사의 수급

---

83) 대판 1998.5.12. 97다5732, 대판 2001.1.15. 2000다30097.

84) 대판 2010.4.29. 2009다33884.

85) 대판 1962.11.15. 62다634.

86) 대판 1999.9.7. 98다41490.

87) 대판 2000.3.10. 99다55069.

인이 신축 아파트에 대한 유치권을 포기하는 대신 수분양자들로부터 미납입 분양대금을
직접 지급받기로 하고, 그 담보를 위해 도급인과 당해 아파트를 대상으로 수익자를 수급
인으로 하는 신탁계약을 체결하고 수급인이 지정하는 자 앞으로 소유권 이전등기를 경료
하게 한 경우 수급인의 지위가 유치권을 행사할 수 있는 지위보다 강화된 것이 아니고,
도급인의 일반채권자 입장에서도 수급인이 유치권을 행사하여 도급인의 분양사업 수행이
불가능해지는 경우와 비교할 때 더 불리해지는 것은 아니므로 위 신탁계약이 사해행위에
해당하지 않는다고 한다.[89]

　　반면, 매도인 갑이 매매목적물인 부동산을 을에게 신탁하고 이전등기를 마친 사안에서
신탁의 성질상 매도인 갑이 소유권에 관한 등기명의를 회복하여 병에게 이전등기해 주는
것이 불가능하게 되었다고 단정할 수 없다. 따라서 갑의 행위가 사해행위에 해당한다고
단정할 수도 없을 것이다.[90]

(6) 유일한 재산의 적정가격에 의한 매각

(가) 문제의 소재

　채무자가 적정가격으로 자기소유의 부동산을 매각한 경우 이러한 매매계약이 사해행위
로 되는지 여부가 문제이다.

(나) 학설의 검토

ⅰ. 이원설

　이 견해에 입각하면, 적정가격의 매각은 항상 사해행위가 되지 않는다. 왜냐하면, 적정
가격에 의한 매각에 의해 부동산의 소유권이 상실되는 반면, 그 대가로 대금(채권)을 취
득하기 때문에 매각 전후 채무자의 책임재산에는 증감이 없기 때문이다.

　또한, 이 견해는 후술하는 판례, 통설을 비판하면서 매각을 할 때 채무자의 목적, 의사
에 의해 사해행위인지 여부를 판정하는 것은 거래안전을 해하고 현실적으로 유용한 자산
의 확보에 충실하였는지 여부를 고려하는 것은 행위의 효력을 오랫동안 불확정적인 것으

---

88) 대판 1981.2.24. 80다1963; 이는 실명법 제정 이전의 판례인 점에 주의할 필요가 있다.

89) 대판 2001.7.27. 2001다13709.

90) 대판 2010.4.29. 2009다99129.

로 만들 우려가 있다는 것을 지적한다.

ⅱ. 상관관계설

이에 반하여 판례, 통설은 다음과 같은 원칙, 예외의 판단구조를 채용한다. 부동산을 매각하여 소비 등을 하기 쉬운 금전으로 교체하는 것은 공동담보의 실질적 효력을 삭감시키는 것으로 되기 때문에 원칙적으로 사해행위가 된다고 한다.[91] 그러나 유용한 자산의 확보에 도움을 주는 매각은 그것이 적정한 가격인 범위 내에서 정당한 처분권 행사일 경우 사해행위로 되지 않는 경우도 있다고 한다.[92]

(다) 판례의 검토

채무자가 자기의 유일한 재산인 부동산을 매각하여 소비하기 쉬운 금전으로 바꾸는 행위는 특별한 사정이 없는 한 항상 채권자에 대하여 사해행위가 된다고 한다. 그러므로 채무자의 사해의사는 추정되는 것이고 이를 매수한 자에게 악의가 없었다는 입증책임은 수익자에게 있다.[93] 다만, 이것도 상술한 바와 마찬가지로 예외적으로 그 매각이 일부 채권에 대한 정당한 변제에 충당하기 위하여 상당한 가격으로 이루어졌다면 이는 사해행위로 되지 않을 것이다.[94]

반면, 채무가 재산을 초과하는 상태에서 채무자가 채권자 중 한 사람과 통모하여 그 채권자만 우선적으로 채권의 만족을 얻도록 할 의도로 채무자 소유의 부동산을 그 채권자에게 매각하고 위 매매대금채권과 그 채권자의 채무자에 대한 채권을 상계하는 약정을 하였다면 가사 매매가격이 상당한 가격이거나 상당한 가격을 초과한다고 할지라도 채무자의 매각행위는 다른 채권자를 해할 의사로 한 법률행위에 해당할 것이다.[95]

> [사례] 채권자 A의 채무자 B는 유일한 재산인 부동산(시가 금 10억 원)을 C에게 금 10억 원에 매각하였다. A는 B의 매각행위를 사해행위로 취소시킬 수 있는가?

---

91) 大判 明治44(1925).10.3.(民錄17-538).

92) 大判 大正6(1917).6.7.(民錄23-932).

93) 대판 1998.4.14. 97다54420, 대판 2000.9.29. 2000다3262.

94) 대판 1966.10.4. 66다1535.

95) 대판 1994.6.14. 94다2961,94다2978.

(7) 유일 재산의 대물변제 등

채무자의 재산이 채무의 전부를 변제하기에 부족한 경우 채무자가 그의 유일한 재산인 부동산을 어느 특정 채권자에게 대물변제로 제공하여 소유권 이전등기를 경료하였다면 다른 특별한 사정이 없는 한 다른 채권자에 대한 관계에서 사해행위가 된다.[96] 이러한 것은 담보채권자가 최고액 채권자이고 부동산의 시가가 담보채권자의 채권액에 미치지 못하는 경우,[97] 그의 유일한 재산인 부동산을 무상 양도한 경우[98]에도 특별한 사정이 없는 이러한 행위는 사해행위가 된다.

그러나 기존채무를 소멸시키기 위한 방법으로 대물변제가 있었고 그것이 상당한 가격으로 된 경우, 채무자가 이전부터 있는 채무변제를 위하여 약속어음을 발행하는 경우(사안에서는 5개월이 더 경과하여 그 어음금청구에 관하여 강제집행을 승낙하는 취지의 공정증서를 작성하여 준 사안이다)[99]에는 채권자취소권의 대상이 될 수 없을 것이다.[100]

(8) 기존금전채무의 변제에 갈음하여 다른 금전채권을 양도하는 경우

채무자가 채무초과상태에서 특정채권자에게 채무의 본지에 따른 변제를 함으로써 다른 채권자의 공동담보가 감소되는 결과로 되는 경우 그 변제는 채무자가 특히 일부 채권와 통모하여 다른 채권자를 해할 의사를 가지고 변제한 경우가 아닌 한 원칙적으로 사해행위가 되는 것이 아니다. 따라서 기존 금전채무의 변제에 갈음하여 다른 금전채권을 양도하는 경우,[101] 기존채무를 변제하는 것이 다른 채권자에 대한 변제 자력이 없게 되는 경우[102] 및 특정채권자에게 채무의 본지에 따른 변제를 함으로써 다른 채권자의 공동담보가 감소되는 결과로 되는 경우[103]에도 위와 같은 각 행위가 특히 일부 채권와 통모하여 다른 채권자를 해할 의사를 가지고 한 행위를 한 경우를 제외하고는 원칙적으로 사해행위가 되는 것은 아니라고 할 것이다.

---

96) 대판 1996.10.29. 96다23207, 대판 2000.9.29. 2000다3262.

97) 대판 1986.9.23. 86다카83, 대판 1989.9.12. 88다카23186, 대판 2002.4.12. 2000다63912.

98) 대판 1998.5.12. 97다57320, 대판 2001.1.15. 2000다30097.

99) 대판 2002.8.27. 2002다27903, 대판 2002.10.25. 2000다7783; 그러나 이와 달리 채무자가 약속어음을 발행함으로써 새로운 채무를 부담하게 되는 경우에 있어서는 그 채무부담으로 인하여 채무자가 채무초과 상태에 빠지거나 이미 빠져 있던 채무초과 상태가 더욱 악화, 심화된다면 그 약속어음의 발행은 다른 채권자를 해하는 것으로서 사해행위가 된다고 보아야 할 것이다(대판 2002.10.25. 2000다64441).

100) 대판 1962.11.15. 62다634.

101) 대판 2003.6.24. 2003다1205, 대판 2004.5.28. 2003다60822.

102) 대판 1967.4.25. 67다75.

103) 대판 2001.4.10. 2000다66034, 대판 2005.3.25. 2004다10985,10992.

(9) 일부 채권를 위한 물적 또는 인적 담보의 설정

(가) 원칙적으로 이미 채무초과 상태에 빠져 있는 채무자가 그의 유일한 재산인 부동산을 채권자들 중 1인에게 채권담보로 제공하는 행위는 다른 특별한 사정이 없는 한 다른 채권자들에 대한 관계에서 채권자취소권의 대상이 되는 사해행위가 된다.[104] 위와 같은 내용을 바탕으로 일부 채권를 위한 물적 또는 인적 담보의 설정이 채권자취소권 행사의 대상인지 여부를 살펴본다.

(나) 근저당권이 설정된 부동산이라고 하더라도 그 부동산의 가액에서 근저당권의 피담보채권액을 공제한 잔액의 범위 내에서는 일반채권자의 공동담보에 제공되는 것이므로 채무자가 채무가 초과된 상태에서 근저당권이 설정된 자신의 부동산을 제3자에게 양도하고 그 양도대금은 근저당권의 피담보채무를 인수함으로써 그 지급에 갈음하기로 약정한 경우에는 채무자로서는 실제로 매매대금을 한 푼도 지급받지 아니한 채 일반채권자의 공동담보에 제공되고 있던 부동산을 부당하게 저렴한 가액으로 제3자에게 양도한 것으로 될 것이다. 따라서 이러한 경우에는 채권자를 해하는 사해행위에 해당된다.[105]

(다) 또한, 저당권이 설정되어 있는 재산이 사해행위로 양도된 경우 그 사해행위는 그 재산의 가액 즉, 시가(공시지가와 일치하는 것은 아니다)에서 저당권의 피담보채권액(이는 근저당권의 경우 채권최고액이 아니라 실제로 이미 발생하여 있는 채권금액을 말한다)을 공제한 잔액의 범위 내에서 성립하고 피담보채권액이 그 재산의 가액을 초과하는 때에는 당해 재산의 양도는 사해행위에 해당한다고 할 수 없다.[106]

(라) 한편, 당해 채무액이 그 부동산의 가액 및 채권최고액을 초과하는 경우에는 그 담보물로부터 우선변제를 받을 액을 공제한 나머지 채권액에 대하여만 채권자취소권이 인정된다고 할 것이다. 따라서 피보전채권의 존재와 그 범위는 채권자취소권 행사의 한 요건에 해당된다고 할 것이므로 이 경우 채권자는 그 담보권의 존재에도 불구하고 자신이 주장하는 피보전채권이 그 우선변제권 범위 밖에 있다는 점을 주장, 입증하여 채권자

---

104) 대판 2006.4.14. 2006다5710.
105) 대판 1996.5.14. 95다50875.
106) 대판 2001.10.9. 2000다42618, 대판 2006.4.13. 2005다70090.

취소권을 행사할 수 있을 것이다.[107)

  (마) 그리고 주채무의 보증인이 있더라도 채무자가 보증인에 대하여 부담하는 사전구상채무를 별도로 소극재산으로 평가할 수는 없고 보증인이 변제로 채권자를 대위할 경우 자기의 권리에 의하여 구상할 수 있는 범위에서 채권 및 그 담보에 관한 권리를 행사할 수 있으므로 사전구상권을 피보전권리로 주장하는 보증인에 대하여도 사해행위가 성립하지 않는다.[108) 또한 수개의 부동산에 공동저당권이 설정되어 있는 경우 위 책임재산을 산정함에 있어 각 부동산이 부담하는 피담보채권액은 특별한 사정이 없는 한 민법 제368조의 규정 취지에 비추어 공동저당권의 목적으로 된 각 부동산의 가액에 비례하여 공동저당권의 피담보채권액을 안분한 금액이다. 그러나 그 수개의 부동산 중 일부는 채무자의 소유이고 일부는 공동저당권이 설정된 상태에서 이를 취득한 제3취득자의 소유로서 그 제3취득자가 민법 제481조, 제482조의 규정에 정한 변제자대위에 의하여 채무자 소유의 부동산에 대하여 저당권을 행사할 수 있는 지위에 있는 경우라면 채무자 소유 부동산에 관한 피담보채권액은 공동저당권의 피담보채권액 전액으로 보아야 한다. 이러한 법리는 한 개의 공유부동산 중 일부 지분이 채무자의 소유이고 일부는 제3취득자의 소유인 경우에도 마찬가지로 적용된다.[109)

  (바) 또한, 자금난으로 사업을 계속 추진하기 어려운 상황에 처한 채무자가 자금을 융통하여 사업을 계속 추진하는 것이 채무변제력을 갖게 되는 최선의 방법이라고 생각하고 자금을 융통하기 위하여 부득이 부동산을 특정채권자에게 담보로 제공하고 그로부터 신규자금을 추가로 융통 받았다면 특별한 사정이 없는 한 채무자의 담보권 설정행위는 사해행위에 해당하지 않을 것이다.[110) 다만, 사업의 계속추진과는 아무런 관계가 없는 기존채무를 아울러 피담보채무 범위에 포함시켰다고 한다면 그 부분에 한하여 사해행위에 해당할 여지는 있을 것이고[111) 비록 채무자가 사업의 갱생이나 계속 추진의 의도이었다고 하더라도 채무자가 신규자금의 융통 없이 단지 기존채무의 이행을 유예받기 위하여 채권자 중 한 사람에게 담보를 제공하는 행위는 그것이 비록 사업의 갱생이나 계속 추진의

---

107) 대판 2002.11.8. 2002다41589.

108) 대판 2009.6.23. 2009다549.

109) 대판 2010.12.23. 2008다25671.

110) 대판 2001.5.8. 2000다50015, 대판 2001.5.8. 2000다66089.

111) 대판 2001.10.26. 2001다19134, 대판 2002.3.29. 2000다25842.

의도에서 비롯된 것이라 할지라도 다른 채권자에 대한 관계에서 사해행위에 해당한다고 할 것이다.[112]

그리고 채무자가 계속적인 거래관계에 있는 구입처로부터 외상매입대금채무에 대한 담보를 제공하지 않으면 사업에 필요한 물품의 공급을 중단하겠다는 통보를 받고 물품을 공급받아 사업을 계속 추진하는 것이 채무에 대한 변제력을 갖게 되는 최선의 방법이라고 생각하고 물품을 공급받기 위하여 채무초과의 상태에 있으면서도 부득이 채무자 소유의 부동산을 특정채권자에게 담보로 제공하고 그로부터 물품을 공급받았다면 채무자의 담보권설정행위는 사해행위에 해당하지 아니한다. 그러나 이러한 예외적인 경우 등이 아니라고 한다면 채무초과 상태에 있는 채무자가 그 소유의 부동산을 채권자 중의 어느 한 사람에게 채권담보로 제공하는 행위는 다른 채권자들에 대한 관계에서 사해행위가 될 수 있을 것이다.[113]

(사) 한편, 연대보증인의 법률행위가 사해행위에 해당하는지 여부를 판단함에 있어서 주채무에 관하여 주채무자 또는 제3자 소유의 부동산에 대하여 채권자 앞으로 근저당권이 설정되어 있는 등으로 인하여 채권자에게 우선변제권이 확보되어 있는 경우가 아닌 이상, 주채무자의 일반적인 자력은 고려할 요소가 아니다.[114] 또한, 주채무자 또는 제3자 소유의 부동산에 대하여 채권자 앞으로 근저당권이 설정되어 있고 그 부동산의 가액 및 채권최고액이 당해 채무액을 초과하여 채무 전액에 대하여 채권자에게 우선변제권이 확보되어 있다면, 연대보증인이 비록 유일한 재산을 처분하는 법률행위를 하더라도 채권자에게 사해행위가 성립되지 않는다고 보아야 한다.[115]

(10) 전세권 등을 설정하거나 증여하는 행위

채무자가 일반채권자를 위한 공동담보가 부족한 상태에서 책임재산의 주요 부분을 구성하는 부동산에 관하여 제3자에게 우선변제권이 있는 전세권을 설정하여 주고 전세금을 취득함으로써 그 부동산의 담보가치 일부를 은닉 또는 소비하기 쉽게 현금화하여 그 공동담보 부족상태를 실질적으로 심화시키는 경우가 있다. 이러한 경우에는 채무자가 당시

---

112) 대판 2009.3.12. 2008다29215, 대판 2010.4.29. 2009다104564.

113) 대판 2011.1.13. 2010다68084.

114) 대판 2003.7.8. 2003다13246.

115) 대판 2000.12.8. 2000다21017, 대판 2001.7.27. 2000다73377, 대판 2002.4.12. 2000다63912.

이미 부담하고 있던 채무를 변제할 별다른 상환계획도 세우지 아니한 상태에서 위 임대차 및 전세권설정계약에 수반하여 자신이 운영하던 사업체의 영업까지 사실상 전부 양도하면서도 그에 대해서는 아무런 대가도 받지 아니한 채 장차 위 제3자에게 다시 반환하여야 할 임대차보증금 겸 전세금에 대하여 일정 기간의 금융을 얻었을 뿐 전세권설정계약을 통하여 전세금을 취득한 목적이 채권자 일반을 위하여 변제 자력을 회복 또는 향상시키고자 한 것도 아니었던 점 등에 비추어 보면, 위 전세권설정계약은 채권자를 해하는 사해행위에 해당한다고 보아야 할 것이다.[116]

또한, 특정채권에 대한 공동연대보증인 중 1인이 다른 공동연대보증인에게 재산을 증여하여 특정채권자가 추급할 수 있는 채무자의 총책임재산에는 변동이 없다고 하더라도 재산을 증여한 연대보증인의 재산이 감소되어 그 특정채권자를 포함한 일반채권자의 공동담보에 부족이 생기거나 그 부족이 심화된 경우에는 그 증여행위의 사해성을 부정할 수는 없을 것이다.[117]

(11) 가등기의 설정

채권자취소권에서 취소의 대상이 되는 사해행위는 채권행위이거나 물권행위임을 불문하므로 갑과 을 간에 매매예약을 하고 그 소유권 이전청구권 보전을 위한 가등기가 이루어진 경우에도 사해행위가 있을 수 있다.[118] 또한, 가등기에 기하여 본등기가 경료된 경우 가등기의 원인인 법률행위와 본등기의 원인인 법률행위가 명백히 다른 것이 아닌 한 사해행위의 요건의 구비 여부는 가등기의 원인이 된 법률행위의 당시를 기준으로 하여 판단하여야 한다.[119] 다만, 법률행위의 이행으로서 가등기를 경료하는 경우 그 채무의 원인이 되는 법률행위가 취소권을 행사하려는 채권자의 채권보다 앞서 발생한 경우에는 특별한 사정이 없는 한 그 가등기는 채권자취소권의 대상이 될 수 없을 것이다.[120]

한편, 가등기권자가 가등기에 기한 본등기의 절차에 의하지 아니하고 별도의 소유권 이전등기를 경료받은 경우에는 특별한 사정이 없는 한 가등기권자가 재차 가등기에 기한 본등기를 청구할 수 있는 것이므로 그 별도의 소유권 이전등기를 가등기에 기한 본등기와 동일하게 볼 수는 없을 것이다. 따라서 별도의 소유권 이전등기의 원인된 법률행위가

---

116) 대판 2010.7.15. 2007다21245.

117) 대판 2009.3.26. 2007다63102.

118) 대판 1975.4.8. 74다1700.

119) 대판 1998.3.10. 97다51919, 대판 2001.7.27. 2000다73377.

120) 대판 2002.4.12. 2000다43352.

사해행위로서 취소되는 이상, 그 원상회복으로서 그 이전등기는 말소되어야 하는 것이고 장차 그 가등기가 혼동의 법리에 의하여 부활되는지 여부나 그와 같이 부활되는 가등기에 기하여 그 이전등기의 명의인이 다시 본등기를 경료할 수 있는지 여부 등에 의하여 달리 볼 것은 아니다.[121]

그리고 갑이 을을 해할 목적으로 병과 통정하여 병의 유일한 재산인 부동산에 대하여 매매계약을 가장하여 병 명의로 가등기를 경료한 경우 통모에 의한 가장매매도 사해행위 취소의 대상이 된다.[122] 왜냐하면 이러한 경우 전득자가 있는 경우에만 취소대상이 된다고는 볼 수 없고 소유권 이전등기청구권을 보전키 위한 가등기는 그 자체만으로는 물권 취득의 효력이 발생하지 않지만 후일 그 본등기를 하는 경우에는 가등기 시에 소급하여 소유권 변동의 효력이 발생하므로 채권자로 하여금 완전한 변제를 받을 수 없게 하는 결과를 초래하여 가등기는 채권자를 해한다고 말할 수 있을 것이기 때문이다.[123]

(12) 가압류부동산에 대해 제3자의 채무를 담보하기 위해 근저당권을 설정하는 행위

채권자가 이미 자기 채권의 보전을 위하여 가압류를 한 바가 있는 부동산을 채무자가 제3자가 부담하는 채무의 담보로 제공하여 근저당권을 설정하여 줌으로써 물상보증을 한 경우에는 일반채권자들이 만족을 얻는 물적 기초가 되는 책임재산이 새로이 감소된다. 따라서 비록 당해 부동산의 환가대금으로부터는 가압류채권자가 위와 같이 근저당권을 설정받은 근저당권자와 평등하게 배당을 받을 수 있다고 하더라도 일반적으로 그 배당으로부터 가압류채권의 충분한 만족을 얻는다는 보장이 없고 가압류채권자는 여전히 다른 책임재산을 공취할 권리를 가지는 이상, 원래 위 가압류채권을 포함한 일반채권의 만족을 담보하는 책임재산 전체를 놓고 보면 위와 같은 물상보증으로 책임재산이 부족하게 되거나 그 상태가 악화되는 경우에는 역시 가압류채권자도 자기 채권의 충분한 만족을 얻지 못하게 되는 불이익을 받는다. 따라서 가압류채권자라고 하여도 채무자의 물상보증으로 인한 근저당권의 설정행위에 대하여 채권자취소권을 행사할 수 있을 것이다.[124]

---

121) 대판 2002.7.26. 2001다73138,73145.

122) 대판 1961.11.9 4293민상263, 대판 1964.4.14. 63다827.

123) 대판 1975.2.10. 74다334.

124) 대판 2010.1.28. 2009다90047.

(13) 공법상 허가권의 양도행위

공법상 허가권 등의 양도행위가 사해행위로서 채권자취소권의 대상이 되기 위해서는 행정관청의 허가 없이 그 허가권 등을 자유로이 양도할 수 있는 등 그 허가권이 독립한 재산적 가치를 가지고 있어 민사집행법 제251조의 "그 밖의 재산권"에 대한 집행방법에 의하여 강제집행을 할 수 있어야 할 것이다. 그런데 허가어업을 하려는 자는 어선 또는 어구마다 행정관청의 허가를 받아야 하고[125] 어업허가의 양도, 양수에 관한 규정을 따로 두고 있지 않을 뿐만 아니라 수산업법의 위임에 의한 농림수산식품부령인 「어업허가 및 신고 등에 관한 규칙」은 허가받은 어선의 소유권을 양도하는 등의 경우 양도인은 종전의 허가어업에 대한 폐지신고를 하고 양수인은 새로운 어업허가를 받아야 함을 전제로 하는 여러 규정을 두고 있으며 어업허가를 받은 자 이외의 자가 실질상 당해 어업의 경영을 지배하는 경우에는 어업허가를 취소할 수 있도록 규정하고 있는 점 등에 비추어 보면 어업허가의 양도는 허용되지 않는다고 할 것이다. 결국 민사집행법 제251조의 강제집행의 대상이 될 수 없는 어업허가를 양도한 행위는 채권자취소권의 대상이 될 수 없다고 할 것이다.[126]

나. 피보전채권

(1) 피보전채권인지 여부

(가) 채권자취소권을 행사하기 위해서는 보전되어야 할 채권(피보전채권)이 존재하여야 한다. 채권자취소권에 의하여 보호될 수 있는 채권은 원칙적으로 사해행위라고 볼 수 있는 행위가 행하여지기 이전에 발생된 것을 요한다.[127] 왜냐하면, 사해행위 이전에 발생한 채권의 채권자는 채무자의 일반재산을 담보로 거래를 하고 있다고 할 수 있으므로 사해행위를 취소하는 것에 의해 책임재산을 회복하는 것에 대하여 보호할 가치가 있는 이익을 가지고 있는 반면, 사해행위 이후 발생한 채권의 채권자는 사해행위에 의해 이미 감소된

---

125) 구 수산업법(2009.4.22. 법률 제9626호로 전부 개정되기 전의 것) 제43조. 다만, 수산업법 제44조는 어업허가를 받은 자로부터 어선 등을 매입한 자는 그 어업허가를 받은 자의 지위를 승계한다고 규정함으로써 어업허가를 포함한 어선 등의 양도는 허용하고 있다. 따라서 기존의 법리에 따른 채권자취소권의 불허라는 내용은 재고되어야 할 것이다.

126) 대판 2010.4.29. 2009다105734.

127) 대판 1995.2.10. 94다2534.

채무자의 일반재산을 담보로 거래를 하고 있는 것이어서 책임재산의 회복에 관하여 보호할 가치가 없기 때문이다.[128] 따라서 사해행위가 있는 이후 채권을 취득한 채권자는 채권의 취득 당시에 사해행위취소에 의하여 회복되는 재산을 채권자의 공동담보로 파악하지 아니한 자로서 사해행위 취소와 원상회복의 효력을 받는 채권자에 포함되지 아니한다고 할 것이다.[129] 따라서 어음채권의 추심을 의뢰받은 수임인이 위임인에 대하여 부담하는 추심금의 지급의무는 현실적으로 제3채무자로부터 이를 지급받은 경우에 구체적으로 발생하는 것일 뿐이므로 추심의 의뢰 혹은 제3채무자에 대한 청구(지급제시)사실만으로는 채권자취소권의 피보전채권이 될 수 있는 구체적 권리가 발생한 것으로 볼 수 없다.[130]

(나) 하지만, 반드시 피보전채권이 이행기에 있을 필요는 없고[131] 그 사해행위 당시에 이미 채권성립의 기초로 되는 법률관계가 발생되어 있으며 가까운 장래에 그 법률관계에 터 잡아 채권이 성립되리라는 점에 대한 고도의 개연성이 있을 뿐만 아니라 실제로 가까운 장래에 그 개연성이 현실화되어 채권이 성립될 경우에는 그 채권도 채권자취소권의 피보전채권이 될 수 있다.[132] 그리고 여기에서 "채권성립의 기초가 되는 법률관계"는 당사자 사이의 약정에 의한 법률관계에 한정되는 것이 아니고 채권성립의 개연성이 있는 준법률관계나 사실관계 등을 널리 포함하는 것으로 보아야 할 것이므로 당사자 사이에 채권 발생을 목적으로 하는 계약의 교섭이 상당히 진행되어 그 계약체결의 개연성이 고도로 높아진 단계도 여기에 포함되는 것으로 보아야 한다.[133] 예컨대, 채권자에 대한 보증채무 이행으로 인한 구상금채권이 채무자의 사해행위 당시 아직 발생하지 않았으나 그 기초가 되는 신용보증약정은 이미 체결되어 있었고 사해행위를 한 시점이 주채무자의 부도일자로부터 불과 한 달 전으로 이미 주채무자의 재정상태가 악화되어 있었던 경우 위 구상금채권은 채권자취소권의 피보전채권이 된다고 보아야 할 것이다.[134] 또한, 이른바 대환으로서 이루어진 신규대출의 법적 성질이 준소비대차가 아닌 경개로 인정되어 신규대출에 따른 채무가 종전 대출에 따른 채무와 법적 동일성이 없다고 하더라도 그 대환

---

128) 最判 昭和33(1958).2.21.(民集12-2-341).

129) 대판 2009.6.23. 2009다18502.

130) 대판 2009.9.24. 2009다37107.

131) 大判 大正9(1920).12.27(民錄26-2096).

132) 대판 1995.11.28. 95다27905, 대판 2002.3.29. 2001다81870, 대판 2009.11.12. 2009다53437, 대판 2010.7.15. 2007다21245, 대판 2011.1.13. 2010다68084.

133) 대판 2000.6.27. 2000다17346, 대판 2001.3.23. 2000다37821, 대판 2002.11.8. 2002다42957.

134) 대판 2000.2.25. 99다53704.

전에 종전 대출채무의 연대보증인이었다가 대환 후 신규 대출채무에 대하여도 연대보증인이 된 자의 재산처분행위가 사해행위인지 여부를 판단함에 있어서 신규대출에 따른 연대보증채권이 사해행위취소권의 피보전채권이 될 수 있을 것이다.[135] 그리고 증여계약 당시 채무자가 당해대출금을 당초 변제기까지 변제하지 못하여 변제기를 연장하였고, 이 외에도 원금을 변제하지 못하고 있는 대출금이 많이 있을 뿐만 아니라 거래처의 부도로 인하여 막대한 손해를 보고 있었던 점 등 증여계약 당시 채무자의 재정상태가 열악한 경우에도 채권자취소권의 피보전권리인 구상채권의 성립이 인정될 수 있을 것이다.[136] 또한 사해행위 당시 아직 조세채권이 성립하지는 않았으나 그 이전에 조세채무자가 실질적인 대표자로 있는 회사에서 가공 원가를 계상하였고 과세관청이 위 가공 원가를 조세채무자에 대한 인정상여로 소득 처분하여 종합소득세 부과처분을 하였다면 위 조세채권은 가공원가를 계상한 시점에 이미 그 기초적인 법률관계가 발생하였고 가까운 장래에 채권이 성립할 고도의 개연성이 있었으며, 실제 그 개연성이 현실화되어 채권이 성립하였으므로 채권자취소권의 피보전채권이 될 수 있을 것이다.[137]

(다) 그러나 채권자의 채무자에 대한 소유권 이전등기청구소송이나 손해배상청구소송이 패소 확정되어 행사할 수 없게 되었다고 한다면 소유권 이전등기청구권이나 손해배상청구권을 행사하기 위하여 채무자의 제3자에 대한 소유권 이전등기의 말소를 구하는 사해행위취소청구도 인용될 수 없을 것이다. 마찬가지로 어음채권의 추심을 의뢰받은 수임인이 위임인에 대하여 부담하는 추심금의 지급의무는 현실적으로 제3채무자로부터 이를 지급받은 경우에 구체적으로 발생하는 것일 뿐이므로 추심의뢰 혹은 제3채무자에 대한 청구(지급제시)사실만으로는 채권자취소권의 피보전채권이 될 수 있는 구체적 권리가 발생한 것으로 볼 수 없다.[138] 왜냐하면, 채권자취소권을 행사하고자 한다면 채무자에게 채권을 행사할 수 있음이 전제되어야 할 것인데 그러한 전제가 충족되지 못하였기 때문이다.[139] 그리고 신용카드 가입계약은 신용카드의 발행 및 관리, 신용카드의 이용과 관련된 대금의 결제에 관한 기본적 사항을 포함하고 있기는 하지만 그에 따라 신용카드 업자의 채권이 바로 성립되는 것은 아니고 신용카드를 발행받은 신용카드 회원이 신용카드를 사

---

135) 대판 2002.3.29. 2001다81870.
136) 대판 1997.10.28. 97다34334.
137) 대판 2001.3.23. 2000다37821.
138) 대판 2009.9.24. 2009다37107.
139) 대판 1993.2.12. 92다25151.

용하여 신용카드 가맹점으로부터 물품을 구매하거나 용역을 제공받음으로써 성립하는 신
용카드 매출채권을 신용카드 가맹점이 신용카드 업자에게 양도하거나 신용카드 업자로부
터 자금융통을 받는 별개의 법률관계에 의하여 비로소 채권이 성립하는 것이므로 단순히
신용카드 가입계약만을 가리켜 여기에서 말하는 "채권성립의 기초가 되는 법률관계"에
해당한다고 할 수는 없다. 따라서 채무자가 채권자와 신용카드 가입계약을 체결하고 신
용카드를 발급받았으나 자신의 유일한 부동산을 매도한 후 비로소 신용카드를 사용하기
시작하여 신용카드 대금을 연체하게 된 경우 그 신용카드 대금채권은 사해행위 이후 발
생한 채권에 불과하여 사해행위의 피보전채권이 될 수 없을 것이다.[140]

다. 피보전채권 발생 후 이루어진 대항요건 구비행위의 취소 가능성

예컨대, 갑은 2009.4.1. 자신의 소유인 A지(금 2.5억 원 상당)를 을에게 매각하였지만
아직 소유권 이전등기를 경료해 주지 않았다. 한편, 갑은 2009.6.1. 병으로부터 금 2억
원을 차입하였지만, 위 부동산에 관하여 갑은 2009.7.1. 정에게 소유권 이전등기를 경료
해 주었다. 그런데 정은 병으로부터 갑이 금원을 차입한 사실을 알고 있었는데 갑에게는
일반재산에 속하는 가치 있는 재산이 없는 실정이었다. 위와 같은 사례에서 부동산의 양
도계약 등을 한 것은 병의 갑에 대한 채권(피보전채권)의 발생 전에 이루어진 상태이다.
따라서 병은 채권자취소권을 행사하여 이러한 양도계약을 취소할 수 없다. 그렇다고 한
다면, 병은 갑에 대한 채권이 발생한 이후 이루어진 대항요건의 구비행위 즉, 정에 대한
소유권 이전행위를 사해행위로 파악하여 이것을 취소할 수 있는지 여부가 문제이다.

이러한 문제에 대하여 판례는 다음과 같은 논리에 따라 대항요건 구비 자체는 채권자
취소권의 대상으로 되지 않는다고 한다.[141] 즉, 물권 또는 채권의 양도행위와 그러한 것
에 관한 대항요건의 구비행위는 별개의 행위이고 채권자취소권 행사의 대상으로 되는 것
은 채무자의 재산 감소를 목적으로 하는 행위 즉, 물권 또는 채권의 양도행위 자체이며
대항요건구비행위는 단순히 그때부터 비로소 권리의 변동을 제3자에게 대항할 수 있다고
하는 효과를 발생시키는 것에 불과하여 이 시점에 권리이전행위가 된다든지, 권리이전효
과가 발생하는 것은 아닐 뿐만 아니라 물권 또는 채권의 양도행위 자체가 사해행위로 되

---

140) 대판 2004.11.12. 2004다40955.
141) 등기이전행위에 관하여 最判 昭和55(1980).1.24.(民集 34-1-11); 채권양도에 관하여는 最判 平成
　　 10(1998).6.12.(民集52-4-1121).

지 않는 경우에는 이것에 관하여 이루어진 대항요건의 구비행위만을 별도로 사해행위로 취급하여 이것에 대한 채권자취소권의 행사를 인정하는 것은 상당하다고 말하기 어렵기 때문이다.

라. 특별담보로 담보된 채권의 보전

(1) 채권자의 채권이 특별한 물적 담보 또는 인적 담보로 담보되어 있는 경우에도 채권자는 채무자의 일반재산도 담보로 하고 있기 때문에 이러한 것을 이유로 하여 채권자취소권의 행사를 부정할 수 있는 것은 아니다. 그러나 어디까지 채무자의 일반재산을 담보로 할 수 있는지 여부에 관한 점에 대하여는 특별한 고려가 필요하다.

(2) 채무자가 제공한 물적 담보로 담보된 채권인 경우에는 제370조에 의해 준용되는 법 340조 1항에도 표현된 바와 같이 채권자는 담보목적물에서 만족을 받은 나머지 채권액에 관하여 채무자의 일반재산에서 만족을 받게 된다. 따라서 물적 담보에 의해 채권 전액이 만족을 받지 못하는 경우에만 채권자취소권을 행사할 수 있다.

(3) 채무자 이외의 자(물상보증인)가 제공한 물적 담보로 담보된 채권인 경우에는 채권자는 채권 전액에 관하여 채권자취소권을 행사할 수 있다.[142] 물상보증의 경우에는 채권자에게 만족을 준 물상보증인으로부터 채무자에게 구상이 된 결과로서 물적 담보로 담보된 부분도 최종적으로 채무자의 일반재산을 담보로 하게 된다고 하는 것이 그 이유이다.

(4) 인적 담보(보증)로 담보된 채권의 경우에는 채권자는 보증인의 자력 여하와 관계없이 채권 전액에 관하여 채권자취소권을 행사할 수 있다.[143] 통설은 인적 담보가 담보로서 확실성에 문제가 있다는 점을 이유로 하지만 신용보증기관 기타 기관보증의 경우에는 이것이 적당한 이유가 되지 못할 것이다.

---

142) 大判 昭和20(1945).8.30.(民集24-60).

143) 大判 大正7(1918).9.26.(民錄24-1730).

마. 피담보채권에 관한 소멸시효의 원용문제

채권자취소소송을 제기당한 수익자 또는 전득자는 채무자가 피보전채권의 소멸시효를 원용하지 않는 경우에도 자신을 시효원용자로 하여 동채권의 소멸시효를 원용할 수 있는 지 여부가 문제이다. 예전의 판례는 수익자에게 피보전채권의 소멸에 관하여 직접적인 이익이 없다고 하는 이유로 수익자의 시효원용권을 부정하고 있었다. 그러나 학설은 일치하여 위와 같은 판례의 입장에 대하여 반대를 하였다. 오히려 수익자가 권리소멸에 관하여 보다 직접적으로 이익을 받는 자에 해당한다고 보아 시효원용권을 인정하고 있는 것이 바람직할 것이다. 왜냐하면 사해행위의 수익자는 채권자취소권 행사의 직접적인 상대방이기 때문에 그것이 행사되면, 채권자와의 관계에서 사해행위가 취소되어 수익자는 그 행위에 의해 얻은 이익을 상실하게 될 수 있는 점 등을 근거로 한다.[144]

바. 채권보전의 필요성-무자력의 요건

(1) 의의

채권자취소권은 채무자의 일반재산이 채권의 내용실현을 위한 최후의 보루인 점을 고려하여 법질서가 채권자에게 채무자의 재산관리에 대한 개입권한을 준 것이다. 근대민법이 기초로 하는 재산권 절대의 원칙에 비추어 보면, 본래적으로 채무자가 자유롭게 관리, 처분할 수 있지만 여기에서는 예외적으로 채권자에게 채무자의 재산에 관한 관리, 처분권한을 부여한 것이다. 그러한 의미에서 채권자취소권은 책임재산의 보전에 필요한 범위 내에서 동시에 그러한 경우일지라도 채무자의 재산관리권에 대한 부당한 간섭이 되지 않는 범위 내에서 행사할 수 있도록 하는 것이 요청된다. 그렇기 때문에 채권자대위권의 경우와 마찬가지로 채권자취소권을 행사할 수 있기 위해서는 채권자취소권을 행사하지 않으면 채무의 공동담보인 책임재산에 부족이 초래될 우려가 있을 것이 인정되어야 한다 (무자력 요건).

채무자의 무자력이란 채무자의 법률행위에 의해 책임재산이 감소되어 채권자에게 완전한 변제를 할 수 없는 상태에 빠지는 것 즉, 그 법률행위 당시 공동담보를 구성하는 채무자의 소극재산과 적극재산의 가치 차이가 당해 행위에 의해 확대되고 채권자가 채권의

---

144) 最判 平成10(1998).6.22.(民集52-4-1195); 이 판결의 판시내용은 전득자가 피고로 된 경우에도 타당할 것이다.

완전한 만족을 받지 못하게 되는 것을 말한다. 예컨대, 채무자가 재산처분행위를 할 당시 그의 적극재산 중 부동산과 채권이 있어 그 재산의 합계가 채무액을 초과한다고 하더라도 그 적극재산을 산정할 경우에는 다른 특별한 사정이 없는 한 실질적으로 재산적인 가치가 없어 채권의 공동담보로서의 역할을 할 수 없는 재산은 이를 제외하여야 할 것이고, 그 재산이 채권인 경우에는 그것이 용이하게 변제를 받을 수 있는 확실성이 있는 것인지 여부를 합리적으로 판정하여 그것이 긍정되는 경우에 한하여 적극재산에 포함시켜야 할 것이다. 따라서 압류금지재산은 공동담보가 될 수 없으므로 이를 적극재산에 포함시켜서는 아니 될 것이다.[145]

또한 사해행위 취소의 요건인 무자력이란 채무자의 변제 자력이 없음을 뜻하는 것이고 특히 임의변제를 기대할 수 없는 경우에는 강제집행을 통한 변제가 고려되어야 하므로 소극재산이든, 적극재산이든 위와 같은 목적에 부합할 수 있는 재산인지 여부가 변제 자력 유무 판단의 중요한 고려요소가 되어야 한다. 그런데 채무자의 소극재산은 실질적으로 변제의무를 부담하는 채무를 기준으로 하여야 할 것이므로 처분행위 당시 가집행선고가 있는 판결상의 채무가 존재하고 있었다고 하더라도 그것이 나중에 상급심의 판결에 의하여 감액된 경우에는 그 감액된 판결상의 채무만이 소극재산이라 할 것이다. 한편, 채무자의 적극재산을 산정할 경우에는 다른 특별한 사정이 없는 한 실질적으로 재산적인 가치가 없어 채권의 공동담보로서의 역할을 할 수 없는 재산은 제외하여야 할 것이고 특히, 그 재산이 채권인 경우에는 그것이 용이하게 변제를 받을 수 있는 것인지 여부를 합리적으로 판정하여 그것이 긍정되는 경우에 한하여 적극재산에 포함시켜야 한다. 따라서 채무자 명의의 정기예금에 관하여 무기명 양도성예금증서가 발행되었고 그 양도성예금증서를 채무자가 아닌 제3자가 소지하다가 다른 사람에게 처분한 경우 그 정기예금은 양도성예금증서의 소지인에게 지급될 것이므로 채무자의 적극재산으로 보기 어렵고 그 양도성예금증서도 채권자가 그 존재를 쉽게 파악하고 이를 집행의 대상으로 삼을 수 있었다는 특별한 사정이 있는 경우라야만 그 양도성예금증서가 표창하는 예금채권 상당액을 위 채무자의 적극재산으로 볼 수 있을 것이다.[146]

채무자의 무자력은 사해행위 시에 존재하여야 하고 이 시점에 책임재산의 가치를 기준으로 판단한다. 따라서 다른 특별한 사정이 없는 한 처분문서에 기초한 것으로 보이는 등기부상의 등기원인일자를 중심으로 그러한 사해행위가 실제로 이루어졌는지 여부를 판정하

---

145) 대판 2001.10.12. 2001다32533, 대판 2005.1.28. 2004다58963.
146) 대판 2006.2.10. 2004다2564.

거나[147] 주식가액의 평가는 재산처분행위 당시의 시가를 기준으로 하여야 할 것이다.[148]

또한, 채무자는 채권자취소권을 행사하는 시점에도 무자력 상태이어야 할 것이다. 즉, 사해성의 요건은 행위 당시는 물론 채권자가 취소권을 행사할 당시(사해행위취소소송에 있어서 사실심의 변론종결 시)에도 갖추고 있어야 한다. 따라서 처분행위 당시에는 채권자를 해하는 것이었더라도 그 후 채무자가 자력을 회복하거나 채무가 감소하여 취소권 행사 시에 채권자를 해하지 않게 되었다고 한다면 채권자취소권에 의하여 책임재산을 보전할 필요성이 없으므로 즉, 채권자에 의한 채무자의 재산관리권에 대한 개입은 의미를 상실하였으므로 채권자취소권은 소멸한다.[149]

그리고 사해행위 시에 채무자의 무자력에 관하여는 취소채권자가 주장, 입증책임을 부담하고 취소권 행사 시에 채무자의 자력이 회복되어 있는 점에 관하여는 취소권 행사의 상대방인 수익자, 전득자가 항변으로 주장, 입증할 책임을 부담한다.[150]

사. 재산권을 목적으로 한 법률행위일 것

(1) 문제의 소재

재산권을 목적으로 하지 않는 법률행위는 채권자취소권의 대상으로 되지 못한다(제406조 제1항). 채권자취소권의 목적이 공동담보(책임재산)의 보전에 있는 이상 공동담보에 적합하지 않은 행위에 관하여는 취소의 대상으로 할 수 없다. 재산권을 목적으로 한 법률행위인지 여부에 관하여는 취소채권자가 주장, 입증책임을 부담한다. 이와 관련하여 특별히 중요한 것이 신분행위이다. 혼인 또는 입양과 같은 신분행위가 취소의 대상으로 되지 않는 점에 관하여는 이론이 없다. 신분행위의 경우도 그 의사를 존중하여야 한다고 하는 판단이 그 기초에 있다고 할 수 있다. 그러나 신분행위 중에는 그것이 재산관리, 처분의 성질을 가지고 있는 경우가 적지 않다. 그러한 것이 재산권을 목적으로 하는 법률행위에 해당하는지 여부에 관하여는 제406조 제1항의 목적론적 해석과 관련하여 평가를 할 필요가 있다. 따라서 공동담보의 보전 필요성에 대한 요청 및 거기에 결부된 채권자의 이익과 신분행위의 의사존중이라고 하는 요청 또한 거기에 결부된 채무자의 자기결정

---

147) 대판 2002.11.8. 2002다41589.
148) 대판 2001.7.27. 2000다73377.
149) 대판 2009.3.26. 2007다63102.
150) 大判 大正5(1918).5.1.(民錄22-829).

권과의 충돌 등을 바탕으로 어느 쪽의 원리, 가치에 얼마만큼의 우위성을 인정하는지 여부에 따라 결론이 달라질 것이다.

(2) 재산권과 관련한 판례검토

채권자취소권의 대상으로 되는 것은 채무자가 한 법률행위로서 재산권과 관련한 법률행위이어야 한다. 따라서 채무자의 법률행위가 통정허위표시인 경우,[151] 채권자가 부동산 가압류결정을 받기 하루 전에 채무자가 협의이혼을 하여 처에게 위자료 및 양육비 명목으로 유일한 재산인 가압류 목적부동산을 무상으로 양도하는 경우,[152] 채무자가 채무를 변제하지 아니한 채 그의 유일한 재산인 부동산에 관하여 제3자와 사이에 신탁계약을 체결하고 그 제3자 명의로 소유권 이전등기를 경료한 경우[153] 및 통모에 의하여 소유권 이전등기 청구권을 보전하기 위한 가등기 후에 본등기를 하는 경우 가등기 시 소급하여 소유권 변동의 효력이 발생하기 때문에 채권자로 하여금 완전한 변제를 받을 수 없게 하므로 역시 통모에 의한 가등기를 한 경우[154] 등도 채권자를 해하는 것이 되어 채권자취소권의 대상인 사해행위가 된다. 그러나 채무자 이외의 자가 한 법률행위는 채권자취소권의 대상으로 되지 않지만 연대보증인의 경우에는 달리 이해할 필요가 있다. 즉, 연대보증인이 주채무자의 자산상태가 채무를 담보하는 데 부족이 생기게 되리라는 것까지 인식하면서 자신의 재산을 매각하는 행위를 하였다고 한다면 사해의사를 인정할 수 있을 것이다.[155] 채권자취소권의 대상으로 되는 법률행위는 채무자가 한 법률행위로서 계약뿐만 아니라 채무면제와 같은 단독행위이어도, 회사설립과 같은 합동행위이어도 무방하다. 또한, 변제, 최고, 시효중단을 위한 채무승인 등 준법률행위도 취소의 대상으로 될 수 있지만 본래 사해성의 평가에서 정도가 낮게 될 우려는 있다. 그러나 준법률행위라고 하는 채권양도통지에 관하여는 전술한 대항요건을 구비한 행위를 취소할 수 있는지 여부의 문제가 관련되어 있는 점에 주의가 필요하다. 그리고 무효인 법률행위도 취소의 대상이 된다. 무효행위의 취소라고 하는 것은 논리적으로 불가능하지는 않다.[156] 그러나 채무자가 한 사실행위는 취소의 대상으로 되지 않는다. 다만, 이러한 점에 관하여는 제358조 단서

---

151) 대판 1963.11.28. 63다493, 대판 1998.2.27. 97다50985.
152) 대판 1990.11.23. 90다카24762.
153) 대판 1999.9.7. 98다41490.
154) 대판 1975.2.10. 74다334.
155) 대판 1998.4.14. 97다54420.
156) 大判 昭和6(1931).9.16.(民集10-806).

의 특별한 규정이 있다.

(3) 신분권과 관련된 문제 등

(가) 이혼에 수반한 재산분할행위

이혼에 수반하는 재산분할에는 부부공동재산의 청산, 이혼 후의 부양, 이혼에 의한 위자료의 3가지 요소가 포함되어 있다.[157] 이와 같은 재산분할에 관하여 예전에는 그것이 없으므로 재산분할 등을 문제 삼을 여지가 없었다. 그러나 오늘날에는 판례에 의해 아래와 같은 법리가 전개되고 있다.[158] 즉, 재산분할자가 채무초과라는 이유 때문에 상대방에 대한 재산분할을 부정하는 것은 상당하지 않다. 이혼에 따른 재산분할인 경우 재산분할액과 방법을 정하는 것에 관하여는 당사자 쌍방이 그 협력에 의해 얻은 재산 기타 일체의 사정을 고려하여야 하는 점은 제839조 제2항의 규정상 명백하다. 다만, 재산분할자가 이혼을 할 때 이미 채무초과 상태에 있는 점 또는 어떤 재산을 분할하면, 무자력으로 되는 것인지 여부는 그때 고려하여야 할 사정 중 하나에 불과하다. 따라서 이혼에 따른 재산분할은 제839조 제2항의 취지에 반하여 상당하지 않을 정도로 지나치게 재산분할제도를 이용하여 이루어진 재산처분이라고 인정하기에 충분한 특별한 사정이 없는 한 사해행위로 되지 않는다.[159] 또한, 위와 같은 특별한 사정이 있는 경우에는 재산분할(오히려 이를 재산분할을 이용한 재산처분이라고 말할 수 있을 것이다)은 상당하지 않을 정도로 과대한 부분의 한도에서 사해행위로 취소되어야 할 것(일부 취소)이다.

그리고 재산분할 중에 이루어진 위자료의 합의는 일방당사자의 유책행위 및 그것으로 인한 이혼 때문에 발생한 손해배상채무의 존재를 확인하고 배상액을 확실하게 창설적으로 채무를 부담하는 것이 아니기 때문에 원칙적으로 사해행위에 해당하지 않는다. 그러나 그 배우자가 부담하여야 할 손해배상채무를 넘어선 위자료를 지급한다는 취지의 합의가 이루어진 때에는 그 합의 중 손해배상채무를 초과한 부분에 관하여는 위자료 지급의 명목으로 금전의 증여계약 내지 대가를 흠결한 새로운 채무부담행위라고 말할 수 있기 때문에 취소의 대상이 된다고 보아야 할 것이다.

---

157) 最判 昭和46(1971).7.23.(民集25-5-805).

158) 最判 昭和58(1983).12.19(民集37-10-1532), 最判 平成12(2000).3.9.(民集54-3-1013).

159) 대판 1984.7.24. 84다카68, 대판 2000.9.29. 2000다25569, 대판 2001.2.9. 2000다63516, 대판 2001.5. 8. 2000다58804, 대판 2005.1.28. 2004다58936.

(나) 상속 포기

상속 포기의 의사표시를 사해행위로 보아 제406조의 채권자취소권의 대상으로 할 수 있는지 여부가 문제이다. 상속채권자가 채권자취소소송의 원고로 된 경우 상속 포기와 같은 신분행위에 관하여는 제406조의 사해행위취소권 행사의 대상으로 되지 않는다고 하는 견해가 있다.160) 이에 따르면 취소권 행사의 대상으로 되는 행위는 적극적으로 채무자의 재산을 감소시키는 행위일 것을 요하고 소극적으로 그 증가를 방해하는 것에 지나지 않는 것은 포함하지 않는다고 한다. 상속 포기는 상속인의 의사라고 하여도, 그리고 법률상 효과가 있다고 하여도 기득재산을 적극적으로 감소시키는 행위라고 하기보다는 오히려 소극적으로 그 증가를 방해하는 행위에 지나지 않는다고 한다. 따라서 상속 포기와 같은 신분행위에 관하여는 타인의 의사에 의해 이것을 강제할 수는 없다고 한다. 왜냐하면 상속 포기를 사해행위로 취소할 수 있다고 한다면 상속인에 대하여 상속승인을 강제하는 것과 같은 결과로 되어 그 부당함은 명확할 것이기 때문이다(신분행위 의사의 존중).

그러나 위와 같은 견해에 대하여 상속 포기를 하는 채무자의 의사(신분행위의사)가 중요하다고 하여도 다른 한편, 일반재산에서 채권의 만족을 얻을 수 있다고 하는 취소채권자의 기대이익을 보호하여야 한다고 하는 요청을 무시할 수 없을 것이다. 따라서 취소채권자가 상속인채권자와 피상속인채권자 사이에 이익상황이 다르기 때문에 구별하여 생각할 필요가 있다고 한다. 취소채권자가 상속인의 채권자인 경우에는 상속인이 포기하지 않고 상속재산을 승계한 단계에서는 상속재산이 적극재산을 이루는 경우 채권자의 기대이익은 상속인의 상속분만큼 팽창한다. 이때 상속인 채권자의 책임재산 증가에 대한 기대는 법적 보호를 받을 가치가 있다. 다른 한편, 채무의 상속은 상속인 입장에서 불이익이다. 따라서 이러한 이유 때문에 상속채권자가 상속인의 고유재산에서 만족을 받을 기대이익을 보호하기 위하여 상속인에게 (상속 포기를 취소하는 것으로) 채무의 상속을 강제하는 것은 정당화되기 어려울 것으로 생각된다.

(다) 유산분할협의

공동상속에서 공동상속인이 법정상속분과 다른 협의분할을 한 경우 분할합의가 사해행위로 취소의 대상이 되는지 여부가 문제이다. 유산분할의 협의는 상속개시에 의해 공동상속인의 공유로 된 상속재산에 관하여 그 전부 또는 일부를 각 상속인의 단독상속으로 하거나 새로운 공유관계로 이행시키는 것에 의해 상속재산의 귀속을 확정시키는 것이고

---

160) 最判 昭和49(1974).9.20.(民錄28-6-1202).

그 성질상 재산권을 목적으로 하는 법률행위라고 할 수 있다. 왜냐하면, 협의분할의 경우 신분행위 특유의 성질인 유산공유상태에 관하여 발생하는 권리변동이 순수하게 재산법적 성질의 것으로 변경되기 때문에 상속 포기의 경우와 달리 유산분할 자체에 관하여는 신분행위의사가 문제 되지 않는다는 점에 기인한 것으로 생각할 수 있기 때문이다. 따라서 채권자취소권의 대상으로 고려할 수 있을 것이다.

3. 사해의사

채권자취소권의 대상으로 되는 것은 채권자를 해하는 법률행위가 아니라 채무자가 채권자를 해하는 것을 알고서 한 법률행위이다. 즉, 채무자의 주관적 요건인 사해의사가 필요하다. 사해의사에 관하여 예전에는 그 행위가 채권자를 해한다고 하는 인식으로 충분하다고 하는 인식설(악의설)과 그것만으로는 충분하지 않고 적극적인 의사가 필요하다고 하는 의사설의 대립이 있다. 학설에서는 객관적 요건과 주관적 요건에 관하여 종래의 구조에서 벗어나 사해행위의 성부는 주관적 요건과 객관적 요건을 종합적 또는 상관적으로 고려하여 판단하여야 한다고 한다(통설). 이러한 입장에서는 사해행위를 유형화하여 검토한 다음 그 성부를 판단함에 있어서 고려되어야 할 요소를 추출할 경우 종합적 판단에 수반하는 요건의 일반조항화를 완화하기 위하여 상관적 판단을 하는 것이 증가하고 있다. 여기에서 말하는 상관적 판단이란 증여와 같이 채무자의 책임재산을 일방적으로 감소시키는 무상행위의 취소인 경우에는 채무자의 단순한 인식으로 충분하지만 채무자가 상응한 대가를 얻은 행위를 취소하는 경우에는 보다 적극적인 사해행위가 필요하다고 하는 것과 같이 사해행위와 사해의사와의 상관관계에 의한 판단을 필요로 한다고 한다. 그러나 판례는 사해의사란 공동담보 부족에 의하여 채권자가 채권변제를 받기 어렵게 될 위험이 생긴다는 사실을 인식하는 것이고 이러한 인식은 일반 채권자에 대한 관계에서 있으면 족하고 특정채권자를 해한다는 인식이 있어야 하는 것도 아니라고 하여[161] 인식설에 가까운 입장을 취하고 있다.

---

161) 대판 2009.3.26. 2007다63102.

[사례] 채권자 A의 채무자 B는 채무초과로 되어 있음에도 B의 다른 채권자 C와 통모하여 C에게 변제하면 채권자 A는 채권을 회수할 수 없게 되므로 A를 해하는 의사를 가지고 C에게 변제한 경우 사해행위로 되는가?

4. 사해행위에 관한 선의-수익자, 전득자로부터의 항변

제406조는 수익자 또는 전득자가 수익 또는 전득 당시 채무자가 한 법률행위가 채권자를 해하는 것을 알고 있는 경우에 한하여 채권자취소권이 성립한다고 하고 있다. 이러한 요건은 민법에서 일반적으로 채권자취소권의 요건 중 하나로 수익자 또는 전득자의 악의라고 하는 형태로 거론되는데 기본적으로 채무자의 제3자에 대한 담보제공 등의 재산처분행위가 사해행위에 해당한다고 할 경우 그 사해행위 당시 수익자가 선의였음을 인정할 수 있는 경우에는 객관적이고도 납득할 만한 증거자료 등이 뒷받침되어야 할 것이고 채무자의 일방적인 진술 또는 사후조작이 용이한 채무자 명의의 문서 등에 터 잡아 그 사해행위 당시 수익자가 선의였다고 선뜻 단정해서는 안 될 것이고[162] 제반 상황을 고려하여 논리와 경험칙에 따라 합리적으로 판단하여야 할 것이다. 예컨대, 사해행위의 수익자가 채무자와 일면식 없이 이웃의 소개로 급히 금전이 필요한 채무자로부터 다소 저렴한 가격으로 토지를 매수한 경우에는 채무자의 토지를 매수하는 행위가 채권자를 해하는 사해행위임을 알지 못한 선의의 수익자에 해당한다고 보아야 할 것이다.[163]

또한, 사해행위취소소송의 과정에서 채무자의 악의점에 대해서는 그 취소를 주장하는 채권자에게 입증책임이 있는 반면, 수익자 또는 전득자는 스스로 자신이 선의라고 하는 사실을 입증할 책임이 있다고 할 것이므로 채권자가 수익자 또는 전득자가 악의임을 주장 입증할 책임이 있는 것이 아니다.[164] 따라서 마찬가지로 판례도 채무자의 제3자에 대한 재산양도행위가 채권자취소권의 대상이 되는 사해행위에 해당하는 경우 수익자의 악의는 추정된다고 하여 수익자가 그 법률행위 당시 선의이었다는 입증을 다하지 못하는 한 채권자는 그 양도행위를 취소하고 원상회복을 청구할 수 있다고 한다.[165] 따라서 채

---

162) 대판 2005.11.2005다30160, 대판 2006.4.14. 2006다5701.

163) 대판 2003.3.25. 2002다62036; 한편, 선의의 수익자로 볼 수 있기 위한 제반요건에 관하여는 대판 2002.11.8. 2002다42100.

164) 대판 1969.1.28. 68다2022, 대판 1997.5.23. 95다1908.

165) 대판 1988.4.25. 87다카1380, 대판 1991.2.12. 90다16276, 대판 2006.4.14. 2006다5710.

무자가 채무초과상태에서 채무자 소유의 유일한 주택에 대하여 소액보증금에 해당되어 취우선변제권의 보호대상인 임차권을 설정해 준 행위가 사해행위인 경우 이는 채무자의 악의로 추정되는 것이고 수익자인 임차인의 악의 또한 추정된다고 할 것이다.[166] 또한 이러한 판단을 전제로 사해행위라고 주장되는 행위 이후 채무자의 변제노력과 채권자의 태도 등도 사해의사의 유무를 판단함에 있어 다른 사정과 더불어 간접사실로 삼을 수 있을 것이다. 그러므로 채무자가 토지에 집합건물을 지어 분양하는 사업을 추진하던 중 이미 일부가 분양되었는데도 공정률 45.8%의 상태에서 자금난으로 공사를 계속할 수 없게 되자 건축을 계속 추진하여 건물을 완공하는 것이 이미 분양받은 채권자를 포함하여 채권자의 피해를 줄이고 자신도 채무변제력을 회복하는 최선의 방법이라고 생각하고 사업을 계속하기 위한 방법으로 신탁업법상의 신탁회사와 신탁계약을 체결한 것은 자금난으로 공사를 계속할 수 없었던 채무자로서는 최대한의 변제력을 확보하는 최선의 방법이었고 또한 공사를 완공하기 위한 부득이한 조치였다고 판단될 경우에는 사해행위에 해당되지 않는다고 한다.[167]

Ⅳ. 채권자취소권의 행사

1. 재판상 행사

채권자취소권은 채권자대위권과 달리 반드시 재판상 행사하여야 한다. 따라서 소송물 또는 청구 자체를 달리하지 않는다고 한다면[168] 반소,[169] 소의 추가 또는 교환적 변경의 형태[170]로는 가능하다. 그러나 항변[171] 등 공격방어방법의 방식으로 이 권리를 행사할 수는 없다.[172] 또한 채권자는 사해행위의 취소로 인한 원상회복방법으로 소송절차를 통하여 수익자 명의의 등기말소를 구하는 대신 수익자를 상대로 채무자 앞으로 직접 소유

---

166) 대판 2005.5.13. 2003다50771.

167) 대판 2003.12.12. 2001다57884.

168) 대판 2005.3.25. 2004다10985,10992.

169) 最判 昭和40(1965).3.26.(民集19-2-508).

170) 대판 2003.5.27. 2001다13532.

171) 대판 1978.6.13. 78다404.

172) 最判 昭和39(1964).6.12.(民集18-5-764).

권 이전등기절차의 이행을 구할 수도 있다.[173]

한편, 여러 명의 채권자가 있는 경우 그 채권자들이 동시에 또는 시기를 달리하여 사해행위취소 및 원상회복청구의 소를 제기한 경우 이들 소가 중복제소에 해당하지 아니할 뿐만 아니라 어느 한 채권자가 동일한 사해행위에 관하여 사해행위취소 및 원상회복청구를 하여 승소판결을 받아 그 판결이 확정되었다는 것만으로는 그 후 제기된 다른 채권자의 동일한 청구가 권리보호의 이익이 없게 되는 것이 아니고 선행소송에서 확정판결로 처분부동산의 감정평가에 따른 가액반환이 이루어지는 등[174] 그에 따라 재산이나 가액의 회복을 마친 경우 비로소 다른 채권자의 사해행위취소 및 원상회복청구는 그와 중첩되는 범위 내에서 권리보호의 이익이 없게 될 것이다.[175]

2. 상대방-수익자 또는 전득자

가. 행사의 상대방

채권자가 채권자취소권을 행사하고자 한다면 사해행위로 인하여 이익을 받은 자나 전득한 자를 상대로 그 법률행위의 취소를 청구하는 소송을 제기하여야 하므로 채무자를 상대로 그 소송을 제기할 수는 없을 뿐만 아니라[176] 채무자를 채권자취소권 행사의 상대방으로 추가하여 공동피고로 할 수도 없다.[177] 따라서 사해행위의 취소는 악의의 수익자 또는 전득자에 대해서만 할 수 있고 채무자에게는 행사할 수 없으므로 채무자를 상대로 한 취소의 청구는 채무자에게 피고적격이 없으므로 부적법하여 소가 각하된다.[178] 그리고 사해행위 취소에 있어서 수익자가 악의라는 점에 대하여는 그 수익자 자신에게 선의임을 증명할 책임이 있다.[179]

또한, 수익자도, 전득자도 모두 악의인 경우에는 채권자가 어느 쪽을 피고로 하여 취

---

173) 대판 2000.2.25. 99다53704.

174) 대판 2005.3.24. 2004다65367.

175) 대판 2003.7.11. 2003다19558, 대판 2005.3.24. 2004다65367, 대판 2005.11.25. 2005다51457.

176) 대판 1991.8.13. 91다13717.

177) 대판 1961.11.9. 4293민상263, 대판 1965.9.7. 65다1481, 대판 1967.12.26. 67다1839,대판 1988.2.23. 87다카 1586, 대판 1991.8.13. 91다13717,대판 2009.1.15. 2008다72394.

178) 대판 1967.12.26. 67다1839.

179) 대판 2010.2.25. 2007다28819,28826.

소소송을 제기하여도 무방하다. 문제가 되는 것은 수익자가 선의이고 전득자가 악의인 경우이다. 이러한 경우 채권자는 악의의 전득자를 피고로 하여 취소소송을 제기할 수 있는지 여부이다. 일부 학설은 일단 선의의 수익자를 경유한 이상 그보다 후에 등장한 자에 대해서는 그자가 악의이었다고 할지라도 채권자취소권을 행사할 수 없다고 주장하는 경우가 있을 수 있다(이를 절대적 구성이라고 한다). 선의자가 등장한 이후의 법률관계를 획일적으로 처리하는 것에 의해 거래안전을 확보하여야 한다는 점과 선의수익자가 취소를 두려워 자기 재산의 처분을 주저하는 것이 없도록 하여야 한다고 하는 점을 그 이유로 한다. 그러나 판례는 채권자가 악의의 전득자를 피고로 하여 채권자취소권을 행사할 수 있다고 한다(이를 상대적 구성이라고 한다). 왜냐하면, 일반적으로 악의의 전득자를 보호할 가치가 없고 악의의 전득자와 취소채권자의 관계에서 법률행위가 취소되었다고 하여도 선의의 수익자와 악의의 전득자의 관계에서는 당해 법률행위가 당연히 유효하기 때문에 선의의 수익자가 불이익을 당하는 것이 없게 된다(선의의 수익자는 악의의 전득자로부터 책임추궁을 당하는 것이 없다)고 하는 점을 그 이유로 한다.

나. 특정물채권의 보전을 위한 채권자취소권의 행사 여부

채권자취소권은 채권자의 공동담보인 채무자의 책임재산의 감소를 방지하기 위한 것이므로 상술한 바와 같이 특정물에 대한 소유권 이전등기청구권을 보전하기 위해서는 채권자취소권을 행사할 수 없다고 한다.[180]

---

180) 대판 1988.2.23. 87다카1586.

V. 채권자취소권의 효력

1. 강제집행의 준비기능과 사실상 우선변제효

　사해행위취소판결의 기판력은 그 취소권을 행사한 채권자와 그 상대방인 수익자 또는 전득자와 상대적인 관계에서만 미칠 뿐(상대적 효력) 그 소송에 참가하지 아니한 당사자 이외의 채무자, 수익자 또는 전득자 간의 법률관계에 관하여는 다른 특별한 사정이 없는 한 영향을 받지 않는다고 할 것이다.[181] 사해행위 취소에 상대적 효력만을 인정하는 것은 사해행위 취소채권자, 수익자 그리고 제3자의 이익을 조정하기 위한 것으로 그 취소의 효력이 미치지 아니하는 제3자의 범위를 사해행위를 기초로 목적부동산에 관하여 새롭게 법률행위를 한 그 목적부동산의 전득자 등만으로 한정할 것이 아니다. 따라서 수익자와 새로운 법률관계를 맺은 것이 아니라 수익자의 고유채권자로서 이미 가지고 있던 채권의 확보를 위하여 수익자가 사해행위로 취득한 근저당권에 배당된 배당금을 가압류한 자에게도 사해행위취소 판결의 효력이 미친다고 볼 수 없을 것이다.[182] 또한 채무자인 사용자 소유의 부동산이 제3자에게 양도된 후 그 부동산에 관하여 개시된 경매절차에서 그 부동산이 사용자의 책임재산이 아니라는 이유로 배당을 받지 못한 임금채권자가 제3자를 상대로 사해행위취소소송을 제기하고 제3자가 이를 인락을 하였다고 하더라도 그 취소의 효력은 위 임금채권자와 수익자인 제3자 사이에만 발생할 뿐 사해행위 이전에 이미 위 부동산에 대하여 근저당권을 가지고 있던 자에게는 미치지 않는다고 보아야 할 것이다.[183]

　또한 근저당권이 설정되어 있는 채무자의 부동산을 매수한 수익자의 채권을 담보하기 위하여 수익자의 채권자가 그 부동산에 대해 압류 등을 하여 부동산에 관한 근저당권에 의한 경매절차에서 배당받은 후 사해행위취소채권자가 수익자를 상대로 사해행위취소소송을 제기하여 가액배상의 확정판결을 받은 경우 수익자의 채권자가 수익자와 새로운 법률관계를 맺은 것이 아니라 수익자의 채권자로서 이미 가지고 있던 채권확보를 위하여 부동산을 압류 또는 가압류한 자에 불과하더라도 목적부동산의 매각대금에 대하여 사해행위취소채권자에게 수익자의 채권자보다 우선하여 변제받을 수 있는 권리를 부여하여 사해행위취소판결의 실효성을 확보하여야 할 아무런 근거가 없으므로 수익자의 채권자에

---

181) 대판 1988.2.23. 87다카1989, 대판 2004.8.30. 2004다21923, 대판 2005.11.10. 2004다49532.

182) 대판 2009.6.11. 2008다7109.

183) 대판 2001.5.29. 99다9011.

게 사해행위취소판결의 효력이 미친다고 볼 수는 없을 것이다.[184]

그러나 채권자취소권제도의 목적에 비추어 그 효과로 회복된 책임재산은 총 채권자의 이익을 위하여 편입될 것이므로(제407조) 판결절차 이후 예정되어 있는 강제집행절차에 채무자의 모든 채권자는 위와 같이 회복된 책임재산에서 채권액에 따라 평등비율로 배당을 받을 기회를 가지게 될 것이다. 그러한 의미에서 제407조는 판결효의 주관적 범위를 확장시키는 규정이라고 생각할 수 있을 것이다. 따라서 사해행위의 수익자 소유의 부동산에 대한 경매절차에서 취소채권자가 수익자에 대한 가액배상판결에 기하여 배당을 요구하여 배당을 받은 경우 그 배당액은 배당요구를 한 취소채권자에게 그대로 귀속되는 것이 아니라 채무자의 책임재산으로 회복되는 것이고 이에 대하여 채무자에 대한 채권자가 채권만족에 관한 일반원칙에 따라 채권 내용을 실현할 수 있을 것이다.[185]

하지만 위와 같은 논리도 상술한 바와 같이 반환대상으로 된 재산이 금전인 경우에는 취소채권자가 그 금전을 직접 자기에게 지급하도록 청구할 수 있는데 그 방법은 판결로 통하여 확보하고 있는 금전에 관하여 채무자의 부당이득반환청구권과 자기의 채무자에 대한 피보전채권(금전이행을 목적으로 하는 채권이다) 간에 상계하는 것을 통하여 사실상 우선변제의 효과를 얻을 수도 있을 것이다.

또한 채권자취소권의 행사로 채무자가 수익자 또는 전득자에게 어떠한 권리를 취득하는 것이 아니므로 수익자가 채무자에게 가액배상금 명목으로 금원을 지급하였다는 점을 들어 채권자취소유권을 행사하는 채권자에게 가액배상에서 공제를 주장할 수 없을 뿐만 아니라[186] 상술한 논거에 따라 수익자가 채권자취소에 따른 원상회복으로서 가액배상을 할 때 채무자에 대한 채권자라는 이유로 채무자에게 가지는 자기의 채권과의 상계를 주장할 수도 없다.[187] 다만, 취소소송을 제기한 채권자 등이 원상회복된 채무자의 재산에 대한 강제집행을 신청하여 그 절차가 개시되면 수익자인 채권자도 그 집행권원을 갖추어 강제집행절차에서 배당을 요구할 권리가 있을 뿐이다.[188]

그리고 사해행위인 매매가 취소되는 경우 그 취소의 효과로 당연히 취소채권자로서는 위 매매의 효력이 유효하게 존속함을 전제로 하여 이루어진 상계의 효력 즉, 기존채무의 소멸효과를 부정할 수 있을 것이다. 그러므로 별도로 채무자의 상계의 의사표시를 취소

---

184) 대판 2005.11.10. 2004다49532.
185) 대판 2005.8.25. 2005다14595.
186) 대판 2001.6.1. 99다63183.
187) 대판 2001.6.1. 99다63183.
188) 대판 2003.6.27. 2003다15907.

할 것도 없이 채무자의 수익자에 대한 기존채권이 부활하는 것으로 취급할 수 있고 그로 인하여 취소채권자는 사해행위 취소의 목적을 달성하게 되는 것으로서 달리 수익자에게 반환을 명할 수익이 남아 있는 것도 아니라고 할 것이므로 더 나아가 수익자에게 금전채권의 이행을 별도로 직접 또는 대위의 방법에 의하여 구할 필요조차 없을 것이다.[189]

2. 채권자취소권에 의한 취소의 범위

가. 원칙

사해행위 취소의 범위는 다른 채권자가 배당요구를 할 것이 명백하거나 목적물이 불가분인 경우와 같이 특별한 사정이 없는 한 취소채권자의 채권액을 넘어서까지 취소를 구할 수 없다. 따라서 취소채권자는 위와 같은 특별한 사정이 없는 한 자신의 채권액 범위 내에서 채무자의 책임재산을 회복하기 위하여 채권자취소권을 행사할 수 있으므로 그 취소에 따른 효력을 주장할 수 있을 뿐이고 채무자에 대한 채권보전이 아니라 제3자에 대한 채권만족을 위해서 사해행위 취소의 효력을 주장할 수 없다.[190] 따라서 채권자가 채권자취소권을 행사할 때에는 원칙적으로 자신의 채권을 초과하여 취소권을 행사할 수 없고 채권자는 사해행위가 가분인 한 그중 채권의 공동담보로 부족하게 되는 부분만을 자신의 채권액을 한도로 취소하면 족하고 그 행위 전부를 취소할 수는 없다.[191] 이때 채권자의 채권의 범위에는 사해행위 이후 사실심 변론종결 시까지 발생하는 이자나 지연손해금이 포함된다.[192] 따라서 취소채권자의 채권범위를 넘어 약속어음 발행행위 전부를 사해행위로 취소한 경우에는 위법하다고 볼 수 있을 것이다.[193]

한편, 사해행위가 저당권이 설정되어 있는 부동산에 대하여 당해 저당권자 이외의 자와 이루어지고 그 후 변제 등에 의하여 저당권설정등기가 말소된 때에는 매매계약 전부를 취소하여 그 부동산 자체의 회복을 명하는 것은 당초 담보로 되어 있지 아니하던 부분까지 회복시키는 것이 되어 공평에 반하는 결과가 된다. 따라서 그 부동산가액에서 저

---

189) 대판 2003.8.22. 2001다64073.

190) 대판 2010.5.27. 2007다40802.

191) 대판 2010.8.19. 2010다36209.

192) 대판 2001.12.11. 2001다64547, 대판 2003.7.11. 2003다19572.

193) 대판 2002.10.25. 2002다42711.

당권의 피담보채권액을 공제한 잔액의 한도에서 그 매매계약의 일부 취소와 그 가액배상을 구할 수 있을 뿐 부동산 자체의 회복을 구할 수는 없다.[194] 이때 근저당권이 설정되어 있는 부동산에 관하여 사해행위가 이루어진 후 근저당이 말소되어 그 부동산가액에서 가액배상을 명하는 경우 그 가액산정은 사실심변론종결 시를 기준으로 하여야 하고 기존의 근저당권이 말소된 후 사해행위에 의하여 그 부동산에 관한 권리를 취득한 전득자에 대하여도 사실심변론종결 시의 부동산가액에서 말소된 근저당피담보채무액을 공제한 금액의 한도에서 그가 취득한 이익에 대한 가액배상을 명하여야 할 것이다.[195]

또한, 채무자가 제3자에 대한 채무담보의 목적으로 신탁법에 의하여 신탁한 부동산을 매도한 행위가 사해행위에 해당하는 경우 매수인이 채무자를 대위하여 제3자에 대한 채무를 변제하고 신탁계약을 해지하여 그 부동산의 소유권을 이전받았다면 그 매매계약을 취소하여 신탁계약이 해지되기 전의 상태로 원상회복하는 것은 현저히 곤란하고 그렇다고 부동산의 소유권 자체를 채무자에게 환원시키는 것은 당초 일반채권자의 공동담보로 되어 있지 아니한 부분까지 회복시키는 결과가 되어 공평에 반하는 경우 채권자는 부동산의 가액에서 매수인이 대위변제한 채무액을 공제한 잔액의 한도 내에서 매매계약의 일부 취소와 그 가액배상을 청구할 수밖에 없다.[196]

그리고 상속재산의 분할협의 또한 사해행위취소권 행사의 대상이 될 수 있는데 채무초과 상태에 있는 채무자가 상속재산의 분할협의를 하면서 상속재산에 관한 권리를 포기함으로써 결과적으로 일반채권자에 대한 공동담보가 감소되었다고 하더라도 그 재산분할의 결과가 채무자의 구체적인 상속분에 상당하는 정도에 미달하는 과소한 것이라고 인정되지 않는 한 사해행위로서 취소되어야 할 것은 아니고 구체적인 상속분에 상당하는 정도에 미달하는 과소한 경우에도 사해행위로서 취소되는 범위는 그 미달하는 부분에 한정하여야 할 것이다.[197]

또한, 어느 부동산에 관하여 사해행위가 이루어진 경우 그 사해행위는 부동산가액에서 저당권의 피담보채권액을 공제한 잔액의 범위 내에서만 성립한다고 보아야 한다. 따라서 사해행위 후 변제 등에 의하여 저당권설정등기가 말소된 경우에도 사해행위를 취소하여 그 부동산 자체의 회복을 명하는 경우에도 당초 일반채권자의 공동담보로 되어 있지 않

---

194) 대판 1996.10.29. 96다23207.

195) 대판 2001.9.4. 2000다66416.

196) 대판 1999.9.7. 98다41490, 대판 1999.11.9. 99다50101, 대판 2001.12.27. 2001다33734.

197) 대판 2001.2.9. 2000다51797.

았던 부분까지 회복시킬 수는 없다. 왜냐하면, 그것은 공평에 반하는 결과가 되기 때문이다. 따라서 그 부동산의 가액에서 저당권의 피담보채권액을 공제한 잔액의 한도에서 사해행위를 취소하고 그 가액배상을 명할 수 있을 뿐이다. 그리고 사해행위의 목적인 부동산에 수개의 저당권이 설정되어 있다가 사해행위 후 그중 일부 저당권만이 말소된 경우에도 사해행위 취소에 따른 원상회복은 가액배상의 방법에 의할 수밖에 없을 것이고 그 경우 배상하여야 할 가액은 사해행위 취소 시인 사실심 변론종결 시를 기준으로 하여 그 부동산가액에서 말소된 저당권의 피담보채권액과 말소되지 아니한 저당권의 피담보채권액을 모두 공제하여 산정하여야 할 것이다.[198] 그리고 공동저당권이 설정되어 있는 수개의 부동산 중 일부가 양도된 경우에도 일반채권자의 공동담보가 되는 책임재산의 범위는 공동저당권의 목적으로 된 각 부동산의 가액에 비례하여 공동저당권의 피담보채권액을 안분한 금액이라고 봄이 상당할 것이다.[199] 그리고 사해행위에 해당하는 매매계약으로 공동저당권이 설정된 수개의 부동산 전부가 동일인에게 일괄 양도되고 이후 변제 등에 의하여 공동저당권이 소멸한 경우 그 취소에 따른 배상액의 산정은 목적부동산 전체의 가액에서 공동저당권의 피담보채권 총액을 공제하는 방식으로 함이 그 취소채권자의 의사에도 부합하는 상당한 방법이라 할 것이다.[200]

나. 예외

다만, 다른 채권자가 배당요구를 할 것이 명백하거나 목적물이 불가분인 경우와 같이 특별한 사정이 있는 경우에는 취소채권자의 채권액의 범위를 넘어서까지도 취소를 구할 수 있다.[201] 따라서 자동차운송사업면허권과 부대시설 전부 및 차량의 양도가 사해행위가 되는 경우 양도된 차량을 분할할 수 있다고 하더라도 양도된 차량 전체가 다른 부대시설과 함께 하나의 노선면허권 대상이 되어서 경제적으로 보아 분할하여 취소하는 것이 경제적인 실정에 적합하지 아니한 경우,[202] 동일인의 소유인 토지와 건물의 처분행위를 채권자취소권에 의하여 취소하는 경우 그중 대지의 가격이 채권자의 채권액보다 다액이라 하더라도 대지와 건물 중 일방만을 취소하게 되면 건물의 소유자와 대지의 소유자가

---

198) 대판 1998.2.13. 97다6711.

199) 대판 2003.11.13. 2003다39989.

200) 대판 2005.5.27. 2004다67806.

201) 대판 1977.9.9. 97다10864, 대판 2000.12.26. 2000다41387.

202) 대판 1975.6.24. 75다625.

다르게 되어 가격과 효용을 현저히 감소시킬 경우[203] 등에는 전부의 취소를 인정할 수 있을 것이다.

3. 수익자, 전득자의 원상회복의무

사해행위의 취소에 따른 원상회복은 원칙적으로 그 목적물 자체의 반환에 의하여야 하고 그것이 불가능하거나 현저히 곤란한 경우에 한하여 예외적으로 가액반환에 의하여야 한다. 따라서 사정변경에 따른 주식가치의 변동은 주식의 통상적인 속성에 포함되는 것이고 주식 자체의 성질이나 내용에는 변화가 없는 것이어서 이를 가액배상의 사유로 삼을 수는 없다.[204] 여기에서 원물반환이 불가능하거나 현저히 곤란한 경우라고 함은 원물반환이 단순히 절대적·물리적으로 불능인 경우가 아니라 사회생활상의 경험법칙 또는 거래상의 관념에 비추어 채권자가 수익자나 전득자로부터 이행의 실현을 기대할 수 없는 경우를 말한다.[205]

한편, 채권자 입장에서는 수익자, 전득자 모두 악의인 때에는 그의 선택에 따라 수익자를 피고로 하여 그에 대한 관계에서 사해행위를 취소하고 그로부터 재산의 반환에 갈음하여 가액배상을 구할 수도 있고[206] 사해행위의 목적물인 동산이 그 현물반환도 가능한 경우 취소채권자는 직접 자기에게 그 목적물의 인도를 청구할 수도 있을 것이다.[207]

또한 저당권설정행위가 사해행위인 경우 수익자가 경매절차에서 채무자와의 사해행위로 취득한 근저당권에 기하여 배당에 참여하여 배당표는 확정되었으나 채권자의 배당금지급금지가처분으로 인하여 배당금을 현실적으로 지급받지 못한 경우 채권자취소권의 행사에 따른 원상회복의 방법으로 수익자에게 바로 배당금의 지급을 명할 것이 아니라 수익자가 취득한 배당금지급청구권을 채무자에게 반환하는 방법으로 이루어져야 할 것이다.[208] 반면, 채무자와 수익자 사이의 저당권설정행위가 사해행위로 인정되어 저당권설정계약이 취소되는 경우에도 당해 부동산이 이미 입찰절차에 의하여 낙찰되어 대금이 완납되었을 경우에는 낙찰인의 소유권 취득에 영향을 미칠 수 없으므로 채권자취소권의 행사

---

203) 대판 1975.2.25. 74다2114.
204) 대판 2009.3.26. 2007다63102.
205) 대판 2009.3.26. 2007다63102.
206) 대판 1998.5.15. 97다58316.
207) 대판 1999.8.24. 99다23468,23475.
208) 대판 1997.10.10. 97다8687.

에 따르는 원상회복방법으로 입찰인의 소유권 이전등기를 말소할 수는 없고 수익자가 받은 배당금을 반환받아야 할 것이다.209) 또한, 사해행위인 근저당권부 채권양도의 수익자가 취득한 채권에 대한 압류가 경합하여 제3채무자가 금전채권을 집행 공탁한 경우 비록 제3채무자의 채무가 소멸되는 것이기는 하지만 제3채무자의 채권자는 현실적으로 채권을 추심한 것이 아니라 공탁금출급청구권을 취득한 것에 불과하고 압류의 효력이 채무자의 공탁금출급청구권에 대하여 존속하게 되는 것이므로 사해행위의 취소에 따른 원상회복은 금전지급에 의한 가액배상이 아니라 공탁금출급청구권을 채권자에게 양도하는 방법으로 하여야 할 것이다.210)

4. 수익자, 전득자의 가액반환범위

가. 원칙

채권자의 사해행위 취소 및 원상회복청구는 비록 채권자와 아무런 채권, 채무관계가 없었던 전득자 또는 수익자에게 채권자의 취소에 의하여 원상회복의무를 부담하는 것이 형평의 견지에서 타당하기 때문에 특별히 법에 의해 인정된 제도이므로 원칙상 수익자 또는 전득자는 원상회복으로서 사해행위의 목적물을 채무자에게 반환할 의무를 지게 된다(현물반환의 원칙).

또한, 전득자에게 현물이 존재하고 있는 경우에도 취소채권자가 수익자 또는 전득자에게 가액배상을 구할 수 있는지 여부이다. 판례, 통설은 채권자취소권의 목적으로 일탈재산을 채무자의 책임재산으로 원상회복되는 것을 강조하기 때문에 현물반환이 가능한 경우에는 가능한 한 그 방법에 의하여야 할 것이라고 한다.211) 특히, 금전에 의한 가액배상의 가능성을 넓게 되면, 취소채권자에게 사실상의 우선변제를 인정하는 경우가 증가하고 공동담보의 보전이라고 하는 본래의 제도목적에서 운영상 일탈이 많아질 것이라고 하는 걱정도 부인할 수 없기 때문에 더욱 그렇게 생각한다고 볼 수 있을 것이다.

---

209) 대판 2001.2.27. 2000다44348, 대판 2004.1.27. 2003다6200.

210) 대판 2004.6.25. 2004다9398.

211) 最判 昭和54(1979).1.25.(民集33-1-12).

나. 현물반환원칙의 한계

(1) 문제의 소재

예컨대, 한 동의 건물과 같이 불가분물이고 이것의 가치가 피보전채권을 상회하는 경우 한 동의 건물 전부에 대하여 채권자취소권의 대상이 전부인지, 피보전채권에 한정하여 그 범위 내로 국한되어 가액배상으로 한정되어야 하는지 여부가 문제이다. 또한, 채무자 소유인 부동산 위에 다른 채권자를 위하여 저당권이 설정되어 있고 동시에 그 부동산이 저당권에 의해 우선적인 가치지배의 대상으로 되고 있다가 즉, 그 부동산이 책임재산에서 제외되었다가 그 이후 거기에 존재하고 있던 저당권이 소멸한 경우 채권자취소권의 행사에 의해 현물반환을 인정하면 사해행위 전의 가치보다도 큰 가치(저당권에 의한 우선적 가치지배에서 해방된 부동산의 가치 전체)가 공동담보로 회복되어 버리는 문제가 있는데 형평의 입장에서 이러한 것이 타당한지 여부가 문제이다.

(2) 불가분물의 경우 처리의 준칙 – 현물반환원칙에 의한 처리

예컨대, 일동의 건물에 대한 증여를 사해행위에 해당한다고 하여 취소가 문제될 경우 채무자가 한 행위의 목적물이 불가분인 때에는 그 가액이 채권액을 초과하는 경우에도 행위의 전부에 관하여 취소할 수 있을 것이다.[212] 처분된 것이 불가분물인 경우에는 피보전채권을 상한으로 한다고 하는 도그마가 현물반환의 도그마에 일보 양보하여야 할 것이다. 이렇게 이해하여도 목적물에서 취소채권자가 자기의 피보전채권에 관하여 상계에 의한 우선적인 회수를 도모하는 문제가 발생할 우려가 그다지 크지 않다고 말할 수 있다. 피보전채권이 금전급부를 목적으로 하고 있는바, 반환받는 재산이 불가분물(부동산)이기 때문에 금전을 목적으로 하는 피보전채권과 불가분물을 목적으로 하는 부당이득반환청구권은 채권의 목적을 달리하여 상계에 적합하지 않기 때문이다.

또한, 책임재산에서 제외된 현물이 수익자의 점유를 벗어나 전득자에게 존재하고 있는 경우 취소채권자가 수익자를 피고로 사해행위취소소송을 제기할 경우 수익자에게 현물이 없는 경우에 해당하므로 가액배상에 의하지 않을 수 없을 뿐만 아니라 수익자 또는 전득자 입장에서 원물반환이 불가능하거나 현저히 곤란한 경우에는 원상회복의무의 이행으로서 사해행위 목적물의 가액 상당을 배상하여야 할 필요성이 있는 점도 부인할 수 없을 것이다. 한편, 그 가액배상의 의무는 목적물의 반환이 불가능하거나 현저히 곤란하게 됨

---

212) 最判 昭和30(1955).10.11.(民集9-11-1626).

으로써 당연히 성립할 것이고 그 이외에 그와 같이 불가능하게 된 것에 대하여 수익자 등의 고의 또는 과실을 요하는 것은 아니다. 또한, 여기에서 원물반환이 불가능하거나 현저히 곤란한 경우라 함은 원물반환이 단순히 절대적·물리적으로 불능인 경우가 아니라 사회생활상의 경험법칙 또는 거래상의 관념에 비추어 채권자가 수익자나 전득자로부터 이행의 실현을 기대할 수 없는 경우를 말한다. 따라서 사해행위의 목적물이 수익자로부터 전득자로 이전되어 그 등기까지 경료되었다고 한다면 후일 채권자가 전득자를 상대로 소송을 통하여 구제받을 수 있는지 여부와 관계없이, 수익자가 전득자로부터 목적물의 소유권을 회복하여 이를 다시 채권자에게 이전하여 줄 수 있는 특별한 사정이 없는 한 그로써 채권자에 대한 목적물의 원상회복의무는 법률상 이행불능의 상태에 있다고 봄이 상당할 것이고[213] 이러한 경우에도 수익자를 상대로 가액배상의 청구가 가능할 것이다.

(3) 현물에 저당권이 설정되어 있는 경우 그 처리준칙

(가) 서설

채무자 소유의 부동산에 저당권이 설정되어 있는 경우 문제가 대단히 복잡하다. 예컨대, 저당권이 있는 부동산을 채무자가 처분한 경우 채권자 중 1인이 이러한 처분행위를 사해행위로 취소하는 경우 우선 사해행위를 취소할 때 무엇을 가지고 채무자의 책임재산으로 생각하여야 하는지 여부를 먼저 탐구하고 다음으로 취소방법으로 현물반환을 어디까지 관철하여야 하는지 여부를 탐구할 필요가 있다. 이와 관련하여 판례이론을 근거로 그 도달점을 다음과 같이 정리할 수 있다.

(나) 목적물에 저당권이 설정되어 있는 경우

목적물에 저당권이 설정되어 있는 경우 사해행위의 취소는 목적부동산의 가액에서 저당권의 피담보채권액을 공제한 잔액 부분에 한정하여 허용된다(일부 취소). 취소가 인정되었다고 하여도 채권자취소권제도는 사해행위에 의해 벗어난 재산을 반환하여 채무자의 일반재산으로 원상회복시키고자 하는 것이기 때문에 벗어난 재산 자체의 회복이 가능한 경우에는 가능한 한 이것을 인정하여야 할 것이다.

첫째, 벗어난 재산 자체를 원상으로 회복하는 것이 불가능 또는 곤란하고 또한 채무자 및 채권자에게 부당하게 이익을 주는 결과로 되는 경우에는 벗어난 재산 자체의 반환에

---

213) 대판 1998.5.15. 97다58316.

갈음하여 그 가격에 의한 배상을 인정하지 않을 수 없다.

둘째, 그렇다고 해서 저당권이 말소된 부동산 전부의 현물반환을 인정하는 경우에는 사해행위 이전에 공동담보를 구성하고 있었던 가치(＝저당권에 의해 우선적으로 파악되고 있던 가치)까지 채무자의 책임재산에 복귀하여 채무자 및 채권자에게 부당하게 이익을 주는 결과로 되어 바람직하지 않을 것이다. 따라서 저당권이 존속하고 있는지, 소멸하고 있는지 여부에 의해 구별을 하고 저당권이 존속하고 있는 경우에는 현물반환에 의해, 저당권이 소멸한 경우에는 가액배상에 의하게 될 것이다. 여기에서는 사해행위 시 공동담보상태를 회복하는 것이 가능한지 여부가 현물반환을 인정하는지 여부를 판단함에 있어서 결정적일 것이다. 이러한 내용을 전제로 사해행위 후 그 목적물에 관하여 제3자가 저당권이나 지상권 등의 권리를 취득한 경우에는 수익자가 목적물을 저당권 등의 제한이 없는 상태로 회복하여 이전하여 줄 수 있다는 등의 특별한 사정이 없는 한 채권자는 수익자를 상대로 원물반환 대신 그 가액 상당의 배상을 구할 수도 있을 것이다. 그러나 그렇다고 하여도 채권자가 스스로 위험이나 불이익을 감수하면서 원물반환을 구하는 것까지 허용되지 아니하는 것으로 볼 것은 아니고, 그러한 경우에도 채권자는 원상회복방법으로 가액배상 대신 수익자 명의의 등기의 말소를 구하거나 수익자를 상대로 채무자 앞으로 직접 소유권 이전등기절차를 이행할 것을 구할 수도 있을 것이다.[214)

또한, 가등기가 사해행위로 이루어진 경우 그 부동산가액에서 피담보채무를 공제한 잔액의 범위 내에서 사해행위가 성립할 것이므로 그 매매예약을 취소하고 원상회복으로서 가등기를 말소하면 충분할 것이므로 가등기 후 저당권이 말소되었다거나 그 피담보채무가 일부 면제된 점 또는 그 가등기가 사실상 담보가등기라는 점 등은 그와 같은 원상회복방법에 아무런 영향을 주지 않는다.[215) 이러한 논리는 가압류인 경우에도 마찬가지이어서 가압류된 부동산을 사해행위로 취득한 수익자 또는 전득자가 그 가압류청구채권을 변제하거나 채권액 상당을 해방공탁하여 가압류의 집행을 취소시킨 경우에도 법원이 사해행위를 취소하면서 원상회복으로 원물반환 대신 가액배상을 명하여야 하거나 다른 사정으로 가액배상을 명하는 경우에도 그 변제액을 공제할 것은 아니라고 한다.[216) 또한 사해행위 후 그 목적물에 관하여 선의의 제3자가 저당권을 취득하였는데 사해행위의 취소에서 가액배상을 명하는 경우 그 가액에서 제3자가 취득한 저당권의 피담보채권을 공

---

214) 대판 2001.2.9. 2000다57139.

215) 대판 2001.6.12. 99다20612, 대판 2003.7.11. 2003다19435.

216) 대판 2003.2.11. 2002다37474.

제할 것이 아니다.[217]

(4) 목적부동산이 공동저당되어 있는 경우

상술한 (3)에서 저당권이 있는 부동산의 처분행위가 사해행위로서 취소되는 경우 반환에 관한 법리는 대상으로 된 부동산이 단독저당의 경우를 모델로 한 것이다. 이에 반하여 저당부동산이 공동저당으로 구성되어 있는 경우에는 어떻게 될 것인지 여부가 문제이다. 이 경우에도 현물반환인지, 가액배상인지 여부의 구별기준은 단독저당의 경우와 같은지 여부이다. 구체적으로 살펴보면, 저당권이 존속하고 있는지, 소멸하였는지 여부에 의해 구별을 하고 저당권이 존속하고 있는 경우에는 현물반환에 의해, 저당권이 소멸한 경우에는 가액배상에 의한 것으로 되는 것인지 여부가 문제이다. 한편, 공동저당의 부동산 가치의 합계를 공제한 잔액과 비교할 때 이 금액을 하회하는 부동산이 있는 경우에는 저당권이 말소된 이후에도 이러한 부동산의 현물반환을 인정하는 것이 적절한지 여부 또한 문제가 된다.

이 문제에 관하여는 단독저당의 처리준칙과 공동저당의 그것을 구별할 필요는 없을 것으로 생각된다. 여기에서도 저당권이 말소되어 있는 때에는 처분의 목적으로 된 부동산의 가격에서 그 부동산이 부담하여야 할 저당권의 피담보채권을 공제한 잔액의 한도에서 처분행위를 취소하고 가액배상을 명하여야 할 것이어서 일부 부동산의 회복을 명해서는 아니 될 것이다.[218] 그 배후에는 일부 부동산을 회복하여도 사해행위가 있기 이전의 상태로 원상회복되지 않는다는 평가가 있다고 생각하여야 하기 때문이다.

다음으로 저당권이 말소되어 있는 경우 가액배상을 할 때 복수부동산에 관하여 저당권에 의해 우선적으로 파악된 가치를 어떻게 부담시켜야 하는지 여부의 문제가 있다. 이것은 공동저당 특유의 문제이다. 공동저당의 실행에 있어서 제368조의 취지(할부주의)에 비추어 각 공동저당물건의 가액에 따라 저당권의 피담보채권을 안분한 가액을 비율로 분배하는 것이 합당할 것이다.

---

217) 대판 2003.12.12. 2003다40286.
218) 最判 平成4(1991).2.27.(民集46-2-112).

다. 가액배상의 경우 가격산정의 기준시

(1) 사실심구술변론종결시설

가액배상액을 산정함에 있어 그 가액은 수익자가 전득자로부터 실제로 수수한 대가와는 상관없이 사실심변론종결시를 기준으로 객관적으로 평가하여야 한다. 즉, 이 견해는 가액배상을 할 때 가격산정의 기준시는 취소의 효과가 발생하고 수익자 또는 전득자 측에서 재산회복의무를 부담하는 시점 즉, 취소소송의 사실심구술변론종결시를 원칙으로 한다고 하는 견해이다. 판례도 이 견해에 따르고 있다.[219]

(2) 수익시(전득시)설

이 견해에서는 수익자 또는 전득자가 사해행위에 관하여 악의인 점에 주목하여 수익자 또는 전득자는 수익 시 또는 전득 시부터 반환의무를 부담하고 있는 것이어서 수익한 또는 전득한 즉시 반환하여야 할 상태라고 한다면, 기본적으로 수익 시 또는 전득 시 가격을 수익자 또는 전득자가 최저한 보장하여야 할 가격이라고 한 다음 수익 시 또는 전득 시 이후 물건의 가격상승에 의한 이익은 제748조 제2항의 법리에 비추어 악의자에게 귀속시켜야 할 것이 아니라 채무자의 책임재산에 귀속시켜야 한다고 한다.

5. 현물반환, 가액배상이 문제가 되지 않는 상황

채권자취소권에서 현물반환인지, 가액배상인지 여부가 논의되는 것은 채무자의 적극재산이 이미 수익자, 전득자의 것으로 유출되어 버린 경우를 상정한 것이다. 그런데 이러한 적극재산 유출의 경우에 국한되지 않고 채무자가 제3자에 대하여 가지고 있는 채권에 관하여 면제의 의사표시를 하였는데 이러한 면제의 의사표시가 사해행위로서 취소된 경우 또는 채무자가 제3자와의 사이에 증여계약을 체결하였지만 목적물의 인도가 되어 있지 않은 상태에서 이러한 증여계약이 사해행위로서 취소된 경우 등에는 채권자취소권의 행사에 의해 원상회복(재산의 반환)과 관련하여 문제가 되기 때문이다.

위 각 경우에는 재산의 반환이 문제로 되지 않고 채권자취소권의 행사에 의해 각 법률행위(면제의 의사표시, 증여계약)가 취소된다고 하는 효과만이 발생한다. 또한, 이러한 경

---

219) 대판 2010.2.25. 2007다28819,28826, 대판 2010.4.29. 2009다104564.

우 취소의 효과가 발생하는 것은 취소채권자와 피고 간의 상대적인 관계에 한정되고 현물반환 또는 가액배상이 문제가 되지 않을 것이다.

6. 취소채권자 자신에 대한 지급(인도)청구

가. 자기에 대한 지급(인도)청구

채권자취소권을 행사하는 채권자는 악의의 수익자 또는 전득자에게 목적물(내지 금전적 가치)을 직접적으로 자기에게 인도하도록 청구할 수 있는지, 아니면 목적물(내지 금전적 가치)을 채무자에게 반환하라고 청구할 수 있는 것에 한정되는지 여부가 문제이다.

이에 관하여는 채무자가 수령하지 않는 경우도 있기 때문에 취소채권자가 직접 자기에게 지급하도록 청구할 수 있을 것이라고 하는 견해가 있는데[220] 채권자대위권의 경우와 마찬가지로 채권자취소권도 채무자의 재산에 관한 관리권이라고 한다면 재산관리권의 한 내용으로 추심권 또는 수령권을 인정하는 것이 적절하다고 볼 수 있을 것이다.

나. 수령물이 금전인 경우 사실상의 우선변제효

채권자대위권의 경우와 마찬가지로 채권자취소권에서도 피고로부터 대상을 수령한 취소채권자는 수령물이 금전이라고 한다면 채무자가 가지는 부당이득반환청구권(금전을 목적으로 하는 채권)을 수동채권으로 하여 채무자에 대한 자기의 피보전채권과 상계하는 것에 의해 사실상 우선변제권을 확보할 수 있는지 여부가 문제이다. 이를 허용하는 견해도 있는데[221] 이와 관련하여 수익자가 채무자의 채권자인 경우 수익자가 가액배상을 할 때 수익자 자신도 사해행위취소의 효력을 받는 채권자 중 1인이라는 이유로 취소채권자에 대하여 총 채권액 중 자기의 채권에 대한 안분액의 분배를 청구하거나 또는 수익자가 취소채권자의 원상회복에 대하여 총 채권액 중 자기의 채권에 해당하는 안분액의 배당요구권으로써 원상회복청구와 상계를 주장하여 그 안분액의 지급을 거절할 수는 없다고 보아야 할 것이다. 왜냐하면 수익자인 채권자로 하여금 안분액의 반환을 거절할 수 있도록한 취지는 자신의 채권에 대하여 변제를 받은 수익자를 보호하고 다른 채권자의 이익을

---

220) 大判 大正10(1921).6.18.(民錄27-1168).

221) 最判 昭和37(1962).10.9.(民集16-7-2070).

무시하는 결과가 되어 제도의 취지에 반하게 되기 때문이다.[222]

한편, 채무자에게 취소의 효과가 미치지 않으므로 채무자의 채권자에 대한 부당이득반환청구권을 수동채권으로 생각하는 점에서 논리적으로 일관되지 못할 수도 있다. 또한, 부당이득반환청구권이 인정되기 위해서는 반환을 청구하는 자에게 손실이 인정되어야 하는데 취소의 효과가 상대적이어서 채무자에게 미치지 않는다고 한다면, 문제의 금전적인 가치는 채권자취소권이 행사된 후에도 채무자와의 관계에서는 수익자에게 귀속하는 것으로 취급된다고 보아야 할 것이다. 따라서 반환청구권자가 이것을 부당이득으로 반환청구를 할 수 있다고 하는 것은 논리모순이라고도 생각할 수 있을 것이다.

다. 수령물이 금전 이외의 물건인 경우

취소채권자의 수령물이 금전 이외의 물건인 경우에는 상계를 통한 사실상의 우선변제권은 기능하지 않을 것이다. 채권자취소권을 행사하는 시점에 피보전채권이 금전채권으로 변경되어야 하기 때문에[223] 본래 피보전채권과 수령물반환채권은 동종목적의 채권이 아니어서 상계를 할 수 없을 것이다. 취소채권자는 채무자에 대한 피보전채권에 관하여 별도로 확정판결 등 집행권원을 얻어 자기 수중에 있는 수령물에 관하여 강제집행을 할 수밖에 없다. 이러한 경우에는 다른 채권자에게도 배당요구의 기회가 열릴 것이다(그러나 이것도 역시 사실상 취소의 효과는 원고인 취소채권자와 피고로 된 수익자, 전득자의 상대적 관계에서만 발생하는 상대적 취소설과는 모순이다). 확실히 강제집행의 준비기능을 가지는 책임재산의 보호제도로서의 채권자취소권이 예정된 바의 기능을 발휘하는 상황이다.

> [사례 1] 채권자 A의 채무자 B는 유일한 부동산을 유흥에 사용할 목적으로 그 사정을 알고 있는 C에게 저렴한 가격으로 매각하여 등기까지 이전해 주었다. A가 C를 상대로 사해행위의 취소를 할 경우 자기에게 등기이전을 청구할 수 있는가?
>
> [사례 2] 채권자 A의 채무자 B는 A를 해할 의도로 사정을 알고 있는 C에게 금전을 증여하여 무자력으로 되었다. A는 C에게 직접 자신에게 금전의 지급을 하도록 청구할 수 있는가?

---

222) 대판 2001.2.27. 2000다44348.

223) 最判 36(1961).7.19.(民集15-7-1875).

7. 수익자(전득자)가 채권자인 경우

가. 문제의 소재 - 이익분배청구권, 안분의 항변

사실상 우선변제권도 함께 고려할 때 문제가 되는 것은 채권자취소권의 상대방으로 된 수익자 또는 전득자(이하 "수익자"라고만 한다)도 역시 채무자의 채권자인 경우이다. 수익자인 채권자는 총 채권자의 채권총액에 대하여 자기의 채권액이 차지하는 비율에 따라 산정한 액을 기초로 취소채권자가 수령할 금전을 자기에게 배당하도록 요구할 수 있는지 여부가 문제이다. 역으로 말한다면, 취소채권자는 자신이 수령할 금전을 다른 채권자에게 분배할 의무를 부담하는지 여부의 문제이다(이익분배청구권의 문제). 또한, 수익자인 채권자가 취소채권자로부터 금전지급을 청구받은 경우 양자의 채권액에서 차지하는 자기 채권액의 비율에 대응한 금액의 지급을 거절할 수 있는지 여부이다(안분의 항변의 문제).

나. 판례이론과 그에 대한 평가

위 문제에 관하여 모두 부정적으로 이해하고 있는 견해가 있다. 즉, 전자에 관하여는 다른 채권자가 채무자의 일반재산에서 평등비율로 변제를 받을 수 있는 것은 그것을 위한 법률상의 절차가 취해진 경우뿐이고 취소채권자의 수중에 있는 반환물 위에 당연히 총 채권자와 평등한 비율에 의한 현실의 권리를 취득하는 것은 아니다. 따라서 취소채권자는 자신이 분배자가 되어 다른 채권자의 청구에 따라 평등비율에 의한 분배를 하여야 할 의무를 부담하지 않는다고 한다.[224] 후자에 관하여도 수익자가 안분액의 지급을 거절할 수 있다고 한다면, 재빨리 자기의 채권을 변제받은 수익자를 보호하고 총 채권자의 이익을 무시하는 것으로 되어 버린다고 하여 안분의 항변을 부정한다.[225] 따라서 채무자의 특정채권자에 대한 담보권설정행위가 사해행위로 취소가 확정된 경우에는 취소채권자 및 그 취소의 효력을 받는 다른 채권자에 대한 관계에서는 무효이므로 그 취소된 담보권자는 별도의 배당요구를 하여 배당요구채권자로서 배당받는 것은 별론으로 하고 담보권자로서는 배당받을 수 없다고 할 것인데 이는 사해행위취소 및 원상회복의 판결이 확정되었으나 그 담보권 등기가 말소되지 않고 있다가 경매로 인한 매각으로 말소된 경우에

---

224) 最判 昭和37(1962).10.9.(民集16-10-2070).

225) 最判 昭和46(1971).11.19.(民集25-8-1321).

도 마찬가지라고 할 것이다.[226] 강제집행의 준비라고 하는 채권자취소권의 제도 본래의 취지에 비추어 보면, 채권자취소권은 강제집행의 준비를 목적으로 하는 것에 국한하고 있기 때문에 한 걸음 더 나아가 책임재산의 분배, 청산 자체에 대하여는 알지 못한다고 보아야 할 것이므로 위 입장도 이치에 적합하다고 볼 수 있다.

그러나 수익자인 채권자의 이익분배청구 또는 안분항변이 되는 상황에서 채권자취소권이 강제집행의 준비라고 하는 제도 본래의 취지만을 고집하여 그것이 기능하지 못하고 오히려 방치해 두면, 취소채권자가 상계수단을 이용하여 자기 채권을 우선적으로 회수해 버릴 수 있을 것이므로 이러한 사실상의 우선변제효가 인정될 수 있는 상황에서 제407조를 무의미한 것으로 하지 않는 의미에서 차선책으로 위 후자의 안분항변을 인정하는 것도 좋은 방편일 것이다. 반면, 위 이익분배청구권을 인정하는 경우에는 강제집행절차의 부정으로 연결될 수 있기 때문에 소극적으로 이해하는 것이 적절할 것이다.

8. 피고로 된 수익자 또는 전득자와 채무자의 관계

사해행위는 피고로 된 수익자 또는 전득자와 취소채권자 사이에 취소되는 것으로 한정되어 채무자와의 관계에서는 확실히 유효하다(마찬가지로 전득자가 피고로 된 경우 수익자, 전득자의 관계, 전득자, 채무자의 관계에서도 당해 행위는 확실히 유효하다). 이것은 다음과 같은 점에서 의미를 가진다.

첫째, 채권자취소의 소를 제기당한 수익자는 채무자에게 채무불이행책임을 추궁할 수 없다. 제570조 이하 권리의 하자를 이유로 하는 담보책임을 추궁할 수도 없다. 그러나 수익자가 자신의 악의로 권리를 상실하는 것이기 때문에 채무자의 책임을 추궁할 수 없다고 하여도 방법이 없다고 하는 점에서 공평의 이념을 드는 견해도 있지만 올바르지 않다고 생각한다. 여기에서는 처분행위 시에 채무자는 목적물에 관하여 완전한 권리를 가지고 있던 것이어서 법률행위에 하자가 없는 점, 채무자에 의해 채무가 완전하게 이행되고 있는 점에 그 이유를 구할 수 있다.

둘째, 동산, 부동산의 매각이 사해행위로 될지라도 수익자가 채무자에게 대가(매각대금)를 지급한 경우에는 여기에서도 상대적 취소라는 이유 때문에 수익자, 채무자 간에는 당해 처분행위가 완전히 유효로 되기 때문에 수익자는 채무자에 대하여 지급대가(매매대금)의 반환을 청구할 수 없다.

---

226) 대판 2009.12.10. 2009다56627.

셋째, 수익자, 채무자 간에는 피처분재산이 채무자에게 복귀하지 않는다. 상대적 취소라고 하는 이유 때문에 당해 재산은 수익자, 채무자 간에는 유효한 처분행위에 의해 수익자에게 귀속되어 있다. 따라서 수익자는 채무자의 부당이득을 문제로 하는 것도 불가능하다. 특정물건의 소유권은 채권자와 수익자 간의 상대적 관계에서 채무자의 책임재산으로 반환될 뿐이다. 채무자와 수익자의 관계에서는 문제의 매매계약은 유효하고 이러한 매매계약을 원인으로 소유권은 수익자에게 이전하여 그에게 귀속되어 있다. 따라서 위 물건의 소유권에 관하여 채무자의 부당이득은 문제 되지 않는다. 또한, 상술한 바와 같이 채무자와 수익자의 관계에서는 문제의 매매계약은 유효하기 때문에 수익자가 채무자에게 한 지급도 유효한 채무의 변제이기 때문에 이미 지급한 대금의 부당이득도 문제로 되지 않는다. 다만, 수익자로부터 반환된 재산 또는 금전에서 채권자가 강제집행 또는 상계에 의해 현실적으로 피담보채권의 만족을 받은 경우에는 위 셋째와는 다른 관점에서 고려가 필요하다. 즉, 이러한 경우에는 수익자, 채무자 간에 수익자에게 귀속하여야 할 재산에 의해 채무자의 채무가 변제되는 사태가 발생하고 있기 때문이다. 또한, 채무자는 수익자의 손실로 채무에서 해방된다고 하는 이익을 받고 있다. 그렇기 때문에 이러한 경우에는 수익자는 부당이득을 이유로 채무자에 대하여 자기에게 귀속하여야 했던 재산적 가치의 반환청구권을 취득하게 될 것이다.

넷째, 채무자 입장에서는 채무자, 수익자 간의 법률행위가 취소되었다고 하여 수익자에 대하여 부당이득반환청구를 할 수 없다. 즉, 매매계약행위가 사해행위로 취소되었다고 하여도 그 효과는 채권자와 수익자 간에 상대적으로 발생하는 것에 불과하다. 즉, 채무자와 수익자 간의 매매계약행위는 유효하다. 그렇기 때문에 채무자는 수익자에 대하여 부당이득을 이유로 매매대금 상당의 지급을 구할 수도 없을 것이다.[227]

9. 취소채권자와 채무자의 관계

가. 판결의 효력

취소소송에서 채무자는 피고적격을 가지고 있지 않는 이상 판결의 효력도 채무자에게 미치지 않는다. 또한 채권자가 수익자를 상대로 사해행위 취소를 구하는 소를 제기하여

---

227) 最判 平成13(2001).11.16.(金法1670-63).

채무자와 수익자 사이의 법률행위를 취소하는 내용의 판결을 선고받아 확정되었다고 하여 그 판결의 효력이 그 소송의 피고가 아닌 전득자에게는 미칠 수 없는 것이므로 채권자가 그 소송과는 별도로 전득자에 대하여 채권자취소권을 행사하여 원상회복을 구하기 위해서는 제406조 제2항에서 정한 기간 내에 전득자에 대한 관계에 있어서 채무자와 수익자 사이의 사해행위를 취소하는 청구를 하지 않으면 아니 된다.[228]

나. 피보전채권의 시효중단

취소소송에서 채권자가 채무자에 대한 채권(피보전채권)의 존재를 주장하여도 피보전채권의 소멸시효가 중단되지 않는다고 하는 견해가 있다.[229] 그러나 채권자대위권의 경우와 마찬가지로 압류, 가압류 또는 가처분에 준하여 채무자에 대한 취소소송의 고지 또는 통지에 의한 중단(제176조)을 인정하는 것이 오히려 바람직하다고 생각한다.

VI. 채권자취소소송의 제기기간

1. "취소원인을 안 날"의 의미

채권자취소소송은 채권자가 취소원인을 안 날로부터 1년, 법률행위가 있는 날로부터 5년 이내에 제기하여야 하고 그 기간 내에 행사하지 않는 경우에는 채권자취소권이 소멸한다(406조 2항). 이 기간의 법적 성격은 모두 제척기간에 해당한다.[230] 또한, 여기에서 취소원인을 안 날이란 채권자가 채권자취소권의 요건을 안 날 즉, 채무자가 채권자를 해함을 알면서 사해행위를 하였다는 사실을 알게 된 날을 의미한다.[231] 따라서 단순히 채무자가 재산의 처분행위를 하였다는 사실을 아는 것만으로는 채권자가 취소원인을 알았다고 하기에 부족하고 채무자의 법률행위가 채권자를 해하는 행위라는 것 즉, 그 법률행위에 의하여 채권의 공동담보에 부족이 생기거나 이미 부족상태에 있는 공동담보가 한층

---

228) 대판 2005.6.9. 2004다17535.
229) 最判 昭和37(1962).10.12.(民集16-10-2130); 이 판결에서는 재판상 청구에 해당하지 않는다고 한다.
230) 대판 2003.7.11. 2003다19435.
231) 대판 2009.4.9. 2008다81398.

더 부족하게 되어 채권을 완전하게 만족시킬 수 없게 되었으며(구체적인 사해행위의 존재를 알고) 나아가 채무자에게 사해의사가 있었다는 것까지 알 것을 요한다. 따라서 채권자가 채무자의 제3자에 대한 금전의 증여행위가 사해행위에 해당한다는 것을 확실히 알지 못한 채 그 금전으로 취득한 제3자 명의의 부동산이 실은 채무자 소유인데 제3자에게 명의신탁한 것으로 잘못 알고 그 부동산을 대상으로 처분금지가처분신청을 하여 그 처분금지가처분등기가 경료되었다고 하여도 채권자가 그때부터 채무자가 채권자를 해함을 알면서 사해행위인 금전의 증여행위를 하였다는 사실을 알게 되었다고 볼 수는 없을 것이다.[232) 다만, 채권자가 수익자나 전득자의 악의까지 알아야 하는 것은 아니다.[233]

따라서 사해의 객관적인 사실을 알았다고 하여 취소의 원인을 알았다고 추정할 수 없을 것이므로[234) 객관적으로 보아 채권자를 해하는 법률행위가 존재하는 것만을 아는 것으로는 충분하지 않을 것이다. 왜냐하면, 채무자의 사해의사를 알지 못한다면 채권자취소권의 행사를 채권자에게 기대할 수 없기 때문이다.[235) 다만, 채무자가 유일한 재산인 부동산을 매각하여 소비하기 쉬운 금전으로 바꾸는 경우에는 채무자의 사해의사는 추정된다고 할 것이다. 따라서 채무자가 유일한 재산인 부동산을 매도한 경우 그러한 사실을 채권자가 알게 된 경우에는 채권자가 채무자에게 당해 부동산 이외에는 별다른 재산이 없다는 사실을 알고 있었다면 그때 채권자는 채무자가 채권자를 해함을 알면서 사해행위를 한 사실을 알게 되었다고 말할 수 있고[236) 채권자가 채무자의 재산 상태를 조사한 결과 자신의 채권 총액과 비교하여 채무자 소유의 부동산가액이 그에 미치지 못하는 것을 이미 파악하고 있는 상태였고 채무자의 재산에 대하여 가압류를 하는 과정에서 그중 일부 부동산에 관하여 제3자 가등기가 경료된 사실을 확인하였다고 한다면 다른 특별한 사정이 없는 한 채권자는 그 가압류 무렵에 채무자가 채권자를 해함을 알면서 사해행위를 한 사실을 알았다고 봄이 상당할 것이다.[237) 그러나 채권자가 채무자 소유의 부동산에

---

232) 대판 2009.4.9. 2008다81398.

233) 대판 2003.12.12. 2003다40286, 대판 2005.6.9. 2004다17535, 대판 2006.1.26. 2005다37185.

234) 대판 1989.9.12. 88다카26475, 대판 2000.2.25. 99다53704, 대판 2002.11.26. 2001다11239.

235) 大判 大正4(1915).12.10.(民錄21-2039), 最判 昭和46(1971).9.3.(金法628-36).

236) 대판 1997.5.9. 96다2606,2613, 대판 2000.9.29. 2000다3262.

237) 대판 2002.11.26. 2001다11239; 그러나 가등기에 기해 본등기를 한 경우 사해행위가 있는 날에 대해서는 "가등기의 등기원인인 법률행위를 제쳐 놓고 본등기의 등기원인인 법률행위만이 취소의 대상이 되는 사해행위라고 볼 것이 아니므로 가등기의 등기원인인 법률행위가 있는 날이 언제인지와 관계없이 본등기가 경료된 날로부터 사해행위 취소의 소의 제척기간이 진행된다고 볼 수 없다(대판 1996.11.8. 96다26329)"고 판시하여 법적 안정성보다는 구체적인 타당성을 중시하는 내용으로 제척기간을 결정하여야 한다는 내용으로 판시하고 있다.

대한 가압류를 신청할 때 첨부한 등기부등본에 수익자 명의의 근저당권설정등기가 경료되어 있었다는 사실만으로는 채권자가 가압류신청 당시 취소원인을 알았다고 인정할 수는 없을 것이다.[238]

2. 개별적인 제척기간의 준수 여부

가. 채권자가 사해행위의 취소와 원상회복을 청구하는 경우 사해행위의 취소만을 먼저 청구한 다음 원상회복을 나중에 청구할 수도 있다. 이때 사해행위 취소청구가 제406조 제2항에 정하여진 기간 내에 제기되었다고 한다면 원상회복청구는 그 기간이 지난 뒤에도 가능하다.[239]

나. 채권자취소권도 채권자가 채무자를 대위하는 형식으로 행사할 수 있을 것이다. 이러한 경우에는 채권자가 채무자의 권리를 행사하는 것이므로 제소기간은 대위의 목적으로 되는 권리의 채권자에 해당하는 채무자를 기준으로 하여 그 준수 여부를 가려야 할 것이다. 따라서 채권자취소권을 대위 행사하는 채권자가 취소원인을 안 날로부터 1년이 경과되었다고 할지라도 채무자가 취소원인을 안 날로부터 1년, 법률행위가 있은 날로부터 5년 내이라고 한다면 채권자취소의 소를 제기할 수 있을 것이다.[240]

---

238) 대판 2001.2.27. 2000다44348, 대판 2009.4.9. 2008다81398.

239) 대판 2001.9.4. 2001다14108.

240) 대판 2001.12.27. 2000다73049.

제7장 채권양도, 채무인수 및 계약인수

제1절 채권양도

Ⅰ. 의의 등

1. 의의

채권양도란 채권의 동일성을 바꾸지 않으면서 계약에 의해 채권을 이전하는 것을 말한다. 이러한 채권양도는 채권의 귀속주체가 법률행위에 의하여 변경되는 것 즉, 법률행위에 의한 이전을 의미한다. 여기서 '법률행위'란 유언 이외에는 통상적으로 채권이 양도인에게서 양수인으로 이전하는 것 자체를 내용으로 하는 그들 사이의 합의(이를 "채권양도계약"이라고 한다)를 가리킨다. 채권양도는 양도인(구채권자)과 양수인(신채권자)의 계약으로 이루어지기 때문에 채권양도계약의 당사자는 채권자와 양수인이다. 후술하는 채무자에 대한 통지나 채무자의 승낙은 대항요건에 불과하고 채무자는 채권양도계약의 당사자가 아니다. 예컨대, 건축공사가 수급인의 부도로 중단된 후 도급인, 수급인 및 하수급인 3자 사이에 하수급인이 시공한 부분의 공사대금 채권에 대하여 도급인이 이를 하수급인에게 직접 지급하기로 하고 이에 대하여 수급인이 아무런 이의를 제기하지 않기로 합의한 경우에는 그 실질은 수급인이 도급인에 대한 공사대금 채권을 하수급인에게 양도하고 그 채무자인 도급인이 이를 승낙한 것이라고 봄이 상당하므로[1] 도급인은 채권양도계약의 당사자가 아니다.

2. 구별개념

채권양도와 구별하여야 할 것은 채권양도의 의무를 발생시키는 것을 내용으로 하는 계약(이를 "양도의무계약"이라고 한다)이다. 이는 채권행위 또는 의무부담행위의 일종으로서 이는 구체적으로는 채권의 매매(제579조)나 증여, 채권을 대물변제로 제공하기로 하는 약정, 담보를 위하여 채권을 양도하기로 하는 합의(채권양도담보계약), 채권의 추심을 위임하는 계약(지명채권이 아닌 증권적 채권에 관한 것이지만 어음법 제18조, 수표법 제23

---

1) 대판 2000.6.23. 98다34812.

조는 어음상 또는 수표상 권리가 추심을 위하여 양도되는 방식으로서 추심위임배서에 대하여 규정하고 있다), 신탁(다만, 신탁법 제7조) 등 다양한 형태를 가질 수 있다.

비록 채권양도계약과 양도의무계약은 실제의 거래에서는 한꺼번에 일체로 행하여지는 경우가 적지 않으나 그 법적 파악에 있어서는 역시 구별되어야 하는 별개의 독립한 행위이다. 따라서 채권양도계약에 대하여는 그 원인이 되는 개별적인 채권계약의 효과에 관한 민법상의 임의규정은 다른 특별한 사정이 없는 한 적용되지 아니할 것이다.[2]

3. 법률적인 성질

채권양도는 채권자에 의해 채권이라는 재산권을 처분하는 행위의 일종으로서 준물권행위[3]에 해당되어 이행의 문제를 남기지 않는다. 그리고 채권양도와 그 원인행위와의 관계는 지명채권인 경우에는 유인성을 갖는 반면, 증권적 채권인 경우에는 무인성을 가진다. 그리고 지명채권의 양도는 불요식계약(통지, 승낙은 대항요건이다)인 반면, 증권적 채권의 양도는 요식계약이다. 그리고 양도되는 채권은 동일성을 유지하여 채권에 부종하는 권리는 당연히 양수인에게 이전하고 채권에 부착된 각종 항변은 그대로 존속한다.

또한, 채권양도에서 양도채권이 사회적 통념상 다른 채권과 구별하여 그 동일성을 인식할 수 있을 정도라고 한다면 그 채권을 특정하여 양도할 수 있고[4] 비록 가압류된 채권일지라도 그러한 채권의 양수인은 가압류에 의해 권리가 제한된 상태에서 채권을 양수받는다.[5]

Ⅱ. 채권양도의 유효성

1. 원칙-양도의 자유

채권은 원칙적으로 자유롭게 양도할 수 있다(제449조 본문). 그러나 채권 중에는 특정

---

2) 대판 2011.3.24. 2010다100711.
3) 대판 2011.3.24. 2010다100711.
4) 대판 1998.5.29. 96다51110.
5) 대판 2000.4.11. 99다23888.

인 간의 개인적 요소 또는 신뢰관계에 의해 강하게 의존하는 경우가 있고 사회·정책적 고려 때문에 특정채권자가 급부하여야 할 것이 강하게 요청되는 경우도 있다. 또한 채권 의 재화성만을 강조하여 채권처분의 자유가 인정될 경우 채권에 의해 실현하고자 한 본 래의 이익 상태와 다른 사태가 출현할 우려가 있는 경우도 있다. 따라서 이러한 경우에 는 채권의 양도성이 제한되는 경우도 있을 수 있다.

2. 채권양도의 제한

가. 채권양도가 제한되는 경우

(1) 채권의 성질이 양도를 허용하지 않는 경우에는 그 채권양도의 효력은 발생하지 않 는다(제449조 제1항 단서). 예컨대, 임금채권(근로기준법 제36조 제1항)을 양도하는 경 우,[6] 2인 동업의 조합관계에서 조합원 1인이 다른 조합원의 동의 없이 조합채권을 양도 하는 경우[7] 등은 원칙적으로 양도가 무효이다. 또한, 전세권이 담보물권적 성격도 가지고 있을 뿐만 아니라 부종성과 수반성이 있으므로 전세권을 그 담보하는 전세금반환채권과 분리하여 양도하는 것은 허용되지 않는다. 다만 담보물권의 수반성이란 피담보채권의 처 분이 있으면 언제나 담보물권도 함께 처분된다는 것이 아니라 채권담보라는 담보물권제도 의 존재목적에 비추어 볼 때 특별한 사정이 없는 한 피담보채권의 처분에는 담보물권의 처분도 포함된다고 보는 것이 합리적이라는 것을 말하는 것일 뿐이다. 그러므로 전세권이 존속기간 만료로 소멸한 경우 또는 전세계약의 합의해지 또는 당사자 간의 특약에 의해 전세권반환채권의 처분에도 불구하고 전세권의 처분이 따르지 않는 경우 등 특별한 사정 이 있는 때에는 채권양도인은 담보물권이 없는 무담보의 채권을 양도할 수도 있다.[8]

그리고 전세권은 전세금을 지급하고 타인의 부동산을 그 용도에 따라 사용, 수익하는

---

6) 대판(전합) 1988.12.13. 87다카2803; 이 판결의 판지에 따르면, "근로자의 임금채권은 그 양도를 금지하는 법률의 규정이 없으므로 이를 양도할 수 있음"을 선언하고 다만, "근로기준법 제36조 제1항에서 임금직접 지급의 원칙을 규정한 점, 동법 제109조에서 그에 위반하는 자는 처벌을 하도록 하는 규정을 두어 그 이 행을 강제하고 있는 점 및 임금이 확실하게 근로자 본인의 수중에 들어가게 하여 그의 자유로운 처분에 맡기고 나아가 근로자의 생활을 보호하고자 하는 데 있는 점 등에 비추어 근로자가 그 임금채권을 양도한 경우라고 할지라도 그 임금의 지급에 관하여는 같은 원칙이 적용되어 사용자는 직접 근로자에게 임금을 지급하여야 하므로 그 결과 비록 양수인이라고 할지라도 스스로 사용자에게 임금지급을 청구할 수는 없 다"고 판시하고 있다.
7) 대결 1990.2.27. 88다카11534.
8) 대판 1997.11.25. 97다29790.

권리로서 전세금의 지급이 없으면 전세권은 성립하지 아니하는 점 등에 비추어 전세금은 전세권과 분리될 수 없는 요소일 뿐만 아니라 전세권에서는 그 설정행위 시 금지하지 아니하는 한, 전세권자는 전세권 자체를 처분하여 전세금으로 지출한 자본을 회수할 수 있으므로 전세권이 존속하는 동안에는 전세권을 존속시키기로 하면서 전세금반환채권만을 전세권과 분리하여 확정적으로 양도하는 것은 허용되지 않는 것이고 다만 전세권 존속 중에는 장래에 그 전세권이 소멸하는 경우 전세금반환채권이 발생하는 것을 조건으로 그 장래의 조건부 채권을 양도할 수 있을 뿐이라고 할 것이다.[9]

(2) 채권양도를 할 때 채무자에 대한 대항요건으로서 하는 채권양도의 통지는 양도인이 채무자에게 당해 채권을 양수인에게 양도하였다는 사실을 알리는 관념의 통지에 해당하는데 채권의 성질상 또는 당사자의 의사표시에 의하여 권리의 양도가 제한되어 그 양도에 채무자의 동의를 얻어야 하는 경우에는 통상의 채권양도와 달리 양도인의 채무자에 대한 통지만으로는 채무자에 대한 대항력이 생기지 않으며 반드시 채무자의 동의를 얻어야 대항력이 생긴다.[10] 예컨대, 소유권 이전등기청구권을 매수인으로부터 양수받은 양수인은 매도인이 그 양도에 대하여 동의하지 않고 있다면 매도인에게 채권양도를 원인으로 하여 소유권 이전등기청구절차의 이행을 청구할 수 없어 그 권리의 성질상 양도가 제한된다.[11] 다만, 이렇게 양도가 성질상 제한된 채권양도일지라도 양도인의 채무자에 대한 통지 이외에 채무자의 동의나 승낙을 얻을 경우 채무자에 대한 대항력이 생긴다고 할 것이다.[12] 따라서 다세대건물에 대한 분양계약상 매수인의 지위를 양수하지 않은 이상, 매수인으로부터 채권으로서의 소유권 이전등기청구권을 양도받은 것만으로써는 양수인이 매도인에게 그 다세대건물의 매수인임을 주장할 수 없는 것이고 이와 같은 매수인의 지위를 양수할 때에는 계약의 상대방인 매도인과의 합의(승낙)가 있어야 한다.[13]

(3) 법률에서 양도할 수 없도록 되어 있는 채권이 있다(제979조, 근로기준법 제89조). 예컨대, 소송행위를 주목적으로 채권양도가 이루어진 경우 그 채권양도는 신탁법상의 신탁에 해당하지 않는다고 하여도 신탁법 제7조가 유추적용이 되어 무효라고 할 것이다.[14]

---

9) 대판 2002.8.23. 2001다69122.

10) 대판 1996.2.9. 95다49325.

11) 대판 2001.10.9. 2000다51216.

12) 대판 1996.2.9. 95다49325.

13) 대판 2005.3.10. 2004다67653,67660.

(4) 채권자와 채무자 간에 특약을 체결하여 채권양도를 금지하는 것(양도금지특약)은 계약자유의 원칙상 지장이 없다(제449조 제2항 본문). 다만, 이것을 허용한다고 할지라도 양수인이 양도금지특약의 존재를 알지 못하고 채권을 양수한 경우 그 알지 못함에 중대한 과실이 있는 때에는 이는 악의와 같이 취급되므로 악의의 양수인과 같이 양도에 의한 채권을 취득할 수 없을 것이다.[15] 그리고 제3자의 악의 내지 중과실은 채권양도금지의 특약으로 양수인에게 대항하려는 자가 이를 주장, 입증하여야 하고[16] 양수인의 악의나 중과실을 추단할 수 없을 뿐만 아니라[17] 양도금지특약이 기재된 채권증서의 존재만으로 곧바로 그 특약의 존재에 관하여 양수인의 악의나 중과실을 추단할 수도 없다. 그러나 은행거래에 경험이 있는 자가 예금채권의 양도를 제한하고 있는 사실이 적어도 그러한 자에게 널리 알려진 사항이었다고 한다면 위와 같은 자가 예금채권을 양수한 경우 특별한 사정이 없는 한 예금채권에 대하여 양도제한의 특약이 있음을 알았다고 할 것이고 그렇지 않다고 하더라도 알지 못한 것에 중대한 과실이 있다고 보아야 할 것이다.[18]

한편, 양도금지특약이 붙은 채권이 양도된 경우 양수인의 악의 또는 중과실에 대한 입증책임은 채무자가 부담하지만 그러한 경우에도 채무자로서는 양수인의 선의 등의 여부를 알 수 없어 과연 채권이 적법하게 양도된 것인지 여부에 관하여 의문이 제기될 여지가 충분히 있으므로 특별한 사정이 없는 한 제487조 후단의 채권자불확지를 원인으로 하여 변제공탁을 할 수 있다.[19]

(5) 기존채무의 지급을 위하여 수표를 교부받은 채권자가 그 수표와 분리하여 기존의 원인채권만을 제3자에게 양도한 경우 기존채무의 지급을 위하여 수표를 교부하였다는 것은 채무자와 기존채권의 양도인 사이에서는 그 수표금이 지급되는 등 채무자가 그 수표상의 상환의무를 면하게 되면 원인채무 또한 소멸할 것을 예정하고 있었던 것으로 보아야 할 것이다. 그런데 수표금의 지급으로써 기존 원인채무도 소멸할 것을 예정하고 있었던 사정은 그 채권양도통지 이전에 이미 존재하고 있었던 것이므로 그 채권양도통지 후 수표금의 지급이 이루어지더라도 이는 양도통지 후 새로이 발생한 사유로 볼 수는 없다

---

14) 대판 2002.12.6. 2000다4210.

15) 대판 1996.6.28. 96다18281, 대판 1999.1.12. 98다49937, 대판 2000.4.25. 99다67482.

16) 대판 1999.12.28. 99다8834, 대판 2003.1.24. 2000다5336,5343.

17) 대판 2000.4.25. 99다67482.

18) 대판 2003.12.12. 2003다144370.

19) 대판 2000.12.22. 2000다55904.

고 할 것이다. 따라서 이러한 경우 채무자는 기존 원인채권의 양수인에게 기존채무의 지급을 위하여 교부한 수표가 양도통지 이후 결제되었다는 사유로써 그 기존채무의 소멸을 주장할 수 있다.[20]

(6) 당사자 간에 양도금지의 특약이 있는 채권이라도 압류 및 전부명령에 의하여 이전할 수 있고 양도금지의 특약이 있는 사실에 관하여 압류채권자가 선의인지 여부는 전부명령의 효력에 영향을 미치지 않는다.[21] 또한, 전부명령이 유효한 이상 그 전부채권자로부터 다시 그 채권을 양수한 자가 그 특약의 존재를 알았거나 중대한 과실로 알지 못하였다고 하더라도 위 특약을 근거로 삼아 채권양도의 무효를 주장할 수 없을 것이다.[22]

(7) 임대인과 임차인 간의 약정에 의하여 임차권의 양도가 금지되어 있다고 하더라도 그러한 사정만으로 임대차계약에 따른 임대차보증금반환채권의 양도까지 금지되는 것은 아니다. 따라서 갑이 X에게 임차권뿐만 아니라 임대차보증금반환채권을 양도하고 Y에게 위 반환채권이 X에게 양도되었다는 사실을 통지한 이상 그 후 X는 위 임대차보증금반환채권의 양수인으로서 Y가 갑과 X 간의 임차권 양도에 동의하였는지 여부에 상관없이 Y에게 임차보증금의 반환을 구할 수 있다.[23] 또한, 임대차계약서에 기재되어 있는 문언의 내용상으로 임대보증금반환채권에 관한 양도금지특약을 하는 것은 임대인에게도 실익이 없는 것은 아니라고 할 것이다.[24]

나. 양도금지특약을 위반한 채권양도의 효력

(1) 선의양수인에 대한 대항불가

양도금지특약에 위반한 양도는 채무자에 대한 채권자의 채무불이행에 해당하고 채권양도 자체를 무효로 한다. 그러나 양도금지특약으로 선의의 제3자에게 대항할 수 없다(제449조 제2항 단서). 따라서 양도금지특약이 있는 채권을 선의의 제3자가 양수한 때에는 채권은 양수인에게 유효하게 이전한다. 여기에서 말하는 선의의 제3자가 되기 위해서는

---

20) 대판 2003.5.30. 2003다13512.

21) 대판 2002.8.27. 2001다71699.

22) 대판 2003.12.11. 2001다3771.

23) 대판 2001.6.12. 2001다2624.

24) 대판 2003.1.24. 2000다5336,5343.

양수인의 과실은 고려할 필요가 없다. 다만, 상술한 바와 같이 양수인에게 고의 또는 중대한 과실이 있는 때에는 그러하지 않다. 즉, 채무자는 제3자가 채권자로부터 채권을 양수한 경우 채권양도금지특약의 존재를 알고 있는 양수인이거나 그 특약의 존재를 알지 못함에 중대한 과실이 있는 양수인에게 그 특약으로써 대항할 수 있다. 그리고 여기서 말하는 '중과실'이란 통상인에게 요구되는 정도의 상당한 주의를 하지 않더라도 약간의 주의를 한다면 손쉽게 그 특약의 존재를 알 수 있음에도 불구하고 그러한 주의조차 기울이지 아니하여 특약의 존재를 알지 못한 것을 말하며,[25] 제3자의 악의 내지 중과실은 채권양도금지특약으로 양수인에게 대항하려는 자가 이를 주장, 입증하여야 한다.[26]

(2) 채무자에 의한 추인

양도금지특약이 있는 채권을 양수한 양수인에게 악의(또는 중과실)가 있는 때에도 채무자가 채권양도를 승낙한 경우에는 채권양도는 양도한 때로 소급하여 유효하다.[27] 채무자의 승낙에 의해 채권양도가 유효하게 되는 이유는 양도금지특약이란 채무자의 이익을 보호하기 위한 것이고 채무자의 승낙이 있으면 양도 제한이 해소된다고 생각할 수 있기 때문이다. 또한, 채무자가 승낙을 한 결과 채권양도가 양도 시에 소급하여 유효로 되는 것은 무권리자의 처분행위도 권리자의 추인이 있으면 제133조의 유추적용에 의해 처분 시로 소급하여 유효로 된다고 하는 것을 근거로 양도금지특약이 있는 경우에도 무효행위의 추인이라는 것과 비교하여 이것과 공통적인 의식에서 이 법리의 응용이 가능하다고 생각할 수 있는 점에 기인한다.[28]

3. 장래채권의 양도

가. 원칙-유효

장래에 발생할 채권(이하 "장래채권"이라고 한다)도 현재 그 권리의 특정이 가능하고 가까운 장래에 발생할 것임이 상당할 정도로 기대되는 경우에는 채권양도의 대상이 될

---

25) 대판 2010.5.13. 2010다8310.

26) 대판 2000.12.22. 2000다55904, 대판 2003.1.24. 2000다5336, 5343.

27) 最判 昭和52(1977).3.17.(民集 31-2-308).

28) 最判 平成9(1997).6.5.(民集 51-5-2053).

수 있다.[29] 채권양도 당시 양도목적채권의 채권액이 확정되어 있지 아니하였다고 하더라도 채무의 이행기까지 이를 확정할 수 있는 기준이 설정되어 있다면 그 채권양도는 유효한 것으로 보아야 한다. 따라서 장래에 매매계약을 해제할 때 발생할 원상회복채권을 채권양도 당시 특정할 수 있거나 가까운 장래에 발생할 가능성을 상당한 정도로 기대할 수 있다고 한다면 채권양도는 유효하다.[30] 장래채권을 목적으로 하는 채권양도계약에서는 계약당사자가 양도의 목적이 된 채권 발생의 기초를 이루는 사정을 적절히 고려하고 위와 같은 사정에서 채권 발생의 가능성 정도를 고려한 다음 위 채권이 생각한 바와 같이 발생하지 않은 경우 양수인에게 발생할 불이익에 관하여는 양도인의 계약상 책임추궁에 의해 청산하는 것을 통하여 계약을 체결하는 것으로 볼 수 있기 때문에 위 계약을 체결할 때 위 채권 발생의 가능성이 낮은 것을 원인으로 위 계약의 효력을 당연하게 좌우해서는 아니 된다.[31]

현재 발생된 채권 내지 장래채권을 양도하는 내용으로 하는 예약(채권양도의 예약)도 계약자유의 원칙에 따라 유효하다. 또한, 다수의 채권을 포괄적으로 양도하는 예약일지라도 예약완료 시에 양도 목적으로 될 수 있는 채권을 양도인이 가지는 다른 채권과 식별할 수 있을 정도로 특정되어 있다면 충분할 것이다.[32] 또한 채권양도예약이 된 경우 양도채권이 채권자로부터 양수인에게 이전하는 것은 예약완결권이 행사된 시점이다.[33]

나. 예외-공서양속 위반에 의한 무효

장래채권의 양도가 예외적으로 공서양속 등에 위반이 되어 무효로 되는 경우가 있다. 공서양속 등의 위반에 해당하는 것으로는 양도인의 영업활동, 거래활동의 자유를 부당하게 구속하는 것으로 되는 경우와 양수인이 양도인에 대한 채권자인 경우 담보목적으로 장래채권의 (포괄적인) 양도가 된 것으로 양도인에 대한 다른 채권자의 담보로 되어야 할 재산에서 양수인이 과잉으로 우선적 회수 가능성을 획득하도록 해 주는 경우 등을 생각할 수 있다.

---

29) 대판 1991.6.25. 88다카6358, 대판 1997.7.30. 95다7932.

30) 대판 1997.7.25. 95다21624.

31) 最判 平成11(1999).1.29.(民集 53-1-151).

32) 最判 平成12(2000).4.21.(民集 554-4-1562), 양도채권액이 예약 시에 확정되어 있을 필요는 없다.

33) 最判 平成13(2001).11.27.(民集55-6-1090).

Ⅲ. 채권양도와 채무자에 대한 대항요건

1. 서언

채권양도는 채권자와 양수인이 계약을 통해 이루어진다. 채무자는 양도계약의 당사자는 아니다. 그러나 채무를 부담하고 있는 채무자는 채권이 자신도 모르는 사이에 양도되는 것에 의해 이중변제의 위험이 발생될 우려가 있기 때문에 채권자가 누구인지 여부에 관하여 중대한 이해관계를 가지고 있다. 따라서 이러한 상황에서 채무자를 보호하기 위하여 민법은 채무자에 대한 대항요건(권리행사요건)제도를 도입하였다. 이것은 채권자가 채무자에게 채권양도의 사실 통지를 하는 것 또는 채무자가 채권양도사실에 관하여 승낙을 하는 것이다(제450조 제1항).

2. 통지

가. 의의

채무자에 대한 대항요건으로서 통지는 양도인에 의해 채권이 종래의 채권자로부터 양수인에게 양도된 사실에 관하여 통지하는 것을 말한다. 양도통지는 "관념의 통지"라는 법적 성질을 갖고 있다.

나. 채권양도의 통지인 등

(1) 통지는 양도인이 하여야 한다(제450조 제1항). 다만, 채권양도통지에서는 법률행위의 대리에 관한 규정이 유추적용이 되기 때문에 양수인이 양도인의 사자 또는 대리인으로서 그 양도통지를 하여도 무방하다.[34]

(2) 통지는 양도채권을 특정할 수 있는 사항을 표시하고 동시에 양수인이 누구인지 여부를 특정하는 것이어야 한다. 양수인을 특정하지 않은 통지는 대항요건의 의미를 갖지

---

34) 대판 1983.8.23. 82다카439, 대판 1994.2.27. 94다19242, 대판 1997.6.27. 95다40977.

못한다.

(3) 채권양도통지의 권한을 위임받아 대리인으로서 그 통지를 할 때 대리관계의 현명을 하지 아니한 채 양수인 명의로 된 채권양도통지를 채무자에게 발송할 경우 원칙적으로 도달되었다고 할지라도 그 효력이 없다. 그러나 채권양도통지서 자체에 양수받은 채권의 내용이 기재되어 있고 채권양도양수계약서가 위 통지서에 첨부되어 있어 채무자로서는 양수인에게 채권양도통지의 권한이 위임되었는지 여부를 쉽게 알 수 있는 사정 등이 있는 경우에는 즉, 무현명에 의한 채권양도통지를 제115조 단서에 의해 유효하다고 볼 수 있는 경우도 있을 수 있다.[35] 다만, 위와 같은 판단을 할 때 양도인이 실시한 채권양도통지만이 대항요건으로서 효력을 가지게 한 뜻이 훼손되지 않도록 채무자의 입장에서 양도인의 적법한 수권에 기하여 그러한 대리통지가 행하여졌음을 제반 사정에 비추어 커다란 노력 없이 확인할 수 있는지 여부를 신중하게 고려하여야 한다. 특히, 양수인에 의하여 행하여진 채권양도의 통지를 대리권의 "묵시적" 수여의 인정 및 현명원칙의 예외를 정하는 제115조 단서의 적용이라는 이중의 우회로를 통하여 유효한 양도통지로 가공하여 탈바꿈시키는 것은 법의 왜곡으로서 경계하여야 한다. 왜냐하면 채권양도의 통지를 양도인 또는 양수인 중 누가 하든지 하기만 하면 대항요건으로서 유효하게 되는 것은 채권양도의 통지를 양도인이 하도록 한 법의 취지를 무의미하게 할 우려가 있기 때문이다.[36]

(4) 양도통지가 사전에 될 경우 채무자가 불안정한 지위에 놓일 수 있기 때문에 원칙적으로 사전통지는 허용되지 않는다.[37] 그러나 그렇다고 할지라도 양도와 동시에 이루어질 필요는 없다. 통지가 도달한 때(사회통념상 통지의 내용을 알 수 있는 객관적인 상태에 놓였을 때)부터 양수인이 채권양도의 사실을 채무자에게 주장할 수 있고 권리를 행사할 수 있다. 그러나 우편물을 채무자의 가정부가 수령한 직후 한집에 거주하고 있는 통지인인 채권자가 바로 회수해 버렸다면 그러한 통지는 피고에게 도달되었다고 볼 수 없을 것이다.[38]

---

35) 대판 2004.2.13. 2003다43490.
36) 대판 2011.2.24. 2010다96911.
37) 대판 2000.4.11. 2000다2627.
38) 대판 1983.8.23. 82다카439.

(5) 장래 발생할 채권(장래채권)을 양도할 수도 있다. 이러한 경우에는 채권 발생 전에 이루어진 양도통지일지라도 양도 이후에 채권이 발생하였다고 할지라도 대항요건으로서 유효하다. 또한, 이러한 경우 채권양도 당시 양도할 채권의 채권액이 확정되어 있지 않다고 하더라도 채무의 이행기까지 이를 확정할 수 있는 기준이 설정되어 있으면 그 채권의 양도는 유효한 것으로 보아야 한다.[39]

(6) 채권양도가 있기 전에 미리 하는 사전통지는 채무자로 하여금 양도시기를 확정할 수 없는 불안한 상태에 있게 하는 결과가 되어 원칙적으로 허용할 수 없다.[40]

(7) 채권양도의 통지는 채무자에게 도달됨으로써 효력이 발생하는 것인데, 여기서 도달이라 함은 사회통념상 상대방이 통지의 내용을 알 수 있는 객관적 상태에 놓였다고 인정되는 상태를 가리킨다. 이와 같이 도달은 보다 탄력적인 개념으로서 송달장소나 수송달자 등의 면에서 위에서 본 송달에서와 같은 엄격함은 요구되지 않는다. 송달장소 등에 관한 민사소송법의 규정을 유추 적용할 것이 아니다. 따라서 채권양도의 통지는 민사소송법상의 송달에 관한 규정에서 송달장소로 정한 채무자의 주소, 거소, 영업소 또는 사무소 등에 해당하지 않는 장소에서도 채무자가 사회통념상 그 통지의 내용을 알 수 있는 객관적 상태에 놓여 있다고 한다면 충분하다. 따라서 채권양도통지서가 배달된 장소는 민사소송법상의 적법한 송달장소가 아니라고 하여도 양도통지가 유효할 수 있다.[41]

다. 통지의 효과

채권양도통지가 이루어질 때까지 양수인은 채권양도사실을 채무자에게 주장할 수 없다. 채무자는 양도인을 채권자로 보아 이행을 하거나 또는 상계를 할 수 있다. 양수인이 채권을 행사한다고 하여도 채무자는 이행을 거절할 수 있다. 그러나 채무자가 적극적으로 양도사실을 인정하고 양수인에게 이행하는 것은 아무런 지장이 없을 것이다.

한편, 양도인의 양도통지가 있으면 채무자는 통지를 받을 때까지 양도인에게 발생한 사유로 양수인에게 대항할 수 있다(제451조 제2항). 변제에 의한 양도채권의 소멸, 양도

---

39) 대판 1997.7.25. 95다21624.

40) 대판 2000.4.11. 2000다2627.

41) 대판 2010.4.15. 2010다57.

대상인 채권의 부존재, 동시이행의 항변 등이 그 예이다.

3. 승낙

가. 의의

채무자의 승낙이란 채권양도사실을 알고 있다고 하는 인식을 채무자가 표명하는 것을 말한다. 따라서 승낙을 하는 경우에는 그 대상채권이 특정되어야 한다. 따라서 채무자가 채권양도인에게 갑 토지에 관한 장래 분양대금반환채무 외에도 을 토지에 관한 장래 분양대금반환채무을 부담하고 있었음에도 승낙서에는 양도된 채권의 표시나 금액에 관하여 아무런 기재가 없는 경우에는 비록 위 채권양도의 승낙이 있다고 하여도 승낙 대상인 채권이 특정되어 있지 않았기 때문에 유효한 승낙이라고 말할 수 없을 것이다.[42] 또한 채무자의 승낙에 관하여 다툼이 발생한 경우 채권양수인은 양도인이 채무자에게 채권양도의 통지를 하거나 채무자가 이를 승낙하여야 비로소 채무자에게 채권양수를 주장(대항)할 수 있으므로 그 입증은 양수인이 사실심에서 주장, 입증하여야 할 책임이 있다고 할 것이다.[43]

　(1) 승낙의 상대방은 양도인이든지, 양수인이든지 관계가 없다.[44] 즉, 채권양도의 통지가 채무자에게 이루어져야 하는 것과는 달리 채무자의 승낙은 양도인 또는 양수인 모두가 상대방이 될 수 있다. 한편, 채권양도의 대항요건인 채무자의 승낙은 채권양도사실을 채무자가 승인하는 의사를 표명하는 채무자의 행위라고 할 수 있는데 채무자는 채권양도를 승낙하면서 조건을 붙여서 할 수 있다.[45]

　(2) 양도통지의 경우와 달리 승낙은 양도 전의 승낙이라고 하여도 양도채권과 양수인이 특정되어 있는 경우에는 대항요건으로서 유효하다.[46]

---

42) 대판 2011.7.14. 2009다49469.

43) 대판 1990.11.27. 90다카27662.

44) 대판 1986.2.25. 85다카1529.

45) 대판 2011.6.30. 2011다8614.

46) 最判 昭和28(1953).5.29.(民集 7-5-608).

(3) 채무자는 채권양도를 승낙한 후 취득한 양도인에 대한 채권으로 양수인에게 상계로서 대항할 수 없다.[47]

나. 이의를 보류한 승낙과 이의를 보류하지 않은 승낙

채무자는 승낙을 할 때 이의를 붙일 수 있다(제451조 제1항). 또한 조건을 붙여서 할 수도 있다.[48] 예컨대, 그 채권은 이미 변제에 의해 소멸되었다고 한다든지, 그 채권을 발생시킨 계약이 무효가 되었다고 하는 이의이다. 그 결과 채무자의 승낙에는 이의를 보류한 승낙과 이의를 보류하지 않은 승낙의 2가지 형태가 있을 수 있다.

(1) 채무자가 승낙을 하면서 이의를 보류한 경우 그 이의가 정당한 것이라고 한다면 채무자는 이것을 양수인에게 대항할 수 있다(제451조 제1항의 반대해석).

(2) 채무자가 승낙을 할 때 이의를 보류하지 않은 경우 채무자는 양수인이 채권을 행사할 때 양도인에게 주장할 수 있는 모든 항변사유를 양수인에게 주장할 수 없다(제451조 제1항 전단, 항변절단효). 이의를 보류하지 않은 승낙의 결과로서 발생한 항변절단효를 인정하는 것은 이의를 보류하지 않은 승낙이라는 외관을 신뢰한 양수인을 보호하고 거래안전을 도모하기 위하여 법률이 부여한 효과에 해당한다. 이러한 입장에서 항변절단의 효과를 주장하기 위해서는 양수인은 선의, 무과실이어야 할 것이다. 이의를 보류하지 않은 승낙이 이루어진 결과, 채무자와 양수인 간에 항변이 절단되는 때에는 이것에 의해 발생하는 채무자의 불이익은 채무자와 양도인 간에 조정을 하게 될 것이다(제451조 제1항 후단).

(3) 제451조 제1항은 채무자의 승낙이라는 사실에 공신력을 주어 양수인을 보호하고 거래의 안전을 도모하기 위한 규정에 해당하므로 이러한 경우 양도인에게 대항할 수 있는 사유로서 양수인에게 대항하지 못하는 사유는 협의의 항변권에 한하지 아니하고 넓게 채권의 성립, 존속 및 행사를 저지하거나 배척하는 사유를 포함한다. 이는 지명채권에 대한 질권 설정의 경우에도 동일하다. 따라서 은행지점의 지점장 대리가 허위의 정기예금통장을 만들어 가공의 정기예금에 대한 질권설정승낙의뢰서에 질권 설정에 대하여 아무

---

47) 대판 1984.9.11. 83다카2288.

48) 대판 1987.7.11. 88다카20888, 대판 2011.6.30. 2011다8614.

런 이의를 유보하지 아니하고 승낙한다는 뜻을 기재하고 은행의 대리 약인을 찍은 질권 설정승낙서를 교부한 경우 은행은 그 질권자에게 그 정기예금채권에 대한 질권 설정에 이의를 유보하지 아니한 승낙을 하였으므로 그 정기예금채권의 부존재를 이유로 질권자에게 대항할 수 없다고 할 것이다.[49]

다만, 채권의 양도나 질권의 설정에 대하여 이의를 보류하지 아니하고 승낙을 하였더라도 양수인 또는 질권자가 악의 또는 중과실이 있는 경우에는 채무자의 승낙 당시까지 양도인 또는 질권설정자에게 생긴 사유로 양수인 또는 질권자에게 대항할 수 있다. 따라서 보험금청구권은 보험자의 면책사유 없는 보험사고에 의하여 피보험자에게 손해가 발생한 경우 비로소 권리로서 구체화가 되는 정지조건부 권리이고 그 조건부 권리도 보험사고가 면책사유에 해당하는 경우에는 그것에 의하여 조건 불성취로 확정되어 소멸하는 것이라 할 것이다. 따라서 위와 같은 보험금청구권의 양도 또는 질권 설정에 대한 채무자의 승낙은 별도로 면책사유가 있으면 보험금을 지급하지 않겠다는 취지를 명시하지 않아도 당연히 그것을 전제로 하고 있다고 보아야 하고 그 양수인 또는 질권자도 그러한 사실을 알고 있었다고 보아야 할 것이다. 그리고 보험사고 발생 전에 보험금청구권의 양도 또는 질권 설정을 승낙할 때 보험자가 위 항변사유가 상당할 정도로 발생할 가능성이 있음을 인식하였다는 등의 사정이 없는 한 존재하지도 아니하는 면책사유의 항변을 보류하고 이의하여야 한다고 말할 수는 없으므로 보험자가 비록 위 보험금청구권의 양도를 승낙한 때 또는 질권의 설정을 승낙한 때에 면책사유에 대한 이의를 보류하지 않았다고 하더라도 보험계약상의 면책사유를 양수인 또는 질권자에게 주장할 수 있다. 따라서 보험료 미납을 이유로 한 해지항변은 보험자가 이의를 보류하지 아니하고 양도 또는 질권의 설정을 승낙한 경우에는 양수인 또는 질권자에게 대항할 수 없다.[50]

(4) 채권양도가 다른 채무의 담보조로 이루어졌으며 또한 그 채무가 변제되었다고 하더라도 이는 채권양도인과 양수인 간의 문제일 뿐이고 양도채권의 채무자는 채권양도, 양수인 간의 채무소멸 여하에 관계없이 양도된 채무를 양수인에게 변제하여야 하는 것이므로 설령 그 피담보채무가 변제로 소멸되었다고 하더라도 양도채권의 채무자로서는 이를 이유로 채권양수인의 양수금 청구를 거절할 수 없다.[51]

---

49) 대판 1997.5.30. 96다22648.

50) 대판 2002.3.29. 2000다13887.

51) 대판 1999.11.26. 99다23093.

(5) 채권의 일부 양도가 이루어지면 특별한 사정이 없는 한 각 분할된 부분에 대하여 독립한 분할채권이 성립하므로 그 채권에 대하여 양도인에 대한 반대채권으로 상계하고자 하는 채무자는 양도인을 비롯한 각 분할채권자 중 어느 누구에 대해서도 상계의 상대방으로 지정하여 상계할 수 있다. 따라서 그러한 채무자의 상계의사표시를 수령한 분할채권자는 제3자에 대한 대항요건을 갖춘 양수인이라고 하더라도 양도인 또는 다른 양수인에게 귀속된 부분에 대하여 먼저 상계되어야 한다거나 각 분할채권액의 채권총액에 대한 비율에 따라 상계되어야 한다든지 하는 이의를 제기할 수 없다.[52]

(6) 부동산임대차에 있어서 임차인이 임대인에게 지급하는 임대차보증금은 임대차관계가 종료되어 목적물을 반환하는 때까지 그 임대차관계에서 발생하는 임차인의 모든 채무를 담보하는 것이다. 따라서 임대인의 임대차보증금반환의무는 임대차관계가 종료되는 경우 그 임대차보증금 중에서 목적물을 반환받을 때까지 생긴 연체차임 등 임차인의 모든 채무를 공제한 나머지 금액에 관하여서만 비로소 이행기에 도달하는 것이다. 그러므로 그 임대차보증금반환채권을 양도할 때 임대인이 아무런 이의를 보류하지 아니한 채 채권양도를 승낙하였다고 하여도 임차목적물을 개축하는 등으로 인하여 임차인이 부담할 원상복구비용 상당의 손해배상액은 반환할 임대차보증금에서 당연히 공제할 수 있을 것이다. 그러나 임대인과 임차인 사이에서 장래 임대목적물을 반환할 때 위 원상복구비용의 보증금 명목으로 지급하기로 약정한 금액은 임대차관계에서 당연히 발생하는 임차인의 채무가 아니고 임대인과 임차인 사이의 약정에 따라 비로소 발생하는 채무에 불과하므로 반환할 임대차보증금에서 당연히 공제할 수 있는 것은 아니라고 할 것이다. 따라서 임대차보증금 반환채권을 양도하기 전에 임차인과 위와 같은 약정을 한 임대인이 이와 같은 약정에 기한 원상복구비용의 보증금청구채권이 존재한다는 이의를 보류하지 아니한 채 채권양도를 승낙하였다면 제451조 제1항이 적용되어 그 원상복구비용의 보증금청구채권으로 채권양수인에게 대항할 수 없다고 할 것이다.[53]

한편, 임차보증금반환채권의 양도는 유상계약으로서 임차보증금반환채권의 양도에 대하여 임대인이 동의하지 아니하는 것으로 확정되는 경우에는 제567조에 의하여 매매에 있어서 매도인의 담보책임에 관한 규정이 준용된다고 할 것이므로 양도인은 자신의 의무가 이행불능으로 확정됨에 귀책사유가 없다고 할지라도 담보책임의 법리상 이행불능으로

---

52) 대판 2002.2.8. 2000다50596.

53) 대판 2002.12.10. 2002다52657.

인한 양수인의 손해를 배상하여야 할 것이고 이로 인한 양수인의 손해는 임차보증금 상당액이 될 것이다.[54]

Ⅳ. 채권양도와 제3자에 대한 대항요건

1. 확정일자 있는 증서에 의한 통지, 승낙

민법은 제3자에 대한 대항요건으로서 부동산등기제도와 같이 권리변동과정을 공적 기관에 등록하는 것을 통하여 공시하는 제도를 채용하지 않고 채무자의 인식을 기초로 한 대항요건의 형태를 채용하였다. 즉, 채무자에 대한 채권양도사실의 통지 또는 채권양도사실에 대한 채무자의 승낙을 내용증명우편, 공정증서와 같이 확정일자 있는 증서로 하는 것을 제3자에 대한 대항요건으로 한 것이다(제450조). 따라서 지명채권의 양도는 이를 채무자에게 통지하거나 채무자의 승낙이 없으면 채무자 기타 제3자에 대항하지 못하고 이 통지와 승낙은 확정일자 있는 증서에 의하지 아니하면 채무자 이외의 제3자에게 대항할 수 없다(민법 제450조). 여기서 '확정일자'란 증서상으로 그 작성 일자에 관한 완전한 증거가 될 수 있을 정도로 법률상 인정되는 일자를 말하고 당사자가 나중에 변경하는 것이 불가능하여 확정된 일자를 가리킨다. 그리고 "확정일자 있는 증서"란 위와 같은 일자가 있는 증서로서 민법 부칙 제3조에 정한 증서를 말한다. 민법이 이처럼 '확정일자 있는 증서에 의한' 통지나 승낙을 갖추도록 하고 있는 취지는 채권의 양도인, 양수인 및 채무자가 통모하여 통지일 또는 승낙일을 소급시킴으로써 제3자의 권리를 침해하는 것을 방지하기 위한 것이다. 한편, 위 부칙 제3조 제4항은 '공정증서에 기입한 일자 또는 공무소에서 사문서에 어느 사항을 증명하고 기입한 일자'를 확정일자로 한다고 규정하고 있다.[55] 그리고 지명채권의 양도통지가 확정일자 없는 증서에 의하여 이루어짐으로써 제3자에 대한 대항력을 갖추지 못하였으나 그 후 그 증서에 확정일자를 얻은 경우에는 그 일자 이후에는 제3자에 대한 대항력을 취득한다.[56] 구체적으로 제3자에 대한 대항요건으로서 확정일자 있는 증서에 의한 통지, 승낙이라는 형태를 채용한 것은 다음과 같은 이유가 있다.

---

54) 대판 1993.6.25. 93다13131.
55) 대판 2011.7.14. 2009다49469.
56) 대판 2010.5.13. 2010다8310.

가. 채무자의 인식을 기초로 하는 제3자대항요건제도를 채용한 것은 채권양도가 되는 경우 양도를 받고자 하는 자(양수인)가 통상적으로 채무자에게 채권의 존재 또는 귀속을 분명하게 하고 채무자의 회답을 얻은 때부터 채권을 양수한다고 하는 점을 고려하였기 때문이다. 즉, 법이 규정한 채권양도에 관한 대항요건제도는 채무자에 의한 당해 채권의 채권양도 유무에 관한 인식을 통하여 채무자에 의해 그것이 제3자에게 표시될 것이라고 하는 점을 근간으로 성립하고 있다. 채권의 귀속을 둘러싼 제3자 간의 우열에 관하여 채무자가 소위 정보처로서의 역할을 하는 것을 기초로 하고 있는 것이다.

나. 그다음 채무자에 대한 통지 또는 채무자의 승낙을 확정일자(＝당사자가 후에 변경하는 것이 불가능한 공적으로 확정된 일자)와 관련시키는 것은 당사자(특히, 통지, 승낙 이후에 이루어진 쪽의 양도인과 채무자)가 일자를 소급시키는 것에 의해 대항요건을 편취하는 것을 통하여 제3자(특히, 이미 통지, 승낙이 있는 채권양도의 양수인)를 해하는 것을 방지하는 취지에서 나온 것이다.

[사례 1] A는 B에 대한 매매대금채권을 C에게 양도하고 그 취지의 통지를 하였다. 그런데 A는 자기의 B에 대한 채무인 소유권 이전등기의무를 해태하였기 때문에 매매계약을 해제시켰다. C는 B에게 매매대금채권의 이행을 청구할 수 있는가?

[사례 2] A는 B와 통모하여 B에게 금 1억 원의 채권이 있는 것처럼 채권증서를 작성하였다. A는 이것을 기화로 하여 아무것도 모르는 C에게 이 채권을 양도하고 B에게 그 취지를 통지하였다. B는 가장채권이라는 사실을 C에게 주장할 수 있는가?

[사례 3] A는 B에게 금 1억 원의 채권을 가지고 있었지만 그 금액을 이미 전액 변제받았다. 그런데 A는 이미 변제를 받은 사실을 망각하고 이 채권을 C에게 양도하였다. 한편, B도 이미 변제가 완료된 사실을 망각하고 C에게 이의를 유보하지 않은 승낙을 하였다. B는 C에게 다시 지급하여야 하는가?

[사례 4] 수급인 A는 주문자 B에게 아파트건축공사도급보수청구권(다만, 미완성 부분만을 말한다)을 C에게 양도하고 B는 이러한 양도에 이의를 유보하지 않는 승낙을 하였다. 이러한 양도를 한 후 A의 공사채무불이행을 이유로 계약을 해제하였다. B는 이러한 해제를 C에게 대항할 수 있는가?

2. 확정일자

확정일자란 당사자가 나중에 변경하는 것이 불가능한 공적으로 확정된 일자를 말한다. 확정일자 있는 증서란 위와 같은 일자가 있는 증서로서 민법 부칙 제3조가 정한 문서를 말한다. 이러한 확정일자를 확보하기 위하여 확정판결,[57] 공증인이 작성한 공정증서[58] 및 내용증명우편 등이 비교적 잘 사용되고 있다. 이 외에도 압류명령의 제3채무자에 대한 송달도 확정일자 있는 증서에 의한 통지로 볼 수 있다. 위와 같은 확정일자 있는 증서는 작성된 일자에 관하여 제3자에게 완전한 증거력이 부여될 것이고 그 일자 이후에는 제3자에 대한 대항력을 취득한다.[59] 다만, 특별배달증명은 배달사실만을 증명하기 위하여 집배원이 별도의 증명서에 그 배달사항을 기재하고 서명 날인한 것에 불과하므로 확정일자 있는 증서가 아니다.[60]

반면, 이러한 확정일자 있는 증서에 의하지 않은 채권양도통지의 효력은 제3자에게 대항할 수 없다.[61] 그러나 피담보채권을 저당권과 함께 양수한 자는 저당권 이전의 부기등기를 마치고 저당권 실행의 요건을 갖추고 있는 한 채권양도의 대항요건을 갖추고 있지 아니하더라도 경매신청을 할 수 있다. 반면, 채무자는 경매절차의 이해관계인으로서 채권양도의 대항요건을 갖추지 못하였다는 사유를 들어 경매개시결정에 대한 이의나 즉시항고절차에서 다툴 수 있고 이러한 경우에는 신청채권자가 대항요건을 갖추었다는 사실을 증명하여야 할 것이다. 그러나 이러한 절차를 통하여 채권 및 근저당권의 양수인의 신청에 의하여 개시된 경매절차가 실효되지 아니한 이상 그 경매절차는 적법한 것이어서 또한 경매신청인은 양수채권의 변제를 받을 수 있을 뿐만 아니라 선순위 근저당권부 채권을 양수한 채권자보다 후순위의 근저당권자는 채권양도의 대항요건을 갖추지 아니한 경우 대항할 수 없는 제3자에 포함되지 않는다.[62] 여기에서 말하는 제3자란 당해 채권에 관하여 양수인의 지위와 양립할 수 없는 법률상의 지위를 취득한 자를 말하므로 당해 채권을 양수한 양수인까지 확정일자 있는 증서에 의한 통지나 승낙이 대항요건으로 필요한 것은 아니다.[63]

---

57) 대판 1999.3.26. 97다30622.
58) 대판 1986.12.9. 86다카858.
59) 대판 1988.4.12. 87다카2429.
60) 대판 1988.4.12. 87다카2429.
61) 대판 1986.2.11. 85다카1087.
62) 대판 2005.6.23. 2004다29279.

3. 통지, 승낙에 관한 확정일자

가. 확정일자 있는 증서에 의한 통지, 승낙이라고 말하기 위해서는 통지 또는 승낙이 확정일자 있는 증서에 의해 이루어져야 한다. 따라서 전세기간 만료 후 전세권양도계약 및 전세권 이전의 부기등기가 이루어진 것만으로는 전세금반환채권의 양도에 관하여 확정일자 있는 통지나 승낙이 있었다고 볼 수 없어 이로써 제3자인 전세금반환채권의 압류, 전부채권자에게 대항할 수 없다.[64]

나. 채권양도의 통지나 승낙이 확정일자 있는 증서에 의한 것인지 여부는 어디까지나 제3자에 대한 대항요건에 불과하므로 확정일자 있는 증서에 의하지 아니하였더라도 채무자가 일단 채권양도의 통지를 받고 그 양수인에게 변제할 것을 승낙한 후 채권이 이중양도되어 채무자가 다시 위 채권의 확정일자 있는 증서에 의하지 않은 양도통지를 받고 그 이중 양수인에게 변제를 하였다면 채무자는 1차 양수인에게 채무를 변제할 의무가 있다고 할 것이다.

[사례 1] A는 자기 소유의 주택을 B에게 임대하고 있었는데 이번에 위 주택을 C에게 양도하게 되었다. A의 의무인 이전을 수반한 소유권의 양도는 임차인 B의 승낙을 요하는가?

[사례 2] 채권자 A, 채무자 B가 있는 경우 A는 이 채권을 C에게 양도하고 채무자 B가 양수인 C에게 양도의 승낙을 하였다. 이러한 승낙이 대항요건으로 될 수 있는가?

[사례 3] 위 사례의 경우 B는 채권이 C에게 양도된 사실을 알고 있었다. 이러한 경우 대항요건인 통지·승낙이 없어도 C는 B에게 양수를 주장할 수 있는가?

---

63) 대판 1983.2.22. 81다134.

64) 대판 2005.3.25. 2003다35659.

4. 제3자에 대한 대항요건의 경합

가. 이중의 채권양도가 이루어진 경우

이중의 채권양도가 있는 경우 어느 채권양수인이 채권양수에 의해 적법한 채권자가 된다고 할 것인지 여부가 문제이다. 채무자의 인식을 기초로 한 공시방법을 채용하고 있는 채권양도의 경우에도 "확정일자 있는 증서에 의한 통지, 승낙"도 이중, 삼중으로 되는 경우가 있다. 이와 같은 경우 제3자대항요건을 갖춘 양수인이 복수로 존재할 수 있을 것이다. 이러한 경우 어느 쪽이 제450조 제2항의 제3자대항요건을 구비한 우선적 채권양도에 해당하는지 여부를 어떻게 결정할 것인지(또는 그렇지 않으면 양자 간에 우열은 존재하지 않는다고 이해하여야 하는지) 여부의 문제가 발생한다. 이 문제는 동일채권에 관하여 채권양도와 압류채권자의 압류가 경합하는 경우에도 발생하지만 이하에서는 채권의 이중양도의 사례로 설명한다.

이 문제를 처리할 때 판례는 양도통지가 도달한 일시 또는 확정일자 있는 승낙일시의 선후에 의하여 결정하여야 할 것이고 이러한 법리는 채권양수인과 동일채권에 대하여 가압류명령을 집행한 자 사이의 우열을 결정하는 경우에도 마찬가지이다. 따라서 확정일자 있는 채권양도통지와 가압류 결정 정본의 제3채무자(채권양도인 경우에는 채무자)에 대한 도달의 선후에 의하여 그 우열을 결정하여야 한다고 한다(도달기준시설).[65] 이 견해는 확정일자의 선후가 아니라 확정일자 있는 증서에 의한 통지가 채무자에게 도달한 일시 또는 확정일자 있는 증서에 의한 승낙이 발신된 일시의 선후에 의해 우열이 결정된다는 입장이다.[66] 이것은 확정일자 있는 증서에 의한 통지, 승낙이 가지는 채무자의 인식을 기초로 한 제3자 대항요건을 중시한 입장이다.

[사례] A는 B에 대한 금 1억 원의 채권을 C에게 양도한 후 동일한 채권을 D에게 이중양도를 하였다. C · D 간의 우열관계를 어떻게 결정하는가?

---

65) 대판(전합) 1994.4.26. 93다24223.

66) 最判 昭和49(1974).3.7.(民集 28-2-174).

나. 동시도달

도달시설을 채용하는 경우 확정일자 있는 증서에 의한 통지가 동시에 도달한 경우에는 어떻게 처리하면 좋은 것인지 여부가 문제이다. 예컨대, 채권양도통지와 채권가압류결정 정본이 같은 날 도달되었는데 그 선후관계에 대하여 달리 입증이 없는 경우이다. 이러한 경우에는 동시에 도달된 것으로 추정하여[67] 채무자와의 관계에서 동시도달의 양수인이 여러 명 존재하기 때문에 각 양수인은 서로 다른 양수인에게 자기만이 유일한 우선적인 양수채권자라고 주장하는 것이 허용되지 않고 채무자에게도 마찬가지의 주장을 할 수 없을 것이다.[68] 이러한 경우 각 양수인은 채권자로서의 지위를 가지고 있는 것이기 때문에 채무자에게 각각의 양수채권에 관하여 그 전액의 변제를 청구할 수 있고 양수인 중 일인으로부터 청구를 받은 채무자는 채권자의 청구이기 때문에 동순위의 양수인이 달리 존재한다는 것을 이유로 변제를 거절할 수 없을 것이고 채무자는 양수인의 일인에게 변제를 하면 채권자에 대한 변제이기 때문에 면책이 될 것이다. 그러나 확정일자 있는 증서에 의한 통지가 동시에 도달한 경우 양수인의 상호 간 관계에 관하여는 동순위 간의 이익분배문제로 파악하게 되면 각 양수인은 내부적으로 각자의 양수채권액에 따라 양도채권액이 안분되고 다른 동순위양수인에 대한 분배청구권을 취득하는 것으로 보는 것이 합리적인 처리방안이 될 수 있을 것이다.

한편, 이중 양도 중 어느 쪽에 관하여도 확정일자 있는 증서에 의한 통지가 되었지만 어느 쪽의 통지가 먼저 도달하였는지 여부가 불명확하여 도달 시의 선후가 불명인 경우에는 동시에 도달한 것으로 이해하는 것이 상당할 것이다.[69]

또한 구체적으로 확정일자 있는 채권양도통지와 채권가압류명령이 채무자에게 동시에 도달된 경우에도 채무자는 송달의 선후가 불명한 경우에 준하여 채권자를 알 수 없다는 이유로 변제공탁을 할 수 있고 이러한 경우에는 그 후에 다른 채권압류 또는 가압류가 있었다고 하더라도 채권양수인과 선행가압류권자 사이에서만 채권액을 안분하여 배당하여야 할 것이다.[70]

---

67) 대판(전합) 1994.4.26. 93다242233.

68) 最判 昭和53(1978).8.19.(判時 905-61).

69) 前揭 最判 平成5(1993).3.30.

70) 대판 2004.9.3. 2003다22561.

V. 증권적 채권의 양도

1. 지시채권의 경우

특정인 또는 그가 지시(지정)한 자에게 변제하여야 하는 증권적 채권을 지시채권이라고 한다. 예컨대, 화물상환증(상법 제130조), 창고증권(동법 제157조), 선하증권(상법 제820조), 어음(어음법 제11조, 77조) 및 수표(수표법 제41조) 등이 여기에 속한다.

이러한 지시채권은 기명식으로 발행된 경우에도 법률상 당연한 지시증권으로서 배서에 의하여 이를 양도할 수 있지만 배서를 금지하는 뜻이 기재된 경우에는 배서를 통해서는 양도할 수 없고 그러한 경우에는 일반 지명채권양도의 방법에 의하여서만 이를 양도하여야 할 것이다.[71]

2. 무기명채권의 양도

특정채권자를 지정함이 없이 증권의 소지인에게 변제하여야 하는 증권적 채권을 무기명채권이라고 한다. 예컨대, 양도성예금증서,[72] 무기명사채, 무기명식 수표, 상품권, 철도승차권 및 극장입장권 등이 여기에 속한다. 그러나 출고지시서는 면책증서로 원인관계인 매매계약에 의해 영향을 받는 유인증서에 해당한다. 따라서 그 지시서의 양수인은 증권을 양수받은 사실만으로는 그 물건의 인도청구권을 취득할 수 없고 또한 지시서의 양도가 그 표시물건의 양도로서의 효력을 갖지 않는다.[73]

이러한 무기명채권에 속하는 양도성예금증서는 단순한 교부만으로 양도가 가능하다. 그러나 양도성예금증서를 취득할 때 통상적인 거래기준으로 판단하여 양도인이나 그 양도성예금증서 자체에 의하여 양도인의 실질적인 무권리성을 의심하게 할 만한 사정이 있는데도 이에 대하여 상당하다고 인정될 만한 조사를 하지 아니하고 만연히 양수한 경우에는 중대한 과실이 있다고 말할 수 있다. 그렇다고 하여도 양도성예금증서는 단순한 교부만으로 양도가 가능하므로 양수인이 할인의 방법으로 이를 취득할 때 그 양도성예금증서가 잘못된 것이라는 의심이 가거나 양도인의 실질적인 무권리성을 의심하게 될 만한

---

71) 대판 2001.3.27. 99다17890.

72) 대판 2000.5.16. 99다71573.

73) 대판 1970.10.23. 70다1985.

특별한 사정이 없는 이상 위 양도성예금증서의 발행인이나 전소지인에게 반드시 확인한 다음 취득하여야 할 주의의무가 있다고 말할 수는 없을 것이다.[74]

제2절 채무인수

I. 면책적 채무인수

1. 의의

　면책적 채무인수란 채무의 동일성이 유지되면서 계약에 의해 채무를 채무자로부터 인수인에게 이전하는 것을 말한다. 이를 통하여 채무자는 채무를 면제받게 된다. 면책적 채무인수가 채권자, 채무자 및 인수인의 삼면계약으로 이루어질 경우에는 아무런 문제가 없다. 면책적 채무인수가 채권자와 인수인 간의 계약으로 이루어진 경우에도 채무자는 이것에 의해 이익을 받을 뿐이기 때문에 역시 마찬가지로 지장이 없다. 그러나 면책적 채무인수가 채무자와 인수인 간의 계약으로 이루어지는 경우 채무자의 변경에 의해 채무의 담보로 되는 일반재산에 변경이 발생할 수 있다. 따라서 채권자 입장에서는 자기가 관여도 하지 않았는데 예기하지 못한 불이익을 당할 우려가 있다. 그렇기 때문에 채권자의 명시적 또는 묵시적 방법에 의한[75] 승낙이 없다고 한다면 채무자는 면책되지 않고 인수인과 함께 채무자의 지위를 계속적으로 갖게 된다. 채권자의 승낙이 있어야 비로소 채무자를 면책시키는 효과가 채권자와의 관계에서 확정적으로 귀속된다. '여기에서 승낙이란 무권대리인의 행위를 추인하는 것에 준하여 생각하여야 할 것이다.

　한편, 채무자와 제3자와의 채무인수계약을 채권자가 승낙한 바가 있다고 하여도 그 뒤 채무인수인이 위 채무인수계약을 적법하게 취소하려면 채권자의 승낙이 있는 사실, 채권자

---

74) 대판 2000.5.16. 99다71573.

75) 대판 1989.11.14. 88다카29962; 이 판결의 판지에 따르면 묵시적으로 채무인수를 승낙한 것으로 볼 수 있는 사례로서 "채권자가 직접 채무인수인에 대하여 인수채무금의 지급을 청구하는 경우"를 들고 있다.

가 위 인수계약을 승낙할 때 채무인수인의 취소권 유보를 승낙한 사실 및 타인의 채무변제를 위하여 자기의 채권을 양도한 사실[76] 등의 특수한 사정이 있어야 한다.[77] 따라서 그와 같은 특수한 사정이 없는 한 그 담보된 채무를 인수한 것이라고 볼 수 없을 것이다.[78]

한편, 제3자는 채권자와의 계약으로 채무를 인수하여 채무자의 채무를 면하게 할 수 있다. 그러나 이해관계 없는 제3자는 채무자의 의사에 반하여 채무를 인수할 수 없으므로 제3자의 채무인수에 있어서 그 채무인수가 본래 채무자의 의사에 반하는지 여부는 직권으로 조사할 사항이라고 말할 수는 없고[79] 채무자의 의사에 반하는지 여부에 대한 입증책임은 이를 주장하는 자가 부담한다고 보아야 할 것이다.

2. 효과

적법하게 채무자의 채무가 채무인수인에 의해 인수되었다고 한다면 그 후 채권자는 별도로 채무인수인과의 변제약정이 없더라도 당연히 채무인수인에게 그 채무의 이행을 청구할 권리가 있다. 다만, 채무인수인이 채권양도사실을 알지 못한 채 전 채권자에게 변제한 경우에는 채권의 준점유자에 대한 변제의 요건을 갖춘 경우에 한하여 그 변제의 효력을 인정할 수 있을 것이다.[80] 또한, 채무자와 제3자의 채무인수계약을 채권자가 승낙한 사실이 있다고 한다면 그 뒤 채무인수인이 위 채무인수계약을 적법하게 취소하려면 채권자의 승낙이 있다든지, 채권자가 위 인수계약을 승낙할 때 채무인수인의 취소권 유보를 승낙한 사실 등의 특수한 사정이 있어야 한다.[81]

그리고 면책적 채무인수가 있는 경우 인수채무의 소멸시효기간은 채무인수와 동시에 이루어진 소멸시효 중단사유 즉, 채무승인에 따라 채무인수일로부터 새롭게 진행되고[82] 구채무자가 채권자에게 대항할 수 있는 항변사유 또는 채무인수계약의 무효, 취소 또는 해제 기타의 항변사유가 있는 경우에는 그 항변사유로써 채권자에게 대항할 수 있지만 채무자에 대한 항변사유로 채권자에게 대항할 수는 없다.[83] 그리고 인수채무가 원래 5년

---

76) 대판 1969.12.30. 69다1934.

77) 대판 1962.5.17. 62다161.

78) 대판 1974.12.10. 74다1419.

79) 대판 1966.2.22. 65다2512.

80) 대판 1989.11.14. 88다카29962.

81) 대판 1962.5.17. 62다161.

82) 대판 1999.7.9. 99다12376.

상사시효의 적용을 받던 채무라면 그 후 면책적 채무인수에 따라 채무자의 지위가 인수인으로 교체되었다고 하더라도 그 소멸시효의 기간은 여전히 5년 상사시효의 적용을 받는다고 할 것이고 이는 채무인수행위가 상행위나 보조적 상행위에 해당하지 아니한다고 하여 달리 볼 것이 아니다.[84]

또한, 원칙적으로 기존채무자가 제공한 담보권은 종래의 채무가 채무인수로 소멸하는 것이 아니므로 채무인수로 종래의 채무가 소멸하였으니 저당권의 부종성으로 인하여 당연히 소멸한 채무를 담보하는 저당권도 소멸한다는 법리는 성립하지 않고 그대로 존속한다. 그러나 제3자가 제공한 담보는 채무인수로 소멸하되 그 제3자가 채무인수에 동의(이는 인수인을 위하여 새로운 담보를 설정하도록 하는 의사표시를 의미하는 것이 아니라 기존의 담보를 인수인을 위하여 계속시키는 데 대한 의사표시를 의미한다)한 경우에는 그대로 존속된다.[85] 다만, 그 존속하는 내용은 당초 구채무자가 부담하고 있다가 신채무자가 인수하게 된 채무만을 담보하는 것이지, 그 후 신채무자(채무인수인)가 다른 원인으로 부담하게 된 새로운 채무까지 담보하는 것은 아니다.[86] 왜냐하면, 제3자가 채무인수에 동의할 경우에도 그것은 기존의 담보를 인수인을 위하여 계속시키는 데 대한 의사표시를 한 것을 의미하기 때문이다.[87]

Ⅱ. 병존적 채무인수

1. 의의

병존적 채무인수(중첩적 채무인수)란 채무자와 함께 인수인도 동일한 내용의 채무를 채권자에게 부담하는 계약을 말한다. 제3자가 채무자를 위하여 약속어음을 발행하는 경우,[88] 면책적 채무인수인지 혹은 병존적 채무인수인지 불분명한 경우[89]에도 모두 병존적

---

83) 대판 1966.11.29. 66다1861.

84) 대판 1999.7.9. 99다12376.

85) 대판 1996.10.11. 96다27476.

86) 대판 2000.12.26. 2000다56204, 대판 2002.11.26. 2001다73022.

87) 대판 1966.10.11. 96다27476.

88) 대판 1989.9.12. 88다카13806.

89) 대판 1988.5.24. 87다카3104.

인 채무인수로 해석하여야 한다. 병존적 채무인수에서는 채무인수가 있었다고 하여도 채무자는 채무에서 해방되지 않는 반면, 채권자는 채무자와 인수인 쌍방에 대하여 채권을 가진다.

2. 법적 성격

가. 중첩적 채무인수에서 인수인이 채무자의 부탁 없이 채권자와의 계약으로 채무를 인수하는 것은 매우 드문 일이므로 채무자와 인수인은 원칙적으로 주관적 공동관계가 있는 연대채무관계에 있고 인수인이 채무자의 부탁을 받지 아니하여 주관적 공동관계가 없는 경우에는 부진정연대관계에 있는 것으로 보아야 한다.[90]

나. 병존적 채무인수는 기능적으로 보증에 유사하다. 채권자와 보증인 사이에 보증인이 주채무를 중첩적으로 인수하기로 약정하였다고 하더라도 특별한 사정이 없는 한 보증인은 주채무자에 대한 관계에서는 종전의 보증인의 지위를 그대로 유지한다.[91] 그러나 보증과는 달리 부종성 또는 보충성은 문제가 되지 않는다. 또한, 제3자가 채무자의 채무를 포괄적으로 인수하면서 거기에 부착된 채무도 함께 인수하여 직접 채권자에게 변제하기로 약정하는 경우 채무자와 양수인 간의 채무인수에 관한 합의 등에는 채권자가 인수인으로부터 직접 채권을 취득시키는 의사도 내포되어 있으므로 이는 양수인이 채무자인 양도인과 함께 채권자에게도 채무를 부담하는 병존적 채무인수라고 보아야 한다. 그리고 이와 같이 채무자와 인수인의 합의에 의한 병존적 채무인수는 일종의 제3자를 위한 계약이므로 채권자는 인수인에게 채무이행을 청구하거나 기타 채권자로서 그 권리의 행사방법으로 인수인에 대하여 수익의 의사표시를 함으로써 직접 청구할 권리를 갖게 될 것이다.[92] 한편, 중첩적 채무인수인이 채권자에 대한 손해배상채권을 자동채권으로 하여 채권자 자신에 대한 그 채권에 대하여 대등액으로 상계의 의사표시를 하였다면 제418조 제1항의 규정에 따라 다른 연대채무자인 원채무자의 채권자에 대한 채무도 상계에 의하여 소멸된다고 보아야 할 것이다.

그리고 책임보험에서 보험자인 보험사의 보험금 지급의무는 보험자가 피보험자의 피해

---

90) 대판 2009.8.20. 2009다32409.

91) 대판 2003.11.14. 2003다37730.

92) 대판 1995.5.9. 94다47469.

자에 대한 손해배상채무를 병존적으로 인수하는 것이어서 타인의 채무인 피보험자의 피해자에 대한 손해배상채무를 변제할 의사로 한 것이 아니라 병존적으로 인수하여 부담하는 피해자에 대한 자신의 손해배상채무를 변제할 의사로 한 것이라고 보아야 한다.[93] 즉, 이는 보험자에게 가지는 손해배상청구이고 피보험자의 보험자에 대한 보험금청구권의 변형 내지 이에 준하는 권리가 아니라고 할 것이다.[94]

[사례] B는 A에게 금 1천만 원을 빌렸다. B의 친구 C는 B가 곤궁하다는 것을 알게 되어 자신이 대신 변제할 것을 B와 약속하였다. A는 직접 C에게 청구할 수 있는가?

Ⅲ. 이행인수

1. 의의

이행인수란 제3자(인수인)와 채무자 간에 체결된 계약으로서 인수인이 채무자에게 채무자의 채무를 이행할 약속을 하는 것이다. 이행인수는 채무인수가 아니다. 채권자와 인수인 간에는 아무런 법률관계도 발생하지 않는다. 채권자는 인수인에게 이행청구권을 갖지 못한다. 인수인도 채권자에게 채무를 이행할 의무를 부담하지 않는다. 다만, 채무자는 인수인이 그 채무를 이행하지 아니하는 경우 인수인에게 채권자에 대한 이행을 청구할 수 있고, 그에 관한 승소판결을 받은 경우에는 금전채권의 집행에 관한 규정을 준용하여 강제집행을 할 수도 있다. 이러한 채무자의 인수인에 대한 청구권은 그 성질상 재산권의 일종으로서 일신전속적인 권리라고 할 수는 없으므로 채권자는 채권자대위권에 의하여 채무자의 인수인에 대한 청구권을 대위 행사할 수도 있을 것이다.[95]

---

93) 대판 2000.12.8. 99다37856.
94) 대판 1999.2.12. 98다44956.
95) 대판 2009.6.11. 2008다75072.

2. 구별–채무인수와 이행인수의 구별

　제3자를 위한 계약인 채무인수와 이행인수의 판별기준은 다음과 같다. 채무자와 인수인의 계약으로 체결되는 병존적 채무인수는 채권자가 인수인에게 새로운 권리를 취득하게 하는 것으로 제3자를 위한 계약의 하나로 볼 수 있는 반면, 이행인수는 채무자와 인수인 사이의 계약으로 인수인이 변제 등에 의하여 채무를 소멸케 하여 채무자의 책임을 면하게 할 것을 약정하는 것으로 인수인이 채무자에 대한 관계에서 채무자를 면책시키는 채무를 부담하게 될 뿐 채권자에게 직접 인수인에 대한 채권을 취득시키는 것이 아니므로 결국 제3자를 위한 계약과 이행인수의 판별기준은 계약당사자에게 제3자 또는 채권자가 계약당사자 일방 또는 인수인에 대하여 직접 채권을 취득게 할 의사가 있는지 여부에 달려 있다고 할 것이다. 이는 구체적으로 계약체결의 동기, 경위 및 목적, 계약에 있어서 당사자의 지위, 당사자 사이 및 당사자와 제3자 사이의 이해관계, 거래 관행 등을 종합적으로 고려하여 그 의사를 해석하여 구별하여야 할 것이다. 부동산을 매매하면서 매도인과 매수인 사이에 중도금 및 잔금은 매도인의 채권자에게 직접 지급하기로 약정한 경우 그 약정은 매도인의 채권자가 매수인에게 그 중도금 및 잔금에 대한 직접청구권을 행사할 권리를 취득게 하는 제3자를 위한 계약에 해당하고 이는 동시에 매수인이 매도인의 그 제3자에 대한 채무를 인수하는 병존적 채무인수에도 해당한다고 보아야 할 것이다.[96]

3. 실무

　가. 부동산의 매수인이 매매목적물에 관한 임대차보증금반환채무 등을 인수하는 한편, 그 채무액을 매매대금에서 공제하기로 약정한 경우 그 인수는 특별한 사정이 없는 이상 매도인을 면책시키는 면책적 채무인수가 아니라 이행인수로 보아야 하고 면책적 채무인수로 보기 위해서는 이에 대한 채권자 즉, 임차인의 승낙이 있어야 할 것이다.[97]

　나. 부동산의 매수인이 매매목적물에 관한 근저당권의 피담보채무, 가압류채무, 임대차보증금 반환채무를 인수하는 한편, 그 채무액을 매매대금에서 공제하기로 약정한 경우에는 매도인을 면책시키는 채무인수가 아니라 이행인수로 보아야 한다. 따라서 매수인이

---

96) 대판 1997.10.24. 97다28698.

97) 대판 2001.4.27. 2000다69026.

매매대금에서 그 채무액을 공제한 나머지를 지급함으로써 잔금지급의무를 다한 것으로 보아야 하고 이러한 이행인수가 이루어진 경우 매수인이 인수한 채무는 매매대금 지급채무에 갈음한 것으로서 매도인이 매수인의 인수채무불이행으로 말미암아 또는 임의로 인수채무를 대신 변제하였다면 그로 인한 손해배상채무 또는 구상채무는 인수채무의 변형으로서 매매대금 지급채무에 갈음한 것으로 보아야 한다. 한편, 그 매매대금채무나 매수인이 인수한 채무를 보증한 자는 매도인이 매수인의 인수채무 불이행으로 말미암아 또는 임의로 인수채무를 대신 변제하여 매수인이 매도인에게 부담하게 되는 손해배상채무 또는 는 구상채무에 대하여도 보증채무를 부담하게 되며 이러한 경우의 보증은 계속적 보증의 성질을 갖게 된다고 보아야 할 것이다.98)

다. 매수인이 인수한 채무는 매매대금지급채무에 갈음한 것으로서 매도인이 매수인의 인수채무 불이행으로 말미암아 또는 임의로 인수채무를 대신 변제하였다면 그로 인한 손해배상채무 또는 구상채무와 매도인의 소유권 이전등기의무는 대가적 의미가 있어 이행상 견련관계에 있다고 인정되고 따라서 양자는 동시이행관계에 있다고 할 수 있을 것이다.99)

라. 부동산의 매수인이 매매목적물에 관한 채무를 인수하는 한편, 그 채무액을 매매대금에서 공제하기로 약정한 경우 매수인은 매매계약 시 인수한 채무를 현실적으로 변제할 의무를 부담하는 것은 아니기 때문에 특별한 사정이 없는 한, 매수인이 매매대금에서 그 채무액을 공제한 나머지를 지급함으로써 잔금지급의 의무를 다하였다고 할 것이다. 따라서 설사 매수인이 위 채무를 현실적으로 변제하지 아니하였다고 하더라도 그와 같은 사정만으로 매도인은 매매계약을 해제할 수 없다. 다만, 매수인이 인수채무를 이행하지 않음으로써 매매대금의 일부를 지급하지 않은 것과 동일하다고 평가할 수 있는 특별한 사유가 있을 때에는 계약해제권이 발생한다.100) 마찬가지로 매매목적물에 관한 근저당권의 피담보채무를 인수한 매수인이 인수채무의 일부인 근저당권의 피담보채무의 변제를 게을리함으로써 매매목적물에 대한 근저당권의 실행으로 임의경매절차가 개시되고 매도인이 경매절차의 진행을 막기 위하여 피담보채무를 변제하였다면 매도인은 채무인수인에게 손해배상채권을 취득하는 것 이외에 이러한 사유를 들어 매매계약을 해제할 수 있을 것이다.101)

---

98) 대판 2002.5.10. 2000다18578, 대판 2004.7.9. 2004다13083.

99) 대판 1993.2.12. 92다23193, 대판 2004.7.9. 2004다13083.

100) 대판 1995.8.11. 94다58599.

제3절 계약인수(계약상 지위의 이전)

Ⅰ. 의의

계약인수란 채권자 또는 채무자의 지위를 포괄하여 계약당사자의 지위승계를 목적으로 하는 계약을 말한다. 계약인수는 계약에서 발생한 개별적인 권리 및 의무를 인수인에게 이전하는 것이 아니라 계약관계에 수반하는 지위 전체를 포괄적으로 인수인에게 이전하는 것이다. 그 결과, 계약당사자의 지위에서 유래하는 권리인 취소권 또는 해제권 등도 인수인에게 귀속하게 된다.

Ⅱ. 인정 여부

이른바 계약상의 지위양도, 양수계약의 인수 또는 계약의 가입 등은 민법상 명문의 규정이 없다고 하더라도 그와 같은 계약이 인정되어야 할 것임은 계약자유의 원칙, 사적 자치의 원칙에 비추어 당연한 귀결이다. 그러나 그 태양에 따라서 삼면계약인 경우와 상대방의 승인에 의하여 그 효력이 발생하는 경우 등을 예상할 수 있고 그 효과에 있어서도 계약상 이미 발생한 채권, 채무뿐만 아니라 장래 발생할 채권, 채무와 계약에 따르는 취소권이나 해제권도 이전하는 경우와 단계적으로 그때그때 발생한 채권, 채무를 이전함에 그치는 경우 또는 양도인의 채무가 면책적으로 이전하는 경우(면책적 인수)와 병존적으로 이전하는 경우(병존적 계약인수) 등이 있어 이는 구체적인 약관의 내용에 따라 해석하여야 할 것이다.[102] 마찬가지로 계약인수의 인정 여부도 사적 자치의 원칙 등에 비추어 당연한 귀결일 것이다. 따라서 회사가 공사 도중 자금난으로 부도가 나자 그 회사의 채권자가 자신의 대여금 채권의 확보를 위하여 신설회사를 설립하여 기존회사가 분양계약에 따라 피분양자에게 부담하는 소유권 이전등기채무의 이행뿐만 아니라 잔대금채권까지도 함께 양수하기로 하는 약정을 하였다면 이는 분양계약의 분양자의 지위승계를 목적

---

101) 대판 1993.2.12. 92다23193, 대판 2004.7.9. 2004다13083.
102) 대판 1982.10.26. 82다카508.

으로 하는 이른바 계약인수약정을 한 것으로 보는 것이 경험칙상 상당하고 신설회사가 피분양자에게 공사를 인수하였다면서 준공검사가 나면 소유권 이전등기를 해 주겠으니 준공검사동의서에 날인해 달라고 요청하여 피분양자가 이에 응한 행위는 바로 신설회사와 기존회사 사이의 계약인수에 동의한 것으로 볼 수 있다. 따라서 기존회사의 분양계약상의 지위는 신설회사에 의해 유효하게 인수되었다고 보아야 할 것이다.103)

Ⅲ. 계약인수의 방법 등

1. 방법

계약당사자로서 지위의 승계를 목적으로 하는 계약인수는 3면 계약으로 이루어지는 것이 통상적이다. 또한 계약상 지위를 재화의 측면에서 계약상대방에게 부당한 불이익을 주지 않는 한 계약당사자의 지위는 자유롭게 이전할 수 있을 것이다.104) 따라서 계약상의 지위양도는 계약당사자의 일방과 인수인의 계약에 의해 할 수 있다. 즉, 관계당사자 중 2인의 합의와 나머지 당사자가 이를 동의 내지 승낙으로 하는 방법이 가능할 것이다.105) 따라서 임대차계약에 있어서 임대인지위의 양도는 임대인의무의 이전을 수반하는 것이지만 임대인의 의무는 임대인이 누구인지 여부에 의하여 이행방법이 특별히 달라지는 것은 아니고 목적물 소유자의 지위에서 거의 완전히 이행할 수 있으며 임차인의 입장에서도 신소유자에게 그 의무승계를 인정하는 것이 오히려 임차인에게 훨씬 유리할 수도 있다. 따라서 임대인과 신소유자와의 계약만으로 그 지위의 양도를 할 수 있다고 할 것이다. 그러나 이러한 경우에도 임차인이 원하지 아니하면 임대차승계를 임차인에게 강요할 수는 없는 것이어서 스스로 임대차를 종료시킬 수 있어야 한다는 공평의 원칙 및 신의성실의 원칙에 따라 임차인이 곧 이의를 제기함으로써 승계되는 임대차관계의 구속을 면할 수 있고 임대인과의 임대차관계도 해지할 수 있다고 보아야 한다.106)

한편, 계약상대방은 계약인수의 당사자가 될 필요가 없다. 다만, 계약상대방의 이익을

---

103) 대판 1996.2.27. 95다21662.

104) 대판 1982.10.26. 82다카508.

105) 대판 1987.9.8. 85다카733, 대판 1992.3.13. 91다32534, 대판 1996.2.27. 95다21662.

106) 대결 1998.9.2. 98마100.

고려하면 계약인수가 효력을 발생시키기 위해서는 계약상대방의 승낙(동의)을 조건으로 하여야 한다. 계약인수에 관하여 상대방의 승낙을 얻을 수 없는 때에는 계약인수 당사자 간(양도인과 양수인)의 법률관계를 개별적으로 채권양도와 병존적 채무인수의 관계로 전환할 수 있다고 한다면 그 범위의 효과를 인정하여도 좋을 것이다.

2. 계약인수 후 양도인의 지위

계약인수가 적법하게 이루어지면 양도인은 계약관계에서 탈퇴하게 되고 계약인수 후에는 특별한 사정이 없는 한 잔여당사자와 양도인 사이에는 계약관계가 존재하지 않게 되며 그에 따른 채권채무관계도 소멸한다.[107]

---

107) 대판 1987.9.8. 85다카733,734.

제8장 다수당사자의 채권관계

제1절 서론

Ⅰ. 다수당사자의 채권관계

　일개의 급부에 관하여 채권자 또는 채무자가 복수로 존재하는 경우를 다수당사자의 채권관계라고 한다. 다수당사자의 채권관계에 관하여 민법은 일개의 급부가 양적으로 분할되고 복수의 채권자, 채무자에게 독립적으로 귀속하는 분할주의를 원칙으로 채용하였다(제408조). 따라서 다수당사자의 채권, 채무관계는 원칙적으로 분할채권, 채무관계이고 채권, 채무의 성질상 또는 당사자의 약정에 따라 특별히 불가분으로 하는 경우에 한하여 불가분채권, 채무관계로 되는 것이다.[1] 예컨대, 공유물에 끼친 불법행위를 이유로 하는 손해배상청구권,[2] 4인의 매도인이 4인의 매수인에게 임야를 매도하기로 계약을 체결한 경우 매매계약의 무효를 원인으로 부당이득에 의한 계약금 반환을 구하는 채권,[3] 변호사에게 공동당사자로서 소송대리를 위임한 경우 수임료채무,[4] 수인의 상속인에게 상속된 국세납세의무[5]는 원칙적으로 모두 분할채권, 채무관계에 해당한다. 다만, 분할주의가 타당한 상황에서도 일개의 채권, 채무의 발생 원인에 따라 분할된 급부를 목적으로 하는 복수의 채권, 채무도 복수의 채권자, 채무자에게 중첩적으로 전부급부의무가 귀속하는 경우도 인정되고 있다. 예컨대, 불가분채권, 불가분채무, 연대채무 그리고 보증채무가 여기에 해당한다.

Ⅱ. 다수당사자의 채권관계를 파악할 때의 시각

　다수당사자의 채권관계를 파악할 때에는 1대 1의 채권관계와 다른 고려를 필요로 한다.
　첫째, 채권자는 채무자에게 어떻게 이행청구를 할 수 있는지, 채무자는 채권자에게 어

---

1) 대판 1985.4.23. 84다카2159, 대판 1992.10.27. 90다13628.

2) 대판 1970.4.14. 70다171.

3) 대판 1993.9.14. 91다41316.

4) 대판 1993.2.12. 92다42941.

5) 대판 1983.6.14. 82누175.

떻게 이행하여야 하는지, 복수채권자와 채무자, 복수채무자와 채권자의 관계를 어떻게 규율하는지 여부가 문제이다. 관행적으로는 이를 "대외적 효력"이라고 한다.

둘째, 복수채권자, 복수채무자 중 일인에 관하여 발생한 사유가 다른 채권자, 다른 채무자에게 어떠한 영향을 주는지 여부에 관한 것이다. 복수당사자의 일인에게 발생한 사유가 다른 당사자에게도 영향을 주는 것을 "절대적 효력"이라고 하고 영향을 주지 않는 것을 "상대적 효력"이라고 한다. 셋째, 채권자가 복수인 경우 채무자로부터 변제를 받은 채권자는 그 이익을 다른 채권자에게 배분하여야 하는지(다른 채권자는 이익분배를 청구할 수 있는지), 채무자가 복수인 경우 채권자에게 변제한 채무자는 다른 채무자에게 구상할 수 있는지 여부가 문제이다. 관행적으로 이를 "내부관계의 문제"라고 칭한다.

제2절 분할채권, 불가분채권, 분할채무 및 불가분채무

| | 정의 | 대외적 효력 | 1인에 관하여 발생한 사유 | | 내부관계 |
			절대적 효력사유	상대적 효력사유	
분할채권	가분급부에 관하여 복수의 채권자가 있는 경우로서 일정비율로 그 급부가 각 채권자에게 분할되는 경우	없음 과잉으로 수령하면 비채변제(제742조)	없음	모두	없음 과잉으로 수령하면 부당이득
불가분채권	공동명의예금6)과 같이 불가분급부에 관하여 복수의 채권자가 존재하는 경우	각 채권자는 단독으로 총 채권자를 위하여 자기에게 급부하도록 채무자에게 청구할 수 있다(제409조).	청구(제409조), 변제 및 이것과 관련한 사유(총 채권자에게 만족을 시킬 수 있는 사유 및 이것과 관련한 사유이기 때문)	위 이외의 사유 (제401조 제1항)	변제를 수령한 채권자는 다른 채권자에게 이익을 분배하여야 한다.
분할채무	가분급부에 관하여 복수의 채무자가 존재하는 경우로서 일정비율로 그 급부가 각 채무자에게 분할되는 것	없음. 과잉으로 변제하면 제3자의 변제에 해당(제469조 제1항)	없음	모두	없음 과잉으로 변제하면 제3자 변제에 의한 구상, 대위

---

6) 대판 1989.1.17. 다카 87다카8.

불가분 채무	공동상속인의 건물철거의무,7) 공유자의 전세금 반환채무8)와 같이 불가분급부에 관하여 복수의 채무자가 존재하는 경우	채권자는 채무자 중 일인 또는 총 채무자에게 동시 또는 순차적으로 전부 또는 일부 이행을 청구할 수 있다(제411조에 의한 제414조의 준용).	변제 및 이에 관련한 사유(채권자에게 만족을 얻게 하는 사유 및 이것과 관련한 사유이기 때문)	위 이외의 사유(제411조에 의한 제410조의 준용) 불가분채권과 달리 청구에 절대적 효력이 없다고 하는 점에 주의! 청구의 절대적 효력을 정하는 불가분채권에 대한 제409조도, 연대채무에 관한 제416조도 모두 불가분채무에 준용되지 않는 것이다.	연대채무의 규정에 의한다(제409조에 의한 제425조 이하의 준용)

[사례 1] A·B·C 3인은 각각 금 4억 원씩 출자하여 그 돈을 D에게 빌려 주었다. A는 D에게 금 12억 원 전액을 청구할 수 있는가?

[사례 2] D가 A, B, C에게 일괄하여 금 12억 원을 빌려 주었다. 그중 A가 금 2억 원을 자기 채무의 변제에 충당하였다. D는 A에게 2억 원의 지급을 청구할 수 있는가?

[사례 3] A·B는 C에게 주택을 무상으로 사용하도록 하였다. 그 후 기간이 만료되어 명도를 받고자 하는데 A가 단독으로 C에게 위 주택 전부의 명도를 청구할 수 있는가?

[사례 4] A·B·C 3인이 D에게 자동차의 인도를 청구할 채권을 가지고 있는 경우 A가 D의 채무를 면제한 경우 B·C는 자동차 전부의 인도를 청구할 수 있는가? A의 면제분은 어떻게 청산을 하는가?

[사례 5] A·B·C는 D에게 주택을 인도할 채무를 부담하고 있었다. 그런데 A·B·C의 과실에 의해 주택이 소실되었다. 그 결과, D는 금 9억 원의 손해를 입게 되었다. D는 A에게 얼마만큼의 손해배상청구를 할 수 있는가?

---

7) 대판 1980.6.24. 80다756.
8) 대판 1967.4.25. 67다328.

제3절 연대채무

Ⅰ. 의의 등

1. 의의

연대채무란 복수의 채무자가 각자 채권자에게 동일한 급부를 하여야 할 채무를 부담하고 있어서(전부급부의무) 그중 일인이 급부를 하면 모든 채무자가 채무를 면제받는다고 하는 관계에 있는 것 중에서 각 채무자의 채무가 주관적인 공동목적으로 연결되어 있는 것을 말한다. 연대채무는 계약, 유언 및 법률의 규정에 의해 성립한다. 예컨대, 조합원 전원을 위하여 상행위가 되는 행위로 인하여 부담하게 되는 조합채무는 연대채무에 해당한다.[9]

2. 대외적 효력

연대채무에서 채권자는 연대채무자의 일인에게 일부 또는 전부의 채권에 대하여 동시 또는 순차적으로 채권의 전부 또는 일부의 이행을 청구할 수 있다(제414조).

Ⅱ. 연대채무자의 일인에게 발생한 사유

1. 절대적 효력이 있는 사유

연대채무에서는 절대적 효력이 있는 사유가 광범위하게 인정되고 있다. 명문상으로 절대적 효력이 있는 사유로 되는 것은 이행청구, 경개, 상계, 면제, 혼동, 소멸시효 및 채권자지체의 7종이 있다. 그 이외에 변제, 대물변제 및 공탁도 절대적 효력이 있는 사유에 해당한다.

---

9) 대판 1995.8.11. 94다18638.

가. 변제, 대물변제 및 공탁

일부 연대채무자에 의해 변제, 대물변제 및 공탁이 이루어지면 그 범위 내에서 채권은 소멸한다. 명문의 규정은 없지만 연대채무자가 동일한 급부를 목적으로 하고 이러한 사유는 채권자에게 만족을 가져오는 것이기 때문에 절대적 효력이 있는 사유로 인정되고 있다. 변제에 관련된 사유인 변제의 제공에 관하여도 마찬가지이다.

나. 이행청구

연대채무자 중 일인에 대한 이행청구는 전원에 대하여 청구한 것과 같은 효력이 발생한다(제416조).

[사례 1] 채권자 C는 연대채무자 A · B 중 A에게만 이행청구를 하였다. B의 채무에 관하여 시효가 중단하는가?

[사례 2] 위 사례의 경우 C가 이행지체를 이유로 계약을 해제하는 경우 A · B 두 사람 모두에게 하여야 하는가?

다. 경개

연대채무자 일인과 채권자 간에 경개계약이 되어 신채무가 발생한 때에는 구체적인 연대채무는 모든 연대채무자를 위하여 소멸한다(제417조).

[사례] B · C · D는 A에게 금 9억 원의 연대채무를 부담하고 있었다. 그런데 B가 A와 금 9억 원의 연대채무에 갈음하여 B소유의 가옥을 인도하는 채무로 바꾸는 계약을 체결하였다. A는 C · D에게 금 9억 원을 청구할 수 있는가?

라. 상계

(1) 반대채권을 가지고 있는 연대채무자에 의한 상계

채권자에게 반대채권을 가지고 있는 연대채무자가 상계를 원용하면 그 한도에서 연대채무는 모든 연대채무자를 위하여 소멸한다(제418조 제1항). 예컨대, A, B 및 C가 X에게 금 9억 원의 연대채무를 부담하고 있다고 한다. A는 X에게 금 4억 원의 채권을 가지고 있는데 X가 A에게 금 9억 원의 채무이행을 요구하였다. 이러한 경우 A가 금 4억 원의 반대채권을 가지고 있으므로 상계한다고 의사표시를 하였다면 B와 C의 채무도 금 5억 원으로 감축된다.

[사례] B · C · D 3인은 A에게 금 9억 원의 연대채무를 부담하고 있다. B가 A에게 가지는 반대채권 금 5억 원과 상계할 경우 C · D의 채무는 어떻게 되는가?(부담부분은 평등한 것으로 한다)

(2) 다른 연대채무자가 가지고 있는 반대채권에 의한 상계

연대채무자가 상계를 원용하지 않는 경우에도 다른 연대채무자는 반대채권을 가지고 있는 채무자의 부담부분에 관하여 이 반대채권에 의한 상계를 원용할 수 있다(제418조 제2항). 예컨대, A, B 및 C가 X에게 금 9억 원의 연대채무를 부담하고 있는 반면, A는 X에게 금 4억 원의 채권을 가지고 있었다. X는 B에게 금 9억 원의 채무이행을 요구한 경우(이하의 예를 포함하여 부담부분이 평등하다) B는 A의 부담부분인 금 3억 원에 관하여 A의 반대채권을 가지고서 상계한다고 하는 의사표시를 할 수 있다. 이때 A, B 및 C의 채무는 금 6억 원으로 감축된다.

[사례] 위 사례의 경우 B가 반대채권으로 상계하지 않을 경우 다른 연대채무자 C가 상계할 수 있는가?

마. 면제

(1) 절대적 면제

채권자가 연대채무자의 일인에게 그 채무를 면제한 경우에는 그 채무자의 부담부분만큼 다른 연대채무자도 채무를 면제받는다(제437조). 예컨대, A, B 및 C가 X에게 금 6억 원의 연대채무를 부담하고 있는데 X가 A에게 채무면제의 의사표시를 한 경우에는 B 또는 C의 채무도 A의 부담부분인 금 2억 원만큼 감축하여 채무는 금 4억 원이 된다.

(2) 제419조가 적용되지 않는 면제

제419조는 강행규정이 아니다. 채권자가 동조에 규정한 바와 다른 의사로 면제를 한 경우에는 그 의사에 따라 면제의 의미와 다르게 연대채무자에 대한 영향을 확정하여야 한다. 예컨대, 모든 연대채무자의 채무를 면제한다는 의사로 채권자가 일인의 채무자에게 면제의 의사를 표시하는 경우에는 전원에 대한 면제를 인정하여도 좋을 것이다. 또한, 면제의 상대방인 채무자의 부담은 면제되지만 다른 연대채무자의 채무에는 영향을 미치지 아니한다고 하는 내용의 면제(상대적 효력밖에 없는 면제)를 하는 것도 가능하다. 이와 같은 면제를 상대적 면제라고 한다.

면제의 상대방에게 채권자가 청구를 하지 않는다고 하는 취지의 면제를 하는 경우가 있다. 그러나 이것은 면제로 표현되면서도 그 본질은 상술한 사례를 이용하여 표현하면 "X는 A에게 청구하지 않는다"고 하는 부제소특약에 지나지 않는다. A가 면제를 받은 것이 아니지만 X로부터 청구되지 않기 때문에 오로지 다른 연대채무자 B, C의 구상에 대비하면 충분할 것이다.

[사례 1] B·C·D 3인은 A에게 금 9억 원의 연대채무를 부담하고 있다. A가 B에게 채무를 면제한 경우 C·D의 채무는 어떻게 되는가?

[사례 2] B·C·D·E 4인은 A에게 금 8억 원의 연대채무를 부담하고 있다. A가 B에게 금 3억 원을 면제하였다. C·D·E의 연대채무는 어떻게 되는가?(일부 면제의 경우)

바. 혼동

채권자가 사망하고 연대채무자의 일인이 상속한 경우에는 이 채무자가 변제를 한 것으로 간주된다(제420조).

사. 소멸시효의 완성

연대채무자의 일인에 관하여 소멸시효가 완성된 경우에는 그 채무자의 부담부분만큼 다른 연대채무자도 채무를 면제받는다(제421조). 그러나 연대채무자 1인의 소유 부동산이 압류된 경우 압류에 의한 시효중단의 효력은 다른 연대채무자에게 미치지 않는다.[10]

아. 채권자지체

어느 연대채무자에 대한 채권자지체는 다른 연대채무자에게도 효력이 있다(제422조).

2. 상대적 효력이 있는 사유

위 사유 이외의 것에 대하여는 절대적 효력이 없다(제423조). 즉, 위 1. 내지 9. 사항 이외에는 어느 연대채무자에 관한 사항도 다른 연대채무자에게 효력이 없다.

---

10) 대판 2001.8.21. 2001다22840.

Ⅲ. 구상권

1. 구상권과 부담부분

연대채무자의 일인이 변제 기타 출연에 의해 총 채무자를 위하여 공동면책을 얻은 경우 그 채무자는 다른 연대채무자에게 각자의 부담부분에 관하여 구상권을 행사할 수 있고(제425조 제1항) 다른 연대채무자는 그의 부담부분에 대해서만 구상책임을 부담한다.[11] 부담부분이란 연대채무자 상호 간에 내부적으로 각자가 부담하여야 할 비율을 말한다. 총 채권액(내지 채권 전체의 금전적 가치)을 이 비율로 나누는 것에 의해 산출된 고정된 수액을 말하는 것은 아니다. 그렇기 때문에 연대채무자의 일인이 이 비율을 기초로 총 채권액에 관하여 산출된 고정된 수액을 넘지 않는 액을 변제한 경우에도 구상권은 성립한다.

한편, 어느 연대채무자가 변제를 하여 다른 연대채무자가 공동면책된 경우 변제자가 피해금액을 초과한 비용을 더 지출하였다고 하더라도 다른 연대채무자는 피해자가 입은 피해액(=면책액)을 기준으로 각자 공동면책을 받은 범위 내에서만 각 책임비율에 따른 구상책임을 부담한다.[12] 그러나 피할 수 없는 비용 기타 손해에 대하여는 구상관계가 인정된다. 따라서 소송을 제기당한 연대채무자가 채권자에게 지급한 소송비용상환액뿐만 아니라 소송을 수행하는 과정에서 지출한 소송비용도 포함되고 그가 지출한 변호사 보수 중에서 합리적으로 판단하여 상당하다고 인정되는 범위 내의 금원이 포함된다.[13]

---

11) 대판 1982.1.19. 80다3075.

12) 대판 1978.11.14. 78다1423.

13) 대판 1997.4.8. 96다54232.

2. 구상권의 성립요건

구상권이 성립하기 위한 요건은 변제 기타 공동면책을 얻은 사실 및 이 면책에 의해 채무자가 자기 재산을 감소시킨 것이어야 한다.

[사례] B·C·D 3인은 A에게 금 9억 원의 연대채무를 부담하고 있다(부담부분은 평등). B가 A에게 금 1억 5천만 원을 변제하였다. B는 C·D에게 구상권을 행사할 수 있는가?

3. 구상권의 제한

가. 서언

연대채무자의 일인이 변제 기타 출연행위를 한 경우에도 다른 연대채무자가 변제 기타 채무의 소멸행위를 하는 경우가 있다. 또한, 채권자에게 다른 연대채무자가 어떠한 권리 주장을 할 기회를 가지고 있는 경우도 있다. 따라서 이러한 경우 연대채무자의 보호를 위하여 민법은 연대채무자 일인이 변제를 한 경우 다른 연대채무자에게 사전 또는 사후에 그 통지를 하여야 하는 것으로 하였다(제426조).

나. 사전통지

연대채무자 일인이 채권자에게 변제 기타 출연행위를 할 경우 다른 연대채무자에게 사전에 통지를 하지 않으면 그 후 구상권을 행사할 때 불이익을 받는 경우가 있다. 즉, 사전통지를 받지 않은 다른 연대채무자가 변제 등을 한 연대채무자의 구상에 대하여 자신이 채권자에게 대항할 수 있는 사유를 가지고 대항할 수 있다(제426조 제2항). 예컨대, 구상을 받은 다른 연대채무자가 채권자에게 상계를 주장할 수 있는 반대채권을 가지고 있는 경우(상계의 항변), 자기채무의 이행기가 미도래하지 않은 경우, 동시이행의 항변권에 기한 상환이행의 항변을 할 수 있는 경우 또는 자기채무를 발생시킨 계약의 무효, 취소 및 소멸시효의 완성에 의한 자기채무의 소멸을 가지고서 변제 등을 한 연대채무자의 구상권에 대항할 수 있는 경우 등이 있다.

[사례] B · C · D 3인은 A에게 금 9억 원의 연대채무를 부담하고 있다. B는 C · D에게 사전통지를 하지 않고서 A에게 금 9억 원을 변제하고 C에게 부담부분 3억 원을 청구하였다. 그런데 C는 A에게 금 5억 원의 반대채권을 가지고 있었다. 이러한 경우 C는 B의 구상에 어떠한 항변을 할 수 있는가?

다. 사후통지

연대채무자 일인이 채권자에게 변제 기타 출연행위를 하였지만 다른 연대채무자에게 사후통지(＝변제 기타 출연행위를 한 사실을 통지하는 것)를 해태하였는데 그 후 다른 연대채무자가 채권자에게 이중으로 변제 기타 출연행위를 한 경우이다. 이러한 경우 어느 쪽의 출연행위를 유효한 것으로 간주하는 것이 적절한지 여부가 문제이다. 민법은 연대채무자 일인이 변제 기타 출연행위를 하였음에도 다른 연대채무자에게 사후통지를 하지 않은 경우 그 후에 다른 연대채무자가 위와 같은 사실을 알지 못한 상태에서(따라서 선의로) 변제 기타 출연행위를 한 경우에는 이 사후통지를 받지 못한 연대채무자는 자기의 행위를 유효한 것으로 간주할 수 있다고 한다(제426조 제1항).

그러나 사후에 변제한 연대채무자가 자기의 변제를 유효한 것으로 할 수 있기 위해서는 단순히 "자신은 다른 연대채무자가 변제 등을 한 사실을 알지 못했다"고 하는 것으로 충분한 것인지, 후에 변제를 한 연대채무자로서는 변제를 하기 전에 다른 연대채무자에게 통지(사전의 통지)를 해 두면 다른 자가 이미 변제한 사실을 알 수 있었던 것은 아닌지, 그와 같은 사전통지를 해태한 자를 선의라는 것만으로 보호하는 것은 연대채무자 상호 간의 이익조정으로서 적절한지 여부가 문제이다. 연대채무자의 일인 A가 변제를 하면서 사후통지를 해태하고 있는 동안 다른 연대채무자 B가 사전통지를 하지 않은 상태에서 이중변제를 한 경우에는 즉, 연대채무자 일인이 변제를 하고 기타 자기 재산을 가지고서 공동면책을 얻은 것을 다른 연대채무자에게 통지하는 것을 해태한 사실 때문에 다른 연대채무자가 선의로 변제를 하고 기타 유상행위를 가지고 면책을 얻은 경우에는 그 면책을 얻은 연대채무자는 자기의 변제 기타 면책을 위하여 한 행위를 유효한 것으로 간주할 수 있기 때문에 사전통지를 해태한 A는 자기변제를 유효한 것으로 간주할 수 없을 것이다.[14]

---

14) 最判 昭和57(1982).12.17.(民集 36-12-2399).

4. 연대채무자 중 무자력자가 있는 경우

연대채무자 중 무자력자가 있는 경우 이러한 자의 부담부분은 다른 연대채무자가 각각 자신의 부담비율에 따라 분담한다(제427조 제1항). 또한 연대채무자 중 부담부분이 없는 자가 있는 경우에도 부담부분을 가지는 구상의무자가 무자력인 때에는 그자의 부담부분에 관하여 부담부분 없음을 이유로 제외한 나머지 연대채무자가 부담하게 된다. 부담부분을 가지는 자가 모두 무자력으로 된 때에는 나머지 연대채무자가 평등하게 부담한다.[15]

Ⅳ. 연대의 면제

채권자와 개별적인 연대채무자와의 관계에서 대외적인 채무를 특정채무자의 부담부분에 해당하는 액에 한정하여 청구하고 그 이상은 청구하지 않도록 하는 것을 연대면제라고 한다. 연대면제는 각 연대채무자에 대한 전부급부의무를 해체하는 작업이다. 그러나 채권총액에 영향을 주는 것은 아니다. 이 점에서 절대적 면제사유로 되는 채무의 면제와는 다르다. 연대의 면제에서는 절대적 연대면제와 상대적 연대면제의 2종류가 있다.

---

15) 大判 大正3(1914).10.13.(民錄 20-751).

1. 절대적 연대면제

절대적 연대면제란 모든 연대채무자에게 전부급부의무를 해체하고 대외적 채무액을 각자의 부담부분으로 한정하는 경우를 말한다. 절대적 연대면제가 된 경우에는 이것에 의해 연대채무는 분할채무로 된다. 그 이후 각 채무자는 각자의 부담부분에 대응하는 액에 관하여 채권자에게 채무를 부담한다. 구상관계도 소멸한다.

2. 상대적 연대면제

상대적 연대면제란 일부 연대면제에 관한 것으로 대외적 채무를 그 채무자의 부담부분에 한정하는 경우이다. 상대적 연대면제가 된 경우에는 연대면제를 받은 채무자의 채무만이 부담부분액으로 감축된다. 그러나 나머지 연대채무자의 채무에는 영향을 미치지 않고 그자들은 당연히 연대하여 전부 급부의무를 부담한다. 따라서 구상관계도 존속한다.

> [사례 1] B · C · D 3인은 A에게 금 9억 원의 연대채무를 부담하고 있다. B와 C만 부담부분을 가지고 있고 D에게는 부담부분이 없는 경우 B가 전액변제하고 C가 무자력인 경우 구상관계는 어떻게 되는가?
>
> [사례 2] B · C · D는 A에게 금 9억 원의 연대채무를 부담하고 있다(부담부분은 공평). A는 B에게 연대를 면제하였다. 그 후 C는 금 9억 원을 변제하였다. C는 B에게 구상을 할 수 있는가?

V. 연대채무의 상속

연대채무자 중 1인이 사망하고 그 상속인이 수인인 경우에는 각 상속인은 피상속인의 채무에 대하여 법률상 공유로 분할된 상태의 것으로 승계하기 때문에 그 승계한 범위 내에서 본래의 채무자와 함께 연대채무자로 된다. 예컨대, A, B가 C에게 연대채무 금 10억 원을 부담하고 있었으나 그 후 B가 사망하고 D, E가 상속인으로 된 경우 C는 D에게 금 5억 원만을 청구할 수 있을 뿐이다.

제4절 부진정연대채무

I. 의의

　연대채무 중에는 주관적인 공동관계가 없고 채무자 일인에 관하여 발생한 사유가 다른 채무자에게 영향을 미치지 않는 즉, 채무자 상호 간에 주관적인 밀접한 연관관계가 없는[16] 연대채무도 존재한다. 부진정연대채무라고 하는 형태의 연대채무이다. 부진정연대채무가 되는 경우로서는 이사의 불법행위가 이루어진 경우 법인의 손해배상책임의무와 이사 개인의 손해배상의무, 피용자의 불법행위가 이루어진 경우 사용자의 손해배상책임과 피용자의 손해배상책임의무, 이행보조자의 고의로 인한 행위에 의한 채무불이행에 있어서 채무자의 손해배상의무와 이행보조자의 손해배상의무,[17] 책임무능력자의 불법행위에 대한 법정감독의무자의 배상의무와 대리감독자의 배상의무(제755조), 수급인과 하수급인 간에 중첩되는 도급인에 대한 위 하자보수에 갈음하는 손해배상채무,[18] 공동불법행위에 있어서 공동불법행위자의 손해배상의무,[19] 가해자의 복수사용자가 피해자에 대하여 제756조(사용자책임)에 의해 부담하는 손해배상의무, 가해자의 손해배상의무와 손해보험회사의 보험계약에 따른 손해배상의무 등이 있다.

II. 특징

　부진정연대채무에 대하여 채권 총칙이 정하고 있는 연대채무의 규정은 당연히 적용되

---

16) 대판 1976.7.13. 74다746, 대판 1998.6.26. 98다5777; 따라서 동일한 가해자를 지휘, 감독하는 복수의 사용자가 각각 손해배상책임을 부담하는 경우에도 각 사용자 사이의 책임이 내부적인 부담의 공평을 도모하기 위하여 구상이 인정되어야 할 것인데, 그 구상의 전제로 되는 각 사용자의 책임비율은 피용자인 가해자의 가해행위의 태양 및 각 사용자의 사업의 집행과의 관계 정도, 가해자에 대한 각 사용자의 지휘, 감독의 강약 등을 고려하여 정하여야 하는 것이고, 사용자의 일방은 당해 가해자의 위 과실비율에 따라 정해진 부담부분을 넘어 손해를 배상한 때는 그 넘는 부분에 관하여 다른 사용자에 대한 위 책임의 비율에 따라 정해진 부담부분의 한도에서 구상할 수 있다고 하는 것이 상당하다고 한다(대판 1994.12.27. 94다4974).

17) 대판 1994.11.11. 94다22446.

18) 대판 2010.5.27. 2009다85861.

19) 대판 1998.9.22. 97다42502, 42519.

는 것이 아니다. 부진정연대채무는 복수의 채무자가 각자 채권자에게 동일한 급부가 예
정된 채무를 부담하고 있어서(전부급부의무) 그 가운데 일인이 급부를 하면 모든 채무자
가 채무를 면제받는다. 이 점에서는 진정한 연대채무와 동일하다.

그러나 각 채무의 독립성이 강하기 때문에 민법상 연대채무의 절대적 효력에 관한 규
정이 적용되지 않는다. 변제, 공탁 및 대물변제 등 채권을 만족시키는 사유만이 절대적
효력을 가진다. 그리고 금액이 서로 다른 부진정연대채무 중 다액의 채무 일부가 변제
등으로 소멸하는 경우에는 먼저 소멸하는 부분은 다른 채무자와 공동으로 채무를 부담하
는 부분이 아니라 단독으로 채무를 부담하는 부분으로 보아야 할 것이다.[20] 다만, 공동불
법행위자 중 일인에 대하여 면제의 의사표시가 이루어진 경우 그 피해자가 다른 채무자
의 채무도 면제할 의사를 가지고 있는 때에는 다른 채무자에 대하여도 면제의 효력이 미
친다고 한다.[21]

복수채무자 간에 부담부분을 생각할 수 없기 때문에 채무자의 일인이 변제하여도 부담
부분에 따른 구상문제는 발생하지 않는다. 그렇기 때문에 구상관계를 정당화하기 위하여
연대채무인 사실을 근거로 할 것이 아니라 다른 근거를 가지고 오는 것이 필요하다. 따
라서 통상적으로 부진정연대채무자 간에서는 문제가 되는 개별적 상황마다 채무자 간의
과실비율에 의해 구상할 수 있다고 설명이 되고 있다.

Ⅲ. 효력

1. 상계와 상대적 효력

부진정연대채무자 상호 간에는 채권의 목적을 달성시키는 변제와 같은 사유는 채무자
전원에 대하여 절대적인 효력이 발생한다. 그러나 그 밖의 사유는 상대적인 효력만을 발
생시킬 뿐이다. 다만, 부진정연대채무자 중 1인이 채권자에 대한 반대채권으로 채무를 대
등액에서 상계한 경우에는 채권은 변제, 대물변제 또는 공탁이 행하여진 경우와 동일하
게 그 상계로 인한 채무소멸의 효력은 원칙적으로 다른 부진정연대채무자에게 미친다고
한다.[22] 또한 부진정연대채무자 1인에 대한 이행청구로 인한 시효중단의 효력이 다른 채

---

20) 대판 2000.3.14. 99다67376.

21) 最判 平成10(1998).9.10.(民集 52-6-1494).

22) 대판(전합) 2010.9.16. 2008다97218

무자에게는 미치지 않는다.[23] 다만, 보험에서는 보험자가 자신이 피해자에 대한 반대채권을 스스로 행사하여 상계를 한 경우에는 그 상계로 인한 손해배상채권 소멸의 효력은 피보험자에게 미친다.[24]

또한, 부진정연대채무에서 부진정연대채무자 1인이 한 상계가 다른 부진정연대채무자에 대한 관계에 있어서도 공동면책의 효력 내지 절대적 효력이 있는 것인지 여부는 별론으로 하더라도 부진정연대채무자 사이에는 고유한 의미에서 부담부분이 존재하지 아니하므로 위와 같은 고유한 의미의 부담부분의 존재를 전제로 하는 제418조 제2항은 부진정연대채무에는 적용되지 아니하는 것으로 봄이 상당하다. 따라서 부진정연대채무에서는 부진정연대채무자 중 1인이 채권자에게 상계할 채권을 가지고 있음에도 상계를 하지 않고 있다고 하더라도 다른 부진정연대채무자가 그 채권을 가지고 상계를 할 수는 없는 것으로 보아야 할 것이다.[25]

2. 부진정연대채무와 공동불법행위

가. 승용차 운전자인 갑과 을 회사 소유 화물차 운전자의 과실이 경합하여 병 회사의 버스 승객이 상해를 입은 사고에서 병 회사는 그 운전자의 과실이 없다고 하더라도 위 버스의 운행자로서 위 피해자에게 자동차손해배상보장법상의 배상책임을 부담한다. 또한, 을 회사와 갑 역시 위 화물차 및 승용차의 운행자 또는 공동불법행위자로서 위 피해자에 대하여 손해배상책임을 부담하고 갑, 을 및 병 회사의 위 각 책임은 부진정연대채무의 관계에 있다고 할 것이다. 따라서 이러한 경우 병 회사의 보험자가 병 회사와 체결한 보험계약에 따라 위 피해자에게 그 손해배상금을 보험금으로 모두 지급함으로써 갑 및 을 회사도 공동면책이 되었다고 한다면 병 회사는 을 회사에 그 부담부분에 대한 구상권을 행사할 수 있다. 그리고 위와 같은 경우 병 회사는 상법 제724조 제2항에 의하여 을 회사의 보험자에게 직접 을 회사의 부담부분에 대한 구상권을 행사할 수 있고 또한 병 회사의 보험자는 상법 제682조의 보험자대위의 법리에 따라 취득한 병 회사의 을 회사의 보험자에 대한 직접적인 구상권을 을 회사의 보험자에게 행사할 수도 있다.[26]

---

23) 대판 1997.9.12. 95다42027.
24) 대판 1999.11.26. 99다34499.
25) 대판 1994.5.27. 93다21521.
26) 대판 1998.12.22. 98다40466.

나. 공동불법행위자에 대한 제1심판결이 1인에 대하여만 확정되고 나머지가 항소한 결과 오히려 항소심의 인용금액이 증액된 경우 제1심판결에 항소한 채무자는 항소심에서 증액된 부분을 출재하였다고 하더라도 불복하지 아니한 다른 채무자에 대하여 공동면책으로서의 효력을 내세울 수 없다.[27]

다. 공동불법행위로 인한 손해배상책임에서 그중 한 채무자에 대한 채무면제는 제419조가 적용되지 아니하여 다른 채무자에게는 그 효력이 미치지 아니하고 공동불법행위자 중 1인의 구상권 행사에 대하여 다른 공동불법행위자는 자기의 채무가 면제되었음을 이유로 그 구상을 거절할 수 없다.[28] 따라서 피용자의 사무집행에 관한 불법행위로 인하여 피해자가 피용자 자신의 배상에 의하여 일부 또는 전부의 현실적인 만족을 얻었을 때에는 그 범위 내에서 사용자의 배상책임도 소멸하지만 현실적인 만족 이외의 채무면제나 합의의 효력 등은 그 피해자가 다른 손해배상의무자(사용자)에게는 더 이상의 손해배상청구를 하지 아니할 명시적 또는 묵시적 의사표시를 하는 등의 다른 특별한 사정이 없는 한 사용자에 대하여는 그 효력이 미칠 수 없다고 할 것이다.[29]

3. 부진정채무에서 채무면제의 상대적 효력

가. 자동차가 충돌하여 승객이 피해를 입은 경우 각 가해차량의 운행자는 피해자에게 부진정연대채무를 부담한다. 그러나 그 내부관계에서는 각 운전자의 과실 정도에 따라 부담부분이 정하여지고 운행자 중 일방이 자기의 부담부분을 초과하여 변제함으로써 공동면책을 얻게 하였을 경우에는 다른 운행자에게 상대방의 부담부분에 상당한 금액을 구상할 수 있다. 따라서 이 경우 채권의 목적을 달성시키는 변제와 같은 사유는 채무자 전원에게 절대적 효력이 발생하지만 그 밖의 사유는 상대적 효력을 발생하는 데 그치는 것이므로 가해운행자 중 일방이 피해자와 운행지배 및 운행이익을 어느 정도 공유하여 그와의 관계에서 손해배상액이 감액되어야 한다는 사정은 운행자성을 가지는 피해자에 대한 관계에서만 주장할 수 있는 것이기 때문에 그것을 이유로 자신과 부진정연대의 관계에 있는 다른 채무자와의 구상관계에서 감액된 금액을 기준으로 면책범위를 정하거나 자

---

27) 대판 1995.11.14. 94다34449.
28) 대판 1980.7.22. 79다1107.
29) 대판 1989.5.9. 88다카16959.

기의 부담부분을 산정할 수는 없다.[30]

나. 위와 같은 법리는 채무자 사이의 내부관계에서 1인이 피해자와 합의에 의하여 손해배상채무의 일부를 면제받고도 사후에 면제받은 채무액을 자신의 출재로 변제한 다른 채무자에게 다시 그 부담부분에 따라 구상의무를 부담하게 된다고 하여 달리 볼 것은 아니다.[31]

4. 구상권의 발생범위와 발생시점

가. 공동불법행위자는 채권자에 대한 관계에서는 부진정연대채무를 부담한다.[32] 그리고 공동불법행위자의 내부관계에서는 일정한 부담부분이 있고 이 부담부분은 공동불법행위자의 과실 정도에 따라 정하여진다. 따라서 공동불법행위자 중 1인이 자기의 부담부분 이상을 변제하여 공동면책을 얻게 하였을 경우에는[33] 다른 공동불법행위자에게 그 부담부분의 비율에 따라 구상권을 행사할 수 있다. 그리고 공동불법행위자 간의 구상권의 발생시점은 구상권자가 현실로 피해자에게 손해배상금을 지급한 때이다.[34] 다만, 연대채무자가 그 채권자에게 부담하는 채무를 연대보증한 연대보증인은 그 연대채무자와 연대하여 채권자에게 채무를 변제할 책임을 부담하는 것에 불과하고 채무를 변제한 연대채무자까지 그 연대보증한 연대채무자의 부담부분에 관한 채무를 변제할 책임을 부담하는 것은 아니다.[35]

> [사례] A의 피용인 B가 업무로 A의 차량을 운전하여 가다가 횡단보도로 걸어가던 C를 가격하여 상해를 입게 하였다. C는 A에게 손해배상을 청구할 수 있는가?

---

30) 대판 2000.12.26, 2000다38275.

31) 대판 2006.1.27. 2005다19378.

32) 대판 2010.5.27. 2009다85861.

33) 대판 1982.6.22. 81다8.

34) 대판 1997.12.12. 96다50896.

35) 대판 1991.10.22. 90다20244.

제5절 보증채무

Ⅰ. 의의 등

1. 의의

보증채무란 주채무의 이행을 담보할 목적으로 채권자와 보증인 간에 체결된 계약에 의해 성립하는 채무이다. 주채무의 존재를 전제로 하고 주채무의 이행이 없는 경우 보증인이 보증채무를 이행하는 것을 그 내용으로 한다(제428조). 이 보증채무의 이행에 의해 채권자는 주채무자가 이행한 것과 마찬가지의 이익을 가질 수 있다. 따라서 보증계약의 성립을 인정하려면 당연히 그 전제로서 보증인의 보증의사가 있어야 하고 이러한 보증의사는 보증을 부담할 특별한 사정이 있을 경우 이루어지는 것이므로 보증의사의 존재나 보증범위는 이를 엄격하게 제한하여 인정하여야 할 것이다.[36] 예컨대, 대여금채무의 지급을 확보하기 위하여 채무자가 발행하는 약속어음에 배서인이 그러한 사실을 알면서 보증의 취지로 배서한 경우일지라도 그러한 사실만으로는 특별한 사정이 없는 한 원인채무인 대여금채무에 대하여 보증계약이 성립된 것으로 볼 수 없고[37] 그 어음보증인으로 인한 어음상의 채무만을 부담하는 것이 원칙이고 예외적으로 배서인이 소구의무를 부담한다는 형태로 대주에게 신용을 공여한 것이 아니라 원인관계상의 채무에 대해서도 신용을 공여한 것이라는 점이 배서를 전후한 제반 사정과 대주와 배서인이 처한 거래계의 실정 등에 의하여 추지될 수 있는 정도에 이른 경우에는 보증계약의 성립을 인정할 수 있다.[38] 그러나 수표발행인이 수표를 담보로 타인으로부터 돈을 빌린다는 사실을 알면서 그 수표의 지급을 보증한 수표보증인은 수표를 보증한 때로부터 민법상 연대보증을 한 것으로 보아야 할 것이다.[39]

---

36) 대판 1998.12.8. 98다39923.

37) 대판 1997.12.9. 97다37005, 대판 1998.6.26. 98다2051, 대판 2001.5.8. 2000다61633.

38) 대판 1997.12.9. 97다37005.

39) 대판 1980.3.11. 80다15, 대판 1992.12.22. 92다17457.

2. 구별개념-손해담보계약

보증채무란 주채무의 이행을 담보하는 것이다. 그러나 품질보증, 신용보험 등과 같이 주채무의 존재를 전제로 하지 않고(따라서 부종성이 없고) 일정한 사실 때문에 타인에게 발생한 손해의 전보를 타인에게 약속하는 계약을 하는 경우가 있다. 이와 같은 계약을 손해담보계약이라고 한다.

3. 보증채무의 성질

가. 별개채무성

보증채무란 주채무와 별개의 독립된 채무이다. 보증인은 주채무와는 다른 별개의 채무(보증채무)를 채권자에게 부담한다.[40] 그러므로 채권자에 대한 책임만을 부담하는 것은 아니다. 이 때문에 보증인은 채무를 부담하는 것이 아니라 책임만을 부담하는 물상보증인과 다르다고 할 것이다.

[사례 1] A는 B와 A 소유 부동산의 매매계약을 체결하고 C는 매도인 A의 보증인으로 되었다. C가 이 부동산을 A로부터 취득한 경우 C의 보증책임의 내용은 어떻게 되는가?

[사례 2] 미성년자 B가 법정대리인의 동의도 없이 A로부터 금원을 차용할 때 C는 그 사실을 알면서도 보증인으로 되었다. B가 나중에 미성년을 이유로 계약을 취소하였다. C의 보증책임은 소멸하는가?

나. 내용의 동일성

보증채무란 주채무와 동일한 내용의 급부를 목적으로 하는 채무이다.[41] 다만, 불대체적 급부를 목적으로 하는 채무를 보증한 경우에는 주채무가 채무불이행에 의해 손해배상채무로 변하는 것을 정지조건으로 하여 보증한 것으로 이해할 수 있다.

---

40) 대판 1977.3.8. 76다2667, 대판 2002.8.27. 2000다9734.
41) 대판 1997.3.8. 76다2667.

다. 부종성

보증채무란 주채무의 이행을 담보할 목적으로 한 것이기 때문에(인적 담보의 일종) 주채무가 유효하게 존속하는 것을 전제로 한다(부종성). 구체적으로는 다음과 같은 상황에서 문제가 된다.

(1) "성립"에 있어서 부종성

주채무가 불성립하면 보증채무도 성립하지 않는다. 그러나 보증계약을 체결할 때 주채무가 발생하고 있을 필요는 없다. 피보증채무가 확정 가능한 이상 기본계약이 체결되기 이전일지라도 보증계약을 체결할 수 있다.[42] 장래채무 또는 조건부채무의 보증계약도 보증계약체결 당시 보증대상이 될 주채무의 발생원인과 그 내용이 어느 정도 확정되어 있다고 한다면 장래채무 등에 대해서도 유효하게 보증계약을 체결할 수 있어 유효하다.[43] 또한, 주채무가 불특정채무일지라도 보증채무는 유효하게 성립한다. 계속적이고 동시에 포괄적인 신용관계를 일체적으로 담보하는 근보증이 그 전형적인 사례일 것이다.

또한 보증인은 특별한 사정이 없는 한 채무자가 채무불이행으로 인하여 부담하여야 할 손해배상채무에 관하여도 보증 책임을 부담하는 것이므로 보증인은 채무자의 채무불이행으로 인한 채권자의 손해를 배상할 책임이 있다.

그러나 원래 보증인의 의무는 보증계약 성립 후 채무자가 한 법률행위로 인하여 확장, 가중되지 아니하는 것이 원칙이므로 채무자의 채무불이행 시 손해배상의 범위에 관하여 채무자와 채권자 사이의 합의로 보증인의 관여 없이 그 손해배상 예정액이 결정되었다고 하더라도 보증인은 위 합의로 결정된 손해배상예정액이 채무불이행으로 인하여 채무자가 부담할 손해배상책임의 범위를 초과하지 아니한 한도 내에서만 보증 책임이 있다고 보아야 할 것이다.[44]

> [사례 1] A는 B와 A소유 부동산의 매매계약을 체결하고 C는 A의 보증인으로 되었다. 매도인 A는 계약금으로 금 3천만 원을 수령하면서 목적물의 인도 및 등기이전을 해태하였다. 그래서 매수인 B는 A와의 매매계약을 해제하였다. A의 B에 대한 해제에 따른 원상회복의무(금 3천만 원 및

---

42) 대판 2002.4.9. 2002다3341.

43) 대판 2006.6.27. 2005다50041.

44) 대판 1996.2.9. 94다38250.

(2) "소멸"에 있어서 부종성

주채무가 변제, 시효 또는 기타 사유에 의해 소멸한 경우에는 보증채무도 당연히 소멸한다. 주채무자가 채권자에게 반대채권을 가지는 경우 보증인 또는 주채무자가 가지는 반대채권을 가지고서 상계할 수 있다(제434조). 즉, 보증채무는 주채무와 동일한 내용의 급부를 목적으로 함이 원칙이다. 그러나 주채무와는 별개 독립의 채무이고 한편 보증채무자가 주채무를 소멸시키는 행위는 주채무의 존재를 전제로 하여야 한다. 따라서 보증인의 출연행위 당시에는 주채무가 유효하게 존손하고 있었다고 하더라도 그 후 주계약이 해제되어 소급적으로 소멸하는 경우에는 보증인은 변제를 수령한 채권자를 상대로 이미 이행한 급부를 부당이득으로 반환청구를 할 수 있다.[45]

---

45) 대판 2004.12.24. 2004다20265.

(3) "내용"에 있어서 부종성

보증채무란 그 목적 또는 태양(조건, 기한, 이자) 등에서 주채무보다 무거운 것은 허용되지 않는다. 보증계약을 체결할 시점에서 보증채무의 내용이 주채무보다도 중한 경우에는 그 내용이 주채무의 한도로 감축된다(제430조). 따라서 일부채권을 포기하거나 채무를 면제하는 등 채무조건을 완화하여 주채무를 축소, 감경하는 내용의 기업개선작업약정을 체결한 경우 특별한 사정이 없는 한 보증채무의 부종성에 의하여 기업개선작업약정에 의하여 축소, 감경된 주채무의 내용에 따라 보증채무를 부담한다.[46] 또한 대환(현실적인 자금의 수수 없이 형식적으로만 신규대출을 하여 기존채무를 변제하는 것)은 실질적으로 기존채무의 변제기 연장에 불과하므로 준소비대차에 해당하여 기존채무에 대한 보증 책임이 존속한다.[47] 그리고 보증인의 승낙 없는 주채무자에 대한 변제기의 연장은 그것이 반드시 보증인의 책임을 가중하는 것이라고 말할 수 없으므로 원칙적으로 보증채무에 대해서도 그 효력이 미친다.[48]

그러나 보증채무는 주채무와는 별개의 채무이다. 따라서 보증채무 자체의 이행지체로 인한 지연손해금은 보증한도액과는 별도로 부담하고 이 경우 보증채무의 연체이율에 관하여 특별한 약정이 있으면 그에 따르고 특별한 약정이 없는 경우라면 그 거래행위의 성질에 따라 민법 또는 상법 등에서 정한 법정이율에 따라야 할 것이고 주채무에 관하여 약정된 연체이율이 당연히 여기에 적용되는 것은 아니다.[49] 또한 채권자와 주채무자 사이의 판결 등에 의해 채권이 확정되어 그 소멸시효가 10년으로 되었다고 하여도 채권자와 보증인 간의 보증채무의 소멸시효기간은 채권자와 보증인 사이의 확정판결 등과 관계없이 여전히 종전의 소멸시효기간에 따른다고 보아야 한다.[50]

(4) "이전"에 있어서 부종성

보증채무는 주채무에 대한 부종성 또는 수반성이 있어서 주채무자에 대한 채권이 이전되면 당사자 사이에 별도의 특약이 없는 한 보증인에 대한 채권도 함께 이전하고 이러한 경우 채권양도의 대항요건도 주채권의 이전에 관하여 구비하면 충분하고 별도로 보증채권에 관하여 대항요건을 갖출 필요가 없다.[51]

---

46) 대판 2004.12.23. 2004다46601.

47) 대판 1998.2.27. 97다16077.

48) 대판 1996.2.23. 95다49141.

49) 대판 2003.6.13. 2001다29803.

50) 대판 1986.11.25. 86다카1569.

반면, 주채권과 보증인에 대한 채권의 귀속주체를 달리하는 것은 주채무자의 항변권으로 채권자에게 대항할 수 있는 보증인의 권리가 침해되는 등 보증채무의 부종성에 반하고 주채권을 가지지 않은 자에게 보증채권만을 인정할 실익도 없기 때문에 주채권과 분리하여 보증채권만을 양도하기로 하는 약정은 그 효력이 없다.[52]

(5) 부종성에 기한 항변

보증채무란 주채무의 이행을 담보하는 것이고 주채무의 성립, 내용 및 소멸의 영향을 받는 것이기 때문에 보증인은 채권자의 보증채무의 이행청구에 대하여 주채무의 소멸 내지 효력의 제한을 이유로 항변을 제출할 수 있다. 예컨대, 주채무가 시효로 소멸하였다고 하는 항변(보증인은 시효원용권자이다),[53] 상계항변(제434조), 주채무의 발생원인인 계약이 취소를 할 수 있는 동안 이행거절의 항변(제435조), 동시이행항변(제536조) 등이 여기에 해당한다. 또한 보증인이 임대인의 임대차보증금반환채무를 보증한 후 임대인과 임차인 간에 임대차계약과 관계없는 다른 채권으로 연체차임을 상계하기로 약정하는 것은 보증인에게 불리한 것으로 보증인에 대하여는 그 효력을 주장할 수 없다.[54]

(6) 주채무에 관한 시효중단과 보증채무의 시효중단효

주채무에 관한 시효의 중단사유(주채무자에 대한 청구, 주채무에 관한 압류, 주채무자의 승인[55])는 항상 보증채무의 소멸시효를 중단한다(제440조). 이는 주채무자에 대한 권리행사만으로도 보증인에 대하여 시효중단의 효력을 미치게 하여 주채무와 별도로 보증채무가 시효소멸하는 일이 없도록 하여 채권담보의 목적을 달성하고 채권자를 보호하려고 하는 데 그 목적이 있다. 이러한 제도적 취지를 함께하는 보증보험계약에서도 마찬가지로 주채무자에 대한 시효중단의 효과에 관하여 제440조가 준용된다고 보아야 한다.[56] 그러나 보증채무에 관하여 시효중단사유가 인정된다고 하여도 이것에 의해 주채무의 소멸시효가 중단하는 것은 아니다.

---

51) 대판 1976.4.13. 75다1100, 대판 2002.9.10. 2002다21509.

52) 대판 2002.9.10. 2002다21509.

53) 대판 1991.1.29. 89다카1114.

54) 대판 1999.3.26. 98다22918, 22925.

55) 대판 1998.11.10. 98다42141.

56) 대판 2011.11.10. 2011다62090.

라. 수반성

보증채무는 피보증채권이 채권양도 기타 원인에 의해 이전하면 거기에 수반하여 이전하고 피보증채권의 양수인이 보증채권의 채권자로 된다.

마. 보충성–최고, 검색의 항변권

보증인은 주채무의 이행이 없는 경우 보충적으로 이행책임을 부담한다. 보충성은 채권자의 이행청구에 대한 보증인의 항변권(최고 및 검색의 항변권)으로 표현된다. 다만, 보충성 및 이에 따른 항변권은 연대보증에서는 인정되지 않는다(제437조).

채권자가 보증인에게 이행청구를 한 경우 보증인은 우선 주채무자에게 최고를 하라고 하는 항변을 할 수 있다(제437조 본문). 한편, 이러한 항변권은 검색의 항변권과 마찬가지로 보증인이 주채무자에게 변제 자력이 있고 집행이 용이한 사실을 입증할 때 성립하는 것이고 단순히 주채무자에게 먼저 청구할 것을 항변할 수 있는 것은 아니다.[57]

한편, 채권자가 주채무자에게 최고를 한 후 보증인에게 이행청구를 한 때에도 보증인은 우선 주채무자의 재산에 집행하라고 하는 항변을 할 수 있다(제437조). 이를 검색의 항변권이라고 하는데 이를 행사할 수 있다고 하는 것은 주채무자에게 변제 자력이 있고 동시에 주채무자의 재산에 대한 집행이 용이한 경우에 한정된다.

최고 및 검색의 항변권이 행사된 경우 채권자가 주채무자의 재산에 대한 집행을 해태한 경우 보증인은 그것 때문에 채권자가 주채무자로부터 변제를 받을 수 없게 된 부분에 관하여 그 의무를 면한다(제438조).

[사례 1] C는 B의 A에 대한 채무의 보증인이 되었다. A는 B가 기한이 도래하였음에도 이행하지 않고 있으므로 B와 C에 대하여 동시에 소를 제기하였다. 그러나 이 소장은 최초로 C에게 도달하였다. C는 최고의 항변권을 가지는가?

[사례 2] C는 B의 A에 대한 채무의 보증인이 되었다. A는 B가 기한에 변제하지 않으므로 B에게 지급을 최고하고 그 후 C에게 청구하였다. 이에 대하여 C는 다시 검색의 항변권을 행사하고 B에게 변제 자력이 있는 사실 및 그 집행이 용이함을 증명하고 B의 재산에 집행하도록 청구를

---

57) 대판 1968.9.24. 68다1271.

하였다. 그러나 B의 자력은 그 채무의 전액을 변제하기에는 부족함이 있었다. 이러한 검색의 항
변권을 인정할 수 있는가?

[사례 3] 채권자 A(금 1억 원)는 채무자 B의 보증인 C가 최고 및 검색의 항변권을 행사하였음에
도 채무자 B의 재산에 집행할 것을 해태하였다. 그 결과, B는 도산하여 임의정리가 이루어지고
배당은 채권액의 20%로 결정되었다. C의 항변 후 바로 A가 집행하였다고 한다면 50%를 회수할
수 있는 상태이었다. C는 A에게 어떠한 주장이 가능한가?

Ⅱ. 성립

1. 보증계약의 성립

보증계약은 채권자와 보증인의 합의에 의해 성립하는 주채무자와 다른 별개의 채무로
주채무와 동일한 내용을 가지는 낙성계약이다. 한편, 채권자와 보증인은 보증채무의 내
용, 이행시기 및 방법 등에 관하여 특약을 할 수 있고 그 특약에 따른 보증인의 부담이
주채무의 목적이나 형태보다 중하지 않는 한, 그러한 특약도 무효라고 말할 수 없다.[58]

2. 보증계약과 보증위탁계약의 관계

주채무자는 보증계약과는 직접적으로 관계가 없다. 주채무자와 제3자 간에 보증위탁계
약이 있는지 여부는 보증채무의 성립과 관계가 없고 구상권의 범위에 영향을 주는 것에
불과할 뿐이다(제441조 이하). 보증위탁계약이 없다고 할지라도 주채무자의 의사에 반하
여도 보증인이 될 수 있다. 그러나 주채무자와 제3자 간에 제3자가 주채무를 이행하여야
할 것 또는 보증인으로 되는 것을 인수하는 합의를 하였다고 하여도 그것은 이행인수계
약 또는 보증위탁계약에 지나지 않고 그것만으로 보증계약이 성립하는 것은 아니다.

한편, 주채무자와 보증인 간에 별도로 체결된 보증위탁계약이 무효 또는 취소가 가능
할지라도 보증계약의 효력에는 직접적인 영향력은 없다. 보증인이 주채무자로부터 기망

---

58) 대판 2002.8.28. 2000다9734.

당하거나 착오에 빠져 보증위탁계약을 승낙한 때에는 보증위탁계약이 무효 또는 취소의 원인으로 되는 경우가 있을지라도 보증계약에 관하여 그 효력을 부정하기 위해서는 별도로 보증계약에 관한 착오(제109조) 또는 제3자의 사기(제110조 제2항)문제로 삼아야 할 것이다.

보증계약의 착오가 문제 되는 경우에는 그것이 보증계약에 있어서 동기의 착오에 불과한 경우도 있을 수 있지만 주채무가 어떠한 내용의 것인지 여부에 관한 착오가 있으면 보증계약이 특정의 주채무를 보증할 것을 목적으로 한 계약이기 때문에 법률행위의 내용에 착오가 있을 수 있는 것이므로 보증계약에 있어서 중요한 내용의 착오로 될 수 있다.

3. 보증인의 자격

보증인이 되는 자격에는 원칙적으로 제한이 없다. 다만, 채무자가 채권자에게 보증인을 세울 의무를 부담하는 경우 채무자가 세우는 보증인은 행위능력자일 것과 변제 자력이 있는 자일 것이라는 요건을 충족할 필요가 있다(제431조 제1항). 즉, 채무자가 채권자에게 보증인을 세울 의무를 부담하는 경우 채무자가 위와 같은 요건을 충족하는 보증인을 세워야 한다. 그런데 이러한 보증인이 그 이후 후자의 요건을 흠결하게 된 경우에는 채권자는 채무자에게 후자의 요건을 충족한 보증인으로 변경하도록 청구할 수 있다(제431조 제2항). 그러나 채무자가 채권자에게 보증인을 세울 의무를 부담하지만 채권자 자신이 보증인을 지명한 경우에는 본래 전자와 후자의 요건은 적용되지 않는다(제431조 제3항). 위 전자와 후자의 자격을 충족한 보증인을 세우지 않을 경우에는 채무자는 다른 담보를 제공하여 이에 갈음할 수 있다(제432조).

[사례] A는 B에게 금 1억 원을 빌려줄 때 보증인을 세울 것을 조건으로 하였다. 그런데 B가 보증인으로 세운 사람은 미성년자 C이었다. A는 B에게 어떠한 책임을 물을 수 있는가?

Ⅲ. 보증계약의 내용

보증계약의 내용은 보증계약과 보증채무의 부종성에 의해 정해진다. 민법은 그 내용이 보증계약의 당사자 간의 계약에 의해 확정될 수 없는 경우를 상정하여 보증계약의 내용이 원칙적으로 이자, 위약금, 손해배상[59] 그리고 기타 모든 주채무에 따르는 것을 포함한다고 하는 취지를 규정하였다(제429조 제1항).

Ⅳ. 구상권-보증채무의 대내적 관계

1. 보증인의 구상권

보증인은 채무자의 부탁 여부와 관계없이 보증채무의 변제 기타 자기의 채무소멸행위에 의해 주채무를 만족시킨 후 주채무자에게 구상할 수 있다.[60] 후술하는 사전구상권과 구별하기 위하여 이를 사후구상권이라고도 부른다. 사후구상권에서 구상범위에 관하여는 주채무자의 위탁을 받은 보증인인지, 위탁이 없는 보증인인지 또는 주채무자의 의사에 반하여 보증인이 되었는지 여부에 따라 다른 처리가 되고 있다(제441조 이하).

2. 구상권의 제한

보증인이 변제 기타 채무소멸행위를 한 경우에도 주채무자가 변제 기타 채무소멸행위를 하거나 또는 주채무자가 채권자에게 어떠한 권리를 주장할 수 있는 경우가 있다. 이와 같은 경우 채권자에게 권리주장의 기회를 가지고 있던 주채무자를 보호하기 위하여 민법은 보증인이 변제를 할 경우 주채무자에게 사전 및 사후통지를 하여야 한다고 규정하고 있다(제445조, 제447조). 반면, 민법은 주채무자가 사후통지를 해태한 것에 의해 위탁받은 보증인(수탁보증인)이 주채무자의 변제 기타 채무소멸행위를 알지 못한 상태에서 변제 기타 채무소멸행위를 한 경우에는 수탁보증인의 보호를 도모하고 있다(제445조 제1항). 다만, 주채무자가 보증인에 대한 사전통지의무를 부담하지 않는 점과 위탁을 받지 않은 상태의 보증인에 대하여는 사후통지의무조차 부담하지 않는다.

한편, 주채무자가 면책행위를 하고도 그 사실을 보증인에게 통지하지 아니하던 중 보

---

59) 대판 1996.2.9. 94다38250.

60) 대판 1995.3.3. 94다33514.

증인도 사전통지를 하지 아니한 채 이중의 면책행위를 한 경우에는 보증인은 주채무자에게 제446조에 의하여 자기의 면책행위의 유효를 주장할 수 없다. 이러한 경우에는 이중변제의 기본원칙으로 돌아가 먼저 이루어진 주채무자의 면책행위가 유효하고 나중에 이루어진 보증인의 면책행위는 무효가 되므로 보증인은 제446조에 기하여 주채무자에게 구상권을 행사할 수 없다.[61]

3. 주채무자가 복수인 경우의 구상권

주채무가 분할채무인 경우에는 구상에 따른 의무도 각 채무자에 관하여 분할채무로 된다. 주채무가 불가분채무 또는 연대채무인 경우에는 구상에 응할 채무도 각 채무자에 관하여 불가분채무 또는 연대채무로 된다. 따라서 어느 공동불법행위자를 위하여 보증인이 된 자가 피보증인의 손해배상채무를 변제한 경우 그 보증인은 피보증인이 아닌 다른 공동불법행위자에 대해서는 그 부담부분에 한하여 구상권 내지 부당이득반환청구권을 행사할 수 있다. 따라서 보증인이 보증한 공동불법행위자의 부담부분이 전부이고 다른 공동불법행위자의 부담부분이 없는 경우에는 보증인은 그 다른 공동불법행위자에 대하여 구상 내지 부당이득반환청구를 할 수 없다.[62]

[사례 1] B·C·D 3인은 A에게 금 9억 원의 채무를 부담하고 있고 E는 위 3인의 보증인이 되었다. E가 금 9억 원 전액을 변제한 경우 구상의 범위는 어떻게 되는가?(부담부분은 평등한 것으로 한다)

[사례 2] 위 사례의 경우 B·C·D의 채무에 관하여 불가분의 특약이 있는 경우에는 어떻게 되는가?

[사례 3] 위 사례의 경우 E가 D만을 보증한 경우 그 구상관계는 어떻게 되는가?

---

61) 대판 1997.10.10. 95다46265.

62) 대판 1996.2.9. 95다47176.

4. 주채무의 일부에 관하여 보증한 경우의 구상권

주채무자의 일부 채무에 관하여 보증을 한 경우 주채무가 분할채무인 때에는 자신이 보증하고 있지 않은 다른 채무자와의 사이에 보증에 따른 구상관계는 발생하지 않는다. 주채무가 불가분채무 또는 연대채무인 경우에는 보증인은 자신이 보증하고 있지 않은 다른 채무자에 대하여 그자의 부담부분만 구상권을 가지고 있다(제447조).

5. 수탁보증인의 사전구상권

가. 의의

보증인의 구상권은 원칙적으로 보증인이 변제 기타 자기 재산을 가지고 주채무를 소멸시킨 경우에는 발생한다(사후구상권). 그러나 보증은 주채무의 인적 담보의 성질을 가지고 있는데 자신이 변제 기타 채무소멸행위를 한 후 구상하는 것만으로는 보증인의 해방을 기대할 수 없을 경우에는 보증인의 위험부담을 회피할 필요가 있다. 그래서 민법은 수탁보증인에 대하여 한정된 것이지만 일정한 경우 위와 같은 부담에서 해방될 수 있는 청구권을 부여하였는데 이것이 사전구상권이다.

나. 성립

사전구상권은 당사자의 합의에 의한 경우 이외에 다음과 같은 경우에 성립한다.

(1) 보증인이 과실 없이 채권자에게 변제할 재판을 받은 때(제442조 제1항 제1호)
(2) 주채무자가 파산을 선고받았음에도 채권자가 파산재단에 가입하지 아니한 때(제442조 제1항 제2호)
(3) 채무의 이행기가 확정되지 아니하고 그 최장기도 확정할 수 없는데 보증계약 후 5년이 경과한 때(제442조 제1항 제3호)
(4) 채무의 이행기가 도래한 때(제442조 제1항 제4호)

다. 범위

사전구상권은 주채무인 원금, 확정채무의 전액,[63] 사전구상에 응할 때까지 이미 발생한 이자, 기한 후의 지연손해금, 피할 수 없는 비용 및 기타의 손해액이 포함될 뿐이고 주채무인 원금에 대한 완제일까지의 지연손해금은 사전구상권에 포함될 수 없고 또한 수탁보증인이 아직 지출하지 아니한 금원에 대하여 지연손해금을 청구할 수 없다.[64]

한편, 보증인이 보증채무를 이행함에 따라 주채무자가 보증인에게 부담하게 될 구상금채무를 근보증하면서 면책원금 외에 면책일 이후의 법정이자나 피할 수 없는 비용 등까지 담보하기 위하여 근보증한도액을 면책원금에 해당하는 보증인의 보증한도액보다 높은 금액으로 정했다고 하더라도 보증인이 사전구상권을 행사할 수 있는 금액은 근보증한도액이 아닌 보증인의 보증한도액으로 한정된다.[65]

라. 사전구상권을 행사하여 구상 받은 경우 구상금의 행사방법

수탁보증인이 사전구상권을 행사하여 사전구상금을 수령하였다면 이는 결국 사전구상 당시 채권자에게 보증인이 부담할 원본채무와 이미 발생한 이자, 피할 수 없는 비용 및 기타의 손해액을 선급 받은 것에 해당한다. 따라서 주채무자로부터 구상금을 사전에 상환받은 것과 다름없다고 보아야 한다. 그러므로 이 금원은 주채무자에게 수임인의 지위에 있는 수탁보증인이 위탁사무의 처리를 위하여 선급을 받은 비용의 성질을 가지는 것이므로 보증인은 이를 선량한 관리자의 주의로서 위탁사무인 주채무자의 면책에 사용하여야 할 의무가 있다고 할 것이다.[66]

마. 사전구상권에 대한 주채무자의 대항조치

보증인이 사전구상권을 행사한 경우에는 채권자가 전부의 변제를 받고 있지 않은 동안 주채무자는 보증인이 자기에게 담보를 제공할 것(담보의 구체적 내용에 관하여는 주채무

---

63) 대판 2005.11.25. 2004다66834.

64) 대판 2004.7.9. 2003다46758.

65) 대판 2005.11.25. 2004다66834.

66) 대판 1989.9.29. 88다카10524, 대판 2002.11.26. 2001다833.

자가 주장, 입증을 하여야 한다) 또는 자기면책을 얻을 수 있도록 청구할 수 있다(제443조). 또한, 보증인이 사전구상권을 행사한 경우 청구를 받은 주채무자는 공탁을 하여 사전구상권에 상당하는 담보를 제공하고 또한 채권자와 교섭하여 보증인을 면책시키는 것에 의해 사전구상에 따른 의무를 면할 수 있다(제443조).

6. 부탁 없는 보증인의 구상권

부탁이 없는 경우일지라도 보증을 할 수 있지만 사전구상권은 없다. 그리고 구상권의 범위는 사무관리에서 비용상환청구권의 법리가 적용된다.

7. 구상권의 제한

보증인이 주채무자에게 통지하지 아니하고 변제 기타 자기의 출재로 주채무를 소멸시킨 경우 주채무자가 채권자에게 대항할 수 있는 사유가 있는 경우에는 이 사유로 보증인에게 대항할 수 있고 그 대항사유가 상계인 경우에는 상계로 소멸할 채권은 보증인에게 이전한다(제445조 제1항). 따라서 주채무자가 면책행위를 하고도 그 사실을 보증인에게 통지하지 아니하고 있던 중 보증인도 사전통지를 하지 아니한 채 이중의 면책행위를 한 경우에는 보증인은 주채무자에게 제446조에 의하여 자기의 면책행위의 유효를 주장할 수 없다. 따라서 위와 같은 경우에는 이중변제의 기본원칙으로 돌아가 먼저 이루어진 주채무자의 면책행위가 유효하고 나중에 이루어진 보증인의 면책행위는 무효로 보아야 할 것이다. 따라서 보증인은 제446조에 따라 주채무자에게 구상권을 행사할 수 없을 것이다.[67]

[사례 1] B는 A에게 금 1억 원의 채무를 부담하고 있는 반면, 반대채권 금 1억 원을 가지고 있었다. B의 보증인 C는 이러한 사실을 알지 못하고 B에게 사전통지를 하지 않고서 A에게 보증채무를 이행하였다. C의 구상권 행사에 대하여 B는 어떠한 주장을 할 수 있는가?

[사례 2] 위 사례의 경우 C가 변제를 한 사실을 B에게 통지하지 않았던바, B가 선의로 이중 변제를 하였다. B의 변제는 유효한가?

[사례 3] C는 B의 위탁을 받아 B의 A에 대한 채무의 보증인이 되었다. B는 A에게 채무변제를 하였는데 사후통지를 해태하였다. 그 때문에 C가 이중으로 변제를 하게 되었다. 보증인 C의 변제는 유효한가?

V. 연대보증

1. 의의

연대보증이란 보증인이 주채무자와 연대하여 채무를 부담하는 경우를 말한다. 거래사회에서 통상적으로 볼 수 있는 보증은 대부분 연대보증이다. 연대보증도 보증채무의 일종이지만 주채무자와 보증인이 연대한 채무를 부담하는 것이기 때문에 보통의 보증채무와 비교할 때 다음과 같은 특징을 볼 수 있다.

---

67) 대판 1997.10.10. 95다46265.

2. 연대보증의 특징

가. 보충성의 부존재

연대보증에는 보충성이 없다. 따라서 보증채무에서 인정되는 최고 및 검색의 항변권이 인정되지 않는다.

[사례] C는 B의 A에 대한 채무의 연대보증인이 되었다. C가 연대보증인으로 된 것은 채무자 B로부터 "자신은 재산이 많기 때문에 연대보증인을 함에 있어서 결코 어려움이 발생하지는 않을 것이다. 이 연대보증은 단순히 형식에 불과하다"고 말하였기 때문에 가벼운 기분으로 B의 말을 듣고 연대보증을 하게 되었다. 그런데 채권자 A는 때마침 채무자 C가 부동산을 매각하여 많은 돈을 확보한 사실을 듣게 되었기에 기한이 도과한 후 C에게 변제를 하도록 청구하였다. C는 자신이 보증인으로 된 경위를 설명하고 우선 B에게 청구하도록 항변할 수 있는가?

나. 부종성의 존재

연대보증도 보증채무이기 때문에 보통의 보증채무와 마찬가지로 부종성은 인정된다. 이것이 연대채무와 커다란 차이이다. 따라서 주채무자에게 발생한 사유는 모두 연대보증인에게 영향이 미친다. 연대채무와 같은 절대적인 효력이 있는 사유의 제한이 없다. 채권자가 주채무자에게 청구하면 보증인에게도 청구한 것으로 된다. 주채무자가 채권자에게 채무승인을 하면 보증인도 채무승인을 한 것으로 된다. 채권자와 채무자 사이에 채무변제에 관하여 어떠한 특약을 하고 그러한 변제의 특약 아래 채무를 연대보증한 경우에 채권자와 채무자는 연대보증인의 동의 없이 특약을 변경할 수 없고 마음대로 특약을 변경하여도 연대보증인에게 효력이 없다.[68] 또한, 채무가 특정되어 있는 확정채무를 보증한 연대보증인은 자신의 동의 없이 피보증채무의 이행기를 연장해 주었느냐의 여부와 상관없이 그 연대보증채무를 부담한다.[69] 그러나 연대보증인 1인에 대한 채권 포기는 주채무자나 다른 연대보증인에게는 효력이 미치지 아니한다.[70]

---

68) 대판 1974.11.12. 74다533.

69) 대판 2002.6.14. 2002다14853.

70) 대판 1994.11.8. 94다37202.

다. 연대보증인에 관하여 발생한 사유의 영향

통상적인 보증의 경우에는 보증인에게 발생한 사유는 주채무자에게 영향을 미치지 않는다. 그러나 연대보증에서는 절대적인 효력이 있는 사유를 정한 연대채무의 규정이 준용되어 일정한 경우 보증인에게 발생한 사유가 주채무자에게 영향을 미친다. 본래 보증인에게 발생한 사유 중 연대채무의 절대적인 효력사유에 해당하는 것(청구, 경개, 상계, 혼동, 변제 및 그것과 관련된 사유)은 주채무자에게도 영향을 미친다. 연대채무의 절대적인 효력이 있는 사유에 해당하지 않는 것에 대해서는 주채무자에게 영향을 미치지 않는다. 특히, 보증인의 승인에 절대적인 효력이 없는 점이 중요하다. 상술한 바와 같이 연대채무의 경우에도 승인에는 절대적인 효력이 없다.

3. 연대보증채무에 있어서 구상권

수인의 보증인이 있는 경우에는 그 사이에 분별의 이익이 있는 것이 원칙이다. 그러나 수인이 연대보증인을 할 경우에는 각자가 별개의 법률행위로 보증인이 되었고 또한 보증인 상호 간에 연대의 특약(보증연대)이 없을지라도 채권자에게는 분별의 이익을 갖지 못하고 각자 채무의 전액을 변제하여야 할 것이다. 그러나 연대보증인 상호 간의 내부관계에서는 주채무에 대하여 출재를 분담하는 일정한 금액을 의미하는 부담부분이 있고 그 부담부분의 비율, 즉 분담비율에 관하여는 그들 사이에 특약이 있으면 당연히 그에 따르되 그 특약이 없는 한 각자 평등한 비율로 부담을 하게 된다. 따라서 연대보증인 중 한 사람이 자기의 부담부분을 초과하여 변제하였을 경우에는 다른 연대보증인에게 구상을 할 수 있다. 다만, 다른 연대보증인 중 이미 자기의 부담부분을 변제한 사람에게는 구상을 할 수 없다. 따라서 그를 제외하고 아직 자기의 부담부분을 변제하지 아니한 사람에 대하여만 구상권을 행사할 수 있을 것이다.

구체적으로 연대보증인 중 한 사람이 자기의 부담부분을 초과하여 변제하여 다른 연대보증인에게 구상을 하는 경우 부담부분은 수인의 연대보증이 성립할 당시 주채무액에 분담비율을 적용하여 산출된 금액으로 일단 정하여질 것이다. 다만 그 이후 주채무자의 변제 등으로 주채무가 소멸하면 부종성에 따라 각 연대보증인의 부담부분이 그 소멸한 금액만큼 분담비율에 따라 감소하고 또한 연대보증인의 변제가 있으면 당해 연대보증인의 부담부분이 그 변제액만큼 감소하게 된다. 그러므로 자기의 부담부분을 초과한 변제를 함으로써 그 초과 변제액에 대하여 다른 연대보증인을 상대로 구상권을 행사할 수 있는 연대보증인인지 여부는 당해 변제 시를 기준으로 판단하되, 구체적으로는 우선 그때까지 발생, 증가하였던 주채무의 총액에 분담비율을 적용하여 당해 연대보증인의 부담부분 총액을 산출하고 그전에 앞서 본 바와 같은 사유 등으로 감소한 그의 부담부분이 있다면 이를 위 부담부분 총액에서 공제하는 방법으로 당해 연대보증인의 부담부분을 확정한 다음 당해 변제액이 위 확정된 부담부분을 초과하는지 여부에 따라 판단하여야 한다. 그리고 이미 자기의 부담부분을 변제함으로써 위와 같은 구상권 행사의 대상에서 제외되는 연대보증인인지 여부도 원칙적으로 구상의 기초가 되는 변제 당시에 위와 같은 방법에 의하여 확정되는 그 연대보증인의 부담부분을 기준으로 판단하여야 할 것이다.[71]

그리고 채권자와 소비대차계약을 체결한 자로서 채권자에 대한 관계에서는 주채무자로서의 책임을 지는 자라고 하더라도 내부관계에서 실질상의 주채무자가 아닌 경우에는 연대보증책임을 이행한 연대보증인에게 당연히 구상의무를 부담하는 것은 아니고 그 연대보증인이 제3자가 실질적인 주채무자라고 믿고 보증하였거나 보증책임을 이행하였고 그와 같이 믿은 것에 제3자에게 귀책사유가 있어 제3자에게 그 책임을 부담시키는 것이 구체적으로 타당하다고 보이는 경우에 한하여 제3자가 연대보증인에게 주채무자로서의 전액 구상의무를 부담한다.[72] 그러나 실질상의 주채무자, 연대보증인, 형식상의 주채무자 3자 간의 실질적인 법률관계에 비추어 형식상의 주채무자가 실질상의 주채무자를 연대보증한 것으로 인정할 수 있는 경우에는 그 형식상의 주채무자는 공동보증인 간의 구상권 행사의 법리에 따라 연대보증인에게 구상의무를 부담한다고 할 것이다. 그리고 구상권 범위 산정의 기준이 되는 부담부분은 그에 관한 특약이 없는 한 균등한 것으로 추정된다.

또한, 연대보증인이 자신의 출재로 채무자를 대신하여 주채무를 변제하면 채권자가 주채무자 및 다른 연대보증인에게 갖고 있던 채권(원채권) 및 담보권이 연대보증인에게 법률상 당연히 이전된다. 그러나 변제자대위는 주채무를 변제함으로써 주채무자 및 다른 연대보증인에 대하여 갖게 된 구상권의 효력을 확보하기 위한 제도이기 때문에 대위에 의한 원채권 및 담보권의 행사 범위는 구상권의 범위로 한정된다.[73]

또한, 연대보증인은 피보증인의 채무를 변제할 정당한 이익이 있는 자로서 그 변제로 인하여 당연히 채권자를 대위할 법정대위권이 있는 것이므로 다른 특단의 사정이 없는

---

71) 대판 2009.6.25. 2007다70155.

72) 대판 2002.12.10. 2002다47631.

73) 대판 1999.10.22. 98다22451.

한 채권자가 고의 또는 과실로 담보를 상실하거나 감소시킨 때에는 연대보증인의 대위권
을 침해한 것이 되어 연대보증인은 제485조에 따라 그 상실 또는 감소로 인하여 상환을
받을 수 없는 한도에서 면책주장을 할 수 있다.[74]

> [사례] A, B, C가 연대하여 갑에게 금 9억 원의 대여금채무를 부담하고 있다. A, B, C는 내부적
> 으로 1:1:1의 부담비율로 부담할 것을 약정한 상태이다. 이러한 사안에서 채무자 A가 채권자 갑
> 에게 반대채권으로 금 5억 원의 금전채권을 가지고 있다. A가 금 9억 원의 채무를 수동채권, 금
> 5억 원의 반대채권을 자동채권으로 하여 갑과의 사이에 상계를 하고 있지 않은 상태이다. 그와
> 같은 경우 A 이외의 다른 연대채무자인 B가 갑으로부터 금 9억 원의 지급청구를 받은 경우 A,
> 갑 간의 상계를 원용할 수 있는가? 그 상계의 원용에 의해 A갑 간, B갑 간, C갑 간의 법률관계
> 및 AB 간, AC 간의 법률관계를 설명하라.

VI. 공동보증

1. 의의

공동보증이란 일개의 채무에 관하여 복수의 보증인이 있는 경우를 말한다(제439조).
일개의 계약으로 여러 사람이 보증인으로 되는 경우 또는 일부가 추후에 보증인으로 되
는 경우에 볼 수 있다. 공동보증에서는 보증인이 복수이기 때문에 채권자에 대한 관계
또는 보증인 상호 간의 관계에서 보통의 보증과 다른 특징을 볼 수 있다.

2. 채권자에 대한 관계에서 공동보증의 특징-분별의 이익

공동보증인은 원칙적으로 분별이익이 있다. 각 공동보증인은 주채무액을 보증인의 수
로 나눈 액에 관해서만 보증채무를 부담하는 것이다(제439조). 그러나 다음과 같은 경우
에는 분별이익이 없다(제448조 제2항).

---

74) 대판 2009.10.29. 2009다60527.

가. 주채무가 불가분채무인 경우

나. 공동보증인 간에 각자 전액을 변제하기로 하는 특약(보증연대)이 있는 경우

다. 보증이 연대보증인 경우[75]

> [사례 1] A에 대한 B의 금 6억 원의 채무에 관하여 C·D·E 3인이 보증인으로 되었다. A는 각 보증인에게 금 6억 원의 전액의 청구를 할 수 있는가?
>
> [사례 2] 위 사례의 경우 보증인 C·D·E 3인과 채권자 A 간에 분별의 이익을 포기하는 취지의 특약을 한 경우에는 어떻게 되는가?
>
> [사례 3] 위 사례의 경우 C·D·E가 연대보증인인 경우에는 어떻게 되는가?

3. 공동보증인 간의 구상권

공동보증인 중 일인이 변제 기타 채무소멸행위를 한 경우 이러한 자는 주채무자에게 구상권을 취득하고 동시에 다른 공동보증인에게도 구상권을 취득한다. 이러한 두 가지의 구상권은 다른 채권이다. 전자의 구상권이 제441조 또는 제444조에 의한 것임에 반하여 후자의 구상권은 제448조에 의한 것이다. 공동보증인에게 분별이익이 있는 경우 부담부분을 초과한 액을 변제한 보증인은 위탁을 받지 않은 보증인의 구상권에 관한 규정에 따라 그 초과액에 관해서만 다른 공동보증인에게 구상할 수 있다(제448조에 의한 제444조의 준용). 공동보증인에게 분별이익이 없는 경우에는 부담부분을 초과한 액을 변제한 보증인은 연대채무자 간의 구상권에 관한 규정에 따라 구상한다(제448조 제2항). 따라서 연대보증인이 하수급인의 하도급인에 대한 하도급계약상의 의무를 이행하기로 연대보증계약을 체결하고 신용보증기금도 하수급인의 하도급인에 대한 계약이행보증금을 담보하기 위하여 신용보증위탁계약을 체결한 경우에는 신용보증기금과 연대보증인은 하도급인

---

75) 대판 1993.5.27. 93다4656; 이 판결의 판지에 따르면, "……수인의 보증인이 있는 경우에는 그 사이에 분별의 이익이 있는 것이 원칙이지만, 그 수인이 연대보증인일 때에는 각자가 별개의 법률행위로 보증인이 되었으므로 보증인 상호 간에 연대의 특약(보증연대)이 없었더라도 채권자에 대하여는 분별의 이익을 갖지 못하고 각자의 채무 전액을 변제하여야 하고 다만, 보증인들 상호 간의 내부관계에 있어서는 일정한 부담부분이 있고 그 부담부분의 비율에 관하여는 특약이 없는 한 각자 평등한 비율로 부담한다. 또한, 연대보증인 가운데 한 사람이 채무의 전액이나 자기의 부담부분 이상을 변제하였을 때에는 다른 보증인에 대하여 구상을 할 수 있고 다만, 다른 보증인 가운데 이미 자기의 부담부분을 변제한 사람에 대하여는 구상을 할 수 없다(대판 1988.10. 25. 85다카1729)"고 판시하고 있다.

에 대한 관계에서 하수급인의 하도급인에 대한 공사하도급계약으로 인한 금전채무에 관하여 공동보증인의 지위에 있고, 따라서 신용보증기금이 신용보증계약에 따라 하도급인에게 계약이행보증으로 인한 손해배상채무를 이행하는 경우에는 제448조에 의하여 연대보증인에 대하여 구상권을 행사할 수 있고[76] 수인의 보증인이 주채무자의 채무를 일정한 한도에서 보증하기로 하는 이른바 일부보증을 한 경우 보증인 중 1인이 채무의 전액이나 자기의 부담부분 이상을 변제함으로써 다른 보증인의 책임한도가 줄어들게 되어 공동으로 면책이 되었다면 다른 보증인에게 구상을 할 수 있고, 그 부담부분의 비율에 대하여는 그들 사이에 특약이 있으면 당연히 그에 따르되 그 특약이 없는 경우에는 각자 보증한도액의 비율로 부담하게 된다.[77]

그러나 갑이 정 은행으로부터 대출을 받을 때 갑 자신이 실질상 주채무자이지만 정 은행과 대출계약을 맺음에 있어서 편의상 병을 주채무자, 갑과 을을 연대보증인으로 하는 내용의 대출계약을 체결하였는데 그 후 갑이 위 대출금을 전부 변제한 경우와 같이 채권자에 대한 관계에서는 공동연대보증인이지만 내부관계에서는 실질상의 주채무자인 자와 다른 공동연대보증인 사이의 구상관계는 제448조 제2항, 제425조에 따른 구상권을 행사할 수 없다.[78]

그리고 보험계약자인 채무자의 주계약상의 채무불이행으로 인하여 피보험자인 채권자가 입게 되는 손해의 전보를 보험자가 인수하는 것을 내용으로 하는 손해보험인 이행(지급)보증보험은 실질적으로는 보증의 성격을 가지고 보증계약과 같은 효과를 목적으로 하는 점에서 보험자와 채무자 사이에는 민법의 보증에 관한 규정이 준용된다고 할 것이다. 그러나 이와 같은 보증보험계약과 주계약에 부종하는 보증계약은 계약의 당사자, 계약관계를 규율하는 기본적인 법률규정 등이 상이하여 보증보험계약상의 보험자를 주계약상의 보증인과 동일한 지위에 있는 공동보증인으로 보기는 어려울 것이다. 따라서 보험계약상의 보험자와 주계약상의 보증인 사이에는 공동보증인 사이의 구상권에 관한 민법 제448조가 당연히 준용된다고 볼 수 없다.[79]

또한, 주채무자를 위하여 수인이 연대보증을 한 경우 어느 연대보증인이 채무를 변제하였음을 내세워 다른 연대보증인에게 구상권을 행사할 경우에는 그 변제로 인하여 다른

---

76) 대판 2005.3.25. 2003다55134.

77) 대판 2005.3.11. 2004다42104.

78) 대판 2004.9.24. 2004다27440, 28504.

79) 대판 2001.2.9. 2000다55089, 대판 2001.12.27. 2001다29742.

연대보증인도 공동으로 면책되었음을 요건으로 한다. 그런데 각 연대보증인이 주채무자의 채무를 일정한 한도에서 보증하기로 하는 이른바 일부보증을 한 경우에는 달리 특별한 사정이 없는 한 각 보증인은 보증한 한도 이상의 채무에 대하여는 그 책임이 없다. 따라서 주채무의 일부가 변제되었다고 하더라도 그 보증한 한도 내의 주채무가 남아 있다면 그 남아 있는 채무에 대하여는 보증책임을 면할 수 없다고 보아야 한다. 따라서 이와 같은 경우 연대보증인 중 1인이 변제로써 주채무를 감소시켰다고 하더라도 주채무의 남은 금액이 다른 연대보증인의 책임한도를 초과하고 있다면 그 다른 연대보증인으로서는 그 한도금액 전부에 대한 보증책임이 그대로 남아 있어 위의 채무변제로써 면책된 부분이 전혀 없다고 볼 수밖에 없고 따라서 이러한 경우에는 채무를 변제한 위 연대보증인이 그 채무의 변제를 내세워 보증책임이 그대로 남아 있는 다른 연대보증인에게 구상권을 행사할 수는 없다.[80]

4. 공동보증인의 1인에게 발생한 사유의 다른 공동보증인에 대한 영향

복수의 보증인이 있는 경우 보증인 간에 보증연대가 있는 경우를 제외하면 각 보증인 간에 연대채무에 준하는 법률관계가 발생하지 않는다. 따라서 공동보증인 중 일인에게 발생한 사유는 그자가 주채무자의 연대보증인이어도 다른 연대보증인에게 영향을 주지 않는다. 다만, 보증연대의 경우 공동보증인 간에 연대의 특약이 있기 때문에 각 보증인 간에 연대채무에 준하는 법률관계가 존재한다. 그렇기 때문에 공동보증인의 일인에게 발생한 사유 중 연대채무에서 절대적 효력으로 되어 있는 것은 다른 공동보증인에게도 영향을 미친다.

한편, 공동연대보증인 중 1인이 채무 전액을 대위변제한 후 주채무자로부터 구상금의 일부를 변제받은 경우 대위변제를 한 연대보증인은 자기의 부담부분에 관하여는 다른 연대보증인들로부터는 구상을 받을 수 없고 오로지 주채무자로부터만 구상을 받아야 하므로 주채무자의 변제액을 자기의 부담부분에 상응하는 주채무자의 구상채무에 먼저 충당할 정

---

80) 대판 2002.3.15. 2001다59071.

당한 이익이 있는 점, 대위변제를 한 연대보증인이 다른 연대보증인에게 각자의 부담부분을 한도로 갖는 구상권은 주채무자의 무자력 위험을 감수하고 먼저 대위변제를 한 연대보증인의 구상권 실현을 확보하고 공동연대보증인 간의 공평을 기하기 위하여 제448조 제2항에 의하여 인정된 권리이므로 다른 연대보증인은 주채무자의 무자력 시 주채무자에 대한 재구상권 행사가 곤란해질 위험이 있다는 사정을 내세워 대위변제를 한 연대보증인에 대한 구상채무의 감면을 주장하거나 이행을 거절할 수 없는 점 등을 고려하면 주채무자의 구상금 일부 변제는 특별한 사정이 없는 한 대위변제를 한 연대보증인의 부담부분에 상응하는 주채무자의 구상채무를 먼저 감소시키고 이 부분 구상채무가 전부 소멸되기 전까지는 다른 연대보증인들이 부담하는 구상채무의 범위에는 아무런 영향을 미치지 않는다고 보아야 한다. 그러나 주채무자의 구상금 일부 변제금액이 대위변제를 한 연대보증인의 부담부분을 넘는 경우에는 그 넘는 변제금액은 주채무자의 구상채무를 감소시킴과 동시에 다른 연대보증인의 구상채무도 각자의 부담비율에 상응하여 감소시킨다.[81]

VII. 근보증

1. 의의

근보증(계속적 보증)이란 계속적인 채권관계에서 발생하는 불특정채권을 담보하기 위한 보증을 말한다. 그리고 이른바 계속적인 보증계약의 보증인이 보증채무를 이행함으로써 피보증인이 보증인에게 부담하게 될 불확정한 구상금채무를 보증하기로 하는 보증계약도 계속적 보증계약에 해당한다.[82] 또한, 이러한 근보증행위가 이루어진 시점에 대한

---

81) 대판 2010.9.30. 2009다46873.

판단은 그 보증의 의사표시를 할 당시를 기준으로 하여야 할 것이고 주채무가 실질적으로 발생하여 구체적인 보증채무가 발생한 때를 기준으로 할 것은 아니다.[83]

2. 유효성

위와 같이 장래의 계속적인 채권관계에서 발생할 채무에 대한 보증채무가 그 보증액의 한도 또는 기간에 관한 약정이 없는 경우에도 당사자의 의사, 거래의 경험칙에 비추어 그 범위 또는 기간을 확정할 수 있는 경우에는 보증채무로서 유효하게 성립한다.[84]

그러나 위와 같은 근보증의 특성 때문에 기간의 정함이 없는 이른바 계속적 보증계약에서는 보증인의 주채무자에 대한 신뢰가 깨지는 등 보증인으로서 보증계약을 해지할 만한 상당한 이유가 있는 경우에는 보증인으로 하여금 그 보증계약을 유지, 존속게 한다는 것은 사회통념상 바람직하지 못하므로 그 계약해지로 인하여 상대방인 채권자에게 신의칙상 묵과할 수 없는 손해를 입게 하는 등 특별한 사정이 있는 경우를 제외하고 보증인은 일방적으로 이를 해지할 수 있다고 할 것이고 이러한 경우 보증인은 해지 이후에 발생한 채무에 대해서는 보증 책임을 부담하지 않는다.[85] 따라서 카드발행자가 가입회원에 대한 통제나 규제를 신의칙상 묵과할 수 없는 정도로 소홀히 하여 손해가 발생하였다면 카드발행자와 가입회원 및 연대보증인 등의 제반 사정에 비추어 적정한 금액을 넘는 카드발행자의 연대보증인에 대한 청구는 권리남용에 해당할 수 있다.[86] 그리고 근보증으로서 신용보증채무이행으로 인한 구상채무를 보증한 자가 신용보증채무가 확정되기 전에 보증계약을 해지한 경우에는 그 구상채무의 보증인은 보증책임을 면하는 것이므로 그 구상채무의 보증인은 피보증인의 구상채무에 대하여 아무런 보증책임을 지지 아니한다.[87]

---

82) 대판 1992.11.24. 92다10890, 대판 1999.6.22. 99다19322,19339.

83) 대판 2002.7.9. 99다73159.

84) 대판 1957.10.21. 57다349, 대판 1976.8.24. 76다1178.

85) 대판 2002.2.26. 2000다48265.

86) 대판 1989.5.9. 88다카8330.

87) 대판 1998.6.26. 98다11826.

3. 범위

가. 물적 범위

    일반적으로 계속적인 거래 도중에 매수인을 위하여 보증의 범위와 기간의 정함이 없이 보증인이 된 자는 특별한 사정이 없는 한 계약일 이후에 발생되는 채무뿐 아니라 계약일 현재 이미 발생된 채무도 보증한다.[88] 그리고 계속적인 보증계약에 보증한도액의 정함이 있는 경우 그 한도액을 주채무의 원본총액만을 기준으로 할 것인지, 그 한도액에 이자, 지연손해금 등의 부수채무까지도 포함될 것으로 할 것인지 여부는 먼저 계약당사자의 의사에 따라야 한다. 그러나 특약이 없는 한 한도액 내에는 이자, 위약금, 손해배상 및 기타 주채무에 종속한 부수채무도 포함되는 것으로 해석하여야 한다.[89] 그리고 보증채무는 주채무와는 별개의 채무이기 때문에 보증채무 자체의 이행지체로 인한 지연손해금은 근보증액과 별도로 부담하여야 할 것이고 이 경우 보증채무의 연체이율에 관하여 특별한 약정이 없는 경우라면 그 거래행위의 성질에 따라 상법 또는 민법에서 정한 법정이율에 따라야 하고 주채무에 관하여 약정된 연체이율이 당연히 여기에 적용되는 것은 아니지만 특별한 약정이 있다면 이에 따라야 한다.[90]

나. 인적 범위

    보증한도액이 정해진 계속적 보증계약의 경우 보증인이 사망하였다고 하더라도 보증계약이 당연히 종료되는 것은 아니고 특별한 사정이 없는 한 상속인이 보증인의 지위를 승계한다고 보아야 한다.[91] 다만, 보증한도액의 정함이 없는 경우에는 보증인의 지위가 상속인에게 상속된다고 할 수 없고 기왕에 발생된 보증채무만 상속되어[92] 사망 후 발생한 주채무에 대해서는 그 상속인이 보증채무를 승계하여 부담하지는 아니한다.[93]

---

88) 대판 1976.12.14. 76다2316, 대판 1995.9.15. 94다41485.

89) 대판 1999.3.23. 98다64639, 대판 2000.4.11. 99다12123.

90) 대판 1995.6.30. 94다40444, 대판 1998.2.27. 97다1433, 대판 2000.4.11. 99다12123.

91) 대판 1999.6.22. 99다19322, 19339.

92) 대판 2001.6.12. 2000다47187.

93) 대판 2003.12.26. 2003다30784.

4. 책임의 제한

가. 당사자의 의사를 좁게 해석하는 방법

어느 한 사람이 같은 채권의 담보를 위하여 연대보증계약과 물상보증계약을 체결한 경우 부종성을 인정할 특별한 사정이 없는 한 위 두 계약은 별개의 계약에 해당한다. 따라서 보증책임의 범위가 담보부동산의 가액범위 내로 제한된다거나 근저당권의 채권최고액의 범위 내로 제한된다고 말할 수는 없을 것이다.[94]

한편, 동일인이 행한 근저당과 근보증의 상호관계는 근저당권에 의하여 담보되는 채권이 위 근보증에 의하여도 담보되는 것인지 여부의 문제는 당사자의 의사해석의 문제이다.[95] 따라서 판매특약점 설치계약에 기한 계속적인 거래관계로 장래 발생하는 상품대금채무에 대하여 보증인이 근보증을 하고 아울러 그 불특정채무를 담보하기 위하여 보증인 소유의 부동산에 대하여 근저당설정등기를 하기로 하면서 다만 채권최고액에 대해서는 후일 담보부동산에 대한 감정 결과에 따라 정하기로 한 경우 보증서 문언상 모든 채무를 연대보증한다고 되어 있다고 하더라도 위 보증을 함과 동시에 동일문서에 담보제공 승낙을 하고서 그 후 담보부동산에 대한 감정 결과에 따라 담보최고액을 정하여 근저당설정등기를 경료하였다면 특단의 사정이 없는 한 근보증의 범위는 근저당권의 채권최고액에 한정되거나[96] 또는 근보증계약과 근저당설정계약은 별도의 계약으로서 원칙적으로 그 성립과 소멸이 따로 다루어져야 할 것이다. 그러나 근보증의 주채무와 근저당권의 피담보채무가 동일한 채무인 이상 근보증과 근저당권은 특별한 사정이 없는 한 동일한 채무를 담보하기 위한 중첩적인 담보로서 근저당권의 실행으로 변제를 받은 금액은 근보증의 보증한도액에서 공제되어야 할 것이다.[97]

나. 신용카드이용계약에 따른 보증인의 책임 제한

신용카드이용계약은 특별한 사정이 없는 한 가입회원의 월수입 등 재산 상태와 대금지

---

94) 대판 1990.1.26. 88다카26406, 대판 1993.7.13. 93다17980.

95) 대판 2005.4.29. 2005다3137.

96) 대판 1983.7.26. 82다카1772, 대판 2005.4.29. 2005다3137.

97) 대판 2004.7.9. 2003다27160.

급능력을 감안하여 월간 신용거래 한도액을 정할 것이므로 이를 무제한으로 할 수는 없다고 보는 것이 경험칙상 합당하고 그 연대보증인 역시 그 한도액 내에서 그 대금의 이행을 보증한 것이라고 봄이 타당하다. 그러므로 위 신용거래 한도액을 초과한 카드이용은 카드발행자의 위험부담하에 이를 규제하여야 할 것이지 여기에까지 보증인의 책임범위를 확장할 것이 아니다.98) 따라서 보증인의 책임범위는 매월 거래액을 기준으로 한다든지,99) 신용카드발급은행이 카드회원의 신용관리금액의 초과 등 신용 상태를 보증인에게 통지하거나 그 신용 상태를 다시 조사하여 거래정지 등의 조치를 취하지 않은 경우에는 보증채무를 감액함이 타당할 것이다.100) 그리고 신용카드 회원규약에 정해진 연대보증인의 책임은 카드회원이 카드를 정상적인 방법으로 사용함으로써 발생하는 카드사용대금 채무만을 연대보증하는 것이고 카드 회원이 가맹점과 공모로 허위의 매출표를 작성하여 은행으로부터 허위의 매출대금을 지급받은 경우 회원 본인이 부담하는 채무까지 연대보증을 하는 것은 아니다.101)

다. 근보증의 책임 제한

(1) 신의칙에 따른 책임제한

채권자와 주채무자 사이의 계속적인 거래관계에서 발생하는 불확정한 채무를 보증하는 이른바 계속적 보증의 경우에도 보증인은 주채무자가 이행하지 아니하는 채무를 전부 이행할 의무가 있는 것이 원칙이다. 다만, 보증인이 보증을 할 당시 주채무가 그 예상범위를 훨씬 초과하여 객관적인 상당성을 잃을 정도로 과다하게 발생하였고 또한 그와 같이 주채무가 과다하게 발생한 원인이 채권자가 주채무자의 자산상태가 현저히 악화된 사정을 잘 알고 있으면서도(중대한 과실로 알지 못한 경우도 마찬가지다) 그와 같은 사정을 알 수 없었던 보증인에게 아무런 통지나 의사타진도 하지 아니한 채 고의로 거래규모를 확대하였기 때문인 것으로 인정되는 등 채권자가 보증인에게 주채무의 전부 이행을 청구하는 것이 신의칙에 반하는 것으로 판단될 만한 특별한 사정이 있는 경우에 한하여 보증인의 책임을 합리적인 범위 내로 제한할 수 있을 것이다.102) 즉, 채권자와 채무자 사이에

---

98) 대판 1986.7.8. 85다카1740.
99) 대판 1987.7.7. 87다카314.
100) 대판 1991.4.23. 91다3871.
101) 대판 1995.8.22. 95다12040.
102) 대판 1995.4.7. 94다21931.

계속적인 거래관계에서 발생하는 불확정한 채무를 보증하는 이른바 계속적 보증의 경우뿐만 아니라 특정채무를 보증하는 일반보증의 경우에도 채권자의 권리행사가 신의칙에 비추어 용납할 수 없는 성질의 것인 경우에는 보증인의 책임을 제한하는 것이 예외적으로 허용될 수 있을 것이다.[103]

(2) 의사해석에 의한 책임의 제한

보증계약서의 문언상 보증기간이나 보증한도액을 정함이 없이 주채무자가 부담하는 모든 채무를 보증인이 보증하는 것으로 되어 있다고 하더라도 그 보증을 하게 된 동기와 목적, 피보증채무의 내용, 거래의 관행 등 제반 사정에 비추어 당사자의 의사가 계약문언과는 달리 일정한 범위의 거래에 대한 보증으로 국한시키는 것이었다고 인정할 수 있는 경우에는 그 보증책임의 범위를 제한하여 새겨야 할 것이다.[104] 또한, 계속적 보증계약은 보증책임의 한도액이나 보증기간에 관하여 아무런 정함이 없는 경우에는 보증인은 원칙적으로 변제기에 있는 주채무 전액에 관하여 보증책임을 부담하는 것이나 그 보증을 하게 된 동기와 목적, 피담보채무의 내용, 거래의 관행 등 제반 사정에 비추어 당사자의 의사가 계약문언과는 달리 일정한 범위의 거래에 대한 보증에 국한시키는 것이었다고 인정할 수 있는 경우에는 그 보증책임의 범위를 당사자의 의사에 따라 제한하여 새겨야 한다.[105]

따라서 회사의 이사 등이 회사의 제3자에 대한 계속적인 거래로 인한 채무를 연대보증한 경우 이사 등에게 회사의 거래에 대하여 재직 중에 생긴 채무만을 책임지우기 위해서는 그가 이사의 지위 때문에 부득이 회사의 계속적인 거래로 인하여 생기는 회사의 채무를 연대보증하게 된 것이고 또한 회사의 거래 상대방이 거래할 때마다 거래 당시 회사에 재직하고 있던 이사 등의 연대보증을 새로이 받아 오는 등의 특별한 사정이 있을 것임을 요하고 그러한 사정이 없는 경우 연대보증까지 그 책임한도가 위와 같이 제한되는 것으로 해석할 수는 없다.[106] 즉, 회사의 이사가 그 이사라는 지위에 있었기 때문에 은행의 대출규정상 계속적인 거래로 인하여 생기는 회사의 채무에 대하여 연대보증을 하게 된 것이고 은행은 거래 시마다 그 당시 회사의 이사 등의 연대보증을 새로이 받아왔다면 은행과 이사 사이의 연대보증계약은 보증인이 회사의 이사로 재직 중에 생긴 채무만을

---

103) 대판 1999.9.3. 99다23055, 대판 2004.1.27. 2003다45410.

104) 대판 1993.9.28. 92다8651.

105) 대판 1994.6.24. 94다10337.

106) 대판 2000.3.10. 99다61750.

책임지우기 위한 것이라고 보아야 할 것이다.[107]

(3) 기간에 의한 제한

채권자와 주채무자 사이에서는 주계약상의 거래기간이 연장되었으나 보증인과의 사이에 보증기간이 연장되지 아니함으로써 보증계약관계가 종료된 때에는 보증계약 종료 시에 보증채무가 확정되므로 보증인은 그 당시의 주계약상의 채무에 대해서는 보증책임을 부담하지만 그 이후의 채무에 대하여는 보증계약 종료 후의 채무이므로 보증책임을 지지 않는다고 보아야 한다.[108] 그러나 계속적인 보증계약에 있어서 보증책임의 한도액이나 보증기간에 관하여 아무런 정함이 없는 경우에는 보증인은 원칙적으로 변제기에 있는 주채무 전액에 관하여 보증책임을 부담한다.[109] 그리고 계속적인 보증계약에서 해지권의 인정 근거에 비추어 해지권을 인정하여야 할 경우에도 보증계약이 해지되기 전에 계속적인 거래가 종료되거나 그 밖의 사유로 주채무 내지 구상금채무가 확정된 경우라면 보증인으로서는 더 이상 사정변경을 이유로 보증계약을 해지할 수는 없을 것이다.[110]

라. 보증계약 이후 주채무의 목적이나 형태가 변경된 경우 보증채무의 범위

보증계약이 성립된 후 보증인이 알지도 못하는 사이에 주채무의 목적이나 형태가 변경되었다면 그 변경으로 인하여 주채무의 실질적인 동일성이 상실된 경우에는 당초의 주채무는 경개로 인하여 소멸하였다고 보아야 할 것이므로 보증채무도 당연히 소멸한다고 보아야 할 것이다. 그러나 그 변경으로 인하여 주채무의 실질적인 동일성이 상실되지 아니하고 동시에 주채무의 부담내용이 축소, 감경된 것에 불과한 경우에는 보증인은 그와 같이 축소, 감경된 주채무의 내용에 따라 보증책임을 진다고 할 것이다.[111]

---

107) 대판 1987.4.28. 82다카789, 대판 1995.4.7. 94다736, 대판 1999.12.28. 99다25938.

108) 대판 1999.8.24. 99다26481.

109) 대판 1988.11.8. 88다3253.

110) 대판 2002.5.31. 2002다1673.

111) 대판 2000.1.21. 97다1013, 대판 2001.3.23. 2001다628.

5. 근보증인의 해지권

가. 해지권의 유무 및 그 판단 기준

계속적인 보증계약에 있어서 보증인의 주채무자에 대한 신뢰가 깨어지는 등 보증인으로서 보증계약을 해지할 만한 상당한 이유가 있는 경우 보증인이 그 보증계약을 그대로 유지 존속게 하는 것은 사회통념상 바람직하지 못하다. 따라서 그 계약의 해지로 인하여 상대방인 채권자에게 신의칙상 묵과할 수 없는 손해를 입게 하는 등 특단의 사정이 있는 경우를 제외하고 보증인은 일방적으로 이를 해지할 수 있다. 그리고 계속적인 보증계약을 해지할 만한 상당한 이유가 있는지 여부는 보증을 하게 된 경위, 주채무자와 보증인 간의 관계, 보증계약의 내용, 채무증가의 구체적 경과와 채무의 규모, 주채무자의 신뢰상실 여부와 그 정도, 보증인의 지위변화, 주채무자의 자력에 관한 채권자나 보증인의 인식 등 제반 사정을 종합적으로 고려하여 판단하여야 할 것이다.[112] 그러나 기간을 정하지 않은 계속적인 보증계약이라고 하여 상당한 기간이 경과하였다는 사정만으로 바로 그 해지권이 발생한다고 할 수 없다.[113] 반면, 계속적인 보증계약에서 보증기간을 정하였다고 하더라도 그것이 특히, 퇴사 후에도 보증채무를 부담키로 특약한 취지라고 인정되지 않는 한 사정변경을 이유로 보증계약을 해지할 수 있다고 보아야 할 것이다.[114]

나. 근보증의 해지권 행사방법

근보증의 해지권을 행사하기 위해서는 해지의 의사표시를 반드시 서면에 의하여야 하는 것은 아니지만 채권자가 보증인의 해지 사실을 인식하고 있다고 하여 보증인의 채권자에 대한 해지의 의사표시 없이 보증계약이 당연히 해지되는 것은 아니다.[115] 따라서 보증행위를 한 이사가 퇴사하여 위 보증계약 성립 당시의 사정에 현저한 변화가 생긴 경우에 해당한다고 하여 보증계약을 해지할 수는 있지만 특별한 사정이 없는 한 이사직을 그만둔 다음이나 그 해지의 의사표시가 있기 전이라고 한다면 이미 대출된 금원에 대하

---

112) 대판 2003.1.24. 2000다37937.

113) 대판 2001.11.27. 99다8353.

114) 대판 1990.2.27. 89다카1381, 대판 1992.5.26. 92다2332, 대판 1992.11.24. 92다10890.

115) 대판 1996.10.29. 95다17533.

여는 보증책임을 면할 수 없다.[116] 또한, 위와 같은 사정이라고 한다면 보증계약상 보증한도액과 보증기간이 제한되어 있다고 하여도 해지권은 발생한다.[117]

그러나 사정변경을 이유로 보증계약을 해지할 수 있는 것은 포괄근보증과 같이 채무액이 불확정적이고 계속적인 거래로 인한 채무에 대하여 보증한 경우에 한하고 회사의 이사로 재직하면서 보증 당시 그 채무가 특정되어 있는 확정채무에 대해서 보증을 한 후 이사직을 사임하더라도 사정변경을 이유로 보증계약을 해지할 수 없다.[118] 다만 단순한 고용직 이사가 아니라 회사의 대주주로서 이사직을 사임함과 동시에 다시 감사로 취임하여 재직하면서 주주의 지위는 계속적으로 보유하고 있었다고 한다면 이사의 지위에서 사임하였다는 사유를 내세워 보증계약을 일방적으로 해지할 수 없다.[119]

한편, 이러한 해지권은 계속적인 보증계약의 보증인에게 부담하게 될 불확정한 구상금채무를 보증한 자에게도 사정변경이라는 해지권의 인정 근거에 비추어 마찬가지로 해지권을 인정하여야 한다.[120] 그리고 계속적인 거래관계에서 일방의 계약 위반이 있음에도 거래를 계속한 사실이 있다고 하여도 이와 같은 사실만 가지고 상대방이 계약해지에 관한 권리를 포기하였다고 할 수 없다.[121]

다. 보증계약의 자동갱신 조항의 효력

약관의 규제에 관한 법률 제9조 제5호의 규정 취지에 비추어 보면, 연대보증기간의 자동연장 조항에 계약기간 종료 시 이의 통지 등에 의해 보증인의 지위에서 벗어날 수 있다는 규정이 없고, 새로운 계약기간을 정하여 계약갱신의 통지를 하거나, 그것이 없으면 자동적으로 1년 단위로 계약기간이 연장되도록 규정하고 있다면, 이는 계속적인 채권관계의 발생을 목적으로 하는 계약에서 묵시의 기간 연장 또는 갱신이 가능하도록 규정하여 연대보증인에게 부당하게 불이익을 줄 우려가 있다. 따라서 연대보증기간의 자동연장 조항은 약관의 규제에 관한 법률 제9조 제5호에 위반되어 무효에 해당한다.[122]

---

116) 대판 1995.4.25. 94다35235.

117) 대판 1998.6.26. 98다11826.

118) 대판 1991.7.9. 90다15501, 대판 1996.2.9. 95다27431, 대판 1994.12.27. 94다46008, 대판 1999.12.28.99다25938.

119) 대판 1995.4.25. 94다37073.

120) 대판 1998.6.29. 88다카25601.

121) 대판 1989.10.10. 88다카25601.

122) 대판 1998.1.23. 96다19413.

그러나 채권자와 주채무자 사이의 계속적인 거래관계로 인한 현재 및 장래에 발생하는 불확정적인 채무에 관하여 보증책임을 부담하기로 하는 이른바 계속적 보증계약에서 보증책임의 한도나 보증기간에 관하여 아무런 정함이 없고 기왕에 발생한 채무까지 보증책임을 부담하기로 한 경우에는 보증인은 원칙적으로 변제기에 있는 주채무 전체에 관하여 보증책임을 부담하는 것이고 채권자와 주채무자 사이의 계약기간이 자동갱신되는 것으로 약정되어 있고 보증인이 이에 대하여 이의나 유보 없이 보증계약을 체결하였다면 특별한 사정이 없는 한 그 계약에는 연장 또는 갱신되는 전 거래기간 발생한 채무에 대하여 책임을 부담하기로 하는 의사표시가 포함되어 있거나 위 계약기간의 연장에 관한 동의나 묵시적 승낙이 있었다고 보아야 할 것이다.[123] 따라서 "이 계약은 계약일로부터 2년간으로 하고 이 계약 종료일 60일 전까지 일방당사자가 이의를 제기하지 아니한 때에는 이 계약은 자동적으로 연장된다"고 하는 계약조항은 계약당사자가 위 계약조항에 따라 계약 종료일로부터 60일 전까지 이의를 제기함으로써 그 이후의 거래관계에서 발생하는 채무에 대한 보증책임을 면할 수 있으므로 약관의 규제에 관한 법률 제9조 제5호의 부당하게 불이익을 줄 우려가 있는 조항에 해당한다고 볼 수 없고 또한 같은 법 제12조 제1호 본문에 해당하여 무효인 것처럼 보이지만 당사자가 계약 시 위 조항의 존재를 명확히 인식하고 연대보증인으로서 서명날인한 이상 그 단서에 해당하여 무효라고 볼 수 없을 것이다.[124]

6. 신원보증

가. 의의

신용보증계약이란 피용자가 업무를 수행하는 과정에서 그의 책임 있는 사유로 사용자에게 손해를 입힌 경우 그 손해를 배상할 채무를 부담할 것을 약정하는 계약을 말한다(신용보증법 제2조). 이러한 신용보증계약에 따라 신용보증인이 된 자는 피용자의 고의 또는 중대한 과실로 인한 행위로 인하여 발생한 손해에 대하여 배상할 책임이 있다(동법 제6조).

그러나 원칙적으로 피용자가 아닌 신용협동조합 이사장이 재직 중 신용협동조합에 입

---

123) 대판 1991.12.24. 91다9091.
124) 대판 1997.4.1. 96다1660.

힌 손해를 보증인이 배상하는 것을 내용으로 하는 신원보증계약에 동법이 바로 적용될 수는 없는 것이다. 다만, 신용협동조합의 이사장은 고용계약에 근거한 피용자가 아니라고 하더라도 약정에 근거하여 일정한 기간 계속적으로 경영 등의 사무를 수행하고 정해진 보수를 받는다는 점에서 피용자와 유사한 점이 있다. 그리고 신원보증인의 입장에서 이사장의 재직 중 불법행위에 대하여 그 손해배상책임을 부담하는 것이어서 계약의 목적이나 내용의 면에서 피용자에 대한 신원보증계약과 유사한 점이 있다. 따라서 신용협동조합의 이사장을 피보증인으로 하여 체결된 신원보증계약에도 위 법률이 유추적용된다고 하여야 할 것이다.[125]

나. 성질

신용보증계약은 독립적인 보증계약으로서 손해담보계약이 아니라 피보증인이 사용자에게 배상책임을 부담할 경우에 한하여 그 채무를 이행하겠다는 취지의 이른바 부종적 보증계약에 해당한다. 따라서 손해담보계약에 해당하지 않고 사용자가 피보증인에게 구상권을 행사할 수 있는 경우에 한하여 신원보증인에게 책임이 있다.[126] 구체적으로 살펴보면, 신원보증서의 기재에 "피보증인이 재직 중 고의 또는 과실로 인하여 귀하에게 손해를 끼쳤을 때에는 보증인은 이에 대한 일체의 민사상의 책임을 부담하기로 하여 신원을 연대보증하고자 한다"고 되어 있는 것은 피보증인 자체의 책임 여하를 묻지 아니하거나 그와 배상의무의 발생 여부에 구애됨이 없이 이와는 별도로 독립하여 채권자가 입게 될 모든 손해를 부담 보상하겠다는 이른바 손해담보계약을 한 것이라고는 볼 수 없고 피보증인이 직무상의 불법행위로 인한 손해배상채무를 부담할 경우 보증인으로서 이 손해배상채무를 이행할 것을 약정하는 부종적 보증계약이라고 할 것이다.[127]

또한, 2인 이상의 신원보증인이 있는 경우 각 신원보증인이 주채무자와 연대하여 채무를 부담하였거나 신원보증인 간에 연대관계가 존재하지 않으면 각 신원보증인은 분별의 이익이 있다고 보아야 할 것이다.[128]

---

125) 대판 2003.5.16. 2003다5344.
126) 대판 1980.1.15. 79다1946, 대판 1980.6.24. 80다638.
127) 대판 1974.5.28. 73다1885.
128) 대판 1965.6.22. 65다669, 대판 1966.9.6. 66다782.

다. 요건

신원보증은 그 명칭 여하를 불문하고 고용관계가 있는 피용자의 행위로 인하여 사용자가 받은 손해를 배상하기로 하는 계약이다. 여기서 말하는 고용관계란 반드시 전형적인 고용계약이 아니더라도 적어도 지휘, 감독관계에 있는 넓은 의미의 사용자, 피용자관계는 있어야 하는 것이다.[129] 또한, 피보증인이 자기 마음대로 제3자를 피용자로서 부리고 피보증인 자신이 하여야 할 사무를 수행할 때 그 보조를 받았다면 이 피용인이 신원피보증인의 사무집행 중에 일으킨 사고로 말미암아 생긴 손해에 대해서도 그 책임을 부담한다.[130]

한편, 동생의 운전면허증을 위조 제출하여 회사로부터 자동차를 배정받아 출퇴근용으로 운전하던 중 퇴근 후 친구 집에 문상 갔다가 돌아오는 길에 일어난 교통사고에 대하여 업무관련성을 인정하여 신원보증인의 책임이 인정되지만[131] 신원보증인은 원칙적으로 피보증인이 종사하는 업무와 관련하여 한 부정행위로 인하여 발생한 손해에 대하여서만 배상책임이 있기 때문에 피보증인이 부정행위 당시의 직책이 갑 전화국 분실장이었다고 한다면 그의 직무는 우표에 관한 업무와는 일응 관련이 없다고 할 것이다. 따라서 특별한 사정이 없는 한 우표위조 및 위조우표 판매행위로 인하여 국가에 끼친 손해는 직무와 관련이 있는 사유로 인한 것이었다고 보기 어려워 신원보증인에게 배상책임을 인정할 수 없을 것이다.[132]

라. 보증책임범위

신원보증인이 피보증인과 연대하여 손해를 배상하겠다는 내용의 신원보증계약을 체결한 경우 신원보증인의 책임은 원칙적으로 피보증인의 책임범위와 동일한 것이므로 피보증인이 배상해야 할 손해액을 기초로 하여 신원보증법 제6조의 사유를 참작하여 신원보증인의 책임범위를 정해야 할 것이다. 따라서 이미 피보증인의 배상책임액 일부가 변제되어 신원보증인에 대하여 그 잔액의 지급이 청구된 경우에는 그 잔액을 기준으로 위 법조문이 규정한 사정을 참작하여 보증책임의 유무 한도를 정하여야 할 것이다.[133]

---

129) 대판 1987.4.28. 86다카2023.
130) 대판 1968.8.30. 68다1230.
131) 대판 1993.4.13. 92다53927.
132) 대판 1970.5.26. 70다492.
133) 대판 1992.9.14. 92다23049.

마. 신용보증계약상 우선해지특약이 있는 경우

기술신용보증기금이 채무자의 금융기관에 대한 대출원리금 채무를 보증할 때 금융기관과의 사이에 '당해 시설 설치 즉시 공장저당법에 의한 보증금액 이상의 2순위 근저당권 설정하여 담보를 취득하고 본 보증금액의 50% 이상 해지하실 것'이라는 특약사항과 금융기관이 이 특약사항을 위반하였을 때에는 보증책임의 전부 또는 일부에 대하여 책임을 지지 아니한다는 면책사항을 보증계약서에 기재하는 경우가 있다. 이상과 같은 특약사항은 신용보증약관상의 소위 우선해지특약의 일종으로 그 취지는 금융기관이 기술신용보증기금의 신용보증 아래 채무자에게 대출한 자금으로 채무자가 설치한 시설물에 관하여 금융기관이 물적 담보를 취득할 경우 그 취득한 담보가치 범위 내에서 신용보증계약을 해지하여 신용보증기금의 신용보증책임을 면하게 한다는 것에 그치지 않고 후에 신용보증기금이 보증채무를 이행함에 따라 채무자에게 구상권을 가지게 되더라도 금융기관을 대위하여 행사할 물적 담보가 없어 실효를 거둘 수 없는 결과가 초래되지 않도록 채무자가 당해 시설을 설치하면 즉시 공장저당법에 의한 일정순위의 근저당권을 설정하는 등의 방법으로 물적 담보를 확보하게 하는 의무를 금융기관에 부담시키고 금융기관의 귀책사유로 인하여 담보를 확보하지 못하게 되면 기술신용보증기금의 보증책임을 그 취득하지 못한 담보가치 만큼 면책되는 것으로 약정한 것으로 보아야 한다. 즉, 위 우선해지 특약의 의미는 당해 시설에 대하여 금융기관이 담보를 취득함으로써 대출의 주채무자가 원래 부담하는 주채무 중 적어도 당해 시설의 담보가치에 상당하는 부분의 변제가 확실시되기 때문에 그 부분을 제외한 나머지 금액에 대하여만 기술신용보증기금이 최종적인 보증을 하겠다는 것이고 위 특약상 "보증금액의 50% 이상 해지하실 것"이라고 하여 금융기관에 일정 비율 이상을 해지할 의무를 부과하고 있는 취지는 금융기관으로 하여금 당해 시설에 대하여 실효성 있는 담보를 취득할 담보취득의무를 부과함과 아울러 금융기관이 담보취득의무를 이행할 경우 당해 시설의 담보가치에 비례하여 신용보증기금에 그 보증을 해지할 의무를 부과하되, 금융기관이 정상적으로 당해 시설에 관하여 실효성 있는 담보를 취득하고도 자의적인 담보가치의 저평가를 통하여 기술신용보증기금에 부당하게 보증의 일부만 해지하는 데 그치는 사태를 방지하기 위하여 당해 시설의 담보가치 및 보증해지의 범위에 관하여 최소한의 기준을 제시한 것에 불과한 것이다. 따라서 기술신용보증기금은 금융기관의 귀책사유로 인하여 담보를 취득하지 못한 경우 당해 시설의 담보가치를 입증할 필요 없이 보증부 대출금액 중 일정 비율의 면책을 주장할 수 있고 나아가 당해 시설의 담보가치가 위 일정

비율을 초과하는 사실을 입증할 경우에는 보증부 대출금액 중 위 일정 비율을 초과하는 보증부 대출금액의 전부 또는 일부의 면책을 주장할 수 있다. 한편, 시설자금에 대한 신용보증계약상 당해 시설에 대한 담보가치 상당의 면책을 인정하는 경우 그 담보가치의 평가는 그러한 담보를 취득할 수 있었을 당시를 기준으로 할 것이지 그 후 실지 담보를 취득한 때를 기준으로 할 것은 아니다.[134] 따라서 은행이 건설회사에 임대주택 건축자금을 대출하기 위하여 대지에 1순위 근저당권을 설정받고 그 대지의 담보부족분에 관하여 한국주택금융공사로부터 신용보증서를 발급받으면서 건물 준공 즉시 그 건물에 1순위 근저당권설정등기를 마치고 담보평가액만큼 신용보증을 일부 해지하기로 하는 우선해지특약을 한국주택금융공사와 체결한 사안에서 은행이 건물 준공 즉시 그 건물에 관하여 1순위 근저당권을 취득하는 경우 공사는 그가 신용보증한 금액 중 건물에 관한 담보가치의 범위 내에서 신용보증책임을 면한다고 보아야 하고 은행이 건물 준공 전 이미 대지에 관하여 1순위 근저당권설정등기를 마친 이상 주택임대차보호법상 최우선변제권이 있는 소액임차인은 대지의 환가대금에서 우선변제를 받을 수 없는 것이어서 건물의 담보가치 산정에서는 최우선변제권이 있는 소액보증금을 모두 공제하여야 하므로 은행이 우선해지특약에 따라 건물에 관하여 1순위 근저당권을 취득함으로써 면책되는 신용보증의 범위는 건물의 순담보평가액 즉, 은행 내규에 의한 담보평가액에서 소액보증금 합계액을 공제한 금액에 담보비율 80%를 적용한 금액이라고 본 사례가 있다.[135]

바. 사용자의 통지의무 및 신원보증인의 계약해지권

사용자는 피용자가 업무상 부적격자이거나 불성실한 행적이 있어 이로 인하여 신원보증인의 책임을 야기할 우려가 있음을 안 경우, 피용자의 업무 또는 업무수행의 장소를 변경함으로써 신원보증인의 책임이 가중되거나 업무 감독이 곤란하게 될 경우 중 어느 하나에 해당하는 경우에는 지체 없이 신원보증인에게 통지하여야 한다(동법 제4조 제1항). 사용자가 고의 또는 중과실로 위와 같은 통지의무를 해태하여 신원보증인이 동법 제5조에 따른 해지권을 행사하지 못한 경우 신원보증인은 그로 인하여 발생한 손해의 한도에서 의무를 면한다.

그러나 동법 제4조에 따른 통지의무가 있음에도 사용자가 그 통지를 하지 아니하였다

---

134) 대판 2003.6.10. 2003다18432.
135) 대판 2011.2.24. 2009다33655.

고 하여 맞바로 신원보증인의 책임이 면제되는 것은 아니다. 오히려 신원보증인과 피보증인의 관계가 그러한 통지를 받았더라면 신원보증계약을 해지하였을 것이라는 특수한 사정이 있었음에도 이를 통지하지 아니하여 신원보증인으로부터 계약해지의 기회를 박탈하였다고 볼 수 있는 경우에 한하여 신원보증인의 책임이 부정된다고 할 것이다.[136) 그러므로 법인 직원의 업무상 불성실한 사적이 비록 법인 대표자와 공동으로 이루어진 것이라고 하더라도 법인 대표자가 법인 직원에게 업무상 불성실한 사적이 있어 그로 말미암아 신원보증인의 책임을 야기할 염려가 있음을 알았다면 바로 법인이 그러한 사실을 안 것이라고 할 것이지만 신용협동조합의 전무는 조합의 대표자나 임원이 아니라 간부직원에 불과하다고 할 것이므로 조합의 전무가 자신에게 업무상 불성실한 사적이 있어 그로 말미암아 신원보증인의 책임을 야기할 염려가 있음을 알았다고 하더라도 바로 조합이 그러한 사실을 알았던 것이라고 볼 수는 없고 따라서 조합이 위 사실을 신원보증인에게 통지하지 않았다는 것을 신원보증책임의 면제사유로 삼을 수 없다.[137) 그러나 법인 대표자를 피보증인으로 하는 신원보증에 있어서 대표자가 자신의 불법행위를 안 경우에도 법인이 그 사실을 안 것으로 보지 않을 수 없고 이 경우에 대표자가 아닌 다른 임원이나 직원이 그 불법행위를 안 때에 비로소 법원의 통지의무가 발생하는 것으로 해석할 것은 아니다.[138)

반면, 신원보증인은 사용자로부터 동법 제4조 제1항의 통지를 받거나 신원보증인이 스스로 제4조 제1항 각 호의 어느 하나에 해당하는 사유가 있음을 안 경우, 피용자의 고의 또는 과실로 인한 행위로 발생한 손해를 신원보증인이 배상한 경우 또는 그 밖에 계약의 기초가 되는 사정에 중대한 변경이 있는 경우 중 어느 하나에 해당하는 사유가 있는 경우에는 계약을 해지할 수 있다(동법 제5조).

---

136) 대판 2003.5.16. 2003다5344.
137) 대판 2001.4.24. 2000다41875.
138) 대판 2003.5.16. 2003다5344.

제9장 채권의 소멸

제1절 총론

I. 채권의 소멸

1. 이행, 회수 및 소멸

채권총론의 마지막에 채권의 소멸이라는 절이 있고(제3편 제1장 제6절 제1관 내지 6관) 변제, 공탁, 상계, 경개, 면제 및 혼동이라는 6관이 규정되어 있다(제460조 이하). 채권총론의 체계서 또는 교과서에서는 이것을 포함한 채권소멸원인에 관하여 개관한 후 변제 등을 순차적으로 검토하는 것이 전통적인 체계이었다. 그런데 최근 이것과 다른 구성으로 서술하는 경우도 적지 않다. 하지만 이러한 최근의 경향은 채권의 소멸이라는 것이 가지는 의미가 무엇인지 여부에 관하여 좀 더 깊이 있는 이론적인 문제가 잠재되어 있다. 예컨대, 차주가 대주에게 원리금 전액을 변제하였다고 한다면 이러한 사실은 차주 입장에서는 차입금채무를 이행하였다고 하는 것이고 대주 입장에서는 대여금채권을 회수하였다고 하는 것이며 채권의 생성소멸이라는 입장에서는 채권이 소멸하였다고 하는 것이 될 것이다. 민법전은 최후의 관점에서 이것을 채권의 소멸원인의 하나인 변제라고 규율하지만 앞의 두 가지 관점을 무시할 수 없을 뿐만 아니라 그러한 내용을 채권편의 여러 곳에서 찾아볼 수 있다.

그래서 정면으로 위와 같은 것을 채무의 임의이행(채권내용의 임의적 실현)이라는 관점에서 검토한다든지, 채권의 회수라는 관점에서 검토하는 견해도 찾아볼 수 있다. 이러한 시도가 사회생활 속에서 채권이 현실적으로 수행하는 기능에 따른 것이라는 점은 말할 필요조차 없다. 그러나 그것만은 아니다. 채무의 이행은 한편으로 채무의 내용과 관련되어 있고 다른 한편으로는 채무의 불이행과 관련되어 있다. 채무의 이행이라는 관점은 이러한 관련성을 명확하게 한다. 그리고 채무의 내용과 관련하여 채권이라는 개념을 추상화된 권리로 파악할 것이 아니라 그 발생원인(특히, 계약)과의 관계에서 보다 실질적인 것으로 파악하는 견해도 주장되고 있다. 19세기의 민법전이 채권의 소멸에 관한 제 규정을 규율하는 하나의 절을 두는 것에 반하여 20세기 말 이후에 작성된 국제적인 계약원칙이 새로운 구성을 제시하고 있는 것도 이러한 시도의 현대적 의의를 시사하고 있다.

본래 민법전의 채권편 제3편 제1장 제6절 채권의 소멸은 채권의 소멸원인 모두를 망라하는 것은 아니다. 예컨대, 소멸시효는 여기에 규정되어 있지 않다. 또한, 채권소멸원인의 통칙규정을 두고 있는 것이 아니라 6가지의 소멸원인을 순차적으로 규정하고 있는 것에 불과하다. 이러한 이유 때문에 민법전의 구성을 해체하여 재구성하는 위와 같은 시도는 충분히 의미가 있는 것으로 평가할 수 있다.

그러나 채권의 소멸이라고 보는 시각도 의미는 있다. 첫째, 어떠한 일이 있으면 더 이상 채권자는 채무자에게 청구할 수 없게 되고 그 급부를 수령할 수 없게 되는 것인지 여부를 검토하는 것은 이행을 다른 각도에서 본다고 하는 의미가 있다. 둘째, 금전채권은 계약뿐만 아니라 불법행위 등 다양한 원인에서 발생하는 중요한 채권이지만 그 내용 또는 불이행에 관하여는 하는 채무 등에 비하여 비교적 문제가 적고 오히려 언제, 어떻게 하여 소멸할 것인지 여부가 큰 문제로 된다. 금전채권은 현실적으로도 여러 가지 형태로 소멸하기 때문에 각종 소멸원인을 횡단적으로 검토하는 것도 현실적인 의미가 있다. 셋째, 다른 법 영역에서도 채권의 소멸이 하나의 정리된 개념으로 등장하는 경우가 있다. 넷째, 민법전이 취하고 있는 구성은 각 논자의 다양한 입장과 관계없이 공통의 출발점이 될 수 있다고 하는 것이다. 따라서 이 장에서는 위와 같은 최근의 시도 등에 포함되어 있는 문제점을 인식하면서 민법전의 구성에 따른 형태로 서술을 진행하는 것으로 한다.

2. 각종 채권의 소멸원인

민법전에서 채권의 소멸이라는 절에는 상술한 바와 같이 6개의 관이 있는데 이는 다음과 같이 정리할 수 있을 것이다. 첫째, 채권의 본래적인 소멸원인에는 변제가 있다. 둘째, 채권자가 간접적인 방식으로 만족을 얻는 소멸원인으로는 변제공탁, 대물변제, 경개 및 혼동이 있다. 셋째, 채권자의 만족을 동반하지 않는 소멸원인으로는 면제, 소멸시효, 채무자에게 귀책사유가 없는 이행불능, 채권의 발생원인인 법률행위의 소멸(해제조건의 성취, 종기의 도래, 법률행위의 취소, 계약의 해제 및 합의해제 등)이 있다. 넷째, 다수 당사자의 채권관계 또는 청구권 경합에서 갑 채권의 소멸에 따라 을 채권이 소멸하는 경우가 있는데 이것은 갑 채권의 소멸원인에 의해 위 둘째와 셋째로 구분할 수 있다.

이하에서는 채권 총칙 제3편 제1장 제6절에 규정되어 있는 6가지의 소멸원인을 검토하는 데 중심으로 되는 것은 변제와 상계이다. 왜냐하면 이것이 이론적으로도, 실제적으로도 중요하기 때문이다.

제2절 변제

I. 의의

변제(이행)란 채무자에 의해 채무의 내용에 따른 이행이 이루어진 것을 말한다. 변제는 채권(채무)의 소멸원인이다. 기타 채권(채무)의 소멸원인에는 권리 일반의 소멸원인 이외에 대물변제(제466조), 공탁(제487조 이하), 상계(제492조), 경개(제500조), 면제(제506조) 및 혼동(제507조) 등이 있다. 또한, 현행법에서는 채무이행이 채무자에게 귀책사유가 없이 불능이 된 경우에도 그 채권(채무)은 소멸한다(제537조).

II. 법적 성질

변제는 준법률행위의 성질을 가지고 있다. 변제는 법률행위가 아니므로 변제의사 또는 행위능력이 필요 없고 변제 자체를 행위무능력이나 의사표시의 흠결로 취소가 불가능하다. 다만, 변제행위가 법률행위이고 거기에 흠결이 있어 취소되는 경우 반사적으로 변제가 없었던 것으로 된다.

III. 변제의 당사자

1. 변제자

가. 채무자

채무자는 변제를 할 수 있다. 그러나 예외적으로 변제를 금지당하는 경우가 있다. 예컨대, 변제를 하고자 하는 채권이 압류되어 있는 경우, 그 채권에 질권이 설정되어 있는 경우 등이 그것이다.

나. 제3자의 변제

(1) 원칙-제3자의 변제는 불가

(가) 제3자의 변제가 금지되는 경우

민법은 채무의 성질이 제3자의 변제를 허용하지 않는 경우, 당사자의 합의에 따라 제3자의 변제금지 유무를 정하기로 하였는데 당사자가 반대의사를 표시한 경우 또는 이해관계 없는 제3자가 채무자의 의사에 반하여 이행을 하는 경우 등은 비록 제3자의 변제가 있었다고 하여도 적법한 변제로 평가되지 않는다. 따라서 제3자의 변제금지에 저촉하는 변제는 무효이다. 이러한 경우 급부를 한 제3자는 부당이득의 규정에 따라 채권자에게 부당이득의 반환을 청구할 수 있을 것이다.

(나) 이해관계 있는 제3자

제469조에 정한 바에 따라 채무의 변제는 제3자도 할 수 있다. 이러한 경우 제3자가 타인의 채무를 변제하여 그 채무를 소멸시키기 위해서는 제3자가 타인의 채무를 변제한다는 의사를 가지고 있었음을 요건으로 하고 이러한 의사는 타인의 채무변제임을 나타내는 변제지정을 통하여 표시되어야 할 것이다. 다만, 채권자가 변제를 수령하면서 제3자가 타인의 채무를 변제하는 것이라는 사실을 인식하였다면 타인의 채무변제라는 지정이 있었다고 볼 수 있다.[1]

한편, 제469조 제2항은 이해관계 없는 제3자는 채무자의 의사에 반하여 변제하지 못한다고 규정하고 있는 반면, 제481조는 변제할 정당한 이익이 있는 자는 변제로 당연히 채권자를 대위한다고 규정하고 있다. 여기서 이해관계 있는 제3자란 변제를 할 정당한 이익이 있는 법률상 이해관계를 가지는 제3자로 변제를 하지 않으면 채권자로부터 집행을 받거나 채무자에 대한 자기의 권리를 잃게 되는 지위에 있기 때문에 변제함으로써 당연히 대위의 보호를 받아야 할 법률상 이익을 가지는 자를 가리킨다.[2] 따라서 단지 사실상의 이해관계를 가진 자는 제외된다.[3] 반면, 단순히 사실상 이해관계만 있는 자는 이해관계 없는 제3자에 해당한다. 또한, 채무자의 배우자의 친족에 지나지 않는 경우에도 이

---

1) 대판 2010.2.11. 2009다71558.

2) 대판 1999.4.10. 89다카24834.

3) 대결 2009.5.28. 2008마109.

해관계 있는 제3자라고 말할 수 없다. 여기에서 적법하게 변제할 수 있는 이해관계 있는 제3자로서는 예컨대, 부동산 매수인,[4] 저당권이 설정된 부동산을 매도담보로 취득한 제3취득자,[5] 채무담보 목적의 가등기가 경료되어 있는 부동산을 시효 취득하여 소유권 이전 등기청구권을 취득한 자,[6] 물상보증인 또는 동일부동산의 후순위저당권자 등이 있다.

그리고 변제할 정당한 이익이 있는 자가 채무자를 위하여 채권의 일부를 대위변제할 경우 대위변제자는 변제한 가액의 범위 내에서 종래 채권자가 가지고 있던 채권 및 담보에 관한 권리를 취득하게 되고 따라서 채권자가 부동산에 대하여 저당권을 가지고 있는 경우에는 채권자는 대위변제자에게 일부 대위변제에 따른 저당권의 일부 이전의 부기등기를 경료해 주어야 할 의무가 있으나 이 경우에도 채권자는 일부 대위변제자에 대하여 우선변제권을 가지고 다만, 일부 대위변제자와 채권자 사이에 변제의 순위에 관하여 따로 약정을 한 경우에는 그 약정에 따라 변제의 순위가 정해진다.[7]

2. 변제수령자

가. 채권자

채권자는 원칙적으로 변제수령권한을 소지하고 있다. 그러나 예외적으로 수령권한이 없는 경우도 있을 수 있다. 예컨대, 채권을 압류당한 경우, 채권에 질권이 설정된 경우, 파산절차개시결정이 된 경우 등이 그러하다.

나. 변제수령자

채권자는 아니지만 변제수령권한이 부여된 자가 있다. 예컨대, 계약에 의해 대리수령권을 부여받은 자, 재산관리인, 압류채권자로서 추심권한을 얻거나 전부명령을 취득한 자, 채권질권자, 대위채권자, 취소채권자 또는 파산관재인 등이 그러하다.

---

4) 대판 1971.10.22. 71다1888, 대판 1995.3.24. 94다44620.

5) 대판 1974.12.10. 74다1419.

6) 대판 1991.7.12. 90다17774, 17781.

7) 대판 2010.4.8. 2009다80460.

3. 무권한자에 대한 변제

가. 서언

무권한자에 대한 변제는 원칙적으로 무효이다. 그러나 운송계약에서 위탁자가 선장에게 변제수령권한이 없음에도 운임을 지급하였기 때문에 운송인이 선장의 수령액에 상응하는 금액에 관하여 임금에서 공제하고자 하는 경우와 같이 그 급부가 원인이 되어 어떠한 의미에서 진실한 채권자가 이익을 얻는 경우가 있다. 이러한 경우에는 채권자가 현실적으로 이익을 받는 범위 내에서 급부자의 선의, 악의와 관계없이 변제로서 효력이 발생한다(제472조).

또한, 진실한 채권자도 아니고 수령권한조차 없는 자임에도 그에 대한 변제가 유효하게 되는 경우가 있다. 민법은 그와 같은 경우로서 채권의 준점유자에 대한 선의, 무과실에 의한 변제(제470조)와 영수증소지자에 대한 선의, 무과실에 의한 변제(제471조)를 규정하고 있다.

나. 채권의 준점유자에 대한 변제

(1) 의의

채권의 준점유자에 대한 변제도, 변제자가 선의, 무과실일 경우에는 유효하다(제470조). 여기에서 말하는 채권의 준점유자란 변제자 입장에서 볼 때 일반의 거래관념상 채권을 행사할 정당한 권한을 가진 것으로 믿을 만한 외관을 가지는 사람을 말한다.[8] 채권의 변제는 일상적으로 빈번하게 이루어지는데 그때마다 빠짐없이 수령권한의 유무를 확인하여야 하는 것은 오히려 거래의 정체현상이 발생할 우려가 있다. 그래서 제470조는 신속하고 동시에 간편한 거래를 보장하는 반면, 이것에 의해 선의변제자의 보호를 도모하기 위하여 권리자라고 하는 외관을 정당하게 신뢰하고 이루어진 변제를 유효한 것으로 취급하였다. 이와 같이 제470조는 외관을 신뢰하고서 변제를 한 자의 신뢰를 보호하는 제도 즉, 표현법리 내지 권리외관법리의 한 가지 발현형태로 자리 잡고 있다고 말할 수 있다.

---

8) 대판 1963.10.10. 63다384.

(2) 채권의 준점유자

채권의 준점유자란 예금통장과 인감도장을 소지한 자, 가족관계등록부에서 채권자의 상속인이라는 사실이 엿보이는 자[9]와 같이 거래관념에서 볼 때 진실한 채권자 또는 수령권자처럼 보이는 자를 말한다. 채권의 준점유자는 단순히 자신이 채권자로서 변제를 구하는 자뿐만 아니라 자신이 채권자의 대리인이라고 하면서 변제를 구하는 자(자칭 대리인)도 포함된다.[10] 제470조는 표현수령권자에게 수령권한이 있는 것처럼 보일 수 있는 외관을 신뢰하면서 변제를 한 선의자의 보호를 목적으로 한 것이다. 그렇다고 한다면 채권의 준점유자의 개념범위는 채권자 본인이라고 칭하는 경우에 한정할 필요가 없는 것이어서 대리인이라고 칭하는 자도 여기에 포함하여도 좋을 것이다.

(3) 변제자의 선의, 무과실

채권의 준점유자에 대한 변제가 유효한 것이 되기 위해서는 변제자가 선의, 무과실이어야 한다. 선의, 무과실이었다는 점에 대한 주장, 입증책임은 변제자에게 있다. 한편, 효력규정인 강행법규에 위반되는 계약을 체결한 자가 그 약정의 효력이 부인된다는 사실을 알지 못한 탓에 그 약정에 따라 변제수령권을 갖는 것처럼 외관을 갖게 된 자에게 변제를 한 경우에는 그 변제자가 채권의 준점유자에게 변제수령권이 있는 것으로 오해한 것은 법률적인 검토를 제대로 하지 않은 과실에 기인한 것에 해당한다.[11]

(4) 제470조의 유추적용

제470조의 규정은 단순히 채권의 준점유자에 대한 변제의 경우를 넘어서 실질적으로 변제와 같이 볼 수 있는 경우에도 유추하여 적용하고 있다. 예컨대, 은행이 창구를 방문한 예금자가 아닌 자를 예금자로 오신하고 이자에게 정기예금을 중도해약(예금계약의 합의해제)하고 반환한 경우,[12] 예금자의 정기예금을 담보로 금전을 대출받은 이후 대출금의 반환을 하지 않았기 때문에 이 대출금의 반환청구권과 정기예금을 상계하는 것과 같은 경우[13] 등이다. 반면, 예금명의자가 아니고 예금통장도 소지하지 않은 예금행위자에

---

9) 대판 1995.1.24. 93다32200; 혼인 외의 자의 생부가 사망한 경우 혼인 외의 출생자는 그가 인지청구의 소를 제기하더라도 확정되기 전에는 상속인의 권리를 행사할 수 없지만 인지판결이 확정됨으로써 상속인의 지위가 소급되므로 표현상속인에 대한 채무의 변제는 채무자가 표현상속인이 정당한 권리자라고 믿은 데 과실이 있다할 수 없으므로 채권의 준점유자에 대한 변제로 적법하다.

10) 대판 2004.4.23. 2004다5389.

11) 대판 2004.6.11. 2003다1601.

12) 最判 昭和41(1966).10.4.(民集 20-8-1565).

불과한 자는 금융실명제가 시행된 이후에는 극히 예외적인 특별한 사정이 존재하지 않는 한 예금채권을 준점유하는 자에 해당될 수가 없을 것이다.[14]

도난통장을 이용하여 본인 또는 대리인을 사칭하고 창구에서 예금반환을 받는 사건은 예전에도 있었지만[15] 최근에는 이러한 사건에 추가하여 위조카드 또는 도난카드를 이용하여 현금자동지급기에서 예금을 인출되는 것에 의한 피해가 빈번하게 발생하여 사회적으로 문제가 되고 있다. 이와 같은 것 중에서 위조카드, 통장 또는 도난카드, 통장에 의한 예금의 반환 등으로부터 예금자를 보호하기 위한 법률로서 일본의 경우에는 "위조카드 등 및 도난카드 등을 이용하여 이루어진 부정한 기계식 예금환급 등으로부터 예금자 보호 등에 관한 법률"이 성립되어 2006.2.10.부터 시행되고 있는데 우리나라도 참고할 만한 입법으로 생각한다.

> [사례 1] A는 B의 예금통장과 인감을 절취한 후 B의 대리인으로 칭하면서 은행으로부터 예금을 인출하였다. 한편, 은행은 신고인감과 지급청구서에 찍힌 인감을 조회하여 잘못이 없다고 하는 것을 확인한 다음 지급에 응하였다. 이러한 변제는 유효한가?
>
> [사례 2] 위 사례의 경우 은행이 A에 대한 지급은 진실한 채권자에 대한 변제가 아니라는 것을 이유로 지급금의 반환을 청구할 수 있는가?

4. 영수증소지자에 대한 변제

영수증소지자에 대한 변제도 변제자가 선의, 무과실인 경우에는 유효하다(제471조). 여기에서 말하는 영수증이란 진정하게 성립한 것이어야 한다. 따라서 위조영수증의 지참인에 대한 변제의 유효성은 제470조에 의해 처리될 것이다.

다른 한편, 영수증이 진정하게 성립한 것이라고 한다면 입수경위는 불문이다. 변제자의 선의, 무과실에 관하여는 변제의 무효를 주장하는 채권자가 변제자의 악의, 유과실에 관하여 주장, 입증할 책임을 부담한다(제471조 단서).

---

13) 最判 昭和48(1968).3.27.(民集 27-2-376). 신의, 무과실의 기준시는 대출 시이다.

14) 대판 2002.6.14. 2000다38992, 대판 1996.4.23. 95다55986.

15) 특히, 이와 관련하여 은행의 인감대조확인의무를 해태하여 예금수령의 권한이 없는 자에게 예금을 지급하였다면 은행으로서는 그 예금지급으로서 채권의 준점유자에 대한 변제로서의 면책을 주장할 수 없다(대판 1992.6.12. 2000다70989).

[사례] A는 B에게 금 1억 원의 채권을 가지고 있다. 이것을 알고 있던 C가 지급기일에 A의 영수증을 위조하여 B의 집으로 수금하러 가서 그 영수증과 상환하여 금 1억 원의 변제를 받았다. A는 사실상 C가 변제수령권한이 있다고 믿고 믿은 것에 과실이 없었다. B의 C에 대한 변제는 유효한가?

IV. 변제장소 등

1. 변제장소

변제장소(이행장소)에 관하여는 법률에 특별한 규정이 있으면 그에 따라 변제를 한다(제586조, 제700조). 지참채무인 경우에는 채권자의 주소지에, 특정물의 인도를 목적으로 하는 경우에는 그 목적물이 있던 장소에, 영업에 관한 채무의 변제는 채권자의 현 영업소에서 변제하는 것이 원칙이다(제467조 제1, 2항). 그러나 제467조는 임의규정임을 유념할 필요가 있다.

[사례] A는 B와 매월 말 신간소설을 배달하는 계약을 체결하였다. 그런데 잠깐 B는 다른 곳으로 이사를 하게 되었다. A는 이사한 곳에 지참하여 배달하여야 하는가?

2. 변제비용

변제비용(이행비용)은 특약이 없는 한 채무자가 부담한다(제473조). 다만, 지참채무에서 채권자가 주소를 변경한 경우에는 신주소가 변제장소로 될 것이지만 이 때문에 증가된 변제비용은 채권자가 증가분을 부담한다(제473조 단서). 예컨대, 채무자가 채권담보의 목적으로 채권자에게 부동산에 관한 소유권 이전등기를 하는 경우 그 등기비용과 취득세액은 담보권 확보를 위한 비용이므로 특약이 없는 한 채권자가 부담하여야 한다.[16]

---

16) 대판 1981.12.7. 79다1978,1979.

3. 변제시기

변제시기는 원칙적으로 이행기이지만 당사자의 특별한 의사표시가 없으면 변제기 이전에도 채무자는 변제를 할 수 있다. 그러나 상대방의 손해는 배상하여야 한다(제468조). 이와 관련하여 채권자가 기존채무의 지급을 위하여 그 채무의 변제기보다 후의 일자가 만기로 된 어음을 교부받은 경우에는 기존채무의 변제기가 어음의 만기일로 변경된 것으로 볼 수 있다(기존채무의 지급을 유예하는 의사가 있었기 때문에).[17] 그러나 이미 채무불이행 상태에 빠진 다음 기존채무의 지급을 위하여 어음을 발행한 경우에는 기존채무의 변제기가 어음에 기재된 만기일로 변경되는 것은 아니다.[18]

4. 변제증거

변제자가 변제수령자에게 영수증(변제수령사실을 증명하는 서면)의 교부를 청구할 수 있다(제474조). 변제제공과 영수증의 교부는 동시이행(상환이행)의 관계에 있다. 또한, 채권증서(채권의 성립을 증명하는 서면)가 있는 경우에는 변제자가 전부변제를 한 때 채권증서의 반환을 청구할 수 있다(제475조). 채권증서의 반환과 변제제공은 영수증 교부의무와는 달리 변제와 동시이행(상환이행)의 관계에 있는 것이 아니다.[19] 이렇게 이해하는 것은 영수증서의 교부가 있으면 변제증거로서 충분하고 채권자가 채권증서를 분실한 경우에는 부당한 결과가 발생될 우려가 있기 때문이다.

---

17) 대판 2001.7.12. 2000다5771.
18) 대판 1999.8.24. 99다24508, 대판 2000.7.28. 2000다16367.
19) 대판 2005.8.19. 2003다22042.

Ⅴ. 변제제공

1. 의의

가. 현실제공

변제제공이 있었다고 말하기 위해서는 채무자가 원칙적으로 현실제공을 하여야 한다. 현실제공이란 채무자가 채권자의 협력 없이 가능한 범위 내에서 구체적인 행위를 채무의 내용에 따라 하는 것을 말한다(제460조). 예컨대, 매도인이 법무사사무실에서 소유권 이전등기에 필요한 서류를 작성하여 주고 미비된 일부 서류는 잔금지급 시에 교부하기로 하고 이 서류는 언제라도 발급받아 교부할 수 있다고 한다면 충분한 이행제공 즉, 현실제공을 마쳤다고 볼 수 있을 것이다.[20] 반면, 지입차량의 위, 수탁 관리계약이 해지되면 지입차주는 지입회사에 그 계약의 종료를 원인으로 한 소유권 이전등록절차의 이행을 구할 수 있다. 이와 같은 경우 지입회사가 소유권 이전등록절차를 이행할 때에는 지입회사의 인감증명서, 자동차등록증과 함께 위, 수탁 관리계약 해지 관련 서류를 교부하여야 한다. 그런데 위 해지와 관련된 서류를 교부하거나 그 해지가 양도의 원인으로 기재된 자동차양도증명서를 교부하지 않은 채 매매나 다른 사유가 양도원인으로 기재된 자동차양도증명서를 교부한 것만으로는 그로써 채무의 본지에 따른 이행의 제공을 한 것이라 볼 수 없다.[21]

한편, 동시이행관계에 있는 쌍무계약에서 상대방의 채무불이행을 이유로 계약을 해제하려고 하는 자는 동시이행관계에 있는 자기 채무의 이행을 제공하여야 하고 그 채무를 이행할 때 상대방의 행위를 필요로 하는 경우에는 언제든지 현실적으로 이행을 할 수 있는 준비를 완료하고 그 뜻을 상대방에게 통지하여 그 수령을 최고하여야 하고 단순한 이행준비태세를 갖추고 있는 것만으로는 아니 된다.[22] 다만, 쌍무계약에서 계약해제의 요건은 신의칙상 최고하는 당사자는 그 채무이행의 제공을 계속할 필요는 없더라도 최고기간 내에 이행 또는 이행제공을 하면 해제권은 소멸하는 것이므로 상대방의 이행을 수령하고 자신의 채무를 이행할 수 있을 정도의 준비는 하여야 할 것이다.[23]

---

20) 대판 2001.12.11. 2001다36511.

21) 대판 2010.2.11. 2009다71534, 71541.

22) 대판 1994.10.11. 94다24565.

나. 구술제공

구술제공이란 채무자가 변제준비를 한 사실을 통지하여 그 수령을 최고하는 것을 말한다(제460조 단서). 이는 수령을 거절한 채권자일지라도 그 후에 번의하여 수령하는 경우도 있을 수 있으므로 그러한 경우에는 신의칙상 구술제공을 하도록 한 것에 불과하고 수령거절의사를 번의할 가능성이 보이지 않는 경우까지 구술제공을 하여야 한다는 취지는 아니다.[24]

2. 변제제공제도의 존재 이유

"변제가 있다"고 말하기 위해서는 채권자의 수령이 필요한 정도가 되어야 하는 것이 대부분일 것이다. 아무리 채무자가 변제를 위하여 성실하게 노력하여도 채권자가 수령을 하지 않을 경우에는 채무자의 채무이행이 없는 것으로 보아 채권자가 채무자에게 채무불이행책임(손해배상, 계약해제 등)을 추궁하는 것은 채무자 입장에서 불이익하다고 보지 않을 수 없다. 따라서 민법은 변제를 위하여 채권자의 수령을 필요로 하고 채무자가 성실하게 노력을 한 경우에는 채무자를 보호하기 위하여 변제제공을 한 채무자는 변제가 없는 것을 이유로 하여 채무불이행의 책임을 부담하도록 해서는 아니 된다고 하는 제도를 채용하였다(제461조). 이것이 변제제공제도이다.

3. 변제제공의 효과

변제제공이 있으면 채무자는 이행지체를 이유로 채무불이행책임을 추궁당하지 않는다. 변제제공의 효과는 구체적으로 채권자의 손해배상청구권이나 해제권이 발생되지 않고 위약금 또는 지연손해금이 발생되지 않으며 그 채권을 담보하기 위하여 설정되어 있던 담보권도 실행되지 않게 된다.

---

23) 대판 1982.6.22. 81다카128.
24) 대판 1976.11.9. 76다2218.

4. 변제제공이 불필요한 경우

제460조는 채권자가 수령을 거절한 경우에도 구술제공을 하여야 한다는 것을 규정하고 있다. 이것은 채권자가 생각을 바꾸어 수령할 수도 있으므로 신의칙상 채무자로서는 구술제공의 정도는 노력하여야 한다는 취지를 규정한 것으로 볼 수 있다.[25] 그러나 채권자에게 전혀 번복할 것을 기대할 수 없는 경우까지 채무자에게 구술제공을 요구하는 것은 적절하지 않다. 신의칙이라고 하여도 쓸모없는 것, 무의미한 것을 요구해서는 아니 되기 때문이다. 예컨대, 이행거절의 의사를 명백히 한 경우,[26] 매수인이 잔대금 지급의무를 이행하고 소유권 이전등기를 넘겨받을 의사가 없음을 미리 표시한 것으로 볼 수 있을 정도로 객관적인 명백한 사정이 있는 경우,[27] 임대차계약에서 채권자가 종국적·확정적인 수령거절의사를 명확하게 하고 있는 경우[28]에는 신의칙을 매개로 채무자는 구술제공조차 할 필요가 없을 것이다.

[사례 1] A는 B로부터 부동산을 구입하고자 대금을 지참하고 B 측에 갔다. 그러나 가방 속에 현금을 넣어 둔 상태에서 B의 면전에서 그 현금을 보여 주지는 않았다. 현실제공이 있었다고 말할 수 있는가?

[사례 2] B는 A로부터 부동산을 구입하고 등기와 상환하여 대금을 지급하기로 하였다. 그런데 이행기가 되어도 B는 대금을 제공하지 않았기 때문에 A로부터 7일 이내에 대금을 지급하라고 하는 내용의 최고를 받았다. B는 최고기간의 말일에 대금을 지참하고 등기소에 출석하였다. B의 변제제공은 적법한가?

[사례 3] A는 B로부터 금 1억 원을 빌렸다. 변제 기일에 A는 자기가 거래하는 은행의 자기앞수표를 제공하였다. 적법한 변제제공이라고 말할 수 있는가?

---

25) 대판 1976.11.9. 76다2218.

26) 대판 1981.11.24. 81다633.

27) 대판 1995.4.28. 94다16083.

28) 最判 昭和32(1957).6.5.(民集 11-6-915).

Ⅵ. 변제충당

1. 의의

예컨대, 동일한 대여자로부터 여러 차례 걸쳐 금전을 차용하는 경우 또는 수개월 분의 임대료를 체납하고 있는 임차인이 1개월분의 임대료를 납부하고자 하는 경우와 같이 채무자가 동일한 채권자에게 동종의 목적을 가진 수개의 채무를 부담하는 경우, 1개의 채무변제로서 수개의 급부를 하여야 할 경우(할부판매로 상품을 구입한 매수인이 일 회분의 지급액을 제공하고자 하는 경우) 변제로 제공한 급부가 그 채무의 전부를 소멸시키지 못하는 경우가 있다. 이와 같은 경우 그 급부를 어느 쪽의 채무(전자의 경우) 또는 급부(후자의 경우)에 충당하도록 하여야 하는지 여부를 정한 것이 변제충당제도이다.

2. 순서

가. 방법

변제충당에서 충당에 관한 채권자, 채무자의 합의가 있으면 그것이 우선한다(합의충당). 이러한 채권자와 채무자 간에 변제충당의 약정이 있는 경우 채무자가 그 약정과 달리 지정변제충당을 할 수는 없다.[29] 그리고 합의가 없는 경우 지정충당이 가능할 것이다. 지정충당이란 상대방에 대한 일방적인 의사표시에 의한 충당을 말한다. 제476조에서는 지정충당의 방법과 다음의 법정충당으로 이행하는 것에 관한 규정을 하고 있다. 지정충당으로도 충당의 효력이 발생하지 않는 경우에는 민법이 정한 순서로 충당하게 되는데 이를 법정충당이라고 한다(제477조).

한편, 변제충당에 관한 약관조항이 채권자에게 무제한적으로 포괄적인 충당권을 부여하여도 그 순서와 방법의 기준 등을 전혀 규정하지 아니하여 채무자 또는 담보제공자가 충당되는 채무를 예측할 수 없는 경우에는 약관규제법에 의하여 무효에 해당한다.[30] 왜냐하면, 수개의 채무 중 어느 채무에 충당되는 것인지 여부를 채무자 또는 담보제공자가

---

29) 대판 2004.3.25. 2001다53349.

30) 대판 2002.7.12. 99다68652.

예측할 수 있도록 하는 등 채무자 측의 이익도 배려하여야 하기 때문이다.

나. 충당 순서

특히, 비용 또는 이자가 있는 채권의 경우 비용, 이자, 원본의 순서로 충당하여야 하고 (제479조 제1항) 이 순서에 관하여 채무자는 물론 채권자도 위 법정 순서와 다르게 일방적으로 충당 순서를 지정할 수는 없다.[31] 따라서 변제충당의 경우 원칙적으로 비용, 이자, 원본의 순서로 충당하여야 하고, 채무자는 물론 채권자도 위 법정 순서와 다르게 일방적으로 충당의 순서를 지정할 수는 없다. 그러나 당사자 사이에 특별한 합의가 있거나 당사자의 일방적인 지정에 대하여 상대방이 지체 없이 이의를 제기하지 아니함으로써 묵시적인 합의가 되었다고 보이는 경우에는 법정충당의 순서와 다른 충당의 순서를 인정할 수 있을 것이다.[32]

따라서 채무자의 이행제공이 이행지체를 종료시키려면 완전한 이행을 제공하여야 하므로 원본과 지연이자까지 지급할 의무가 있는 경우에는 그에 미치지 못하는 이행제공을 하면서 이를 원본에 대한 변제로 지정하여도 그 지정은 제479조 제1항에 반하여 채권자에게 효력이 없으므로 채권자는 그 수령을 거절할 수 있다.[33]

다. 경매에 의한 배당금과 변제충당

담보권의 실행 등을 위한 경매에서 배당금이 동일 담보권자가 가지는 수개의 피담보채권 전부를 소멸시키기에 부족한 경우 채권자와 채무자 간에 변제충당에 관한 합의가 있다고 할지라도 그 합의에 의한 변제충당은 허용될 수 없고 이러한 경우에는 획일적으로 가장 공평하고 타당한 충당방법인 제477조의 규정에 의한 법정변제충당의 방법에 따라 충당을 하여야 할 것이다.[34]

또한, 담보권 실행을 위한 경매에서 배당된 배당금이 담보권자가 가지는 수개의 피담보채권 전부를 소멸시키기에 부족한 경우에는 제476조에 의한 지정변제충당은 허용될

---

31) 대판 1981.5.26. 80다3009, 대판 2002.5.10. 2002다12871.

32) 대판 2009.6.11. 2009다12399.

33) 대판 2005.8.19. 2003다22042.

34) 대판 1996.5.10. 95다55504.

수 없고 채권자와 채무자 사이에 변제충당에 관한 합의가 있었다고 하여 그 합의에 따른 변제충당도 허용될 수 없으며 획일적으로 가장 공평, 타당한 충당 방법인 제477조 및 제479조에 의한 법정변제충당의 방법에 따라 충당하여야 하고 이러한 법정변제충당은 이자 혹은 지연손해금과 원본 간에는 이자 혹은 지연손해금과 원본의 순으로 이루어지고 원본 상호 간에는 그 이행기의 도래 여부와 이율의 고저와 같은 변제이익의 다과에 따라 순차적으로 진행된다. 그러나 그 이행기나 변제이익의 다과에 있어서 아무런 차등이 없을 경우에는 각 원본채무액에 비례하여 안분하게 된다.[35]

[사례 1] B는 A에게 금 1억 원의 채권을 가지고 있다. 한편, C는 B에게 금 1억 원의 채권을 가지고 있었는데 C는 B의 사무관리자로서 A로부터 금 1억 원의 채무의 변제를 받아 자신의 B에 대한 채권의 변제에 충당하였다. A는 C에게 C는 진실한 채권자가 아니라는 것을 이유로 반환청구를 할 수 있는가?

[사례 2] A는 B에게 2회에 걸쳐 합계 금 1억 원씩 합계 금 2억 원을 빌려 주었다. 위 빌려 준 금원 중 2회차에 빌려준 금원에 대해서는 연 1할의 약정이자를 붙였다. 그 후 B는 A에게 금 1억 9천만 원을 변제하였는데 어느 채무에 충당할 것인지 여부를 지정하지 않았다. 그래서 채권자 A는 수령 후 바로 무이자로 빌려 준 금액부분에 금 1억 원에 충당하고 나머지는 이자가 있는 부분에 충당하는 취지의 의사표시를 하였다. 이에 대하여 B는 바로 이의를 하였다. B는 다시 지정을 할 수 있는가?

[사례 3] A는 B로부터 금 1억 원을 이자 연 1할 5푼으로 담보 없이 빌렸다. 다시 A는 B로부터 같은 금액을 빌렸는데 이번에는 건물에 저당권을 설정하였다. 이자는 연 5푼이었다. A가 금 1억 원을 변제하는 것에 관하여 지정에 의한 충당이 없는 경우 법정충당의 순서는 어떻게 되는가?

[사례 4] A·B 2인은 연대하여 C로부터 금 1억 원을 빌렸다. 그 후 A는 단독으로 같은 금액을 차용하였다. A가 C에게 금 1억 원을 변제하는 경우 법정충당의 순서는 어떻게 되는가?

---

35) 대판 2000.12.8. 2000다51339.

Ⅶ. 변제자대위(변제에 의한 대위)

1. 의의 등

가. 전제문제—채무자에 대한 구상권

제3자의 변제는 유효하고(제469조 제1항) 보증인 또는 연대채무자가 채무를 변제한 때에는 이들은 자기 채무를 변제하고 있는 것이지만 이들의 변제에 의해 주채무 또는 다른 연대채무자의 채무도 소멸한다. 이와 같이 제3자, 보증인 또는 다른 연대채무자에 의한 변제가 이루어진 경우에는 채무자의 채무가 소멸한다. 즉, 채무자는 변제자의 손실에 의해 채무로부터 해방된다고 하는 이익을 얻고 있다. 반면, 이러한 손실과 이익을 조정하기 위하여 채무자의 채무를 소멸시키는 변제를 한 자(대위변제를 한 자)에게 채무자에 대한 구상권이 부여된다.

나. 의의

민법은 대위변제자가 취득한 구상권의 효력을 확보하기 위하여 대위변제를 한 결과로서 소멸한 채권("원채권"이라고 한다)을 특별히 존속시키고 대위변제자(구상권자)가 이러한 원채권을 구상권의 범위 내에서 행사할 수 있도록 하고 있다. 그리고 이러한 원채권을 담보하는 각종 담보권(인적·물적 담보)도 행사할 수 있도록 하는 제도를 만들었다(제480조 내지 제482조). 이를 변제자대위(변제에 의한 대위)제도라고 하는데 이는 고유한 구상권의 효력을 확보하는 역할을 하기 위함이다.[36) 예컨대, G가 S에게 금 1억 원의 대여금채권(α)을 가지고 있는데 이 채권을 담보하기 위하여 D가 자기 소유의 갑 토지에 저당권을 설정해 주었다고 한다. X가 α채권을 S에 갈음하여 G에게 변제한 경우 X는 S에 대한 구상권을 취득하는 것과 함께 이 구상권을 확보하기 위하여 α채권에 대위하여 동 채권을 담보하고 있는 갑 토지상의 저당권을 실행할 수 있다.

변제자대위제도는 변제에 의해 그 존재가 상실된 원채권을 구상권의 효력을 확보하기 위하여 그 범위 내에서 존속시킨 것이다. 그리고 이와 같은 변제자대위제도에 관하여는

---

36) 대판 1997.5.30. 97다1556.

구상권의 효력을 확보하는 목적범위 내에서 존속시킨 원채권을 당연히 즉, 원채권자와 대위변제자 간에 양도합의를 요하지도 않고 원채권자로부터 대위변제자(구상권자)에게 이전하는 제도로 파악할 수 있다(원채권의 법정이전).

대위변제자가 대위변제에 의해 취득한 구상권과 대위변제에 의해 채권자로부터 대위변제자에게 이전한 원채권은 다른 채권이다. 대위변제가 인정되는 것은 어디까지나 구상권이 존재하는 경우이고 동시에 구상권을 한도로 하는 것이다. 따라서 대위변제자가 구상권을 가지고 있지 않은 경우에는 본래 원채권에 대한 대위가 발생하는 것은 아니다. 또한, 원채권의 행사(및 원채권에 관한 담보의 실행)는 구상권의 금액을 한도로 한다.

2. 요건

변제자대위의 요건으로 다음 3가지가 있다.

가. 변제, 대물변제 또는 상계 등과 같은 것에 의해 채권자에게 만족을 주었어야 한다.

나. 변제자가 채무자에게 구상권이 있어야 한다. 주채무자의 채무가 제3 취득자의 변제에 의하여 소멸한 경우에는 그 소멸로 인하여 보증채무 또는 연대보증채무도 소멸하므로 제480조 내지 제481조에 정한 변제자대위가 성립하지 아니하는 한 제3자는 보증인에 대하여 부당이득반환청구 등의 어떠한 청구도 할 수 없을 뿐만 아니라 제3자는 보증인 또는 연대보증인에 대한 부당이득반환청구도 할 수 없다.[37]

다. 변제를 하는 것에 관하여 정당한 이익이 있다든지(법정대위, 제481조), 채권자의 동의가 있어야 한다. 여기서 변제하는 것에 관하여 정당한 이익을 가진다고 하는 것은 변제를 하지 않으면 연대채무자, 보증인, 물상보증인[38] 및 담보목적물의 제3 취득자와 같이 채권자로부터 집행을 받을 자와 변제를 하지 않으면 후순위저당권자 및 채무자의 일반채권자와 같이 채무자에 대한 자기의 권리에 대한 가치를 상실하는 자이다. 이러한 자는 변제에 의해 당연히 원채권에 대위한다. 반면, 변제를 하는 것에 관하여 정당한 이익이 없는 자는 채권자의 동의를 얻어 원채권에 대위할 수밖에 없다(제480조 제1항).

---

37) 대판 1996.9.20. 96다22655.
38) 위 1997.5.30. 판결.

3. 법정대위권자의 경합

제482조는 원채권에 대하여 법정대위를 할 수 있는 자격을 가지는 자가 여러 명 존재하는 경우 위와 같은 자 간의 대위의 가부 및 비율을 정하고 있다. 다만, 이에 관한 규정은 임의규정이어서 대위비율 등을 변경하는 특약은 유효하다.

가. 보증인과 채무자의 제3 취득자가 경합하는 경우

보증인과 채무자의 제3 취득자가 경합하는 상황에서 보증인이 채권자에게 변제한 경우 채권자를 대위하여 제3 취득자에 대한 원채권을 행사할 수 있다. 다만, 그것을 위해서는 보증인은 미리 부동산질권, 저당권등기에 대위의 부기등기를 하여야 한다(제482조 제2항 제1호). "미리"라는 의미는 보증인의 변제 후에 등장한 제3 취득자와의 관계에서 보증인은 제3자가 등장하기 전에 부기등기를 하지 않으면 원채권에 대위할 수 없다는 것을 의미한다(변제 전에 등장한 제3취득자에 대하여는 부기등기 없이 대위등기를 할 수 있다). 여기에서 말하는 제3 취득자란 대위의 목적인 그 채권 자체에 관하여 대위변제자와 양립할 수 없는 법률상 지위에 있는 자만을 의미한다.

한편, 공동근저당의 목적인 채무자 갑 소유 부동산과 물상보증인 을 소유 부동산 중 을 소유 부동산이 먼저 경매가 이루어져 공동근저당권자인 병이 변제를 받았다고 한다. 그런데 을 소유 부동산에 대한 후순위저당권자 정이 을 명의로 대위의 부기등기를 하지 않고 있는 동안 병이 임의로 갑 소유 부동산에 설정되어 있던 공동근저당권을 말소하였고, 그 후 갑 소유 부동산에 무명의의 근저당권이 설정되었다가 경매로 그 부동산이 제3자에게 매각되어 대금이 완납된 경우에는 정은 매각대금 완납으로 더 이상 을의 권리를 대위하여 공동근저당권설정등기의 회복등기절차의 이행을 구하거나 경매절차에서 실제로 배당받은 자에게 부당이득반환청구로서 배당금 한도 내에서 공동근저당권설정등기가 말소되지 않았더라면 배상받았을 금액의 지급을 구할 여지가 없을 것이다. 따라서 이러한 경우에는 매각대금이 완납된 날 병의 공동근저당권 불법말소로 인한 정의 손해가 확정적으로 발생하였고 을 소유 부동산의 매각대금으로 병이 배당을 받은 날과 공동근저당권이 말소된 날 사이에 정이 대위의 부기등기를 마치지 않은 사정만으로 병의 불법행위와 정의 손해 사이에 존재하는 인과관계가 단절된다고 할 수 없을 것이다.[39)]

나. 보증인과 채무자의 제3 취득자가 경합하는 경우

보증인과 채무자의 제3취득자가 경합하는 상황에서 채무자의 제3 취득자가 변제한 경우에는(저당권이 실행된 경우를 포함한다) 제3 취득자는 보증인에게 채권자를 대위하지 못한다(제482조 제2항 제2호).

다. 채무자의 제3 취득자 상호 간의 경우

채무자의 제3 취득자 상호 간에 원채권에 대한 대위에 관하여는 각각의 제3 취득자는 각 부동산의 가격에 따라 다른 제3 취득자에 대하여 채권자를 대위 된다(제482조 제2항 제3호).

라. 물상보증인 상호 간의 경우

물상보증인 상호 간의 원채권에 대한 대위관계에 관하여는 각각의 물상보증인은 각자 담보부동산의 가격에 따라 다른 물상보증인에 대하여 대위된다(제482조 제2항 제4호). 예컨대, G가 S에게 금 1.2억 원의 대여금채권(α)을 가지고 있어서 이 채권을 담보하기 위하여 D가 자기 소유의 갑 토지(평가액 금 8천만 원), E가 자기 소유의 을 토지(평가액 금 1.6억 원)에 저당권이 설정되었다. D가 α채권을 S를 대위하여 G에게 전액변제한 때에는 D는 S에 대한 금 1.2억 원의 구상권을 취득하는 것과 함께 이 구상권을 확보하기 위하여 α채권 중 금 8천만 원에 대위하여 을 토지의 저당권을 실행하여 금 8천만 원을 우선적으로 회수할 수 있다.

마. 법정대위자로서 보증인과 물상보증인이 존재하는 경우

제482조 제2항 제4호, 제5호가 물상보증인 상호 간에는 재산의 가액에 비례하여 부담부분을 정하도록 하면서, 보증인과 물상보증인 상호 간에는 보증인의 총재산의 가액이나 자력 여부, 물상보증인이 담보로 제공한 재산의 가액 등을 일체 고려하지 아니한 채 형

---

39) 대판 2011.8.18. 2011다30666, 30673.

식적으로 인원수에 비례하여 평등하게 대위비율을 결정하도록 규정하고 있다. 이러한 규정의 취지는 인적 무한책임을 부담하는 보증인과 물적 유한책임을 부담하는 물상보증인 사이에는 보증인 상호 간이나 물상보증인 상호 간과 같이 상호 이해 조정을 위한 합리적인 기준을 정하는 것이 곤란하고, 당사자 간의 특약이 있다는 등의 특별한 사정이 없는 한 오히려 인원수에 따라 대위비율을 정하는 것이 공평하고 법률관계를 간명하게 처리할 수 있어 합리적이며 그것이 대위자의 통상의 의사 내지 기대에 부합하기 때문이다. 따라서 동일한 채무에 대하여 보증인 또는 물상보증인이 다수인이 있고 이 중에서 보증인과 물상보증인의 지위를 겸하는 자가 포함되어 있는 경우에도 동일하게 참작되어야 하므로 위와 같은 경우 제482조 제2항 제4호, 제5호 전문에 의한 대위비율은 보증인과 물상보증인의 지위를 겸하는 자도 1인으로 보아 산정함이 상당할 것이다.

또한, 제482조 제2항 제5호는 동일한 채무에 대하여 인적 무한책임을 지는 보증인과 물적 유한책임을 부담하는 물상보증인이 여러 명이 있고 그중 어느 1인이 먼저 대위변제를 하거나 경매를 통한 채무상환을 함으로써 다른 자에 대하여 채권자의 권리를 대위하게 되는 경우 먼저 대위변제 등을 한 자가 부당하게 이익을 얻거나 대위가 계속 반복되는 것을 방지하고 대위관계를 공평하게 처리하기 위하여 대위자 상호 간의 대위순서와 분담비율을 규정하고 있다. 따라서 이 규정에 따라 다수인의 보증인과 물상보증인 사이에서는 그중 어느 1인에 의하여 주채무 전액이 상환되었음을 전제로 하여 그 주채무 전액에 제482조 제2항 제5호에서 정한 대위비율을 곱하여 산정한 금액이 각자가 대위관계에서 분담하여야 할 부담부분이다. 그런데 여러 보증인 또는 물상보증인 중 어느 1인이 위와 같은 방식으로 산정되는 자신의 부담부분에 미달하는 대위변제 등을 한 경우 그 대위변제액 또는 경매에 의한 채무상환액에 위 규정에서 정한 대위비율을 곱하여 산출된 금액만큼 곧바로 다른 자를 상대로 채권자의 권리를 대위할 수 있도록 한다면, 먼저 대위변제 등을 한 자가 부당하게 이익을 얻거나 대위자 상호 간에 대위가 계속 반복되게 되고 대위관계를 공평하게 처리할 수도 없게 되므로 제482조 제2항 제5호의 규정 취지에 반하는 결과가 생기게 된다. 따라서 보증인과 물상보증인이 다수 존재하는 경우 어느 누구라도 위와 같은 방식으로 산정한 각자의 부담부분을 넘는 대위변제 등을 하지 않으면 다른 보증인과 물상보증인을 상대로 채권자의 권리를 대위할 수 없다.

여러 보증인과 물상보증인 사이에서 제482조 제2항 제5호에 따라 대위관계에서 그 부담 부분을 정하는 경우 당초 성립한 주채무가 주채무자의 변제나 채무면제 등으로 감소하거나 이자, 지연손해금이 증가하는 때에는 그 당시 현존하고 있는 보증인이나 물상보증인의 부담 부분도 원칙적으로 그에 상응하여 감소하거나 증가하게 되므로 보증인이나 물상보증인이 대위변제 등을 할 당시에 이미 주채무자의 변제나 채무면제 등으로 주채무가 감소하거나 이자, 지연손해금이 증가한 사정이 있다고 한다면 이를 반드시 참작하여 그 대위변제 등 당시를 기준으로 하여 당해 보증인이나 물상보증인의 대위변제액 등이 그의 부담부분을 초과하는 것인지 여부를 판단하여야 한다.[40)

또한, 법정대위자로서 보증인과 물상보증인이 존재하는 경우 이러한 자는 인원수에 따라 다른 자에 의하여 원채권에 대위 되지만 물상보증인이 수인인 때에는 각각의 물상보증인은 보증인의 부담부분을 제외한 잔액에 관하여 각 담보부동산의 가격에 따라 다른 자에 의해 원채권에 대위된다(제482조 제2항 제5호). 예컨대, G가 S에게 금 1.2억 원의 대여금채권(α)을 가지고 있어서 이 채권을 담보하기 위하여 B1과 B2가 보증인으로 되고 D1이 자기 소유의 갑 토지(평가액 금 8천만 원), D2가 자기 소유의 을 토지(평가금액 금 1.6억 원)에 저당권을 설정한 경우 각 사람은 다른 법정대위자로부터 α채권에 대위되는 비율을 계산하고자 한다면 우선 금 1.2억 원을 대위권자의 인원수로 나누고 B1과 B2는 이것에 의해 얻어진 금액(금 3천만 원)을 각각 대위하게 된다. 다음으로 B1과 B2가 부담하여야 할 금액(금 6천만 원)을 공제한 잔액(금 6천만 원)을 갑 토지와 을 토지의 가액의 비율에 따라 D1과 D2에게 할당된다. 그 결과, D1이 부담하여야 할 액은 금 2천만 원, D2가 부담하여야 할 액은 금 4천만 원이 될 것이다.

바. 보증인이 물상보증인을 겸유하고 있는 경우

제482조 제2항 제5호 단서는 보증인이 물상보증인을 겸유하고 있는 경우 그 처리방법을 예정하고 있지 않다. 그러나 중소기업의 사장이 회사 채무에 대하여 개인적으로 보증하는 것과 함께 개인 소유의 토지 또는 건물에 저당권을 설정하는 것과 같이 보증인이 물상보증인을 겸유하는 상황이 거래실무에서 일상적인 모습으로 볼 수 있다. 이와 같은 경우에도 즉, 보증인이 물상보증인을 겸유하고 있는 경우에도 각 대위권자의 대위비율은 단순히 인원수로 결정한다고 하는 입장을 취하고 있다.[41)

---

40) 대판 2010.6.10. 2007다61113, 61120.

41) 最判 昭和61(1986).11.27.(民集 40-7-1205).

4. 대위변제자와 근저당권자의 관계

변제할 정당한 이익이 있는 자가 채무자를 위하여 채권의 일부를 대위변제할 경우 대위변제자는 변제한 가액의 범위 내에서 종래 채권자가 가지고 있던 채권 및 담보에 관한 권리를 취득하게 되고 따라서 채권자가 부동산에 대하여 저당권을 가지고 있는 경우에는 채권자는 대위변제자에게 일부 대위변제에 따른 저당권의 일부 이전의 부기등기를 경료해 주어야 할 의무가 있으나 이 경우에도 채권자는 일부 대위변제자에 대하여 우선변제권을 가진다.[42]

5. 대위변제자와 채권자의 관계

가. 채권증서의 교부의무 등

채권 전부에 대하여 대위변제가 되면 채권자는 대위변제자에게 채권증서 및 그가 점유하고 있는 담보물을 교부하여야 한다(제484조 제1항). 또한, 채권의 일부에 관하여 대위변제가 되면 채권자는 채권증서에 그 취지를 기입하고 동시에 대위변제자에게 자기가 점유하고 있는 담보물의 보존에 관하여 감독을 받아야 한다(동조 제2항).

나. 담보보존의무

보증인이 있는 상황에서 보증대상으로 되어 있는 주채무를 담보하기 위하여 설정을 받아들인 저당권을 채권자가 고의, 과실에 의해 포기하는 경우와 같이 법정대위권자가 존재하고 있음에도 채권자가 고의, 과실에 의해 담보를 상실, 감소시킨 경우에는 법정대위권자는 그 상실, 감소에 의해 상환을 받을 수 없는 범위 내에서 책임에서 해방된다(제485조). G가 S에게 금 1.2억 원의 대여금채권(α)을 가지고 있어서 이 채권을 담보하기 위하여 S가 자기 소유의 갑 토지(평가액 금 1억 원)에 저당권을 설정한 상태이었다. 또한, B가 α채권의 보증인이다. G가 상황판단을 잘못하여 갑 토지상의 저당권을 포기하였다. 이때 B의 보증채무액은 갑 토지상의 저당권을 실행하면 회수할 수 있었을 금 1억 원을 공제한 금 2천만 원으로 감축된다.

---

42) 대판 2009.11.26. 2009다57545, 57552.

[사례 1] A는 B로부터 금 1억 원을 빌리고 자기 소유의 부동산에 저당권을 설정하였다. 그러나 A는 변제기일이 도래하여도 변제의 전망이 불투명하기 때문에 B는 어쩔 수 없이 저당권의 실행 절차로 옮기고자 하는 준비에 착수하였다. 이것을 보다 못한 A의 친구 C는 A에 갈음하여 B에게 금 1억 원을 변제하였다. B의 저당권은 당연히 C에게 이전하는가?

[사례 2] A는 B로부터 금 1억 원을 빌리면서 자기 소유의 부동산에 B를 위하여 1번 저당권을 설정하였다. 그 후 A는 C로부터 금 5천만 원을 빌리고 같은 부동산에 2번 저당권을 설정하였다. A가 B에 대한 채권을 변제하지 않았기 때문에 B는 저당권을 실행하고 경매신청을 하였다. 감정 결과, A의 부동산의 가액이 금 1억 2천만 원이라는 것이 판명되었다. 그래서 2번 저당권자 C가 B에게 금 1억 원을 대위변제하였다. C는 B에게 당연히 대위하는가?

[사례 3] B는 A로부터 금 1억 원을 빌리면서 자기 소유의 부동산에 저당권을 설정하였다. C는 B의 연대보증인이 되었다. 그 후 D가 당해 부동산을 B로부터 양수받았다. 보증인 C가 A에게 전액변제를 한 경우 C는 D에 대하여 대위할 수 있는가?

[사례 4] 위 사례의 경우 보증인 C가 D에게 대위하기 위해서는 대위의 부기등기를 하여야 하는가?

[사례 5] 위 사례의 경우 제3 취득자 D가 변제를 하여 저당권을 소멸시킨 경우 D는 채권자 A의 보증인 C에 대한 권리를 대위 행사하여 C에게 청구할 수 있는가?

[사례 6] A는 B에게 금 6천만 원의 대여금채권이 있다. B는 자기 소유의 3가지 부동산 갑(금 4천5백만 원), 을(금 3천만 원), 병(금 1천5백만 원)에 공동저당권을 설정하였다. 그 후 갑 부동산이 C에게, 을 부동산이 D에게, 병 부동산이 E에게 각각 양도되고 후에 C가 A에게 금 6천만 원을 변제하였다. C는 D · E에 대하여 대위할 수 있는가?

[사례 7] B의 A에 대한 금 1억 원의 채무에 관하여 B는 A를 위하여 자기 소유의 부동산에 저당권을 설정하였다. C는 위 채무의 보증인으로 되었다. 그 후 C는 A에게 금 1천만 원을 변제하였다. 이러한 경우 채권 및 저당권은 금 1천만 원의 범위에서 C에게 이전하는데 C는 그 범위 내에서 단독으로 저당권을 실행할 수 있는가?

[사례 8] B는 친구 A로부터 금 1억 원을 차용하고 자기 소유의 부동산(금 7천만 원)에 저당권을 설정하였다. 한편, C는 그 연대보증인으로 되었다. 그 후 A는 B로부터 저당권을 해제해 달라고 하는 부탁을 받았다. 이에 대하여 A는 보증인 C가 확실한 재산을 가지고 있으므로 채권회수에는 지장이 없다고 판단하여 저당권을 포기하였다. 이러한 경우 C는 A의 청구에 대하여 전액지급의 무가 있는가?

제3절 변제공탁

Ⅰ. 의의 등

1. 의의

변제를 위하여 채권자의 수령을 필요로 하는 경우 채무자가 변제제공을 하면 채무자에게는 이행지체를 이유로 하는 채무불이행책임이 면제된다(제461조). 그러나 이러한 경우에도 변제제공의 효과란 채무자가 이행지체를 이유로 하는 책임을 면제받을 뿐이다. 채무가 소멸되는 것이 아니라 여전히 존속하고 채무자는 당연히 채무에 구속된다. 한편, 채무자가 변제제공을 하고자 하여도 채권자가 누구인지 여부를 알 수 없기 때문에 변제제공을 할 수 없는 경우도 있을 수 있다. 이러한 경우 채무는 당연히 소멸하는 것이 아니라 존속하고 채무자는 당연히 채무에 구속된다. 그래서 민법은 이러한 상황에서 한편으로 채무자를 채무에서 해방시키고 목적물 보관의 번거로움에서 해방하는 것과 함께 다른 한편으로 목적물을 국가가 관리하는 것에 의해 채권자에게도 불이익이 발생하지 않도록 하는 제도를 만들었다. 이것이 공탁(변제공탁)제도이다. 공탁제도란 변제자가 채무의 목적물을 채권자를 위하여 공탁소에 공탁하고 채무를 소멸시켜 그로부터 해방되는 제도이다(제487조).

2. 기본원리

변제공탁제도는 채무자가 채무의 목적물을 공탁소에 공탁함으로써 채무를 면하게 하는 변제자를 위한 제도이다. 따라서 그 공탁이 국가의 후견적인 관여에 의해 이루어진다고 할지라도 본질적으로는 사인 간의 법률관계를 조정하기 위한 것이다. 따라서 공탁제도는 채무자(공탁자)가 공탁을 할 때 채권자(피공탁자)를 지정할 의무를 부담하고(공탁사무처리규칙 제19조 제2항 (비)목, 제20조 제3항, 제27조의2) 공탁공무원은 형식적인 심사권만을 갖고 채무자가 지정해 준 채권자에게만 공탁금을 출급하게 하는 등의 업무를 처리하는 것(같은 규칙 제29조, 제30조)을 그 기본원리로 삼고 있다.[43]

Ⅱ. 공탁을 할 수 있는 경우

1. 채권자가 수령을 거절한다든지, 수령할 수 없는 경우(제487조 전단)

이러한 경우 공탁을 하기 위해서는 채무자가 우선 구술제공을 하여야 한다고 한다. 왜 나하면 이를 하지 않으면 채무자에게 구술제공을 하지 않아도 채무를 소멸시키는 수단을 부여하는 것으로 되기 때문이다.[44]

2. 변제자의 과실 없이 채권자를 알 수 없는 경우(제487조 후단)

이는 객관적으로 채권자 또는 변제수령권자가 존재하고 있으나 채무자가 선량한 관리자의 주의를 다하여도 채권자가 누구인지 여부를 알 수 없는 경우를 말한다.[45] 예컨대, 상속이 개시되었지만 상속인이 누구인지 또는 그 상속지분이 어떻게 되는지 여부가 불명확한 경우,[46] 채권양도가 되었지만 채권의 귀속을 둘러싸고 구채권자와 양수인 간에 다툼이 있는 경우, 채권양도와 전부명령이 경합하여 진정한 채권자가 누구인지 여부를 과실 없이 알 수 없는 경우,[47] 예금계약을 체결한 금융기관이 예금계약의 출연자와 예금명의자가 서로 다르고 모두 예금채권에 관한 권리를 적극적으로 주장하는 경우[48] 또는 복수의 채권양도통지가 도달하였지만 도달한 때의 선후가 불명확한 경우 등이 여기에 해당할 것이다.

Ⅲ. 공탁에서 피공탁자의 특정을 인정하기 위한 요건

공탁제도는 공탁공무원의 형식적인 심사권, 공탁사무의 기계적·형식적인 처리를 전제로 하여 운영되는 것이어서 피공탁자가 특정되어야 함이 원칙이다. 그리고 피공탁자가 특정되

---

43) 대판 1993.3.26. 91다14116.

44) 大判 大正10(1921).4.30.(民錄27-832). 따라서 구술제공 없이 이루어진 공탁은 무효이다.

45) 대판 1996.4.26. 96다2583, 대판 2000.12.22. 2000다55904, 대판 2004.11. 11. 2004다37737.

46) 대판 1991.5.28. 91다3055.

47) 대판 1988.12.20. 87다카3118.

48) 대판 2004.11.11. 2004다37737.

었다고 하려면 피공탁자의 동일성에 대하여 공탁공무원의 판단이 개입할 여지가 없고 그 공탁통지서의 송달에 지장이 없는 정도가 되어야 한다.[49] 따라서 공탁자가 피공탁자의 주소를 미수복지구인 '개풍군 중면 대용리'로 기재한 경우에는 피공탁자의 주소 표시가 제대로 되지 아니하여 공탁통지서도 송달할 수 없으므로 피공탁자가 특정되지 않았다고 말할 수 있을 것이다. 다만, 위 공탁이 바로 무효가 되는 것은 아니고 위와 같은 경우에도 객관적으로 진정한 공탁원인이 존재한다면 그 공탁은 공탁자가 과실 없이 보상금을 받을 자를 알 수 없는 경우에 허용되는 절대적 불확지의 공탁으로 볼 수도 있을 것이다.

Ⅳ. 공탁의 효과

1. 효력발생시기

원칙적으로 채무의 전액을 공탁하면 공탁공무원의 수탁처분과 공탁물 보관자의 공탁물 수령으로 채무소멸의 효과가 있기 때문에[50] 공탁자가 채권자에게 공탁통지를 하는 것과 관계없이[51] 변제공탁은 유효하고 유효한 이상 채권자가 공탁물의 출급청구를 하였는지 여부와 관계없이 그 공탁을 한 때 변제의 효력이 발생하여[52] 채무자는 채무로부터 해방된다(제487조). 채권담보도 당연히 소멸한다. 다만, 변제공탁이 유효하게 되려면 채무 전부에 대한 변제제공 및 채무 전액에 대한 공탁이 있어야 하고 채무 전액이 아닌 일부에 대한 공탁은 그 부분에 관하여서도 효력이 생기지 않으나 채권자가 공탁금을 채권의 일부에 충당한다는 유보의 의사표시를 하고 채권자가 이를 수령한 때에는 그 공탁금은 채권의 일부 변제에 충당된다고 말할 수 있을 것이다.[53]

또한, 매매잔대금지급의무와 소유권 이전의무가 동시이행관계에 있는 경우 잔대금의 변제공탁을 할 때 반대급부를 조건으로 하는 경우 즉, 조건부 공탁을 한 경우에도 위 변제공탁의 효력을 부인할 수 없다.[54] 그러나 채권자의 본래청구권에 선이행 또는 동시이

---

49) 대판(전합) 1997.10.16. 96다11747.

50) 대판 1972.5.15. 72마401.

51) 대판 1976.3.9. 75다1200.

52) 대판 2002.12.6. 2001다2846.

53) 대판 1977.9.13. 76다1866, 대판 1984.9.11. 84다카781, 대판 1988.1.19. 85다카1792.

54) 대판 1972.2.22. 71다2596.

행의 항변권이 붙어 있지 않은 경우, 채권자가 반대급부 내지 기타 조건의 이행의무가 없음에도 채무자가 이를 조건으로 공탁하거나 채권자의 어떤 행위의 이행을 조건으로 공탁한 경우에는 그러한 공탁은 채권자의 승낙이 없는 한 무효이다.[55]

한편, 채권자가 공탁을 수락하고 있지 않는 동안, 공탁소에서 공탁물 수령을 통고하고 있지 않는 동안 또는 공탁 유효의 판결이 확정되고 있지 않는 동안에는 공탁자는 공탁소에서 공탁물을 반환받을 수 있다. 이것을 공탁물회수청구권이라고 한다. 공탁물이 회수되면 공탁이 없는 것으로 간주된다(제489조 제1항). 공탁이 되면 채권자는 공탁물 보관자에게 공탁물출급청구권을 취득한다. 이러한 공탁물출급청구권은 본래의 이행청구권과는 실질적으로 동일하다고 말할 수 있을 것이다. 그리고 공탁물회수청구권과 공탁물출급청구권을 합하여 공탁물지급청구권이라고도 한다.

2. 공탁금의 이의 없는 수령과 공탁의 효과

채무자가 변제공탁에 앞서 채권자에게 변제제공을 한 바가 없다고 하여도 채권자가 그 공탁금을 수령한 이상 공탁취지에 의하여 수령한 것이 되어 위와 같은 공탁금의 요건 흠결을 이유로 변제공탁의 효력을 다툴 수 없다.[56] 따라서 채권자가 아무런 이의 없이 공탁금을 수령하였다면 그에 따른 법률효과가 발생하는 것이므로 채무자가 변제 충당할 채무를 지정하여 공탁한 것을 채권자가 아무런 이의 없이 수령하였다면 그 공탁취지에 따라 변제충당이 된다.[57] 그리고 공탁자가 공탁원인으로 들고 있는 사유가 법률상 효력이 없는 것이어서 공탁이 부적법함에도 피공탁자가 아무런 이의 없이 수령하였다면 공탁자가 주장한 공탁원인을 수락한 것으로 보아 공탁자가 공탁원인으로 주장한 내용에 따른 법률효과가 발생한다.[58] 즉, 공탁통지서를 받은 자가 그 공탁금을 이의 없이 수령하였다면 그 공탁의 취지에 의하여 수령한 것이 되어 그에 대한 법률효과만이 발생하는 것이고 그 후 이에 저촉되는 의사표시를 하였다고 하더라도 이에 따른 법률효과가 발생하는 것이 아니다.[59]

---

55) 대판 1970.9.22. 70다1061, 대판 2002.12.6. 2001다2846.

56) 대판 1983.6.28. 83다카88, 83다카89, 대판 1989.11.28. 88다카34148.

57) 대판 1987.4.14. 85다카2323.

58) 대판 1992.5.12. 91다44698.

59) 대판 1979.11.13. 79다1336, 대판 1984.11.13. 84다카465.

3. 채권자의 공탁물인도청구권의 취득

공탁자가 공탁을 하면 채권자는 공탁물인도청구권을 취득하는데 공탁물이 금전 기타 소비물인 경우 공탁소가 소유권을 취득했다가 채권자에게 소유권을 이전한다. 그러나 특정물인 경우 공탁소가 소유권을 취득하지 않고 변제자로부터 채권자에게로 소유권이 이전한다.

V. 공탁물의 회수

변제자는 채권자가 공탁을 승인하거나, 채권자가 공탁소에 공탁물을 받기를 통고하거나 또는 공탁유효의 판결이 확정될 때까지는 공탁물을 회수할 수 있다. 이러한 경우 공탁하지 않은 것으로 본다(제489조 제1항). 다만, 공탁으로 인하여 질권 또는 저당권이 소멸한 경우에는 그러하지 않다(제489조 제2항). 반면, 가등기담보권, 양도담보권[60] 또는 공동채무자나 보증인의 채무가 공탁으로 인하여 소멸하여도 공탁물회수권은 소멸하지 않는다. 왜냐하면, 제489조의 규정은 공탁으로 인하여 질권 또는 저당권만을 제외하고 있으므로 그 이외의 경우까지 포함하는 규정이라고 해석하여야 할 근거가 없기 때문이다.

[사례 1] B는 A로부터 금 1억 원을 차입하면서 자기 소유의 부동산에 A를 위하여 1번 저당권을 설정하고 다시 C로부터 금 5천만 원을 차입하면서 위 부동산에 2번 저당권을 설정하였다. C는 A에게 B의 채무를 제3자로서 변제한다는 취지를 전달하였지만 거부당하였으므로 공탁하였다. 그 후 A·B 간에 제3자 변제금지의 특약이 되었다. C의 제공·공탁은 유효한가?

[사례 2] A의 자식 B는 고리대금업자로부터 금 5백만 원을 차용하였으나 변제하지 못하여 고리대금업자로부터 변제를 심하게 독촉받게 되자 A는 위 금액을 변제하고자 현금을 지참하고 고리대금업자에게 갔으나 그는 B로부터 변제받지 않는다고 하여 수령을 거부하였다. A는 제3자에 의한 변제의 수령거부를 이유로 공탁을 하였다. 이러한 변제공탁은 유효한가?

---

60) 대판 1982.7.27. 81다495.

제4절 대물변제

I. 의의 등

1. 의의

대물변제란 본래의 급부와 다른 급부를 현실적으로 하는 것에 의해 본래의 채권을 소멸시키는 채권자와 변제자 간의 계약을 말한다. 채권자와 변제자 간에 본래의 급부에 갈음하여 다른 급부(대물변제)를 하여 채권을 소멸시키는 것을 목적으로 하는 계약을 체결하고 그 계약으로 약정된 대물변제가 현실적으로 채권자에게 이루어진 경우 채권소멸의 효과가 발생한다(제466조). 따라서 대물변제에 있어서 급부가 현실적으로 이루어지지 않으면 그 효과는 인정되지 않기 때문에 유상, 요물계약에 해당한다.

2. 작용

대물변제는 민법이 변제의 한 태양으로 예정하고 있는데 대물변제예약과 같이 실제적으로는 담보로 이용되는 경우가 많다. 제466조에는 "채권자의 승낙을 얻어"라고 표현되어 있지만 대물변제는 채권자와 채무자 간의 계약에 의해 이루어진다. 또한, "채무자"로 국한하는 듯한 표현을 하고 있지만 대물변제를 할 수 있는 것은 채무자에 한정되지 않는다.

3. 구별개념

대물변제는 본래의 급부와 다른 급부를 현실적으로 하는 것에 의해 채권을 소멸시키는 점에서 요물계약에 해당한다. 따라서 경개와의 구별이 필요한데 대물변제는 본래의 급부와 다른 대가를 현실적으로 하는 반면, 경개는 본래의 급부와 다른 대가를 부담하는 채무를 부담한다는 점에서 차이가 있다고 할 것이다.

Ⅱ. 요건

대물변제가 성립하기 위한 요건으로는 채무가 존재할 것, 본래의 급부와 다른 급부를 할 것, 변제에 갈음하여 이루어질 것, 당사자 간의 계약(채권자의 승낙)이 있을 것이 필요하다.

Ⅲ. 효과

변제와 동일한 효력을 가지기 때문에 채무가 소멸한다. 대물변제로서 급부가 이루어진 대상에 하자가 있어도 채권자는 하자가 없는 것의 급부를 청구할 수 없다. 이러한 경우에는 대물변제도 유상계약이기 때문에 매매의 하자담보에 관한 규정이 준용됨에 따라 해제 또는 손해배상청구를 할 수 있을 뿐이다. 다만, 당사자 간의 계약으로 대물변제가 없었던 것으로 하여 구채무관계를 부활시키는 것과 같은 법률관계를 발생시키는 것은 계약의 효력으로서 유효하다.

Ⅳ. 대물변제의 예약

예컨대, 정지조건부 대물변제계약, 진정한 대물변제의 예약 등과 같이 대물변제의 예약은 가등기담보 등 채권의 담보적 기능을 수행한다.

> [사례 1] A에게 금 3백만 원의 매매대금채무를 부담하는 B가 같은 금액의 약속어음을 발행하였다. 기존채무는 어떻게 되는가?
>
> [사례 2] A는 금 1백만 원의 상품을 B에게 매각하였다. B는 동액의 어음을 발행하여 A에게 교부하였다. 이러한 계약은 대물변제계약인가?
>
> [사례 3] A는 B에 대한 금 1억 원의 금전채무의 지급에 갈음하여 자기 소유의 부동산을 이전한다는 취지의 계약을 체결하였다. 그러나 A는 소유권 이전등기를 하기 전에 마음이 바뀌어 원래와 같이 금 1억 원을 지급하고 싶다고 생각하였다. 그렇다고 한다면 A의 희망이 인정되는가?

제5절 상계

Ⅰ. 의의 등

채무자가 채권자에게 동종의 채권을 가지고 있는 경우 그 채권과 자기의 채무를 대등액에 관하여 일방적인 의사표시에 의해 소멸시키는 것을 상계(법정상계)라고 한다(제492조 이하). 예컨대, A가 B에게 금 1억 원의 채권을 가지고 있고 B가 A에게 금 8천만 원의 채권을 가지고 있는 경우 A(또는 B)는 금 8천만 원에 관하여 일방적인 의사표시에 의해 쌍방의 채무를 소멸시키는 경우가 여기에 해당한다. 이때 상계를 적극적으로 한 측

(이를 "상계권자"라고도 한다)이 가지고 있는 채권을 자동채권이라고 하고 상계를 당한 측이 가지고 있는 채권을 수동채권이라고 한다.

Ⅱ. 상계의 기능[61]

1. 간이결제 기능(청산절차간이화 기능)

상계에 의해 대등액에 관하여 차액계산을 하는 것이므로 자동채권과 수동채권의 각각에 관하여 당사자 쌍방이 변제를 하는 이중적인 수고를 덜 수 있다.

2. 공평유지 기능

서로 채권을 가지고 있을 경우 일방이 전액을 변제하였는데 다른 일방이 변제하지 않게(또는 자력이 부족하여 변제할 수 없게) 되면 당사자 상호 간에 균형을 상실하게 될 것이다. 그러나 상계를 인정하면 쌍방이 대등액에 관하여 동시에 변제한 것과 동일한 효과를 얻을 수 있다. 그렇기 때문에 상계제도는 양 당사자의 공평을 도모하는 데 적합한 것이다.

---

61) 대판 2003.4.11. 2002다59481; 이 판결은 상계권의 행사가 신의칙에 반하거나 상계에 관한 권리남용에 해당하기 위한 요건에 관하여 "……일반적으로 당사자 사이에 상계적상이 있는 채권이 병존하고 있는 경우에는 이를 상계할 수 있는 것이 원칙이고 이러한 상계의 대상이 되는 채권은 상대방과 사이에서 직접 발생한 채권에 한하는 것이 아니라 제3자로부터 양수 등을 원인으로 하여 취득한 채권도 포함한다고 할 것인바, 이러한 상계권자의 지위가 법률상 보호를 받는 것은 원래 상계제도가 서로 대립하는 채권, 채무를 간이한 방법에 의하여 결제함으로써 양자의 채권채무관계를 원활하고 공평하게 처리함을 목적으로 하고 있고 상계권을 행사하려고 하는 자에 대하여는 수동채권의 존재가 사실상 자동채권에 대한 담보로서의 기능을 하는 것이어서 그 담보적인 기능에 대한 당사자의 합리적인 기대가 법적으로 보호받을 만한 가치가 있음에 근거하는 것이므로 당사자가 상계의 대상이 되는 채권이나 채무를 취득하게 된 목적과 경위, 상계권을 행사함에 이른 구체적·개별적 사정에 비추어 그것이 위와 같은 상계제도의 목적이나 기능을 일탈하고 법적으로 보호받을 만한 가치가 없는 경우에는 그 상계권의 행사는 신의칙에 반하거나 상계에 관한 권리를 남용하는 것으로서 허용되지 않는다고 함이 상당하고 상계권의 행사를 제한하는 위와 같은 근거에 비추어 볼 때 일반적인 권리 남용의 경우에 요구되는 주관적 요건을 필요로 하는 것은 아니다"라고 판시하고 있다.

3. 담보 기능

수동채권은 자동채권의 회수를 위한 강력한 담보에 해당한다. 자동채권의 채권자는 수동채권의 범위 내에서 다른 일반채권자보다 우선하여 자기의 채권을 회수할 수 있다. 자동채권의 채권자는 어디까지나 자동채권을 피담보채권으로 수동채권에 채권질권의 설정을 받은 것과 같은 지위에 선다. 그래서 상계는 형식적으로 수동채권의 소멸원인이 된다고 하는 옷을 입으면서도 실질적으로는 자동채권을 우선적으로 회수하는 기능을 하고 있다.

Ⅲ. 법정상계

1. 일방적 의사표시에 의한 상계

민법은 당사자 일방이 상대방에게 일방적인 의사표시에 의한 단독행위로 상계제도를 이해하고 있다(제493조 제1항). 이것을 법정상계라고 한다. 민법의 상계에 관한 규정은 상계에 적합한 일정한 요건(상계적상)이 갖추어지면 법률상 당연히 상계의 효과가 발생하는 입법례를 채용하지 않고 상계에 의한 채권의 소멸을 당사자의 원용에 위임하는 입법례를 채용하고 있다.

2. 요건

법정상계가 되기 위해서는 양 당사자 간에 상계하기에 적합한 상황이 존재하여야 한다. 이것을 상계적상이라고 한다. 상계적상의 요건으로서는 동일 당사자 간에 채권의 대립이 있을 것,[62] 양 채권이 동종의 목적을 가질 것, 양 채권의 변제기가 도래되어 있을 것이 필요하다. 다만, 수동채권에 관한 변제기가 도래하지 않았더라도 그 기한의 이익을

---

62) 대판 2011.4.28. 2010다101394; 수동채권으로 될 수 있는 채권은 상대방이 상계자에게 가지는 채권이어야 하고 상대방이 제3자에 대하여 가지는 채권과는 상계할 수 없다고 보아야 한다. 왜냐하면, 만약 상대방이 제3자에 대하여 가지는 채권을 수동채권으로 하여 상계할 수 있다고 한다면, 이는 상계의 당사자가 아닌 상대방과 제3자 사이의 채권채무관계에서 상대방이 제3자에게서 채무의 본지에 따른 현실급부를 받을 이익을 침해하게 될 뿐만 아니라 상대방과 채권자 사이에서 상계자만 독점적인 만족을 얻게 되는 불합리한 결과를 초래하게 되므로 상계의 담보적인 기능과 관련하여 법적으로 보호받을 수 있는 당사자의 합리적인 기대가 이러한 경우에까지 미친다고 볼 수는 없기 때문이다.

포기할 수 있는 경우에는 지동채권의 변제기가 도래한 후 수동채권에 관한 기한의 이익을 포기하고 상계하는 경우에는 두 채권, 채무는 자동채권의 변제기에 소급하여 서로 상계할 수 있는 때에 있었다고 말할 수 있다.[63]

상계가 인정되기 위해서는 이러한 상계적상이 상계의 의사표시를 하는 시점에 존재하여야 한다. 가까운 과거에 상계적상이 발생한 상태일지라도 의사표시를 할 시점에 일방의 채무가 소멸한 상태인 때에는 상계를 할 수 없다. 다만, 후자의 경우에는 상계적상이 발생한 후 자동채권이 시효로 소멸한 경우에는 예외가 인정되고 있다. 시효소멸 전에 상계적상이 존재하고 있는 경우에는 자동채권의 채권자는 상계를 할 수 있다(제495조 이와 관련하여 수동채권에 관하여 소멸시효가 완성된 경우에는 채무자는 시효를 원용하지 않고 상계를 하면 될 것이다).

3. 상계의 소급효

민법은 당사자가 상계의 의사표시를 할 경우 대등액에 의한 채권의 소멸은 상계적상이 생긴 시점에 소급하여 그 효력이 발생한다고 규정하고 있다(제493조 제2항).

Ⅳ. 상계계약

당사자가 합의에 의해 채권, 채무를 소멸하게 하는 것도 계약자유의 원칙에 따라 부정할 이유는 없다. 다만, 공서양속에 위반하는 것이 있으면 그것은 별개의 문제이다. 금융거래실무에서는 상계의 담보적인 기능을 강화하기 위하여 상계예약이 되어 있고 그때 자동채권에 관한 기한의 이익을 상실케 하는 특약도 부기 되고 있는 것이 통상적이다.

Ⅴ. 상계의 금지

상계의 요건을 충족한 경우에도 다음과 같은 경우에는 상계가 금지된다.

---

63) 대판 1979.6.12. 79다662.

1. 성질에 따른 경우(제492조 제1항 단서)

채권의 성질상 상계에 적합하지 않은 경우에는 상계가 허용되지 않는다. 법률상 상계가 금지되는 경우(제715조, 근로기준법 제28조 등), 상호부작위채권의 상계, 자동채권에 항변권이 부착되어 있는 경우(만약, 상계가 인정되면 자동채권의 채무자가 가지고 있는 항변권을 일방적으로 박탈당하는 것이 되기 때문에)가 여기에 해당한다. 다만, 계산의 착오 등으로 임금을 초과하여 지급한 경우 근로자가 퇴직 후 그 재직 중 받지 못한 임금이나 퇴직금을 청구하거나, 근로자가 비록 재직 중에 임금을 청구하더라도 위 초과 지급한 시기와 상계권 행사의 시기가 임금의 정산, 조정의 실질을 잃지 않을 만큼 근접하여 있고 나아가 사용자가 상계의 금액과 방법을 미리 예고하는 등으로 근로자의 경제생활 안정을 해할 염려가 없는 때에는 사용자는 위 초과 지급한 임금의 반환청구권을 자동채권으로 하여 근로자의 임금채권이나 퇴직금채권과 상계할 수 있다. 그리고 이러한 법리는 사용자가 근로자에게 이미 퇴직금 명목의 금원을 지급하였으나 그것이 퇴직금으로서 지급된 것이라는 효력이 없어 사용자가 같은 금원 상당의 부당이득반환채권을 갖게 된 경우 이를 자동채권으로 하여 근로자의 퇴직금채권과 상계하는 때에도 적용된다.

한편, 민사집행법 제246조 제1항 제5호는 근로자인 채무자의 생활보장이라는 공익적·사회 정책적 이유에서 '퇴직금 그 밖에 이와 비슷한 성질을 가진 급여채권의 2분의 1에 해당하는 금액'을 압류금지채권으로 규정하고 있고 제497조는 압류금지채권의 채무자는 상계로 채권자에게 대항하지 못한다고 규정하고 있으므로 사용자가 근로자에게 퇴직금 명목으로 지급한 금원 상당의 부당이득반환채권을 자동채권으로 하여 근로자의 퇴직금채권을 상계하는 것은 퇴직금채권의 2분의 1을 초과하는 부분에 해당하는 금액에 관해서만 허용된다고 봄이 상당할 것이다.[64]

2. 의사표시(합의)에 의한 경우(제492조 제2항)

상계금지의 합의는 선의의 제3자에게 대항할 수 없다. 그러나 이와 관련하여 주목할 내용의 판례가 있다. 예컨대, 예금거래기본약관에 따라 송금의뢰인이 수취인의 예금계좌에 자금이체를 하여 예금원장에 입금기록이 된 때에는 특별한 사정이 없는 한 송금의뢰

---

64) 대판(전합) 2010.5.20. 2007다90760.

인과 수취인 사이에 자금이체의 원인인 법률관계가 존재하는지 여부에 관계없이 수취인과 수취은행 사이에는 위 입금액 상당의 예금계약이 성립하고, 수취인이 수취은행에 대하여 위 입금액 상당의 예금채권을 취득한다. 그리고 수취은행은 원칙적으로 수취인의 계좌에 입금된 금원이 송금의뢰인의 착오로 자금이체의 원인관계 없이 입금된 것인지 여부에 관하여 조사할 의무가 없으며 수취은행이 수취인에 대한 대출채권 등을 자동채권으로 하여 수취인 계좌에 입금된 금원 상당의 예금채권과 상계하는 것은 신의칙 위반이나 권리남용에 해당한다는 등의 특별한 사정이 없는 한 유효하다고 한다. 그러나 송금의뢰인이 착오송금임을 이유로 거래은행을 통하여 혹은 수취은행에 직접 송금액의 반환을 요청하고 수취인도 송금의뢰인의 착오송금에 의하여 수취인의 계좌에 금원이 입금된 사실을 인정하고 수취은행에 그 반환을 승낙하고 있는 경우 수취은행이 수취인에 대한 대출채권 등을 자동채권으로 하여 수취인의 계좌에 착오로 입금된 금원 상당의 예금채권과 상계하는 것은 수취은행이 선의인 상태에서 수취인의 예금채권을 담보로 대출을 하여 그 자동채권을 취득한 것이라거나 그 예금채권이 이미 제3자에 의하여 압류되었다는 등의 특별한 사정이 없는 한, 공공성을 지닌 자금이체시스템의 운영자가 그 이용자인 송금의뢰인의 실수를 기화로 그의 희생하에 당초 기대하지 않았던 채권회수의 이익을 취하는 행위로서 상계제도의 목적이나 기능을 일탈하고 법적으로 보호받을 만한 가치가 없으므로 송금의뢰인에 대한 관계에서 신의칙에 반하거나 상계에 관한 권리를 남용하는 것으로 보아야 할 것이다.[65)]

3. 수동채권이 불법행위에 의해 발생한 것인 경우(제496조)

이 경우 상계가 금지되는 이유는 차용금을 변제하지 못하면 신체로 변제하라는 것과 같은 유형에서 볼 수 있는 바와 같이 불법행위에 의한 수동채권의 창조를 피하는 즉, 고의로 불법행위를 유발하지 않도록 방지하는 것과 불법행위의 피해자에게 현실적인 급부를 얻도록 하는 것에 있다. 따라서 전자의 관점에서 고의의 불법행위로 인한 손해배상채권에 대한 상계금지를 중과실에 의한 불법행위로 인한 손해배상채권에도 유추 또는 확장하여야 할 필요성이 없고[66)] 서로 싸운 경우에도 싸움에서 서로 상해를 가한 경우와 같이 동일 사안에서 발생한 고의로 인한 불법행위에 의한 경우에도 마찬가지이다.[67)] 또한, 고

---

65) 대판 2010.5.27. 2007다66088.

66) 대판 1994.8.2. 93다52808.

의의 불법행위로 인한 피해자가 부당이득반환을 청구하는 경우에도 부당이득의 원인이 불법행위일 경우에는 불법행위로 인한 손해배상채권을 청구하는 경우와 다를 바 없으므로 제496조를 유추적용을 하여야 한다.[68] 그리고 A가 운전하는 자동차와 B가 운전하는 자동차가 출동하여 A, B 모두가 부상을 당하였다고 하는 것과 같은 교차적인 불법행위의 경우에도 후자의 관점을 중시하여[69] 상계를 인정할 것이 아니라 오히려 그 피해자의 과실이 상대방에 대한 주의의무 위반으로 불법행위의 책임요건을 충족하는 것이라고 한다면 각자 배상책임을 인정하여야 할 것이다. 그러나 가해자가 그 손해를 배상하였을 때에는 각자가 과실비율에 따른 피해자의 부담부분에 대하여 피해자에게 구상권을 행사할 수 있으므로 가해자는 이러한 구상권을 가지고 피해자의 가해자에 대한 손해배상청구권과 상계할 수 있을 것이다.[70]

한편, 고의의 불법행위로 인한 손해배상채권의 채무자는 그 채권을 수동채권으로 한 상계로 채권자에게 대항하지 못하고(제496조) 그 결과로 인하여 채권이 양도된 경우 양수인에게도 상계로 대항할 수 없게 된다(제451조 제2항). 그러나 채권양도가 사해행위에 해당하는 경우 불법행위로 인한 손해배상채권의 채무자가 채권양도인에 대한 별도의 채권자 지위에서 채권양수인에게 채권자취소권을 행사하여 채권양도의 취소를 구함과 아울러 취소에 따른 원상회복 방법으로 직접 자신 앞으로 가액배상의 지급을 구하는 것 자체는 제496조에 반하지 않으므로 허용된다고 할 것이다.[71]

4. 수동채권이 압류금지채권인 경우(제497조)

압류금지채권(민사집행법 제246조)[72]은 채권자에게 일상생활을 위한 자금을 확보하기

---

67) 대판 1994.2.25. 93다38444.

68) 대판 2002.1.25. 2001다52506.

69) 最判 昭和49(1974).6.28.(民集 28-5-666).

70) 대판 1991.5.14. 91다513.

71) 대판 2011.6.10. 2011다8980, 8997.

72) 민사집행법 제246조(압류금지채권) ① 다음 각 호의 채권은 압류하지 못한다.
   1. 법령에 규정된 부양료 및 유족부조료
   2. 채무자가 구호사업이나 제3자의 도움으로 계속 받는 수입.
   3. 병사의 급료
   4. 급료·연금·봉급·상여금·퇴직연금, 그 밖에 이와 비슷한 성질을 가진 급여채권의 2분의 1에 해당하는 금액. 다만, 그 금액이 국민기초생활보장법에 의한 최저생계비를 감안하여 대통령령이 정하는 금액에 미치지 못하는 경우 또는 표준적인 가구의 생계비를 감안하여 대통령령이 정하는 금액을 초과하는 경우에는 각각 당해 대통령령이 정하는 금액으로 한다.

위한 급부를 내용으로 하는 것이어서 채권자에게 현실의 급부를 얻게 시키는 것이기 때문에 상계에 의해 현실의 급부를 받을 기회를 박탈하는 것은 허용되지 않는다. 다만, 근로기준법 제36조 제1항 본문에 규정된 임금의 전액지급의 원칙에 비추어 사용자가 근로자의 급료나 퇴직금 등 임금채권을 수동채권으로 하여 사용자의 근로자에 대한 다른 채권으로 상계할 수 없으나 사용자가 근로자에 대한 집행권원의 집행을 위하여 근로자에 대한 임금채권 중 2분의 1 상당액에 관하여 압류 및 전부명령을 받는 것까지 금지하는 취지는 아니다.

따라서 같은 법 제25조는 사용자가 전차금 기타 근로할 것을 조건으로 하는 전대채권과 임금을 서로 상계하지 못한다는 취지를 규정한 것에 불과하므로 이를 근거로 하여 위와 같은 사용자의 임금채권에 관한 압류 및 전부명령이 허용되어야 할 것이다.[73] 또한, 계산의 착오 등으로 임금이 초과로 지급되었을 때 그렇게 지급된 임금의 반환청구권을 자동채권으로 하여 상계하는 것은 무방하다. 따라서 근로자가 일정한 기간 미지급 법정수당을 청구하는 경우 사용자가 같은 기간 법정수당의 초과지급 부분이 있음을 이유로 상계나 그 충당을 주장하는 것도 허용된다.[74]

그리고 사용자가 근로자의 동의를 얻어 근로자의 임금채권에 대하여 상계하는 경우 그 동의가 근로자의 자유로운 의사에 터 잡아 이루어진 것이라고 인정할 만한 합리적인 이유가 객관적으로 존재하는 경우에는 상계를 할 수도 있다.[75] 또한, 자동차손해배상보장법은 본래 자동차의 운행으로 사람이 사망하거나 부상한 경우 인적 피해에 대한 손해배상을 보장하는 제도를 확립함으로써 피해자를 보호하려는 것에 그 목적이 있으므로 근로복지공단이 유족급여를 지급함으로써 그 유족급여수급자의 손해가 이미 전보되었다면 그것으로써 피해자 보호의 목적이 달성되었고 따라서 공단이 유족급여수급자를 대위하여 행사하는 보험사업자 등 제3자에 대한 손해배상채권에 대하여는 성질상 자동차손해배상보장법상의 압류 또는 양도 금지 규정이 적용되지 않는다고 봄이 상당할 것이다.[76]

---

5. 퇴직금 그 밖에 이와 비슷한 성질을 가진 급여채권의 2분의 1에 해당하는 금액.

73) 대결 1994.3.16. 93마1822, 1823.

74) 대판(전합) 1995.12.21. 94다26721.

75) 대판 2001.10.23. 2001다25184.

76) 대판 2009.12.10. 2007다30171.

5. 지급금지채권을 수동채권으로 하는 경우(제498조)

　압류당한 채권과 같이 지급이 금지된 채권의 채무자는 지급금지(압류) 후 채권자로부터 취득한 반대채권을 자동채권으로 하는 상계를 하였다고 하여도 압류채권자에게 대항할 수 없다. 그러나 제498조 및 제492조 제1항의 규정에 비추어 가압류명령을 받은 제3 채무자가 가압류채무자에 대한 반대채권을 가지고 있는 경우 상계로써 가압류채권자에게 대항하기 위해서는 가압류의 효력이 발생할 당시 양 채권이 상계적상에 있거나, 반대채권을 압류할 당시 변제기에 달하지 않은 경우에는 피압류채권인 수동채권의 변제기와 동시 또는 보다 먼저 변제기에 도달하는 경우이어야 가능하다고 할 것이다. 왜냐하면 이와 같은 경우 피압류채권의 변제기가 도래하여 압류채권자가 그 이행을 청구할 수 있는 상태에 이른 때에는 그 이전 또는 그와 동시에 제3 채무자는 자동채권에 의하여 피압류채권과 상계할 수 있는 관계에 있어 이러한 제3 채무자의 반대채권으로 장래의 상계에 관한 기대는 정당하게 보호되어야 하기 때문이다.77) 또한, 금전채권에 대한 압류 및 전부명령이 있는 때에는 압류된 채권은 동일성을 유지한 채로 압류채무자로부터 압류채권자에게 이전되고 제3채무자는 채권이 압류되기 전에 압류채무자에게 대항할 수 있는 사유로써 압류채권자에게 대항할 수 있는 것이므로 제3 채무자의 압류채무자에 대한 자동채권이 수동채권인 피압류채권과 동시이행의 관계에 있는 경우에는 압류명령이 제3 채무자에게 송달되어 압류의 효력이 생긴 후 자동채권이 발생하였다고 하더라도 제3 채무자는 동시이행의 항변권을 주장할 수 있다. 따라서 그 채권에 의한 상계로 압류채권자에게 대항할 수 있는 것으로서 이러한 경우 자동채권이 발생한 기초가 되는 원인은 수동채권이 압류되기 전에 이미 성립하여 존재하고 있었던 것이므로 그 자동채권은 제498조에 규정된 "지급을 금지하는 명령을 받은 제3 채무자가 그 후에 취득한 채권"에 해당하지 않는다.78)

---

77) 대판 1982.6.22. 82다카200.

78) 대판 1993.9.28. 92다55794.

Ⅵ. 압류와 상계

1. 문제의 소재

위와 같이 제498조가 있기 때문에 압류를 당한 채권의 채무자는 압류 후 취득한 반대채권을 자동채권으로 하는 상계를 하여도 압류채권자에게 대항할 수 없다. 그렇다고 한다면 제498조의 반대해석으로 압류 이전에 채무자가 취득한 반대채권을 가지고 있는 경우에도 채무자는 이것을 자동채권으로 하는 상계에 의해 무조건적으로 압류채권자에게 대항할 수 없는 것일까? 이 문제는 특히 다음과 같은 경우 논의되고 있다. 즉, A은행은 B에게 대여금채권을 가지고 있고 B는 A은행에 대하여 예금채권을 가지고 있다고 하자. 현재 B에 대한 대여금채권을 자동채권으로 하여 B의 예금채권(수동채권)과 상계할 수 있는지 여부가 문제이다.

2. 제한설

자동채권의 변제기와 수동채권의 변제기의 선후를 기준으로 압류 전에 취득한 반대채권에 의한 상계를 가지고 압류채권자에게 대항할 수 있는지 여부의 문제를 결정하고자 하는 견해이다. 구체적으로 상계적상의 발생 유무와 관계없이 대개 자동채권의 변제기가 수동채권의 변제기보다 이전에 도래하고 있다고 한다면 상계로서 압류채권자에게 대항할 수 있지만 수동채권의 변제기가 자동채권의 변제기보다 이전에 도래하고 있다고 한다면 상계를 통해 압류채권자에게 대항할 수 없다고 한다(다수설). 이 견해의 바탕에 있는 것은 다음과 같다. 즉, 상계권자가 가지는 자동채권의 수동채권에 대한 지배가 현실화하는 시점은 자동채권의 변제기가 도래한 시점인 반면, 압류채권자의 피압류채권(=수동채권)에 대한 지배가 현실화하는 시점은 수동채권(=피압류채권)의 변제기가 도래한 시점이다. 그렇기 때문에 자동채권의 변제기가 이미 도래하고 있다고 한다면 상계가 우선하고 수동채권의 변제기가 이미 도래되어 있다고 한다면 압류가 우선한다.

반면, 수동채권의 변제기가 이미 도래한 경우 무제한설이라고 한다면 이행기에 이행을 하지 않고 방치하고 자기 채권(자동채권)의 변제기 도래를 기다려 상계를 한다고 하는 형태로 성실한 채무자라고 말하기 어려운 자까지 보호하는 결과가 되어 부당하다고 한다.

3. 무제한설

　일반적으로 압류 이전에 채무자가 반대채권을 가지고 있다고 한다면 채무자는 이것을 자동채권으로 하는 상계에 의해 무조건적으로 압류채권자에게 대항할 수 있다고 하는 견해이다. 왜냐하면 금전채권에 대한 압류 및 전부명령이 있는 때에는 압류된 채권은 동일성을 유지한 채로 압류채무자로부터 압류채권자에게 이전되고, 제3채무자는 채권이 압류되기 전에 압류채무자에게 대항할 수 있는 사유로써 압류채권자에게 대항할 수 있는 것이므로 제3채무자의 압류채무자에 대한 자동채권이 수동채권인 피압류채권과 동시이행의 관계에 있는 경우에는 압류명령이 제3 채무자에게 송달되어 압류의 효력이 생긴 후에 자동채권이 발생하였다고 하더라도 제3채무자는 동시이행의 항변권을 주장할 수 있으므로 이러한 경우 자동채권이 발생한 기초가 되는 원인은 수동채권이 압류되기 전에 이미 성립하여 존재하고 있었던 것이므로 그 자동채권은 제498조의 '지급을 금지하는 명령을 받은 제3 채무자가 그 후에 취득한 채권'에 해당하지 않는다고 봄이 상당하고, 제3 채무자는 그 자동채권에 의한 상계로 압류채권자에게 대항할 수 있기 때문이라고 한다.[79] 이 견해의 바탕에 있는 것은 다음과 같다. 즉, 양 당사자 간에 대립하는 채권이 존재하는 때에는 어느 쪽 채권의 변제기가 먼저 도래한다면(여기가 무제한설로 되는 근거이다) 서로 대립하는 채권 간에는 상계에 의해 결제하는 것이 통상적으로 기대된다. 그래서 이러한 자동채권, 수동채권의 대립상황에서 당사자 간에 성립하는 상계에 대한 기대는 제3자에 대한 관계에서도 보호할 가치가 있는 이익으로 파악될 수 있다. 그리고 제498조에서는 변제기를 규정하고 있지 않다. 동조의 문언에 따르면 제3 채무자가 채무자에게 가지는 채권으로 압류채권자에 대하여 상계를 할 수 있는 것을 당연한 전제로 한 다음 압류 후 발생한 채권 또는 압류 후 다른 곳에서 취득한 채권을 자동채권으로 하는 상계만을 예외적으로 금지하는 것에 의해 그 한도에서 압류채권자와 제3 채무자 간의 이익조정을 도모한 것으로 이해하는 것이 상당하다고 한다. 그리고 상계의 담보적 기능을 고려할 때에는 제498조의 규율을 제한할 필요는 없다고 한다.

---

79) 대판 2010.3.25. 2007다35152.

4. 합리적 기대설

변제기의 선후뿐만 아니라 상계예약의 유무, 질권 설정의 유무, 대립할 채권의 관련성 등 거래의 제반요소를 참작하고 압류와 상계 중 어느 쪽이 우선하는지 여부를 결정한다고 하는 견해이다. 압류의 실효성과 상계에 의한 채권회수의 기대를 당해 구체적인 사건에 관하여 개별, 구체적인 사건에 관하여 개별, 실질적으로 형량하여 상계에 대한 합리적인 기대가 있는지 여부를 결정하고자 하는 것으로 말할 수 있다.

Ⅶ. 상계예약

1. 상계적상을 앞당길 필요성에 관하여

법정상계와 압류의 우열에 관하여 무제한설을 채용한 입장에서도 상계권자가 실제로 상계의 의사표시를 할 때에는 자동채권, 수동채권 쌍방이 변제기에 도래하여 상계적상이 발생하는 것을 기다려야 한다고 한다. 자동채권에 관하여 변제기가 도래하지 않은 단계에서는 상대방이 기한의 이익을 포기하지 않으면 상계할 수 없다. 그렇기 때문에 자동채권의 변제기가 미도래한 시점에 수동채권이 압류되고 압류채권자에 의한 추심 또는 전부가 된 때에는 아무리 무제한설의 입장에 선다고 하여도 상계권을 행사하여 압류채권자의 추심 또는 전부를 저지할 수 없다. 그렇기 때문에 은행 실무에서는 압류채권자에 의한 만족이 얻어지기 전에 상계적상을 만들어 내기 위해 은행거래약정서에 "자동채권에 관한 기한이익의 상실특약"을 포함하는 상계예약을 하고 있다. 이러한 종류의 상계예약은 신용불안을 발생시키는 일정한 사유가 발생한 때 즉, 압류명령의 효력이 발생하기 전에 상계적상을 발생시키는 (상계적상을 앞당기는 효과) 경우도 있다.

2. 상계예약의 제3자에 대한 효력

상계예약도 당사자 간에는 유효하다. 문제는 상계예약의 효력을 제3자인 압류채권자에게 대항할 수 있는지 여부이다. 즉, 상계계약이 이러한 합의가 계약자유의 원칙상 유효하다는 것은 당연하기 때문에 법정상계의 상황에서와 같은 사고방식을 전제로 상계예약의 문제를 처리하면 그러한 기초에 상계의 담보적인 기능을 최대한 존중하고자 하여 유효성을 인정할 수 있을 것이다. 그러나 계약자유의 원칙이라는 이름으로 계약당사자가 아닌 제3자에게 무조건 불이익을 강조하는 것이 되면 비상식적으로 될 것이고 오히려 구체적인 사건마다 상계예약을 한 자의 이익과 압류채권자의 이익을 형량하여 우열을 결정하여야 한다고 하는 반론이 제기되고 있다.

또한, 부진정연대채무자 중 1인이 자신의 채권자에 대한 반대채권으로 상계를 한 경우에도 채권은 변제, 대물변제, 또는 공탁이 행하여진 경우와 동일하게 현실적으로 만족을 얻어 그 목적을 달성하는 것이므로 그 상계로 인한 채무소멸의 효력은 소멸한 채무 전액에 관하여 다른 부진정연대채무자에게도 미친다고 보아야 한다. 이는 부진정연대채무자 중 1인이 채권자와 상계계약을 체결한 경우에도 마찬가지이다. 그리고 이러한 법리는 채권자가 상계 내지 상계계약이 이루어질 당시 다른 부진정연대채무자의 존재를 알았는지 여부에 의하여 좌우되지 아니한다고 한다.[80]

> [사례 1] A는 친구 B에게 금 1백만 원을 빌려 주었다. 그런데 B는 생활에 여유가 있음에도 여전히 변제를 할 마음을 먹지 않으므로 A는 B의 집에 들어가 강하게 변제를 독촉하였다. 그럼에도 변제를 하지 않아 A가 힘세게 B의 안면을 구타하여 전치 2주의 상해를 입게 하였다. B는 위와 같은 일로 발생한 상해의 치료비로 금 1백만 원을 지출하고 A에게 불법행위에 의한 손해배상으로 금 1백만 원을 청구하였다. A는 B에 대한 대여금으로 상계할 수 있는가?
>
> [사례 2] A는 B에게 금 1억 원의 대여금채권을 가지고 있다(변제기 2011년 10월 31일). 한편, B도 A에게 같은 금액의 대여금채권을 가지고 있다(변제기 같은 해 11월 30일). 그런데 A에 대한 채권자 C는 같은 해 11월 15일 A의 B에 대한 대여금채권을 압류하였다. B는 같은 해 12월 1일 자기의 채무를 A에 대한 채권으로 상계한다는 취지의 의사표시를 하였다. B의 상계는 압류채권자 C에게 대항할 수 있는가?
>
> [사례 3] A는 B에게 금 1억 원의 대여금채권이 있고 B 소유의 부동산에 저당권을 가지고 있다. 그 후 B는 저당부동산을 C에게 양도하였다. C가 A에게 금 1억 원의 채권을 가지고 있는 경우 C는 이 채권을 자동채권으로 하여 A의 B에 대한 채권을 수동채권으로 상계할 수 있는가?
>
> [사례 4] B는 A에게 금 9억 원의 채무를 부담하고 있다. 한편, B는 A에게 금 6억 원의 반대채권을 가지고 있다. 보증인 C는 A로부터 청구를 받은 경우 이러한 B의 반대채권으로 상계할 수 있는가?

---

80) 대판(전합) 2010.9.16. 2008다97218.

[사례 5] A는 B로부터 금 1억 원을 차용하였다. 그 후 B는 식사 중 술에 취하여 생일을 축하한 다면서 A에게 금 5천만 원을 준다고 약속하였다. A의 채무변제기에 A는 상계의 의사표시를 하여 나머지 금 5천만 원을 B에게 건네주었다. A의 상계는 유효한가?

[사례 6] A · B 2인은 이웃인데 A는 매일 밤 8시부터 10시까지 노래연습을 하기 때문에 B는 공부를 할 수 없는 지경이었다. 한편, B는 매일 아침 6시부터 2시간 동안 피아노연습을 하기 때문에 A는 아침에 일찍 일어날 수밖에 없는 상태이었다. 그래서 A · B는 대화를 통하여 A는 밤 8시 이후에는 노래연습을 하지 않을 것과 B는 아침 8시까지는 피아노연습을 하지 않는 것을 서로 약속하였다. A · B는 위 약속에 따라 상호 간의 채무를 상계할 수 있는가?

[사례 7] A는 B에게 주택을 임대 주고 있었다. B가 6개월간 임료 금 6백만 원을 체납하였으므로 A는 B의 임대료 미지급을 이유로 임대차계약을 해제하였다. 그런데 A가 해제하기 전에 B는 A에게 임대료채무와 같은 금액의 대여금채권을 가지고 있었기 때문에 위 대여금채권과 미지급임대료채권을 상계한다는 취지의 의사표시를 하였다. 이러한 경우 해제의 효력은 어떻게 되는가?

[사례 8] A는 B에게 금 1억 원의 대여금채권을 가지고 있었다. 한편, B도 A에게 동액의 반대채권을 가지고 있었지만 시효로 소멸해 버렸다. B는 시효로 소멸한 사실을 알지 못하고 아직 채권이 있는 것으로 A에 대한 채권을 C에게 양도하고 그 취지의 통지를 A에게 하였다. C가 A에게 금 1억 원의 대여금채무를 부담하고 있던 경우 이렇게 시효로 소멸한 채권으로 C는 상계할 수 있는가?

제6절 경개

Ⅰ. 의의

1. 의의

경개란 새로운 채무를 성립시키는 것에 의해 구채무를 소멸시키는 계약 즉, 구채무를 소멸시키고 그에 갈음하여 새로운 채무를 성립시키는 계약이다.

2. 구별개념

대물변제는 새로운 채무를 성립시키는 것이 아니라 다른 급부를 현실적으로 주는 것에 의해 구채무를 소멸시키는 것이다. 따라서 경개와 대물변제는 본래의 급부와 다른 대가를 지급하여 채무를 소멸시키는 점에서는 공통이지만 대물변제는 대가를 현실적으로 주는 것인 반면, 경개는 대가를 주어야 할 채무를 부담하는 것인 점에서 차이가 있다. 즉, 구채무의 소멸과 신채무의 성립이란 1개의 계약 내용으로 되어 있기 때문에 서로 인과관계가 있다(유인). 따라서 구채권이 소멸하지 않는 때에는 신채권은 성립하지 않고 신채권이 성립하지 않는 때에는 구채권은 소멸하지 않는다(제500조).

Ⅱ. 요건

경개가 성립하기 위해서는 구채권이 존재하였는데 그에 갈음하는 신채권이 성립할 것, 채무의 요소를 변경할 것 그리고 계약의 형태는 불요식계약이고 계약의 당사자는 채무의 목적, 태양을 변경하는 경개인 경우에는 동일당사자의 계약으로 충분하지만 채무자를 변경하는 계약인 경우에는 3자 간에 할 수 있는 것은 물론 채권자, 신채무자 간의 계약이어도 무방하다. 그러나 채무자의 의사에 반하여 할 수 없고 채권자를 변경하는 경개인 경우에는 신구채권자와 채무자 간의 3자 간의 계약으로 하여야 할 것이다.

Ⅲ. 효과

구채무가 소멸하고 신채무가 성립한다. 원칙적으로 구채무의 위약금, 담보 및 항변권도 소멸한다. 다만, 특약에 의해 구채무의 한도에서 질권, 저당권은 신채무로 이전할 수 있지만 제3자가 설정한 경우에는 그자의 승낙을 요한다(제505조). 또한 채권자의 교체에서 채무자가 승낙할 때 이의를 유보하면 구채권에 붙어 있던 항변으로 신채권자에게 대항할 수 있다.

그리고 구채무가 불성립하거나 취소된 경우에는 신채무도 성립하지 않고 또한 반대로 신채무가 성립하지 않거나 취소된 경우에는 구채무도 소멸하지 않는다(유인계약). 다만, 채권자교체에서 채무자가 이의 없이 승낙하면 이미 채권은 소멸하였다고 하여도 신채권이 성립한다. 또한 신채무가 불법적인 원인 이외의 사유로 불성립, 취소된 경우에는 당사자가 이것을 알고 있는 경우에는 구채무도 소멸한다. 당사자에게는 채권을 소멸시킬 의사가 있다고 보아도 좋기 때문이다. 경개계약은 해제할 수 있다. 예컨대, 경개계약에 의해 성립한 신채무를 이행하지 않는 경우에는 계약을 해제할 수 있다. 해제하면 계약당사자 간에는 신채무가 소멸하는 것과 동시에 구채무가 부활한다.

Ⅳ. 경개계약의 합의해제

계약자유의 원칙상 경개계약이 성립된 후 그 계약을 명시적이든지, 묵시적이든지 합의해제하여 구채무를 부활시키는 것은 적어도 당사자 사이에서는 가능할 것이다. 또한, 다수 당사자 사이에 경개계약이 체결된 경우 일부 당사자만이 경개계약을 합의 해제하였다고 하더라도 이를 무효라고 볼 수는 없다. 다만, 그 효과가 경개계약을 해제하기로 합의한 당사자에게만 미치는 것에 불과하다.

그런데 일부 당사자만이 경개계약을 합의 해제하면 그들 사이에서는 구채무가 부활하고 나머지 당사자들 사이에서는 경개계약에 따른 신채무가 여전히 효력을 가지게 됨으로써 당사자들 사이의 법률관계가 간명하게 규율되지 않는 경우가 발생할 수 있고 경개계약을 합의로 해제하는 당사자로서도 이러한 문제를 해결하는 것이 중요한 관심사가 될 터이므로 이에 관한 아무런 약정이나 논의 없이 그들 사이에서만 경개계약을 해제하기로 합의하는 것은 경험칙에 비추어 이례에 속하는 사안에 해당할 것이다.[81]

> [사례 1] A는 B에 대한 금 1백만 원의 채권을 가지고 있는 반면, C에 대한 같은 금액의 채무를 부담하고 있으므로 A·B·C 3인이 만나 채권자교체에 의한 경개계약을 하였지만 확정일자를 받아 놓지 못했다. 그 후 A는 B에 대한 채권을 D에게 양도하고 내용증명우편에 의한 통지를 B에게 하였다. C·D 간의 우열은 어떻게 되는가?

---

81) 대판 2010.7.29. 2010다699.

[사례 2] A는 B에게 금 1억 원을 빌려 주었다. B는 A와 이 대여금에 갈음하여 자기 소유의 별장을 A에게 준다고 하는 계약을 체결하였다. 그러나 이 별장은 전날 화재로 소실된 상태이고 A는 이것을 신문에서 읽게 되었다. 구채무는 소멸하는가?

[사례 3] A는 B에게 금 1억 원을 빌려주었는데 B는 현금으로는 변제할 수 없다고 생각되어 다이아몬드 반지로 대신 변제하고 싶다고 생각하여 감정서가 첨부된 위 반지를 A에게 제시하였는데 A도 흔쾌히 승낙하여 후일 인도하는 것으로 되었다. 그 후 감정서를 상세하게 검토해 본 A는 사실상 그 감정서가 B의 위조에 의한 것이라는 것을 발견하였다. 그래서 A는 조속히 B와 체결한 목적물 변경에 의한 경개계약은 B의 사기에 의한 것으로 취소하였다. 이러한 경우 구채무는 소멸하는가?

[사례 4] A는 B에게 금 1억 원의 대여금채권을 가지고 있다. C는 자기 소유의 부동산에 A를 위하여 저당권을 설정하였다. A는 이러한 채권을 D에게 양도하였다. 이때 저당권의 이전에 관하여 C의 승낙을 요하는가?

제7절 면제

Ⅰ. 의의

면제란 채권을 소멸시키는 채권자의 의사표시를 말한다.

Ⅱ. 성질

면제는 단독행위이다. 비록 단독행위이지만 조건을 붙여도 무방하다. 조건을 붙여도 채무자를 특별히 불이익하게 하는 것이 아니기 때문이다. 한편, 면제의 효과를 발생시키는 면제계약도 유효하다. 다만, 면제계약이 면제가 아님을 주의할 필요가 있을 것이다.

Ⅲ. 효과

　채권이 소멸한다(제506조 본문). 일부 면제인 경우에는 그 범위 내에서 채권이 소멸한다. 면제에 의해 제3자에게 불이익을 줄 수 없으므로 면제로써 정당한 이익을 가진 제3자에게 대항하지 못한다(동조 단서). 예컨대, 채권이 압류되어 있는 경우, 채권에 질권이 설정되어 있는 경우에는 그러한 권리의 포기는 제한된다. 또한, 지상권자가 그 지상에 있는 건물에 저당권을 설정한 경우에는 지상권을 포기하는 것이 제한된다.

> [사례] A는 B에 대한 금 1백만 원의 대여금에 관하여 1주일 이내에 금 80만 원을 지급하면 나머지 금 20만 원은 면제한다는 취지의 의사표시를 하였다. 이러한 면제는 유효한가?

제8절 혼동

Ⅰ. 의의

　혼동이란 채권자의 지위와 채무자의 지위가 동일인에게 귀속하는 것을 말한다. 예컨대, 채무자가 채권자를 상속한다든지, 채권을 양수한다든지 또는 채권자인 회사가 채무자인 회사와 합병한다든지 하는 경우이다.

Ⅱ. 법적 성질

　혼동의 법적 성질은 사건이다.

Ⅲ. 효과

채권이 원칙적으로 소멸한다(제507조 본문). 다만, 채권이 제3자의 권리의 목적인 때에는 혼동에 의해서도 소멸하지 않는다(동조 단서). 예컨대, 전차인이 임차물의 소유권을 취득하였기 때문에 전차인의 지위와 임대인의 지위가 혼동된다고 하여도 전대차관계는 당연히 당사자 간에 이것을 소멸시키기로 하는 합의가 성립하지 않는 한 당연하게 소멸하는 것은 아니다.

[사례] A는 B에게 금 1백만 원의 대여금채권을 가지고 있는데 C는 그 위에 채권질권을 가지고 있다. 그 후 B가 A로부터 위 채권을 양수하였다. A의 B에 대한 채권은 소멸하는가?

대판 2011.11.10. 2011다41659
대판 2011.10.13. 2011다28045
대판 2011.8.25. 2011다43778
대판 2011.8.18. 2011다30666, 30673
대판 2011.5.26. 2011다1330
대판 2010.9.30. 2007다2718
대판 2010.5.27. 2009다93992
대판 2010.5.27. 2010다15387
대판 2010.4.29. 2009다99129
대판 2010.2.11. 2009다71558
대판 2009.12.24. 2009다85342
대판 2009.11.12. 2009다53437
대판 2009.7.9. 2009다24842
대판 2009.6.23. 2009다549
대판 2009.5.28. 2009다4787
대결 2009.5.28. 2008마109
대판 2009.4.23. 2009다3234
대판 2009.2.26. 2008다76556
대판 2007.6.28. 2005다22404
대판 2006.6.27. 2005다50041
대판 2006.4.28. 2005다44633
대판 2006.4.28. 2004다16976
대판 2006.4.14. 2006다5710
대판 2006.4.13. 2005다70090
대판 2006.3.10. 2005다55411
대판 2006.2.10. 2004다2564
대판 2006.1.27. 2005다19378
대판 2006.1.26. 2005다37185
대판 2005.11.25. 2004다66834
대판 2005.11.25. 2005다51457
대판 2005.11.10. 2004다49532
대판 2005.11.10. 2004다49532
대판 2005.11.10. 2004다7873
대판 2005.9.15. 2005다29474
대판 2005.8.19. 2004다53173
대판 2005.8.25. 2005다14595
대판 2005.8.19. 2003다22042
대판 2005.7.28. 2003다12083
대판 2005.6.23. 2004다29279
대판 2005.6.9. 2004다17535
대판 2005.5.27. 2004다67806
대판 2005.5.13. 2003다50771
대판 2005.4.29. 2005다3137
대판 2005.4.29. 2005다3137
대판 2005.4.28. 2004다12660
대판 2005.3.25. 2003다55134
대판 2005.3.25. 2003다35659
대판 2005.3.25. 2004다10985 · 10992
대판 2005.3.24. 2004다65367
대판(전합) 2005.3.17. 2003다2802
대판 2005.3.11. 2004다42104
대판 2005.3.10. 2004다67653, 67660

대판 1996.6.14. 95다11429
대판 1996.6.11. 95다12798
대판 1996.5.14. 95다50875
대판 1996.5.14. 94다2169
대판 1996.5.31. 94다35985
대판 1996.5.10. 95다55504
대판 1996.5.10. 96다8468
대판 1996.4.26. 96다2583
대판 1996.4.26. 95다11436
대판 1996.4.23. 95다55986
대판 1996.4.12. 95다28892
대판 1996.4.12. 93다40614 · 40621
대판 1996.3.8. 95다15087
대판 1996.2.27. 95다41239
대판 1996.2.27. 95다21662
대판 1996.2.23. 95다42393
대판 1996.2.23. 95다49141
대판 1996.2.9. 95다49325
대판 1996.2.9. 95다47176
대판 1996.2.9. 94다38250
대판 1996.2.9. 95다27431
대판 1996.2.9. 95다27998
대판 1996.1.26. 94다5472
대판 1996.1.23. 95다24340
대판 1995.12.22. 95다38080
대판(전합) 1995.12.21. 94다26721
대판 1995.12.12. 95다11344
대판 1995.12.10. 95다40076
대판 1995.12.5. 95다4209
대판 1995.11.28. 95다27905
대판 1995.11.21. 94다45753
대판 1995.11.14. 94다34449
대판 1995.11.14. 95다30352
대판 1995.11.10. 95다33658
대판 1995.10.12. 95다26797
대판 1995.9.15. 94다41485
대판 1995.9.5. 95다22917
대판 1995.8.22. 95다12040
대판 1995.8.11. 94다58599
대판 1995.8.11. 94다18638
대판 1995.7.28. 95다2074,
대판 1995.7.25. 95다5929
대판 1995.6.30. 94다54269
대판 1995.6.30. 94다40444
대판 1995.6.30. 94다23920
대판 1995.5.12. 93다59502
대판 1995.5.9. 94다47469
대판 1995.4.28. 94다16083
대판 1995.4.25. 94다37073
대판 1995.4.25. 94다35235
대판 1995.4.7. 94다21931
대판 1995.4.7. 94다736

대판 2003.5.16. 2003다5344
대판 2003.5.13. 2002다64148
대판 2003.4.11. 2002다63275
대판 2003.4.11. 2002다59481
대판 2003.4.11. 2001다53059
대판 2003.4.11. 2003다1250
대판 2003.3.28. 2000다24856
대판 2003.3.25. 2002다62036
대판 2003.3.14. 2000다32437
대판 2003.2.11. 2002다37474
대판 2003.1.24. 2000다37937
대판 2003.1.24. 2000다22850
대판 2003.1.24. 2000다5336 · 5343
대판 2003.1.24. 2001다2129
대판 2003.1.10. 2000다27343
대판 2002.12.27. 2000다47361
대판 2002.12.27. 2000다147361
대판 2002.12.27. 2000다47361
대판 2002.12.24. 2000다54536
대판 2002.12.10. 2002다52657
대판 2002.12.10. 2002다47631
대판 2002.12.6. 2000다4210
대판 2002.12.6. 2001다2846
대판 2002.11.26. 2001다73022
대판 2002.11.26. 2001다11239
대판 2002.11.26. 2001다833
대판 2002.11.8. 2002다42957
대판 2002.11.8. 2002다42100
대판 2002.11.8. 2002다41589
대판 2002.10.25. 2000다64441
대판 2002.10.25. 2002다42711
대판 2002.10.25. 2000다7783
대판 2002.9.24. 2002다23857
대판 2002.9.10. 2002다21509
대판 2002.9.4. 2002다28340
대판 2002.8.28. 2000다9734
대판 2002.8.27. 2001다71699
대판 2002.8.27. 2002다27903
대판 2002.8.27. 2000다9734
대판 2002.8.23. 2001다69122
대판 2002.7.26. 2001다73138, 73145
대판 2002.7.12. 2001다44338
대판 2002.7.12. 99다68652
대판 2002.7.12. 2000다17810
대판 2002.7.9. 99다73159
대판 2002.6.28. 2000다62254
대판 2002.6.14. 2000다38992
대판 2002.6.14. 2002다14853
대판 2002.6.11. 2002다2539
대판 2002.5.24. 2000다72572
대판 2002.5.31. 2002다1673
대판 2002.5.10. 2000다18578
대판 2002.5.10. 2002다12871

대판 1993.2.12. 92다42941
대판 1993.2.12. 92다23193
대판 1993.2.12. 92다25151
대판 1992.12.22. 92다31361
대판 1992.12.22. 92다28518
대판 1992.12.22. 92다17457
대판 1992.11.24. 92다10890
대판 1992.11.10. 92다35899
대판 1992.11.10. 92다30016
대판 1992.10.27. 90다13628
대판 1992.10.27. 91다483
대판 1992.10.13. 91다34394
대판 1992.9.14. 92다23049
대판 1992.8.14. 92다2028
대판(전합) 1992.6.23. 91다33070
대판 1992.6.23. 92다7795
대판 1992.6.12. 2000다70989
대판 1992.6.9. 92다7207
대판 1992.5.26. 91다38334
대판 1992.5.26. 92다2332
대판 1992.5.22. 91다39320
대판 1992.5.12. 91다44698
대판 1992.5.12. 92다4581 · 92다4598
대판 1992.5.12. 92다4345
대판 1992.5.12. 92다6112
대판 1992.4.28. 91다31517
대판 1992.3.13. 91다32534
대판 1992.3.10. 91다28313
대판 1992.2.25. 91다9312
대판 1992.1.21. 91다32961 · 32978
대판 1991.12.24. 91다9091
대판 1991.11.12. 91다30156
대판 1991.10.25. 91다22605 · 22612(반소)
대판 1991.10.22. 91다22902
대판 1991.10.22. 90다20244
대판 1991.10.11. 91다25369
대판 1991.8.13. 91다13717
대판 1991.7.26. 91다8104
대판 1991.7.12. 90다17774 · 17781
대판 1991.7.9. 90다15501
대판 1991.6.25. 88다카6358
대판 1991.5.28. 91다3055
대판 1991.5.14. 91다513
대판 1991.4.26. 90다6880
대판 1991.4.23. 91다3871
대판 1991.4.12. 90다9407
대판 1991.3.29. 90다19930
대판 1991.3.27. 90다17552
대판(전합) 1991.3.12. 90다2147
대판 1991.2.12. 90다16276
대판 1991.1.29. 89다카1114
대판 1991.1.25. 90다6491
대판 1991.1.11. 90다8053

대판 2002.5.10. 2000다5517
대판 2002.4.23. 2000다56976
대판 2002.4.12. 2000다63912
대판 2002.4.12. 2000다43352
대판 2002.4.9. 2002다3341
대판 2002.3.29. 2001다81870
대판 2002.3.29. 2001다41766
대판 2002.3.29. 2000다25842
대판 2002.3.29. 2000다13887
대판 2002.3.29. 2000다577
대판 2002.3.26. 2000다25989
대판 2002.3.15. 2001다76397
대판 2002.3.15. 2001다59071
대판 2002.2.26. 2000다48265
대판 2002.2.8. 2001다78294
대판 2002.2.8. 2000다50596
대판 2002.2.8. 99다23901
대판 2002.1.25. 2001다52606
대판 2001.12.28. 2001다24075
대판 2001.12.27. 2000다73049
대판 2001.12.27. 2001다33734
대판 2001.12.27. 2001다29742
대판 2001.12.11. 2001다64547
대판 2001.12.11. 2001다36511
대판 2001.11.27. 99다8353
대판 2001.11.13. 2001다52889
대판 2001.11.13. 2001다20394 · 20400
대판 2001.10.26. 2001다19134
대판 2001.10.23. 2001다25184
대판 2001.10.12. 99다56192
대판 2001.10.12. 2001다43885
대판 2001.10.12. 2001다32533
대판 2001.10.9. 2000다51216
대판 2001.10.9. 2000다42618
대판 2001.9.28. 2001다14689
대판 2001.9.25. 2001므725 · 732
대판 2001.9.4. 2000다66416
대판 2001.9.4. 2001다14108
대판 2001.8.21. 2001다22840
대판 2001.7.27. 2000다73377
대판 2001.7.27. 2001다13709
대판 2001.7.27. 99다56734
대판 2001.7.24. 2001다3122
대판 2001.7.13. 2000다57771
대판 2001.7.13. 2001다22833
대판 2001.7.13. 98다51091
대판 2001.7.12. 2000다5771
대판 2001.7.10. 2001다3764
대판 2001.6.12. 2000다47187
대판 2001.6.12. 2001다2624
대판 2001.6.12. 99다20612
대판 2001.6.1. 99다63183
대판 2001.5.29. 99다9011

대판 1990.12.26. 88다카33473
대판 1990.12.11. 88다카4727
대판 1990.11.27. 90다6651
대판 1990.11.27. 90다카27662
대판 1990.11.23. 90다카27198
대판 1990.11.23. 90다카24762
대판 1990.11.23. 90다카21022
대판 1990.11.9. 90다카22513
대판 1990.8.14. 90다카7569
대판 1990.5.8. 88다카4574 · 4581
대판 1990.4.27. 88다카25274 · 25281(참가)
대판 1990.3.9. 88다카31866
대결 1990.2.27. 88다카11534
대판 1990.2.27. 89다카1381
대판 1990.2.27. 89다카999
대판 1990.2.13. 89다카12435
대판 1990.1.26. 88다카26406
대판 1989.12.12. 89다카10811
대판 1989.11.28. 88다카34148
대판 1989.11.28. 89다카11777
대판 1989.11.14. 88다카29962
대판 1989.10.10. 88다카25601
대판 1989.9.29. 88다카10524
대판 1989.9.12. 88다카33176
대판 1989.9.12. 88다카26475
대판 1989.9.12. 88다카23186
대판 1989.9.12. 88다카13806
대판 1989.6.27. 88다카25861
대판 1989.5.9. 88다카16959
대판 1989.5.9. 88다카8330
대판 1989.4.11. 87다카3155
대판 1989.4.11. 87다카2933
대판 1989.3.28. 88다카12803
대판 1989.3.28. 88다카4994
대판 1989.2.28. 88다카214
대판 1988.12.22.86다카2994
대판 1988.12.20. 87다카3118
대판(전합) 1988.12.13. 87다카2803
대판 1988.11.8. 88다3253
대판 1988.10.25. 85다카1729
대판 1988.9.27. 86다카2375 · 2376
대판 1988.6.14. 87다카2753
대판 1988.5.24. 87다카3104
대판 1988.5.10. 87다카3101
대판 1987.4.28. 82다카789
대판 1988.4.25. 87다카1380
대판 1988.4.12. 87다카2429
대판 1988.2.23. 87다카1989
대판 1988.2.23. 87다카1586
대판 1988.1.19. 85다카1792
대판 1987.12.8. 87다카898
대판 1987.11.10. 87다카473
대판 1987.10.28. 87다카1409

대판 2001.5.8. 2000다61633
대판 2001.5.8. 2000다66089
대판 2001.5.8. 2000다58804
대판 2001.5.8. 99다38699
대판 2001.5.8. 2000다50015
대판 2001.4.27. 2000다69026
대판 2001.4.24. 2000다41875
대판 2001.4.10. 2000다66034
대판 2001.3.27. 99다17890
대판 2001.3.23. 2000다37821
대판 2001.3.23. 2001다628
대판 2001.2.27. 2000다44348
대판 2001.2.9. 2000다63516
대판 2001.2.9. 2000다57139
대판 2001.2.9. 2000다55089
대판 2001.2.9. 2000다51797
대판 2001.2.9. 99다48
대판 2001.1.19. 2000다42632
대판 2001.1.15. 2000다30097
대판 2000.12.26. 2000다56204
대판 2000.12.26. 2000다41387
대판 2000.12.26. 2000다38275
대판 2000.12.22. 2000다55904
대판 2000.12.8. 2000다51339
대판 2000.12.8. 2000다50350
대판 2000.11.24. 2000다38718 · 38725
대판 2000.12.22. 2000다55904
대판 2000.12.22. 2000다39780
대판 2000.12.8. 2000다35771
대판 2000.12.8. 99다37856
대판 2000.12.8. 2000다21017
대판 2000.9.29. 2000다25569
대판 2000.9.29. 2000다13900
대판 2000.9.29. 2000다3262
대판 2000.9.8. 99다48245
대판 2000.7.28. 2000다16367
대판 2000.6.27. 2000다17346
대판 2000.6.23. 98다34812
대판 2000.6.13. 98다35389
대판 2000.6.9. 99다56512
대판 2000.6.9. 98다18155
대판 2000.5.16. 99다71573
대판 2000.5.16. 99다47129
대판 2000.4.25. 99다55656
대판 2000.4.25. 99다67482
대판 2000.4.11. 99다23888
대판 2000.4.11. 99다12123
대판 2000.4.11. 2000다2627
대판 2000.3.14. 99다67376
대판 2000.3.10. 99다61750
대판 2000.3.10. 99다60115
대판 2000.3.10. 99다55069
대판 2000.2.25. 99다53704

대판 1987.9.8. 85다카733, 734
대판 1987.4.28. 86다카2023
대판 1987.7.11. 88다카20888
대판 1987.7.7. 87다카314
대판 1987.4.14. 85다카2323
대판 1987.3.24. 84다카1324
대판 1987.2.10. 86다카1759
대판 1986.12.9. 86다카858
대판 1986.11.25. 86다카1569
대판 1986.9.23. 86다카83
대판 1986.7.8. 85다카1740
대판 1986.2.25. 85다카1529
대판 1986.2.11. 85다카1422
대판 1986.2.11. 85다카1087
대판 1985.9.10. 84다 ?(보충)
대판 1985.4.23. 84다카2159
대판 1985.3.26. 84다카1864
대판 1985.2.8. 84다카188
대판 1984.11.27. 80다177
대판 1984.11.13. 84다카465
대판 1984.9.11. 83다카2288
대판 1984.9.11. 84다카781
대판 1984.7.24. 84다카68
대판 1984.7.10. 84다카440
대판 1984.4.10. 83다카1222
대판 1983.11.8. 83다카1476
대판 1983.8.23. 82다카439
대판 1983.7.26. 82다카1772
대판 1983.6.28. 83다191
대판 1983.6.28. 83다카88 · 83다카89
대판 1983.6.14. 82누175
대판 1983.5.24. 82다카1667
대판 1983.4.26. 83다카57
대판(전합) 1983.3.22. 82다카1533
대판 1983.3.22. 80다416
대판 1983.2.22. 81다134
대판 1982.10.26. 82다카508
대판 1982.7.27. 81다495
대판 1982.7.13. 82다카278
대판 1982.6.22. 82다카200
대판 1982.6.22. 81다카128
대판 1982.6.22. 81다8
대판 1982.1.19. 80다3075
대판 1981.12.7. 79다1978 · 1979
대판 1981.11.24. 81다633
대판 1981.9.8. 80다2649
대판 1981.6.23. 80다1362
대판 1981.6.23. 80다1351
대판 1981.6.23. 81다225
대판 1981.6.9. 80다3277
대판 1981.5.26. 80다3009
대판 1981.5.26. 80다211
대판 1981.2.24. 80다1963

대판 2000.2.11. 99다49644
대판 2000.1.21. 98다50586
대판 2000.1.21. 99다50538
대판 2000.1.21. 97다1013
대판 1999.12.28. 99다25938
대판 1999.12.28. 99다8834
대판 1999.11.26. 99다23093
대판 1999.11.9. 99다50101
대판 1999.10.22. 98다22451
대판 1999.10.12. 98다62671
대판 1999.9.21. 99다31667
대판 1999.9.7. 98다41490
대판 1999.9.3. 99다23055
대판 1999.8.24. 99다26481
대판 1999.8.24. 99다24508
대판 1999.8.24. 99다23468 · 23475
대판 1999.7.27. 99다19384
대판 1999.7.27. 99다13621
대판 1999.7.9. 98다47542 · 47559
대판 1999.7.9. 98다13754 · 13761
대판 1999.7.9. 99다15184
대판 1999.7.9. 99다12376
대판 1999.7.9. 99다10004
대판 1999.6.22. 99다19322 · 19339
대판 1999.6.11. 99다16378
대판 1999.4.27. 98다56690
대판 1999.4.27. 97다24009
대판 1999.4.13. 98다51077 · 51084
대판 1999.4.10. 89다카24834
대판 1999.4.9. 98다58016
대판 1999.3.26. 98다33260
대판 1999.3.26. 97다30622
대판 1999.3.26. 98다22918 · 22925
대판 1999.2.26. 98다52469
대판 1999.3.23. 98다64639
대판 1999.2.23. 97다12082
대판 1999.2.12. 98다44956
대판 1999.2.9. 98다49104
대판 1999.1.26. 97다39520
대판 1999.1.15. 98다48033
대판 1999.1.12. 98다49937
대판 1998.12.23. 97다40131
대판 1998.12.22. 98다40466
대판 1998.12.8. 98다39923
대판 1998.12.8. 97다31472
대판 1998.11.24. 98다25061
대판 1998.11.10. 98다42141
대판 1998.11.10. 98다34126
대판 1998.10.23. 98다36207
대판 1998.9.22. 97다42502 · 42519
대판 1998.9.4. 97다9635
대결 1998.9.2. 98마100
대판 1998.8.21. 98다23232

대판 1980.11.11. 80다1812
대판 1980.8.26. 80다1037
대판 1980.7.22. 79다1107
대판 1980.7.8. 79다1928
대판 1980.6.24. 80다638
대판 1980.5.27. 80다735
대판 1980.5.13. 80다130
대판 1980.3.11. 80다15
대판 1980.1.15. 79다1946
대판 1979.11.13. 79다1336
대판 1979.9.11. 79다1270
대판 1979.6.26. 79다407
대판 1979.6.12. 79다662
대판(전합) 1979.4.24. 77다703
대판 1979.3.27. 78다2342
대판 1978.11.14. 78다1423
대판 1978.9.12. 78다1103
대판 1978.6.13. 78다404
대판 1978.4.25. 78다90
대판 1978.1.24. 77다1804
대판 1977.12.13. 75다107
대판 1977.9.13. 76다1866
대판 1977.9.9. 97다10864
대판 1977.7.12. 75다1229
대판 1977.7.12. 76다408
대판 1977.3.22. 77다118
대판 1977.3.8. 76다2667
대판 1977.1.25. 75다2092
대판 1976.12.14. 76다2316
대판 1976.11.9. 76다2218
대판 1976.8.24. 76다1178
대판 1976.7.13. 75다1086
대판 1976.7.13. 74다746
대판 1976.5.11. 73다616
대판 1976.4.27. 74다2151
대판 1976.4.13. 75다1100
대판 1976.3.9. 75다1200
대판 1975.12.23. 73다1086
대판 1975.7.22. 75다450
대판 1975.6.24. 75다625
대판 1975.5.27. 74다1393
대판(전합) 1975.5.13. 74다1664
대판 1975.5.13. 73다1244
대판 1975.4.8. 74다1700
대판 1975.3.25. 74다296
대판 1975.2.25. 74다2114
대판 1975.2.10. 74다334
대판 1974.12.10. 74다1419
대판 1974.11.12. 74다997
대판 1974.11.12. 74다533
대판 1974.5.28. 73다1885
대판 1974.5.28. 73다1133
대판 1973.10.23. 73다337

대판 1998.6.29. 88다카25601
대판 1998.5.12. 97다57320
대판 1998.3.10. 97다51919
대판 1998.6.28. 97다7868
대판 1998.6.26. 98다11826
대판 1998.6.26. 98다5777
대판 1998.6.26. 98다2051
대판 1998.6.12. 96다27469
대판 1998.6.12. 98다505
대판 1998.5.29. 96다51110
대판 1998.5.29. 96다41106
대판 1998.5.29. 98다7735
대판 1998.5.15. 97다58316
대판 1998.5.12. 97다5732
대판 1998.5.26. 96다21363
대판 1998.4.24. 97다28568
대판 1998.3.13. 97다54604 · 54611
대판 1998.4.14. 97다54420
대판 1998.2.27. 97다50985
대판 1998.2.27. 97다16077
대판 1998.2.27. 97다1433
대판 1998.2.13. 97다6711
대판 1998.2.10. 96다7793 · 7809 · 7816
대판 1998.1.23. 96다19413
대판 1997.12.26. 97다24542
대판 1997.12.12. 96다50896
대판 1997.12.9. 97다37005
대판 1997.11.25. 97다29790
대판 1997.11.14. 97다35344
대판 1997.11.11. 96다36579
대판 1997.10.28. 97다34334
대판 1997.10.28. 97다21932
대판 1997.10.24. 97다28698
대판(전합) 1997.10.16. 96다11747
대판 1997.10.10. 96다52311
대판 1997.10.10. 95다46265
대판 1997.10.10. 97다8687
대판 1997.9.12. 95다42027
대판 1997.9.5. 97다17452
대판 1997.7.30. 95다7932
대판 1997.7.25. 95다21624
대판 1997.7.25. 97다15357
대판 1997.7.25. 97다5541
대판 1997.6.27. 95다40977
대판 1997.5.30. 96다22648
대판 1997.5.30. 97다1556
대판 1997.5.23. 95다1908
대판 1997.5.9. 96다48688
대판 1997.5.9. 96다2606 · 2613
대판 1997.5.7. 96다39455
대판 1997.4.8. 96다54232
대판 1997.4.7. 97마575
대판 1997.4.1. 96다1660

대판 1972.12.26. 72다1037
대판 1972.11.28. 72다1466
대판 1972.8.22. 72다1066
대판 1972.7.11. 70다877
대판 1972.5.15. 72마401
대판 1972.3.28. 71마155
대판 1972.3.31. 72다108
대판 1972.2.22. 71다2596
대판 1971.10.22. 71다1888
대판 1971.5.24. 71다361
대판 1971.3.23. 70다2986
대판 1971.2.9. 70다2826
대판 1970.10.23. 70다1985
대판 1970.9.22. 70다1061
대판 1970.5.26. 70다492
대판 1970.3.10. 69다2269
대판 1970.4.14. 70다171
대판 1970.3.10. 69다2184
대판 1969.12.16. 67다1525
대판 1969.12.30. 69다1934
대판 1969.11.25. 69다1665
대판 1969.11.25. 69다887
대판 1969.10.28. 69다1351
대판 1969.9.30. 69다939
대판 1969.5.13. 68다1726
대판 1969.4.22. 68다1722
대판 1969.1.28. 68다2022
대판 1968.9.24. 68다1271
대판 1968.9.12. 88다카33176
대판 1968.8.30. 68다1230
대판 1968.8.30. 68다1224
대판 1968.6.18. 68다663
대판 1967.12.26. 67다1839
대판 1967.7.26. 96다14616
대판 1967.5.30. 67다466
대판 1967.4.25. 67다75
대판 1966.11.29. 66다1861
대판 1966.10.11. 96다27476
대판 1966.10.4. 66다1535
대판 1966.9.27. 66다1334
대판 1966.9.27. 66다1149
대판 1966.9.20. 66다758 · 759
대판 1966.9.6. 66다782
대판 1966.6.21. 66다587
대판 1966.5.31. 66다663
대판 1966.2.22. 65다2512
대판 1965.9.7. 65다1481
대판 1965.7.27. 65다947
대판 1965.6.22. 65다669
대판 1965.3.23. 64다1899
대판 1965.3.16. 64다1216
대판 1965.2.16. 64다1630
대판 1964.6.9. 63다1023

대판 1997.3.8. 76다2667
대판 1996.12.10. 94다43825
대판 1996.12.10. 96다36289
대판 1996.12.10. 95다24364
대판 1999.11.26. 99다34499
대판 1996.11.8. 96다26329
대판 1996.10.29. 95다56910
대판 1996.10.29. 96다23207
대판 1996.10.29. 95다17533
대판 1996.10.25. 96다30113
대판 1996.10.11. 96다27476
대판 1996.9.20. 96다25302
대판 1996.9.20. 96다22655
대판 1996.9.20. 95다1965
대판 1996.8.21. 96ㄱ8
대판 1996.7.26. 95다19012
대판 1996.7.12. 95다49554
대판 1996.7.9. 96다14364 · 14371
대판 1996.6.28. 96다18281
대판 1996.6.28. 96다3982
대판 1996.6.25. 96다8666
대판 1996.6.25. 95다6601

대판 1996.4.12. 95다54167
대판 1964.4.14. 63다827
대판 1964.4.3. 63마54
대판 1963.11.28. 63다493
대판 1963.11.21. 63다634
대판 1963.10.10. 63다384
대판 1963.4.25. 63다122
대판 1962.11.15. 62다634
대판 1962.6.21. 62다102
대판 1962.5.24. 62다175
대판 1962.5.17. 62다161
대판 1962.1.25. 4294민상607
대판 1962.1.11. 4294민상195
대판 1961.11.9 4293민상263
대판 1960.2.25. 4292민상125
대판 1959.11.12. 4292민상413
대판 1959.10.15. 4291민상803
대판 1958.5.8. 4290민상372
대판 1957.10.21. 57다349
대판 1956.3.31. 4288민상232
대판 1953.2.21. 4285민상129

最判 平成17(2005).3.10.(民集59-2-356)
最判 平成13(2001).11.27.(民集55-6-1090)
最判 平成13(2001).11.16.(金法1670-63)
最判 平成12(2000).4.21.(民集 554-4-1562)
最判 平成12(2000).3.9.(民集54-3-1013)
最判 平成11(1999).11.24.(民集53-8-1899)
最判 平成11(1999).1.29.(民集 53-1-151)
最判 平成10(1998).9.10.(民集 52-6-1494)
最判 平成10(1998).6.22.(民集52-4-1195)
最判 平成10(1998).6.12.(民集52-4-1121)
最判 平成9(1997).6.5.(民集 51-5-2053)
最判 平成5(1993).1.25.(判タ809-116)
最判 平成4(1991).2.27.(民集46-2-112)
最判 昭和61(1986).11.27.(民集 40-7-1205)
最判 昭和58(1983).12.19(民集37-10-1532)
最判 昭和38(1983).4.2.(裁判集民事65-393)
最判 昭和57(1982).12.17.(民集 36-12-2399)
最判 昭和55(1980).12.18.(民集34-7-888)
最判 昭和55(1980).7.11.(民集34-4-628)
最判 昭和55(1980).1.24.(民集 34-1-11)
最判 昭和54(1979).1.25.(民集33-1-12)
最判 昭和53(1978).8.19.(判時905-61)
最判 昭和52(1977).7.12.(判時867-58)
最判 昭和52(1977).3.17.(民集31-2-308)
最判 昭和50(1975).12.1.(民集29-11-1847)
最判 昭和50(1975).7.15.(民集29-6-1029)
最判 昭和39(1974).12.23(民集 18-10-2217)
最判 昭和49(1974).12.12.
最判 昭和49(1974).9.20.(民錄28-6-1202)
最判 昭和49(1974).6.28.(民集28-5-666)
最判 昭和49(1974).3.7.(民集28-2-174)
最判 昭和48(1973).10.11.(判時723-44)
最判 昭和47(1972).4.20.(民集26-3-520)
最判 昭和46(1971).12.16.(民集 25-9-1472)
最判 昭和46(1971).11.19.(民集25-8-1321)
最判 昭和46(1971).9.3.(金法628-36)
最判 昭和46(1971).7.23.(民集25-5-805)
最判 昭和45(1970).6.24.(民集24-6-587)
最判 昭和44(1969).6.24.(民集23-7-1079)

最判 昭和48(1968).3.27.(民集27-2-376)
最判 昭和41(1966).10.4.(民集20-8-1565)
最判 昭和40(1965).12.3.(民集19-9-2090)
最判 昭和40(1965).3.26.(民集19-2-508)
最判 昭和39(1964).10.29.
最判 昭和39(1964).6.12.(民集18-5-764)
最判 昭和37(1962).11.16.(民集16-11-2280)
最判 昭和37(1962).10.12.(民集16-10-2130)
最判 昭和37(1962).8.10.(民集16-8-1700)
最判 昭和37(1962).10.9.(民集16-7-2070)
最判 昭和36(1961).7.19.(民集15-7-1875)
最判 昭和35(1960).4.21.(民集14-6-930)
最判 昭和33(1958).9.26.(民集12-13-3022)
最判 昭和33(1958).2.21.(民集12-2-341)
最判 昭和32(1957).6.5.(民集11-6-915)
最判 昭和30(1955).12.26.(民集9-14-2082)
最判 昭和30(1955).10.18.(民集9-11-1642)
最判 昭和30(1955).10.11.(民集9-11-1626)
最判 昭和29(1954).7.20.(民集7-12-1515)
最判 昭和28(1953).12.18.(民集7-12-1407)
最判 昭和28(1953).5.29.(民集7-5-608)
大判 昭和20(1945).8.30.(民集24-60)
大判 昭和14(1939).5.16.(民集18-557)
大判 昭和6(1931).9.16.(民集10-806)
大判 昭和4(1929).4.5.
大判 明治44(1925).10.3.(民錄17-538)
大判 大正10(1921).3.30.
大判 大正10(1921).6.18.(民錄27-1168)
大判 大正10(1921).4.30.(民錄27-832)
大判 大正9(1920).12.27(民錄26-2096)
大判 大正8(1919).7.11.(民錄25-1305)
大判 大正7(1918).11.14.
大判 大正7(1918).9.26.(民錄24-1730)
大判 大正5(1918).5.1.(民錄22-829)
大判 大正6(1917).6.7.(民錄23-932)
大判 大正5(1916).11.22.(民錄22-2281)
大判 大正4(1915).12.10.(民錄21-2039)
大判 大正3(1914).10.13.(民錄20-751)
大判 明治38(1905).11.28.

중앙고등학교 졸업
연세대학교 졸업(학사, 석사, 박사)
사법시험 제28회 합격
사법연수원 제18기 수료
연세대학교 경법대학(원주) 법학과 객원교수, 조교수
홍익대학교 법과대학 법학과 조교수, 부교수, 교수
서울특별시, 서울특별시 종로구 고문변호사
학교법인 연세대학교, 신촌세브란스병원, 원주기독병원 고문변호사
사법시험, 변리사시험, 서울특별시 승진시험 출제 및 채점위원
(주)중앙건설, 상계중앙하이츠주택조합 고문변호사

<저서>
- 『집합건물법』, 2006.
- 『민법총칙』, 2008.

<논문>
- 「집합건물의 관리에 관한 연구: 관리체계, 규약 및 관리비를 중심으로」, 연세대 대학원(박사, 2008)
- 「미국연방민사소송규칙상 개시제도의 고찰」, 연세대 대학원(석사, 1994)
- 「집합건물과 대지의 권리관계 및 대지권등기제도에 관한 연구」, 『토지법학』(제28-1호)
- 「집합건물법에 있어서 집합건물의 대지 및 대지사용권에 관한 고찰」, 『홍익법학』(제11권 제2호)
- 「집합건물의 관리규약에 관한 연구」, 『집합건물법학』(제3집)
- 「미국의 집합건물법상 구분소유자 등의 배려에 대한 고찰: 미국 Florida주 집합건물법을 중심으로」, 『홍익법학』(제10권 제3호)
- 「관리단과 입주자대표회의의 관계에 있어서 그 법률적인 문제점과 그 개선방향에 관한 연구」, 『홍익법학』(제9권 제2호)
- 「집합건물의 관리비에 관한 연구」, 『집합건물법학』(제1집)
- 「진료기록부 등의 중요성에 관한 연구」, 『홍익법학』(제8권 제1호)
- 「중재계약, 본안전항변」, 『고시계』(제52권 제10호)
- 「일본 민사소송법상 "쟁점 및 증거정리절차"의 고찰을 통한 새로운 방향의 모색」, 『민사소송』(제11권 제1호)
- 「변론준비기일 및 변론기일 불출석의 효과」, 『고시계』(제52권 제11호)
- 「집합건물의 관리에 관한 기초적 연구: 전유부분을 중심으로」, 『법학연구』(제7집)
- 「집합건물의 소유 및 관리에 관한 법적 이해(1 내지 7)」, 『빌딩문화』(제13권 제3 내지 10호), 『빌딩문화』 통권 146호(2004. 6)
- 「현대형 소송에 대한 고찰」, 『인권과 정의』(통권 제322호)
- 「"일부청구"에 관한 고찰」, 『판례연구』(제16집-하)
- 「민사재판권의 한계에 관한 고찰: 종교단체의 내부분쟁을 중심으로」, 『민사소송』(제5호)
- 「신의성실의 원칙에 관하여: 선행행위와 모순되는 거동의 금지(소송상 금반언)를 중심으로」, 『고시계』(제47권 제4호)
- 「주요사실과 간접사실의 구별」, 『고시계』(제47권 제5호)
- 「국제재판관할의 결정에 관한 일고찰」, 『변호사』(제32집)
- 「자유심증주의하에서의 변론의 전 취지」, 『JURIST』(통권 386호)
- 「당사자의 확정」, 『고시계』(제47권 제3호)
- 「일본 민사소송법상 "판결 이외의 소송종료"에 관한 고찰」, 『연세법학연구』(제8권 제1호)
- 「"토지경계확정소송의 법적 성격"에 관한 판례평석」, 『판례연구』(제15집-하)
- 「Cyberspace에 관한 재판관할권: 미국판례를 중심으로」, 『법학연구』(제11권 제3호)
- 「민사소송의 목적은 무엇인가?」, 『변호사』(제31호)
- 「토지경계확정소송에 관한 고찰」, 『연세법학연구』(제7권 제2호)
- 「미국 의료과오의 분석」, 『지역발전연구』(제9집)
- 「의료과오사범에 있어서 과실판단의 기준」, 『매지논총』(제16집)

- 「의료소송에서 환자 측 소송기술의 분석」, 『연세법학연구』(제5권 제2호)
- 「의료소송에 있어서 설명의무의 기능」, 『연세법학연구』(제5권 제1호)
- 「일본 민사소송법의 새로운 전개: 문서제출의무 등을 중심으로」, 『연세법학연구』(제4호)
- 「경매절차에 있어서 임차인의 지위」, 『지역발전연구』(제6호)

채권총론
판례와 사례 중심

초 판 인 쇄 | 2012년 8월 27일
초 판 발 행 | 2012년 8월 27일

지 은 이 | 박태신
펴 낸 이 | 채종준
펴 낸 곳 | 한국학술정보㈜
주   소 | 경기도 파주시 문발동 파주출판문화정보산업단지 513-5
전   화 | 031) 908-3181(대표)
팩   스 | 031) 908-3189
홈 페 이 지 | http://ebook.kstudy.com
E-mail | 출판사업부 publish@kstudy.com
등   록 | 제일산-115호(2000. 6. 19)

ISBN   978-89-268-3751-1 93360 (Paper Book)
          978-89-268-3752-8 95360 (e-Book)